Ludolinguistica
e Glottodidattica

A Betty,
Pamela, Karen e David

Ai docenti di italiano in Italia e all'estero,
veri ambasciatori della lingua e della cultura italiana.

*Non smettiamo di giocare perché diventiamo vecchi,
diventiamo vecchi perché smettiamo di giocare.*

Anonimo

Non c'è acquisizione senza motivazione.

Paolo E. Balboni

*Ogni studente,
indipendentemente dal suo bagaglio
linguistico e culturale, sa pensare.*

Anthony Mollica

Ludolinguistica e Glottodidattica

di
Anthony Mollica

Prefazione
di Tullio De Mauro

Postfazione
di Stefano Bartezzaghi

Edizioni Guerra • SOLEIL

BIBLIOTECA ITALIANA DI GLOTTODIDATTICA
diretta da *Anthony Mollica*

© Copyright 2010 - Guerra Edizioni - Perugia

Tutti i diritti riservati

Printed in Italy

ISBN 978-88-557-0327-7

Proprietà letteraria riservata. I diritti di traduzione, di memorizzazione elettronica, di riproduzione e di adattamento totale o parziale, con qualsiasi mezzo (compresi microfilm e le copie fotostatiche) sono riservati per tutti i Paesi.

L'Autore e l'Editore sono a disposizione degli aventi diritto con i quali non è stato possibile comunicare nonché per involontarie omissioni o inesattezze nella citazione delle fonti dei brani o immagini riprodotte nel seguente volume.

Guerra Edizioni guru s.r.l.
Via A. Manna, 25 - 06132 Perugia (Italia)
Tel. +39 075.528.90.90 - Fax +39 075.528.82.44
E-mail: info@guerraedizioni.com
http://www.guerraedizioni.com

éditions SOLEIL publishing inc.
P.O. Box 847 - Welland Ontario (Canada) L3B 5Y5
Tel. / Fax: (905) 788-2674
E-mail: soleil@soleilpublishing.com
http://www.soleilpublishing.com

Per contattare l'Autore:
anthony.mollica@brocku.ca
mollica@soleilpublishing.com

Indice

Prefazione di *Tullio De Mauro* vii

Ringraziamenti ix

Ludolinguistica e Glottodidattica xiii

1. L'abbinamento e l'incastro	1
2. L'acronimo e la sigla	17
3. L'acrostico e il mesotico	27
4. Gli aggettivi qualificativi	43
5. L'anagramma	49
6. La pista cifrata	65
7. Il colmo	73
8. Il crucipuzzle	83
9. Il cruciverba	93
10. L'enigma e l'indovinello	117
11. L'intervista impossibile	145
12. L'intruso	155
13. Il labirinto	163
14. I modi di dire	171
15. L'onomastica umoristica	185
16. La parola nascosta	189
17. I prefissi	195
18. I problemi di logica	199
19. Il proverbio	217
20. Il rebus	235
21. Gli scioglilingua	241
22. Il titolo camuffato	249
23. Il tris	257
24. L'umorismo	265
25. Faccio la valigia	305
26. Venti domande	309
27. I veri amici	311
28. Una immagine vale 1000 parole	327
29. Il calendario storico	345
30. La lettura	365

Epilogo 389

Postfazione di *Stefano Bartezzaghi* 391

    Appendice A: Corrado Alvaro, "Il rubino" 395
    Appendice B: Alberto Moravia, "Una donna sulla testa" 399
    Appendice C: Alba de Céspedes, "La ragazzina" 405

Soluzioni 411

Prefazione

Il linguaggio, occorre dirlo?, è una cosa seria. La spinta a comunicare attraversa l'intera biomassa e si è perciò arrivati a pensare che, insieme al raggiungimento e al mantenimento dell'equilibrio con l'ambiente, l'*omeòstasi*, e insieme alla riproduzione, quella spinta, quel bisogno di comunicare, sia parte del corredo indispensabile e costitutivo di un essere vivente. Ma comunicare vuol dire sottomettersi alla logica implacabile della trasmissione di informazione, dunque alla necessità di farsi capire e di capire sfidando i disturbi del canale in cui viaggia il messaggio. E in ciò c'è la radice del potersi sbagliare, ma anche del trarre in inganno, di cui Umberto Eco ha voluto fare un tratto dirimente tra ciò che è semiotico e comunicativo e ciò che non lo è. Certo è che la capacità di ingannare scende, per dir così, assai in basso nella scala evolutiva, fino all'astuto polipo e a furbissimi virus. Dai bassifondi della biomassa la spinta al comunicare vediamo che va facendosi sempre più complessa nei suoi mezzi, nelle sue "lingue", e nei suoi orizzonti di senso a mano a mano che ci spostiamo con l'osservazione verso specie di vita sociale complessa e di apparato cerebrale più potente, più ricco di memoria, progettualità, intelligenza, fino a raggiungere i mammiferi superiori, le grandi scimmie e la specie umana.

Tra gli umani, nel loro comunicare, intervengono e, è il caso di dire, giocano diversi fattori: la pluralità di semiotiche che essi sono capaci di sviluppare, apprendere e gestire; la straordinaria capacità e potenza di significazione del loro più tipico linguaggio, il linguaggio verbale fatto di *verba*, "parole"; la lunghezza della fase infantile, che tocca certo i bimbi, ma anche gli adulti, spinti dalle cure parentali a "bambineggiare", e si ricordi che *paízein*, etimologicamente "bambineggiare", era il verbo per "giocare" nel greco antico ed è sopravvissuto e vive nel neogreco. L'intreccio di questi fattori altamente specifici fa sì che tra gli umani le possibilità di inganno intenzionale, di menzogna e di manipolazione giocosa di atteggiamenti e parole celebrino i loro fasti[1]. E non sorprende quindi che lo sfruttamento di giochi di parole non sia sfuggito all'acuta attenzione e alle sottigliezze classificatorie dell'antica arte retorica greco-latina[2] gareggiante con le classificazioni della moderna enigmistica.

È ben vero: alla capacità di parola gli umani devono nozze, tribunali ed are, come nell'antichità classica avevano compreso Aristotele e gli epicurei, ma è vero pure che la parola è strumento della nostra libertà ed è dunque piegabile anche a mali usi. Ce lo ricorda con vena pessimistica un gentile poeta italiano dei nostri anni, Lucio Mariani:

...scrivere e legger parole
servì solo a iniziare falsari, a ordire tradimenti
a imitare vortici e venti ad uso del poeta e di altri bari....

Sta in questo vasto spazio che le parole ci dischiudono la possibilità di giocare con esse. Ma dire questo è poco. Ciò che chiamiamo giochi di parole, l'uso ludico e giocoso delle espressioni di una lingua, è il prodotto estremo di alcunché di più profondo e obbligante. A capire ciò ci sollecita non solo e tanto la remota etimologia che lega la radice indoeuropea di *iocus* alla nozione di formulazione verbale, al giocare con la parola, ma aiutano soprattutto quei due grandi teorici del Novecento, Ferdinand de Saussure e Ludwig Wittgenstein, che indipendentemente, giunti al difficile passo del dichiarare come davvero funziona il linguaggio verbale e funzionano le lingue, entrambi ricorrono alla stessa nozione di gioco[3]. È un *jeu de signes appelé langue*, è uno *Sprachspiel*, un *linguistic game* il funzionamento ordinario del nostro parlare, un gioco che facciamo attingendo alle risorse della nostra memoria a lungo termine per prelevarne le parole, per incastrarle insieme in frasi ed enunciati, per sostituirle o spiegarle o avvolgerle in altre, quando ci esprimiamo, o, quando ci sforziamo di comprendere, per ripercorrere a ritroso la stessa via e dinanzi all'altrui enunciazione e frase, ne saggiamo le commessure, le scomponiamo nelle parole di cui ci paiono fatte e di nuovo facciamo appello alla memoria del patrimonio di lingua per avventurarci a ricostruire probabilisticamente il senso che con esse qualcuno voleva, vuole trasmetterci. In verità, se appena

---

[1] Inganno, menzogna e gioco appaiono, come ormai dovrebbe ritenersi ovvio, in altri mammiferi superiori: cfr. Danilo Mainardi, *Dizionario di etologia*, Einaudi, Torino, 1992, alle voci relative.

[2] Heinrich Lausberg, *Handbuch der literarischen Rhetorik*, 2 voll., Max Hueber Verlag, München, 1960, I, p. 322 sgg.

[3] Ferdinand de Saussure, *Écrits de linguistique générale*, Gallimard, Paris 2002, trad. e ed.italiana a cura di T. De Mauro, Laterza, Bari 2005, § 6e, p. 36, n. 45 dell'ed. italiana; Ludwig Wittgenstein, *Philosophische Unteruchungen. Philosophical Investigations*, a cura di G.E.M. Anscombe, Blackwell, Oxford, 1953, § 21 sgg.

accettiamo di riflettervi, non solo "la parola del passato", come il grande Nietzsche suggeriva, ma anche le parole del nostro presente, perfino le più semplici, sono "simili alla sentenza dell'Oracolo" e chiedono anch'esse una partecipazione attiva che soltanto la routinarietà può occultare nella nostra comune consapevolezza, ma mai elimina.

Insomma se il linguaggio è cosa seria, parte altrettanto seria ne è il gioco. Non stupisce dunque che la didattica linguistica da tempo abbia saggiato le vie del gioco ai fini dell'apprendimento linguistico. Di giochi verbali si dilettava il grande logico e creatore di Alice, Lewis Carroll. Più di recente, con un intento più marcatamente educativo, un grande scrittore e poeta per l'infanzia, e non solo, Gianni Rodari, si divertì a proporre un'intera raccolta di filastrocche e raccontini che divertono i bambini e insieme li confortano in più sicuri apprendimenti: è *Il libro degli errori*, arricchito da disegni di Bruno Munari[4].

In chiave più tecnica tra le prove oggettive ha avuto fortuna e si è sviluppato l'uso dei test *cloze*, test di completamento di frasi e testi, usati a fini di verifica, ma anche di stimolazione degli apprendimenti di lingue straniere e lingue materne: indovinelli piegati alle esigenze della didattica.

Anthony Mollica ci ricorda che si è così sviluppata una grande e specifica attenzione per il ruolo che il gioco di parole, nelle sue varie forme, può svolgere nello stimolare e verificare l'apprendimento linguistico a diversi livelli di età. Così è nato questo ramo nuovo degli studi linguistici che da anni diciamo, in francese, inglese, spagnolo, italiano, *ludoliguistique, ludolinguistics, ludolingüística, ludolinguistica*[5] (dalla matrice dei significanti latini, ma non del significato, si discosta solo il tedesco *Sprachspielwissenschaft*, uno scioglilingua per i non tedescofoni). Più che insistere sugli aspetti di teoria linguistica e pedagogica il libro di Mollica vuole farsi ed è uno strumento prezioso per gli educatori, i docenti e gli stessi alunni e studenti che apprendono. A essi

---

[4] Gianni Rodari, *Il libro degli errori*, disegni di Bruno Munari, Einaudi, Torino, 1964. E alle sollecitazioni creative dell'errore nella maturazione delle capacità linguistiche e testuali Rodari non smise mai di pensare, come si vede nella sua *Grammatica della fantasia* (Einaudi, Torino, 1973) e nell'opuscolo 101-102 della "Biblioteca di lavoro" di Mario Lodi, *Parole per giocare*, presentazione di T.De Mauro, illustrazioni di Francesco Tonucci, Manzuoli, Firenze, 1979. Cfr. Silvana Ferreri, "L'errore creativo", in AA.VV., *Le monde de Gianni Rodari*, actes du colloque Luxembourg 20 mai 2008, Saint-Paul, Lussemburgo, 2010.

[5] In ambito anglosassone si possono ricordare Peter Farb, *Word Play. What happens when people talk*, Alfred Knopf, New York, 1973, Don Nilsen, Alleen Nilsen, *Lan- guage Play. An Introduction to Linguistics*, Newbury House, Rowley, Mass., 1978, David Crystal, *Language Play*, Penguin, Londra, 1998, Guy Cook, *Language Play, Language Learning*, Oxford University Press, Oxford, 2000. In area spagnola un'interessante raccolta è José-Luis Garfer, Fernández Concha, *Juegos de palabras. Ludolingüística*, Edimat Libros, Arganda del Rey, Madrid, 2009.

porge una larghissima offerta di esempi concreti di gioco linguistico, li illustra e guida a risolverli, mettendone in luce le potenzialità per l'apprendimento. Dobbiamo essere grati a Mollica per averci messo a disposizione i frutti stimolanti della sua lunga, intelligente esperienza innovativa nel campo della glottodidattica.

Tullio De Mauro

Ringraziamenti

Alcuni dei capitoli presenti in questo volume sono stati pubblicati come saggi in riviste scientifiche o come capitoli in libri.Tutti sono stati rivisti, aggiornati e ampliati rispetto alle versioni originali. Vorrei ringraziare pubblicamente le Case Editrici e i curatori per il permesso accordatomi alla pubblicazione nel presente volume.

Capitolo 3:
L'acrostico e il mesostico

"Acrostici e mesostici nella glottodidattica", in GIORDANO PAOLO A. E LETTIERI MICHAEL (a cura di), *Delectando discitur: Essays in Honor of Edoardo Lèbano. Italiana XIII*, 2009, pp. 387-403.

Capitolo 4:
Gli aggettivi qualificativi

(in collaborazione con) SCHUTZ HERBERT E TESSAR KAREN, "Focus on Descriptive Adjectives: Creative Activities for the Language Classroom", *Mosaic. The Journal for Language Teachers,* 3, 2 (Winter 1996), pp. 18-23. Ristampa in MOLLICA ANTHONY (a cura di), *Teaching and Learning Languages*, Perugia, Guerra-Soleil, 2009, pp. 315-328.

Capitolo 5:
L'anagramma

"Ludolinguistica: L'anagramma nella glottodidattica", *Cultura e Comunicazione. Lingue, linguaggi e comunicazione/Didattica/Linguanet/Cinema e letteratura*, 2 (giugno 2008), pp. 25-30. Rivista pubblicata da Guerra Edizioni, Perugia.

Capitolo 6:
La pista cifrata

"Recreational Linguistics: The "Dot-to-Dot" Activity", *Mosaic. The Journal for Language Teachers*, 10, 4 (Winter 2008), pp. 22-23.

Capitolo 9:
I cruciverba

"Recreational Linguistics: Crossword Puzzles and Second-Language Teaching", *Mosaic. The Journal for Language Teachers*, 10, 3 (Fall 2008), pp. 15-23.

"Crossword Puzzles in Second-Language Teaching", *Italica*, 84, 1 (Spring 2008), pp. 59-78.

Capitolo 10:
L'enigma e l'indovinello

"Indovina indovinello": l'enigma e l'indovinello nella glottodidattica", *In.It*, n° 19. Pp. 12-17. Rivista pubblicata da Guerra Edizioni, Perugia.

"Indovina indovinello": l'enigma e l'indovinello nella glottodidattica", in VITTI ANTONIO (a cura di), *La Scuola Italiana di Middlebury (1996-2005). Passione Didattica Pratica*, Pesaro, Metauro, s.r.l., 2005, pp. 313-329.

Capitolo 12:
L'intruso

(il tema è stato trattato in) "Visual Puzzles in the Second-language Classroom", *The Canadian modern langauge Review/La Revue canadienne des langues vivantes,* 37, 3(1981), pp. 582-622. Ristampa in francese con la traduzione di Lilyane Njiokiktjien, in CALVÉ PIERRE ET MOLLICA ANTHONY (rédacteurs), *Le français langue seconde. Des principes à la pratique,* Welland, Ontario, The Canadian Modern Language Review, 1987, pp. 267-300.

Capitolo 13
Il labirinto

"Recreational Linguistics: Labyrinths and Mazes," *Mosaic. The Journal for Language Teachers,* 11, 1 (Spring 1010), pp. 21-23.

Capitolo 19:
Il proverbio

(in collaborazione con NUESSEL FRANK) "Proverbial Language in the French, Italian, and Spanish Classroom: Pedagogical Application", *Mosaic. The Journal for Language Teachers*, 9, 4 (Winter 2007), pp. 10-22. Il presente saggio tratta solo i riferimenti in italiano.

Capitolo 20:
Il rebus

"Ludolinguistica: Il rebus nella glottodidattica", *ILSA (Italiano Lingua Seconda Associati)*, 2 (2009), pp. 10-13. Gli esempi nel saggio sono stati erroneamente attribuiti a Stefano Bartezzaghi.

Capitolo 21:
Gli scioglilingua

"Gli scioglilingua nella glottodidattica: cenni di analisi e proposte di attività", *Italiano a stranieri,* 3 (luglio 2006), pp. 4-10. Rivista pubblicata da Edizioni Edilingua, Atene.

"French German, Italian and Spanish Tonguetwisters in the Classroom", *Mosaic. The Journal for Language Teachers*, 9, 3 (Fall 2007), pp. 15-20. Ristampa in MOLLICA ANTHONY (a cura di), *Teaching and Learning Languages*, Perugia, Guerra-Soleil, 2009, pp. 370-383.

Capitolo 22:
Il titolo camuffato

"Ludolinguistica: Il titolo camuffato", *Italica*, 87, 1 (Spring 2010), pp. 107-115.

Capitolo 24:
L'umorismo

"Cartoons in the Language Classroon", *The Canadian Modern Language Review,* 32, 4 (March 1976), pp. 424-444 (con didascalie in francese e in italiano). Ristampa, "Cartoons in the Language Classroom", in MOLLICA ANTHONY (ed.), *A Handbook for Teachers of Italian,* Preface by ARCUDI BRUNO A., Published by the American Association of Teachers of Italian. Don Mills, Livingstone Press, 1979, pp. 116-137 (con didascalie in italiano).

"L'umorismo figurativo e l'umorismo verbale nella glottodidattica", in DIADORI PIERANGELA (a cura di), *Insegnare italiano a stranieri,* Firenze, Le Monnier, 2001, pp. 288-297.

"L'umorismo verbale nella glottodidattica", in MOLLICA ANTHONY, DOLCI ROBERTO E PICHIASSI MAURO (a cura di), *Linguistica e Glottodidattica. Studi in onore di Katerin Katerinov,* Perugia, Guerra Edizioni, 2008, pp. 311-339.

Capitolo 27:
I veri amici

"Increasing the Students' Basic Vocabulary in French, Italian, Portuguese and Spanish through English Cognates", *Mosaic. The Journal for Language Teachers,* 9, 2 (Summer 2007), pp. 21-29. Ristampa in MOLLICA ANTHONY (a cura di), *Teaching and Learning Languages,* Perugia, Guerra-Soleil, 2009, pp. 329-343.

Capitolo 28:
Una immagine vale... 1000 parole

"L'immagine nella glottodidattica", in CATRICALÀ MARINA (a cura di), *Lettori e oltre... confine,* Firenze, Aida, 2000.

Una immagine vale... 1000 parole, Libro 1, Welland, Ontario, éditions Soleil publishing inc., 1992. (con *Guida per l'insegnante* in francese, inglese, portoghese, spagnolo, tedesco).

Una immagine vale... 1000 parole, Libro 2, Welland, Ontario, éditions Soleil publishing inc., 1992. (con *Guida per l'insegnante* in francese, inglese, portoghese, spagnolo, tedesco).

Capitolo 29:
Il calendario storico

"Not for Friday Afternoon Only: The Calendar of Memorable Events as a Stimulus for Communicative Activities", *The Canadian Modern Language Review/La Revue canadienne des langues vivantes*, 42, 2 (November 1985), pp. 487-511.

Capitolo 30:
La lettura

"The Reading Program and Oral Practice", *Italica,* 48, 4 (Winter 1971), pp. 522-541.

"The Reading Program and Oral Practice", *The Canadian Modern Language Review,* 29, 1 (October 1972), pp. 14-21. Prima parte del saggio. Ristampato da *Italica.*

"The Reading Program and Oral Practice", *The Canadian Modern Language Review,* 29, 2 (January 1973), pp. 14-21. Seconda parte del saggio. Ristampato da *Italica.*

"The Reading Program and Oral Practice" in MOLLICA ANTHONY (a cura di), *A Handbook for Teachers of Italian,* Preface by ARCUDI BRUNO A., Published by the American Association of Teachers of Italian, Don Mills, Livingstone Press, 1979, pp. 75-96.

Per la lettura del manoscritto prima che andasse in stampa e per i loro preziosi suggerimenti voglio ringraziare: MONICA BARNI, Università per Stranieri di Siena; PAOLA BEGOTTI, Università di Venezia, "Ca' Foscari"; RICCARDO CAMPA, Università per Stranieri di Siena/Istituto Italo-Latinoamericano, Roma; ANGELO CHIUCHIÙ, Accademia Lingua Italiana Assisi; EDVIGE COSTANZO, Scuola di Specializzazione per l'Insegnamento Secondario (SSIS) dell'Università degli Studi della Calabria; MARCEL DANESI, University of Toronto; MAURIZIO DARDANO, Università di Roma Tre; ROBERTO DOLCI, Università per Stranieri di Perugia; SERAFINA FILICE, Università degli Studi della Calabria; ADRIANA FRISENNA, Istituto Italiano di Cultura, Toronto; MONICA GARDENGHI, Imola; SILVIA GIUGNI, Società Dante Alighieri, Roma; MICHELE LETTIERI, University of Toronto Mississauga; CARLA MARELLO, Università degli Studi di Torino; FRANK NUESSEL, University of Louisville, Kentucky; GUIDO PUGLIESE, University of Toronto Mississauga; FIORENZA QUERCIOLI, Stanford University, Firenze; FRANCESCO SABATINI, Università di Roma, "La Sapienza"; MARIA ELISABETTA SASSI, Roma; LUCA SERIANNI, Università di Roma, "La Sapienza"; MARIA GRAZIA SPITI, Università per Stranieri di Perugia; ANNE URBANCIC, University of Toronto; MASSIMO VEDOVELLI, Università per Stranieri di Siena; JANA VIZMULLER-ZOCCO, York University, Toronto.

I miei più affettuosi ringraziamenti vanno a ELISABETTA PAVAN, Università di Venezia, "Ca' Foscari", che ha mirabilmente tradotto molti di questi saggi dall'inglese in italiano, senza la cui collaborazione forse *Ludolinguistica e Glottodidattica* non avrebbe visto la luce.

Anthony Mollica

Ludolinguistica e Glottodidattica

Come suggerisce Erasmo da Rotterdam (1466-1536), teologo, umanista e filosofo olandese, in uno dei suoi scritti del 1497,

> Una costante nota di divertimento deve essere frammista ai nostri studi, così che diventi possibile concepire l'istruzione come un gioco piuttosto che una fatica... Nessuna attività può essere condotta a lungo se non porta un qualche piacere a chi ne partecipa.

Più recentemente, Bruno Munari (1992, p. v) sostiene che

> il gioco è il modo più giusto per conoscere, per capire tante cose, per formarsi una mentalità creativa. Il gioco chiede una partecipazione globale dell'individuo. Il gioco comunica attraverso i sensi.

E una massima anonima conferma

> Non smettiamo di giocare perché siamo vecchi, diventiamo vecchi perché smettiamo di giocare.

E le citazioni sull'importanza del gioco potrebbero ancora continuare. Rossi (2002, p. 176) ci ricorda che Umberto Eco mette il gioco al quarto posto tra i bisogni fondamentali dell'uomo, dopo il nutrimento, il sonno, l'affetto e prima di "chiedersi perché". E ancora, Claude Aveline (1961, p. 7) afferma che

> L'homme est fait pour jouer : c'est le péché originel qui l'a condamné au travail". ("L'uomo è nato per giocare; è il peccato originale che lo ha condannato al lavoro".)

Se si dà una rapida occhiata, in una edicola o in una qualsiasi libreria, alle novità o alla sezione dedicata ai giochi, si nota immediatamente una grande quantità di volumi dedicati a passatempi con giochi di parole.

Nell'ultimo decennio gli autori di libri di testo per l'insegnamento delle lingue straniere hanno utilizzato solo sporadicamente i giochi con le parole, al fine di introdurre una certa varietà negli esercizi e rendere l'acquisizione di una seconda lingua un'attività più gradevole e motivante.

I due giochi di parole che hanno riscosso più successo tra gli autori di manuali per l'apprendimento di una lingua, e che sono ampiamente presenti nei libri di testo e negli esercizi, sono le parole crociate (vedi Capitolo 9, "Il cruciverba") e i crucipuzzle (vedi Capitolo 8, "Il crucipuzzle").

Le finalità del presente volume sono:

1. contestualizzare, storicamente e teoricamente, gli elementi di ludolinguistica oggetto di trattazione;
2. includere numerosi esempi che gli insegnanti possono utilizzare subito in classe;
3. fornire, in relazione ad ogni elemento, una varietà di applicazioni glottodidattiche che consentiranno allo studente
   - di "giocare" con la lingua,
   - di scoprire come è fatta e quali sono i suoi legami interni,
   - di ammirarne la bellezza,
   - e, allo stesso tempo, di apprezzare la cultura che in essa si riflette;
4. fornire agli insegnanti una varietà di attività integrative, da utilizzare come materiale aggiuntivo, a completamento delle attività di base presenti nei libri adottati e che talvolta, per varie ragioni, non rispondono ai reali bisogni del gruppo classe;
5. indicare volumi che gli insegnanti possono consultare per ulteriori approfondimenti o acquistare per la loro biblioteca professionale;
6. identificare alcuni degli autori che hanno lasciato un segno indelebile nello sviluppo della ludolinguistica.

Che cos'è la ludolinguistica?

Secondo Dossena (2004, p. 161), "ludolinguistica" è un termine che lo Zingarelli (2004) registra nel 1998 definendolo:

> branca della linguistica che si occupa di giochi di parole e combinazioni lessicali.

Rossi (2002, p. 247), a sua volta, conferma la definizione:

> la ludolinguistica abbraccia tutti i giochi di parole in chiaro, contrapponendosi all'enigmistica classica, in cui entrano quei componimenti che propongono ai solutori uno o più soggetti *sotto il velame delli versi strani* (Dante).

La voce "ludolinguistica" non è però da tutti condivisa e non sempre è presente nei vari dizionari.

Bartezzaghi, in un'intervista rilasciata a Maurizio Codogno (.mau.), il 28 gennaio 2008, a Crema, in occasione di un suo incontro presso il locale Caffé Letterario, preferisce essere identificato «saggista ed enigmista». (vedi http://it.wikinews.org/wiki/Stefano_Bartezzaghi:_un'intervista_per_solutori_pi%C3%B9_che_abili). Alla domanda:

Come le piace essere definito? giocologo, ludolinguista, o altro?

Bartezzaghi risponde:

"Giocologo" è una parola che Ennio Peres ha inventato per se stesso. "Ludolinguista" invece deve essere un conio di qualche enigmista accademico: una parola che ritengo ripugnante. In realtà quella che viene chiamata "ludolinguistica" non è una disciplina, ed è per questo che non ha un nome vero e proprio. Alla fine, "giochi di parole" è ancora la definizione più sensata, pro-prio per tutti gli equivoci che ammette. In caso di emergenza, cioè quando bisogna proprio essere identificati, uso "saggista ed enigmista". In fondo come enigmista ho incominciato, e oggi continuo a seguire le riviste e a pensare che l'enigmistica sia un contenitore più vasto di quanto non ritengano i suoi adepti meno elastici.

Giampaolo Dossena (1930–2009), giornalista ed enigmista, uno tra i massimi esperti di giochi, e il primo a rendere popolari i giochi con le parole, con le sue rubriche sui maggiori quotidiani italiani, include la voce nel suo *Il dado e l'alfabeto* (2004) ma non nel *Dizionario dei giochi con le parole* (2004).

E Giuseppe Aldo Rossi (2002) è forse il primo autore italiano ad usare la voce "ludolinguistica" come titolo nel suo *Dizionario Enciclopedico di Enigmistica e Ludolinguistica* (2002).

La voce "ludolinguistica" è presente in *Il Devoto-Oli. Vocabolario della lingua italiana 2010* (2009), nel *Grande Dizionario Hoepli Italiano* (2008), in *Il Sabatini Coletti. Dizionario della lingua italiana* (2008), ma assente dal *Dizionario Garzanti di Italiano* (2007) e dal *Vocabolario della Lingua Italiana Treccani* (2009); quest'ultimi due, curiosamente, includono "ludologo" ma non "ludolinguistica".

L'Italia può giustamente essere orgogliosa di avere dei grandi ludolinguisti – Bartezzaghi, Dossena, Francipane, Peres, Rossi – solo per indicarne alcuni, ma nessuno di loro si è avventurato finora a preparare delle attività per l'insegnamento dell'italiano come lingua straniera. Solo Bartezzaghi (2009) ha recentemente pubblicato un *Libro dei giochi per le vacanze. Anagrammi, rebus, cruciverba, refusi, indovinelli,* ma il libro è indirizzato al pubblico italiano di lingua madre piuttosto che al discente d'italiano come lingua straniera.

Perché la ludolinguistica nella glottodidattica?

L'uso dell'enigmistica e dei giochi nelle lezioni di lingua straniera è ormai diventato un elemento intrinseco a numerosi approcci ed è, di fatto, la scelta di molti docenti per quanto riguarda le attività di revisione e di rinforzo di grammatica, lessico e abilità comunicative, a un punto tale che diventa difficile ipotizzare un programma di formazione per docenti senza un seminario o un laboratorio che tratti l'argomento.

Si tratta di tecniche molto versatili, che possono essere utilizzate sia per compiti specifici che coprono punti discreti (quali *il rinforzo strutturale* e *la conoscenza lessicale*) sia per compiti di tipo interattivo (*comunicazione* e *funzioni*).

James Fixx (1978, p. 18), infatti, suggerisce che il motivo è, senza alcun dubbio, perché

> i giochi enigmistici non solo ci danno piacere ma ci aiutano anche a lavorare e a imparare in un modo più efficace.

Se si escludono alcuni tentativi di fissarne la validità e di fornire una tipologia psicologicamente appropriata al loro utilizzo, poco è stato fatto al fine di dare a questo argomento una trattazione empirica esaustiva (si vedano, in ordine cronologico, Mollica, 1971, 1979, 1981, 2003, 2004; Omaggio, 1978, 1982; Wright, Betteridge e Buckby, 1979; Danesi, 1979; Webster e Castonon, 1980; Rixon, 1981; Rodgers, 1981; Jones, 1982, 1986; Palmer e Rodgers, 1983; Crookall, 1985, Crookall, Greenblat, Cooke, Klabbers e Watsin, 1987, Crookall e Oxford, 1988; Crookall e Saunders, 1989; Cicogna, Danesi e Mollica, 1992).

In Italia, tra i primi studiosi ad interessarsi di didattica ludica, troviamo Giovanni Freddi, uno dei padri fondatori della glottodidattica italiana, con le sue pubblicazioni degli anni Ottanta e Novanta del secolo scorso.

Freddi (1990, pp. 130-136) indica vari principi fondamentali sui quali deve basarsi la didattica ludica: *sensorialità, motricità, bimodalità neurologica, semioticità, "total physical response", relazionalità/transazionalità, pragmaticità, espressività, autenticità, biculturalismo, naturalità, integrazione delle lingue, ludicità.*

Dalla letteratura emergono due elementi:

1. le indicazioni sperimentali che esistono hanno dimostrato che queste tecniche sono di supporto ai processi di acquisizione delle lingue,
2. perché queste tecniche siano efficaci devono essere realizzate con consegne chiare e obiettivi didattici chiaramente definiti.

Dal punto di vista delle teorie dell'acquisizione linguistica e della ricerca, esistono solide basi di tipo psicologico che supportano e giustificano l'uso di tecniche ludiche quale integrazione, supplemento o anche riferimento principale nell'insegnamento delle lingue straniere.

Rodgers (1981) ha evidenziato cinque caratteristiche delle tecniche ludiche che si riflettono nelle pratiche quotidiane dell'insegnamento delle lingue straniere.

1. *Sono competitive.*
2. *Sono rette da regole* (hanno un numero limitato e chiaro di regole da rispettare).
3. *Hanno un obiettivo.*
4. *Hanno una conclusione* (ad un certo punto l'attività ha una soluzione e può considerarsi finita).

5. *Sono coinvolgenti* (perché mantengono i partecipanti in una situazione di sfida.)

L'inglese ha due parole per *gioco*: *game* e *play* distinguendo tra *play* come puro divertimento (i romani lo identificavano *jocus*) e *game* come gioco di competizione (*ludus* in latino). Nella didattica delle lingue, l'inglese si riferisce spesso a *word games*, cioè "giochi di parole", attività con carta e matita ed è quest'ultimo che noi prendiamo in considerazione e valorizziamo con la ludolinguistica. Numerosi sono gli autori che hanno scritto saggi e volumi sull'importanza del gioco come attività fisica nella glottodidattica, ma pochi quelli che hanno posto l'accento sui giochi con carta e matita.

Giocare con la lingua implica creatività e sia Tullio De Mauro che Massimo Vedovelli si sono interessati a questo tema. De Mauro, nel suo *Prima lezione sul linguaggio* (2002) dedica un intero capitolo alla creatività della lingua e Vedovelli (2003) riprende la riflessione di De Mauro applicandola alla didattica di una L2.

L'obiettivo del presente volume è di migliorare l'insegnamento e di motivare lo studente attraverso la ludolinguistica. I suggerimenti che figurano in "Applicazioni glottodidattiche" non sono in ordine di difficoltà; l'insegnante, che conosce meglio di tutti il bagaglio linguistico dei suoi studenti, ha l'opportunità di scegliere quelli a loro più adatti.

Le attività ludolinguistiche vanno utilizzate adeguatamente: il loro impiego è fondamentale per la motivazione e per la sfida; non dovrebbero mai essere adoperate come attività di riempimento, come semplici tappabuchi.

Deliberatamente, non abbiamo voluto abbinare le applicazioni glottodidattiche alle attività proposte dal *Common European Framework Reference for Languages: Learning, Teaching, Assessment* del Consiglio d'Europa (trad. italiana, Quartapelle e Bertocchi, 2007, ristampa; vedi anche Vedovelli, 2002; Mezzadri, 2004) volendo lasciare al docente la scelta di inserire e integrare nelle sue lezioni giornaliere quelle attività che meglio si addicano al bagaglio linguistico dei discenti.

Abbiamo cercato di facilitare il compito degli insegnanti interessati ad ulteriori ricerche su un tema particolare inserendo dei riferimenti bibliografici alla fine di ogni capitolo; là dove i riferimenti bibliografici non esistono significa che l'Autore non ha trovato altre fonti e quindi il contenuto di quei capitoli è originale.

Ai capitoli che trattano delle tecniche di ludolinguistica propriamente dette, ne aggiungiamo altri con scopi diversi, "L'umorismo", "Una immagine vale mille parole", "Il calendario storico", "La lettura", ecc., ma che si rifanno all'idea che nell'insegnamento delle lingue vanno privilegiate tutte quelle attività che sono di stimolo ad una migliore fluenza del discente.

Le tecniche di ludolinguistica offrono delle attività complementari che possono essere facilmente utilizzate insieme ad altre tecniche in qualsiasi programma di insegnamento di lingua straniera ma sinora nessuno si è avventurato nella realizzazione di un sillabo, o di un processo didattico, totalmente "enigmistico".

Il docente che decide di integrare queste tecniche nel suo programma di studi deve tener conto:
- dell'età dello studente,
- dei suoi interessi e
- della sua conoscenza (o abilità) linguistica.

Ricordiamo la definizione che Haim G. Ginott (1995) dà all'importante ruolo che svolge l'insegnante:

> Sono arrivato ad una conclusione spaventosa. Sono *io* l'elemento decisivo nell'aula. È *il mio* approccio personale che crea l'atmosfera. È *il mio* umore giornaliero che fa il tempo. Come insegnante, ho il potere tremendo di rendere la vita del discente infelice o felice. Posso essere un attrezzo di tortura o uno strumento di ispirazione. Posso umiliare o lodare, far male o fare guarire. In tutte le situazioni è *la mia* reazione che decide se una crisi sarà intensificata o indebolita e il fanciullo umanizzato o disumanizzato (corsivo dell'Autore).

Più convincente e di gran lunga più importante del curriculum o dei metodi o perfino del contenuto, la formazione dell'insegnante è la chiave del successo di un programma di studio. Un cattivo insegnante incide poco, malgrado il miglior programma possibile a sua disposizione, mentre un ottimo insegnante trascende una materia povera o un'organizzazione imperfetta e, con un metodo tutto suo, impone lo sviluppo intellettuale del discente.

Siamo fermamente convinti che l'insegnante debba creare in classe un'*atmosfera di successo* e sottolineiamo quelli che devono essere i suoi obiettivi:
- motivare
- divertire
- insegnare

rinverdendo quanto Orazio (65 a.C.-8 a.C.) auspicava nella sua *Ars poetica*,

> *Omne tulit punctum qui miscuit utile dulci,*
> *lectorem delectando pariterque monendo.*
> (Orazio, *Ars poetica*, versi 343-344)

> Colse nel giusto segno chi alternò l'utile al dolce,
> divertendo il lettore e nello stesso tempo istruendolo.

Anthony Mollica

Riferimenti bibliografici

AVELINE CLAUDE (avec la collaboration de) DEFOSSE MARCEL, BOLL MARCEL, GALEY L.-E., LAURENT C.-M., MARTIN-CHAUFFIER SIMON, SEGUIN ÉLISE, SESMERO ODETTE, 1961, *Le code des jeux*, Paris, Hachette.

BARTEZZAGHI STEFANO, 2009, *Il libro dei giochi per le vacanze. Anagrammi, rebus, cruciverba, refusi, indovinelli.* Milano, Arnoldo Mondadori Editore, S.p.A.

CICOGNA CATERINA, DANESI MARCEL E MOLLICA ANTHONY (a cura di), 1992, *Problem-Solving in Second-Language Teaching,* Welland, Ontario, éditions Soleil publishing inc.

CROOKALL D. (a cura di), 1985, *Simulation Applications in L2 Education and Research,* Special Issue, *System*, 13, 3.

CROOKALL D. E OXFORD R. (a cura di), 1988. *Language Learning Through Simulation/ Gaming.* New York, Newbury House-Harper and Row.

CROOKALL D. AND SAUNDERS D. (a cura di), 1989, *Communication and Simulation: From Two Fields to One Theme,* Clevedon, Multilingual Matters.

CROOKALL D., GREENBLAT C., COOTE A., KLABBERS J., AND WATSON D.R. (a cura di), 1987, *Simulation-Gaming in the Late 1980's,* New York, Pergamon.

DE MAURO TULLIO, 2002, *Prima lezione sul linguaggio,* Laterza, Roma-Bari.

DEVOTO GIACOMO E OLI GIAN CARLO, 2009, *Il Devoto-Oli. Vocabolario della lingua italiana 2010,* a cura di Luca Serianni e Maurizio Trifone, Milano, Mondadori Education.

DOSSENA GIAMPAOLO, 2004, *Il dado e l'alfabeto. Nuovo dizionario dei giochi con le parole,* Bologna, Zanichelli.

DOSSENA GIAMPAOLO, 2004, *Dizionario dei giochi con le parole,* Milano, A. Vallardi, © Garzanti editore, S.p.a.

FIXX J. F., 1983, *Solve It!,* London, Muller.

FREDDI GIOVANNI, 1990, *Azione, gioco, lingua. Fondamenti di una glottodidattica per bambini,* Padova, Liviana.

GABRIELLI ALDO, 2008, *Grande Dizionario Hoepli Italiano,* Milano, Ulrico Hoepli Editore, Spa.

GARZANTI, 2007, *Il Grande Dizionario Garzanti Italiano 2008,* Novara, De Agostini Scuola SpA, Garzanti linguistica.

GINOTT HAIM G.., 1995, *Teacher and Child: A Book for Parents and Teachers,* New York, Collier.

JONES K., 1982, *Simulations in Language Teaching,* Cambridge, Cambridge University Press.

JONES K., 1986, *Designing Your Own Simulations,* New York, Methuen.

MEZZADRI MARCO, 2004, *Il Quadro comune europeo a disposizione della classe. Un percorso verso l;eccellenza,* Prefazione di J.L.M. TRIM, Collana di Biblioteca italiana di glottodidattica diretta da ANTHONY MOLLICA, Perugia, Edizioni Guerra-Soleil.

MOLLICA ANTHONY, 1971, "The Reading Program and Oral Practice", *Italica,* 48, 4, pp. 522-541.

MOLLICA ANTHONY, 1979, "Games and Activities in the Italian High School Classroom", *Foreign Language Annals*, 12, pp. 347-354.

MOLLICA ANTHONY, 1981, "Visual Puzzles in the Second Language Classroom", *The Canadian Modern Language Review/La Revue canadienne des langues vivantes*, 37, pp. 583-622.

Mollica Anthony, 2003, *Attività lessicali 1. Elementare-Pre-Intermedio,* Recanati, ELI. Ristampa per l'America del Nord: Welland, Ontario, éditions Soleil publishing inc.

Mollica Anthony, 2004, *Attività lessicali 2. Intermedio-Avanzato,* Recanati, ELI. Ristampa per l'America del Nord: Welland, Ontario, éditions Soleil publishing inc.

Munari Bruno, 1992, "Prefazione" in Francipane Michele, *Ludogrammi. Le parole giocose. Pratica dei giochi linguistici,* Milano, Mursia.

Omaggio Alice, 1978, *Games and Simulations in the Foreign Language Classroom,* Washington, D. C., Center for Applied Linguistics.

Omaggio Alice, 1982, "Using Games and Interactional Activities for the Development of Functional Proficiency in a Second Language", *The Canadian Modern Language Review/La Revue canadienne des langues vivantes,* 38, pp. 515-546.

Orazio, 1971, "*Ars poetica*" in Brink C.O., *Horace on Poetry,* Cambridge, Cambridge University Press.

Palmer A. e Rodgers T.S., 1983, "Games in Language Teaching", *Language Teaching,* 16, pp. 2-21.

Quartapelle Franca e Bertocchi Daniela, 2007 (ristampa), *Quadro comune europeo di riferimento per le lingue: apprendimento, insegnamento, valutazione,* Milano, La Nuova Italia-Oxford; traduzione italiana di Council of Europe, 2001, *Common European Framework of Reference for Languages: Learning, Teaching, Assessment,* Strasbourg, Council of Europe.

Rixon S., 1981, *How to Use Games in Language Teaching,* London, Macmillan.

Rodgers T.S., 1981, "A Framework for Making and Using Language Teaching Games", in *Guidelines for Language Games,* Singapore: RELC, pp. 1-7.

Rossi Giuseppe Aldo, 2002, *Dizionario Enciclopedico di Enigmistica e Ludolinguistica,* Bologna, Zanichelli.

Sabatini Francesco e Coletti Vittorio, 2007, *Il Sabatini Coletti. Dizionario della lingua italiana 2008* con Cd-rom, Milano, RCS Libri S.p.A. Divisione Education, Sansoni.

Treccani, 2009, *Vocabolario della Lingua Italiana,* edizione speciale per le librerie, Roma Istituto della Enciclopedia Treccani.

Vedovelli Massimo, 2002, *Guida all'italiano per stranieri. La prospettiva del* Quadro comune europeo per le lingue, Roma, Carocci editore.

Vedovelli Massimo, 2003, "Condizioni Semiotiche per un approccio interculturale alla didattica linguistica: il ruolo del linguaggio verbale", *Studi Emigrazione,* XL, n. 151, pp. 503-521.

Webster M. e Castonon E., 1980, *Crosstalk: Communication Tasks and Games at the Elementary, Preintermediate and Intermediate Levels,* Oxford, Oxford University Press.

Wright A., Betteridge D. e Buckby M., 1979, *Games for Language Learning,* Cambridge, Cambridge University Press.

Zingarelli Nicola, 2004, *Lo Zingarelli. Vocabolario della lingua italiana* (cd-rom), Bologna, Zanichelli.

Capitolo 1

L'abbinamento e l'incastro

Per attività di *abbinamento* o *accoppiamento*, ma anche *incastro* (Balboni, 1998) si intende il collegamento di due parti che abbiano qualcosa in comune, siano simili o complementari o, che nell'abbinarsi, danno luogo generalmente ad una frase di senso compiuto. Nel realizzare le attività che prevedono l'abbinamento gli insegnanti devono:

1. assicurarsi che tutti gli item appaiano sulla stessa pagina,
2. dare consegne chiare e precise relativamente alla formulazione della risposta,
3. preferire item omogenei ad item che coprono aree diverse tra loro,
4. evitare l'inserimento di informazioni e materiali non rilevanti al fine dell'abbinamento,
5. evidenziare le colonne in modo chiaro e ordinato.

Applicazioni glottodidattiche

Nel realizzare attività di abbinamento – *linguistiche* (attività 1-11, 19-22) o *culturali* (attività 11-18, 23) – gli insegnanti possono chiedere agli studenti di:

1. ***abbinare un aggettivo al suo contrario:***
   Associa l'aggettivo con il suo contrario.

   Colonna A
   1. allegro
   2. bello
   3. coraggioso
   4. debole
   5. giovane
   6. piccolo

   Colonna B
   a. brutto
   b. codardo
   c. forte
   d. grande
   e. triste
   f. vecchio

2. *associare un sostantivo al suo contrario:*

   Associa il sostantivo con il suo contrario.

   Colonna A
   1. alunno
   2. attenzione
   3. bugia
   4. discesa
   5. dolore
   6. domanda
   7. monologo
   8. ottimismo
   9. paura
   10. permesso
   11. studente
   12. quiete

   Colonna B
   a. agitazione
   b. coraggio
   c. dialogo
   d. distrazione
   e. divieto
   f. gioia
   g. maestro
   h. pessimismo
   i. professore
   j. risposta
   k. salita
   l. verità

3. *collegare un verbo al suo contrario:*

   Associa il verbo con il suo contrario.

   Colonna A
   1. amare
   2. aprire
   3. comandare
   4. creare
   5. domandare
   6. mangiare
   7. ridere
   8. scendere
   9. svuotare
   10. vietare

   Colonna B
   a. chiudere
   b. digiunare
   c. distruggere
   d. obbedire
   e. odiare
   f. permettere
   g. piangere
   h. riempire
   i. rispondere
   j. salire

   Gli insegnanti possono fare la stessa attività usando *sinonimi* per:
   a. aggettivi
   b. sostantivi
   c. verbi.

4. *associare espressioni idiomatiche, basate su un determinato tema o vocabolo (per esempio, "testa") al loro significato:*

   Associa l'espressione della Colonna A con il suo significato nella Colonna B.

   Colonna A
   1. testa dura
   2. testa vuota
   3. una lavata di testa
   4. un gran testa
   5. testa calda
   6. testa di rapa
   7. testa di legno
   8. a testa alta

   Colonna B
   a. con orgoglio, con dignità
   b. persona stupida
   c. persona ostinata
   d. di chi è superficiale e irresponsabile
   e. persona testarda e stupida
   f. individuo impulsivo
   g. una persona ingegnosa e geniale
   h. una ramanzina, un energico rimprovero

5. associare proverbi e/o modi di dire al loro significato:

Individua il proverbio o il modo di dire della Colonna A che corrisponde alla spiegazione o situazione proposta nella Colonna B.

Colonna A
1. Quando manca il gatto i topi ballano.
2. Il lupo perde il pelo ma non il vizio.
3. Battere il ferro finché è caldo.
4. Da cosa nasce cosa.
5. La lingua batte dove il dente duole.
6. Salvare capra e cavoli.

Colonna B
a. Si si finisce sempre per parlare dell'argomento che più preoccupa
b. insistere in qualcosa, finché dura la situazione favorevole
c. conciliare gli utili di due cose fuggendo i danni dell'uno
d. Difficilmente si perdono le cattive abitudini.
e. Da un primo evento, talora accidentale o non provocato, ne derivano spesso altri favorevoli o graditi.
f. Il professore non è in aula e gli studenti fanno un gran baccano.

6. abbinare il verbo al sostantivo al quale di solito si accompagna (Immagine 1):

La cucina

Abbina i verbi con gli alimenti.

1. ☐ affettare
2. ☐ (fare) bollire
3. ☐ condire
4. ☐ farcire
5. ☐ friggere
6. ☐ grattugiare
7. ☐ imburrare
8. ☐ impastare
9. ☐ riscaldare
10. ☐ sbucciare
11. ☐ scolare
12. ☐ tritare
13. ☐ versare
14. ☐ zuccherare

A l'acqua
B un bicchiere d'acqua
C il caffè
D la carne
E la farina
F una fetta di pane
G il parmigiano
H un'insalata
I il pane
J la pasta
K le patate
L la minestra
M il tacchino
N due uova

Immagine 1

Da: Anthony Mollica, *Attività lessicali, 2. Intermedio-Avanzato*, Recanati, ELI, 2004.
Per gentile concessione dell'Editore.

7. **associare gli auguri con la situazione o la data.**

   Associa i seguenti auguri con la situazione in cui la frase viene detta.

1.	Devo sostenere un esame d'inglese.	a.	Buon anniversario!
2.	Oggi compio diciassette anni.	b.	Buon compleanno!
3.	All'inizio della giornata.	c.	Buon viaggio!
4.	Oggi festeggio 25 anni di matrimonio.	d.	Buon Natale!
5.	È morto mio zio.	e.	Buona giornata!
6.	Sono stato promosso dirigente.	f.	Congratulazioni!
7.	Parto per un soggiorno in Canada.	g.	In bocca al lupo!
8.	Oggi è il 25 dicembre.	h.	Le mie sentite condoglianze!

   E l'insegnante può aggiungere altri "auguri" o "saluti" e descrivere altre situazioni:

   - Buon anno!
   - Buon proseguimento!
   - Buon appetito!
   - Buona convalescenza!
   - Buona serata!
   - Buon giorno!
   - Buon divertimento!
   - Buona domenica!
   - Buon pomeriggio!
   - Arrivederci!
   - Ciao!
   - Buona notte!, ecc.

8. **creare un esercizio in cui si chiede agli studenti di abbinare il termine all'illustrazione.**

   Per sviluppare l'abilità di scrittura gli insegnanti possono chiedere agli studenti di scrivere il nome dell'animale sotto il disegno.

   Unisci con una linea l'immagine e il nome dell'animale e scrivi il nome dell'animale sotto il disegno.

   l'asino
   il cane
   il cavallo
   il coniglio
   la farfalla
   la gallina
   il gallo
   il gatto
   la mucca
   il pulcino

9. *abbinare la battuta ad una vignetta umoristica,* una attività valida e divertente. (Vedi Capitolo 24, "L'umorismo".)

   Abbina la battuta alla vignetta.

   1. – Guarda! Arriva Colombo. Ci ha scoperti!
   2. – Sono venuto per un preventivo.
   3. – Qualunque cosa gli si chieda cade sempre dalle nuvole.
   4. – Questa pelliccia mi è costata un occhio...

10. *creare una battuta umoristica con un modo di dire e illustrarlo con una vignetta.*

11. *associare domanda e risposta.*

    Associa la domanda alla risposta.

    1. Chi è il tuo professore di latino?
    2. Come ti chiami?
    3. Dove abiti?
    4. Ho due biglietti per *La Traviata*. Vuoi accompagnarmi?
    5. Prendi un caffè?
    6. Quale ristorante mi suggerisci?
    7. Sa dirmi dove si trova la Cattedrale?

    a. Continui su questa strada. In via Cavour, giri a destra.
    b. In via Garibaldi, 27.
    c. No, grazie. Preferisco un succo d'arancia.
    d. Giorgio Frascati.
    e. Giovanni.
    f. Sì, grazie. Volentieri.
    g. Vai "Al Fagianetto", in via Filippo Turati.

12. *associare mestieri e professioni ai nomi di persone famose* (Immagine 2):

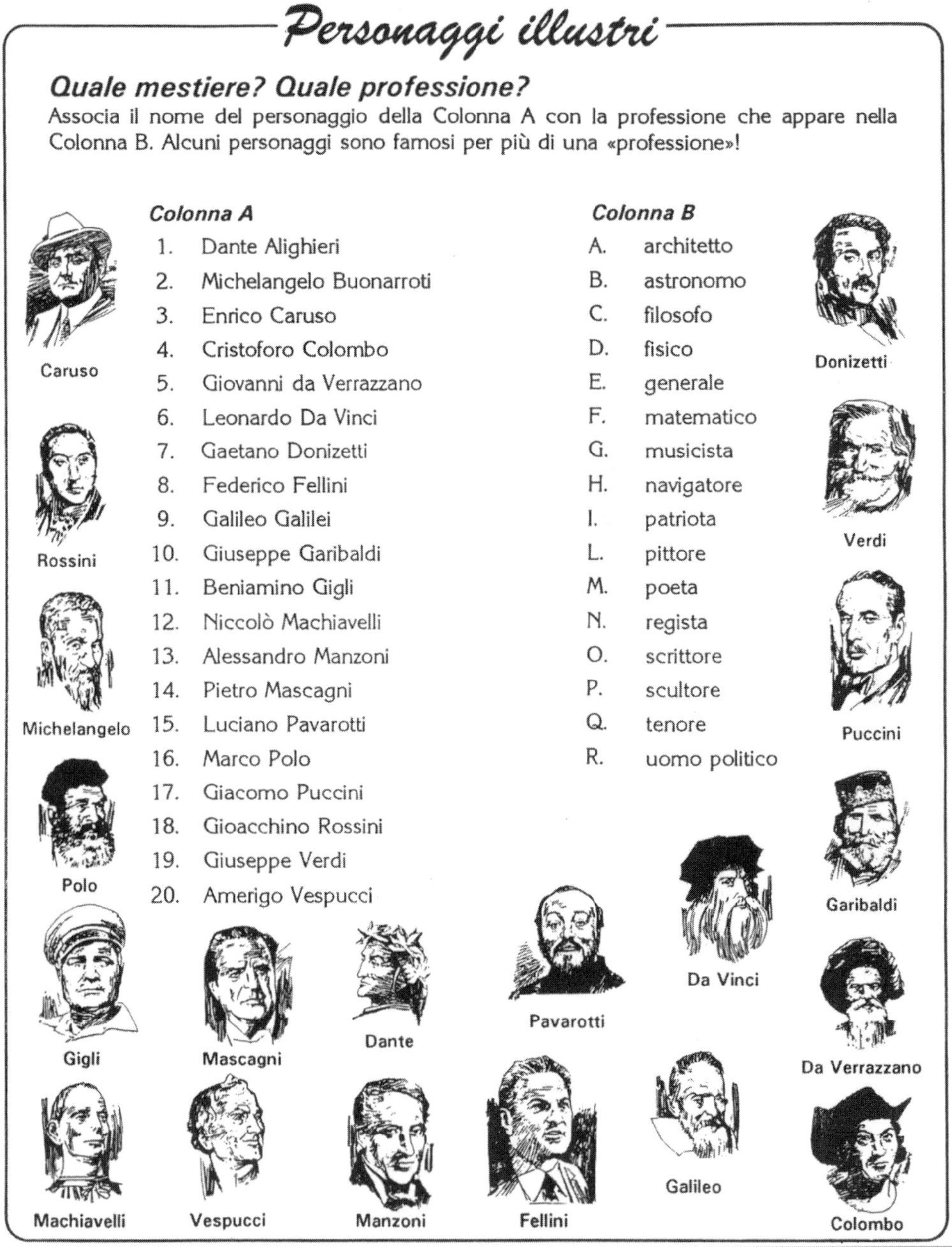

Personaggi illustri

Quale mestiere? Quale professione?
Associa il nome del personaggio della Colonna A con la professione che appare nella Colonna B. Alcuni personaggi sono famosi per più di una «professione»!

Colonna A
1. Dante Alighieri
2. Michelangelo Buonarroti
3. Enrico Caruso
4. Cristoforo Colombo
5. Giovanni da Verrazzano
6. Leonardo Da Vinci
7. Gaetano Donizetti
8. Federico Fellini
9. Galileo Galilei
10. Giuseppe Garibaldi
11. Beniamino Gigli
12. Niccolò Machiavelli
13. Alessandro Manzoni
14. Pietro Mascagni
15. Luciano Pavarotti
16. Marco Polo
17. Giacomo Puccini
18. Gioacchino Rossini
19. Giuseppe Verdi
20. Amerigo Vespucci

Colonna B
A. architetto
B. astronomo
C. filosofo
D. fisico
E. generale
F. matematico
G. musicista
H. navigatore
I. patriota
L. pittore
M. poeta
N. regista
O. scrittore
P. scultore
Q. tenore
R. uomo politico

Caruso

Rossini

Michelangelo

Polo

Donizetti

Verdi

Puccini

Gigli, Mascagni, Dante, Pavarotti, Da Vinci, Garibaldi, Da Verrazzano, Machiavelli, Vespucci, Manzoni, Fellini, Galileo, Colombo

Immagine 2

Da: Anthony Mollica, (a cura di), *A te la scelta! Attività, giochi e passatempi*, Welland, Ontario: éditions Soleil publishing inc., 1992. Per gentile concessione dell'Editore.

L'abbinamento e l'incastro

13. *associare nomi e cognomi di persone famose* (Immagine 3):

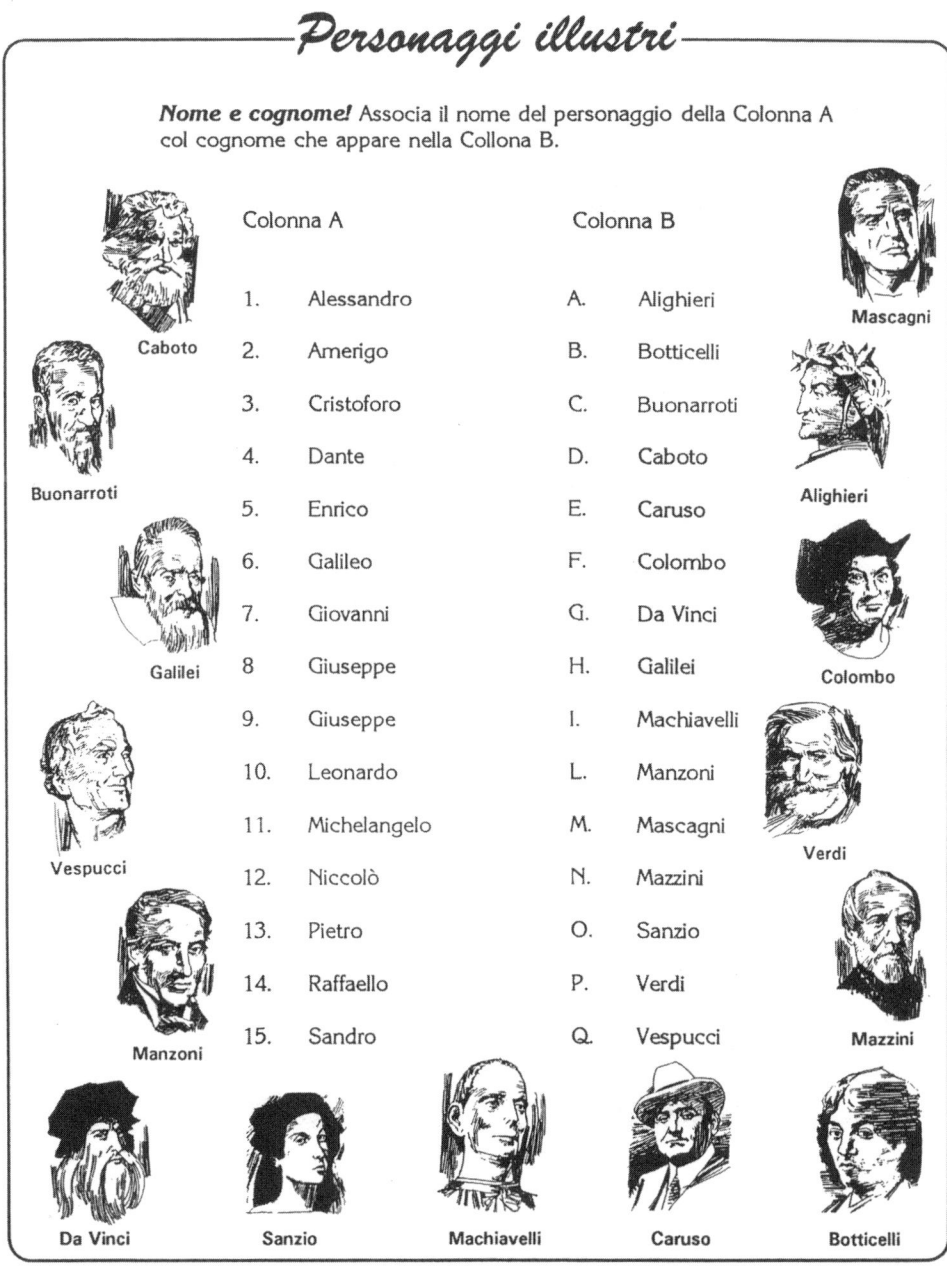

Immagine 3
Da: Anthony Mollica, (a cura di), *A te la scelta! Attività, giochi e passatempi*. Welland, Ontario, éditions Soleil publishing inc., 1992. Per gentile concessione dell'Editore.

14. *abbinare il nome di coppie famose:*

    Associa il nome della Colonna A con il nome della Colonna B per formare una coppia famosa, tratta dalla letteratura, epopea, opera lirica, storia.

    Colonna A

    1. Dante Alighieri
    2. Giovanni Boccaccio
    3. Mario Cavaradossi
    4. Giulio Cesare
    5. Enea
    6. Orlando
    7. Paride
    8. Francesco Petrarca
    9. Renzo Tramaglino
    10. Ulisse

    Colonna B

    a. Angelica
    b. Beatrice
    c. Cleopatra
    d. Didone
    e. Elena di Troia
    f. Fiammetta
    g. Laura
    h. Lucia Mondella
    i. Penelope
    j. Floria Tosca

15. *abbinare il monumento o luogo storico con la città dove si trova:*

    Associa il nome del monumento o luogo storico della Colonna A con il nome della città della Colonna B.

    Colonna A

    1. i Bronzi di Riace
    2. la Cappella Sistina
    3. il Colosseo
    4. la Galleria degli Uffizi
    5. La Mole Antonelliana
    6. Piazza del Campo
    7. Piazza San Marco
    8. la Tomba di Dante
    9. la Torre degli Asinelli
    10. la Torre Pendente

    Colonna B

    a. Bologna
    b. Firenze
    c. Pisa
    d. Ravenna
    e. Reggio Calabria
    f. Roma
    g. Siena
    h. Torino
    i. Vaticano
    j. Venezia

16. *abbinare il nome della città con il Santo Patrono:*

    Associa il ome della città della Colonna A con il nome del Santo Patrono della Colonna B.

    Colonna A

    1. Bari
    2. Bologna
    3. Firenze
    4. Mantova
    5. Milano
    6. Napoli
    7. Padova
    8. Palermo
    9. Reggio Calabria
    10. Roma
    11. Trieste
    12. Venezia

    Colonna B

    a. Sant'Ambrogio
    b. Sant'Anselmo
    c. Sant'Antonio
    d. San Gennaro
    e. San Giorgio
    f. San Giovanni Battista
    g. San Giusto
    h. San Marco
    i. San Nicola
    j. San Petronio
    k. San Pietro e Paolo
    l. Santa Rosalia

17. *associare ogni nome di vino con la regione che lo produce:*

   Associa il nome del vino della Colonna A con la regione che lo produce della Colonna B.

   Colonna A
   1. il Barolo
   2. il Brunello
   3. il Cannonau
   4. il Cirò
   5. l'Est! Est! Est!
   6. il Lacryma Christi
   7. il Marsala
   8. l'Orvieto
   9. il Pinot di Franciacorta
   10. il Sangiovese
   11. il Valpolicella
   12. il Verdicchio

   Colonna B
   a. la Calabria
   b. la Campania
   c. l'Emilia
   d. il Lazio
   e. la Lombardia
   f. le Marche
   g. il Piemonte
   h. la Sardegna
   i. la Sicilia
   j. la Toscana
   k. l'Umbria
   l. il Veneto

18. *associare la frase o una massima con la persona che l'ha detta:*

   Chi l'ha detto? Identifica il personaggio della Colonna A che ha pronunciato la massima della Colonna B.

   1. Massimo D'Azeglio
   2. Umberto Eco
   3. Federico Fellini
   4. Ugo Foscolo
   5. Galileo Galilei
   6. Niccolò Machiavelli
   7. Alessandro Manzoni
   8. Mirandolina (*La Locandiera*)
   9. Benito Mussolini
   10. Francesco Petrarca

   a. Governare gli italiani non è difficile, è inutile.
   b. Felliniano... Avevo sempre sognato, da grande, di fare l'aggettivo.
   c. Parlare oscuramente lo sa fare ognuno, ma chiaro pochissimi.
   d. I regali non fanno male allo stomaco.
   e. Il saggio muta consiglio ma lo stolto resta della sua opinione.
   f. Il linguaggio è stato lavorato dagli uomini per intendersi tra loro, non per ingannarsi a vicenda.
   g. La saggezza non sta nel distruggere gli idoli, sta nel non crearne mai.
   h. Fatta l'Italia, bisogna fare gli italiani.
   i. Un principe non manca mai di legittimare le ragioni che rompono le sue promesse.
   j. L'arte non consiste nel rappresentare cose nuove, bensì nel rappresentare con novità.

Abbinamento/Accoppiamento/ Incastro

Balboni (1998) definisce "incastri" alcuni esempi di abbinamento/accoppiamento perché, giustamente, la seconda parte dell'attività di accoppiamento/abbinamento si congiunge con la prima in modo che i due pezzi aderiscano perfettamente l'uno all'altro. L'incastro è anche gioco enigmistico che consiste nell'inserire una parola in un'altra parola per ottenerne una terza.

19. **abbinare il nome del vegetale per completare il proverbio o modo di dire (approccio tematico, "frutta e verdura"):**

    Abbina il nome del vegetale o della frutta della Colonna B per completare il proverbio o modo di dire della Colonna A.

    Colonna A
    1. Al contadino non far sapere quanto è buono il formaggio con le ...
    2. bianco e rosso come una...
    3. dormire sugli ...
    4. essere una testa di...
    5. mangiare pane e ...
    6. puro come un ...
    7. rosso come un ...
    8. salvare capra e ...
    9. seminare ...
    10. La vita non è tutto rose e ...

    Colonna B
    a. allori
    b. cavoli
    c. cipolla
    d. fiori
    e. giglio
    f. mela
    g. peperone
    h. pere
    i. rapa
    j. zizzania

20. **completare il proverbio iniziato nella Colonna A con la seconda parte della Colonna B:**

    Completa il proverbio iniziato nella Colonna A con la fine della Colonna B.

    Colonna A
    1. A buon intenditor
    2. Campa cavallo
    3. Chi troppo vuole
    4. Chi trova un amico
    5. Chi scherza con il fuoco
    6. Dove c'è fumo
    7. Il primo amore
    8. La lingua batte
    9. Meglio un uovo oggi
    10. Una rondine

    Colonna B
    a. c'è arrosto.
    b. che una gallina domani.
    c. che l'erba cresce.
    d. dove il dente duole.
    e. non fa primavera.
    f. non si scorda mai.
    g. nulla stringe.
    h. poche parole.
    i. rischia di bruciarsi.
    j. trova un tesoro.

21. **abbinare i seguenti modi di dire con la parte del corpo umano (approccio tematico, "parti del corpo"):**

    Associa la parte del corpo della Colonna B per completare il modo di dire della Colonna A.

    Colonna A
    1. acqua in ...
    2. allargare le ...
    3. alzare le ...
    4. amici per la ...
    5. armati fino ai ...
    6. avere un diavolo per ...
    7. avere l'acqua alla ...
    8. cose da leccarsi i ...
    9. essere con una corda al ...
    10. lavarsene le ...

    Colonna B
    a. baffi
    b. bocca
    c. braccia
    d. capello
    e. collo
    f. denti
    g. gola
    h. mani
    i. pelle
    j. spalle

22. *chiedere agli studenti di ricomporre una frase interrotta:*

    Scegli nella Colonna B la frase che completa logicamente quella della Colonna A.

    Colonna A
    1. Avevo quindici anni, ero alta e grossa,
    2. Per ogni sciocchezza
    3. Ogni volta che uscivo
    4. Un giorno Osvaldo disse che,
    5. Nel trovarlo vestito così elegantemente
    6. Io avevo rubato i soldi a mia madre
    7. Se mio padre mi avesse vista,
    8. Osvaldo voleva baciarmi ancora,
    9. Per farlo ingelosire,
    10. Non potendone più,
    11. Mia madre disse che
    12. Osvaldo le parlò della macchina

    Colonna B
    a. se non ero una ragazzina, potevo uscire con lui dopo il lavoro.
    b. ma lo respinsi ricordandogli che eravamo in strada.
    c. ma a casa tutti dicevano che ero una ragazzina.
    d. che aveva comprato e dell'ottimo salario che percepiva.
    e. Osvaldo mi prese per il braccio e mi avviò verso casa mia.
    f. passavo davanti all'officina di Osvaldo.
    g. inventai Armando, ma poi non sapevo come liberarmi di lui.
    h. queste cose le capiva benissimo.
    i. mi avrebbe dato delle scoppole.
    j. dicevano manda giù la ragazzina.
    k. per comprarmi le calze.
    l. mi resi conto che, per la prima volta, avevo un appuntamento con un uomo

    Una volta che tutte le frasi siano state unite, "incastrate" correttamente, lette in maniera consecutiva daranno luogo al riassunto del racconto "La ragazzina" di Alba de Céspedes (vedi Appendice C).

    Riassunto: "La ragazzina"

    Avevo quindici anni, ero alta e grossa, ma a casa tutti dicevano che ero una ragazzina. Per ogni sciocchezza dicevano manda giù la ragazzina. Ogni volta che uscivo passavo davanti all'officina di Osvaldo. Un giorno Osvaldo disse che, se non ero una ragazzina, potevo uscire con lui dopo il lavoro. Nel trovarlo vestito così elegantemente mi resi conto che, per la prima volta, avevo un appuntamento con un uomo. Io avevo rubato i soldi a mia madre per comprarmi le calze. Se mio padre mi avesse vista, mi avrebbe dato delle scoppole. Osvaldo voleva baciarmi ancora, ma lo respinsi ricordandogli che eravamo in strada. Per farlo ingelosire, inventai Armando, ma poi non sapevo come liberarmi di lui. Non potendone più, Osvaldo mi prese per il braccio e mi avviò verso casa mia. Mia madre disse che queste cose le capiva benissimo. Osvaldo le parlò della macchina che aveva comprato e dell'ottimo salario che percepiva.

23. *abbinare delle frasi con un incastro di completamento a scelta multipla:*
    Il completamento può essere una frase o una singola parola. Per questa attività è consigliabile che il docente scelga quattro item: tre son pochi e cinque difficili da creare (Mollica, 1992).

Completa la frase con una delle quattro risposte proposte.

1. La città famosa per la produzione della FIAT è ...
   A. Napoli.   B. Milano.   C. Roma.   D. Torino.
2. L'Italia ha la forma di ...
   A. uno stivale.   B. una scarpa.   C. un triangolo.   D. un quadrato.
3. Il Tevere passa per ...
   A. Firenze.   B. Milano.   C. Napoli.   D. Roma.
4. I colori della bandiera italiana sono bianco, rosso e ...
   A. azzurro.   B. giallo.   C. nero.   D. verde.
5. La Fontana di Trevi è a ...
   A. Milano.   B. Napoli.   C. Roma.   D. Torino.
6. Lo sport più popolare italiano è ...
   A. il calcio.   B. il ciclismo   C. il pugilato.   D. il tennis.
7. L'Italia è divisa in venti ...
   A. isole.   B. province.   C. stati.   D. regioni.
8. Il fiume più lungo d'Italia è ...
   A. l'Adige   B. l'Arno.   C. il Tevere.   D. il Po.
9. L'isola più grande d'Italia è ...
   A. Capri.   B. Elba.   C. la Sardegna.   D. la Sicilia.
10. Le Alpi dividono l'Italia dalla ...
    A. Francia   B. Polonia.   C. Spagna.   D. Ungheria.

24. *e la lista di abbinamenti/incastri potrebbe continuare per introdurre:*

   a. *lingua*
      - modi di dire e definizioni
        salvare capra e cavoli: risolvere una situazione difficile con un abile compromesso
      - proverbi e definizioni
        essere come cani e gatti: litigare continuamente
      - animale e verso dell'animale (sostantivo e verbo)
        cavallo: nitrito, nitrire
      - espressioni di quantità e sostantivo
        un etto di: prosciutto
   b. *letteratura*
      - scrittori e titoli di opere
        Carlo Goldoni: *La Locandiera*
      - personaggi e opere
        Manrico: *Il Trovatore*
   c. *storia*
      - data e avvenimenti
        il 12 ottobre 1492: la scoperta dell'America
   d. *geografia*
      - città e fiumi

Roma: Tevere
- scrittori e luogo di nascita
  Leonardo Sciascia: Racalmuto, Agrigento
- città e regioni
  Crotone: Calabria
- città e monumenti
  Roma: Fontana di Trevi
- teatri lirici e città
  San Carlo: Napoli

e. *cultura*
- date di feste o tradizioni
  il 2 giugno: Festa della Repubblica
- regione e piatti tipici
  Lazio: trippa alla romana

f. *musica e spettacolo*
- compositori ed opere liriche
  Gioacchino Rossini: *Il barbiere di Siviglia*
- opere e librettisti
  Tosca: Luigi Illica e Giuseppe Giacosa
- attori e film interpretato
  Marcello Mastroianni: *La dolce vita*
- regista e titolo del film
  Vittorio de Sica: *La ciociara*

25. Diverse sono le attività che possono seguire le risposte dell'abbinamento. L'insegnante potrebbe chiedere agli studenti di:

(Suggerimenti: Attività 7)
- identificare le espressioni di auguri/saluti che si usano nella loro lingua madre
- suggerire, descrivere altre situazioni in cui si possono dire gli altri auguri o modi di dire che seguono l'attività

(Suggerimenti: Attività 12, 13)
- identificare nome e cognome di personaggi importanti del loro Paese
- dare il nome e la professione di personaggi importanti del loro Paese

(Suggerimento: Attività 14)
- dare dei cenni biografici per le coppie famose

(Suggerimenti: Attività 15)
- descrivere il monumento e sottolinearne l'importanza storica
- organizzare un viaggio in Italia (vero o immaginato) per visitare le varie città e i vari monumenti (nel caso del viaggio immaginario,

scegliere immagini da internet e descriverle alla classe), o portare delle cartoline illustrate con vedute panoramiche delle varie città.

(Suggerimenti: Attività 16)
- dare una breve biografia del Santo Patrono
- parlare del Santo Patrono e della città
- dare le ragioni per la scelta del Santo Patrono
- chiedere agli studenti se nel loro Paese/città esiste un santo patrono

(Suggerimenti: Attività 17)
- dare una lista di aggettivi che descrivano i vari vini.
  Per esempio: *robusto, rosso rubino, asciutto, secco, dolce,* ecc.
- identificare i vini (rosso o bianco) che accompagnano alcuni cibi

(Suggerimenti: Attività 18)
- dare una breve biografia dell'autore della massima o dell'aforismo
- discutere la massima o l'aforisma

(Suggerimenti: Attività 19, 20)
- trovare un proverbio o un modo di dire simile nella loro lingua
- tradurre il modo di dire nella loro lingua. Ha una traduzione che corrisponde letteralmente?

(Suggerimenti: Attività 21)
- spiegare il modo di dire con parole proprie
- dare l'equivalente del modo di dire nella loro lingua madre

(Suggerimento: Attività 24 a)
- chiedere agli studenti di imitare il verso degli animali del loro Paese. Per esempio il canto del gallo è *chicchirichì* in italiano, i giovani galli spagnoli fanno *quiquiriqui* ma i vecchi galli fanno *quiquiriquoooo*, il gallo francese *cocorico*, il gallo giapponese *kokekkoko* e il gallo nordamericano *cock-a-doodle-doo*. Questa attività può essere seguita da una lettura umoristica e il docente può anche creare una serie di domande di comprensione. (Vedi Appendice, "Come abbaiare all'estero", alla fine di questo capitolo.)

(Suggerimenti: Attività 24 b)
- parlare della vita di uno scrittore
- dare il riassunto di un'opera letteraria
- parlare di un personaggio dell'opera lirica
- riassumere la trama di un'opera lirica

(Suggerimento: Attività 24 c)
- parlare di un avvenimento storico importante (antico o contemporaneo)

(Suggerimenti: Attività 24 d)
- tracciare su una cartina dell'Italia i vari fiumi
- identificare la città preferita e dirne il perché

- portare in classe cartoline illustrate della città preferita

(Suggerimento: Attività 24 e)
- parlare alla classe di una festa o tradizione, indicandone le origini e dare una descrizione della festività

(Suggerimenti: Attività 24 f)
- parlare alla classe di un compositore, illustrandone brevemente la vita, le opere, i successi
- dare il riassunto di un'opera lirica
- fare ascoltare in classe arie di opere liriche e, volendo, anche cantarle
- dare la trama di un film e chiedere agli altri studenti di identificarne il titolo
- dare il titolo di un film e raccontarne alla classe la trama
- parlare di un attore/un'attrice e dei film che ha interpretato
- raccontare la vita di un regista identificando altri suoi film
- parlare del regista preferito.

Oltre ad essere un'ottima attività per l'insegnamento della lingua, gli esercizi di abbinamento sono utili per presentare vita e cultura degli italiani.

Siamo convinti che ogni insegnante sarà in grado di realizzare altre attività di abbinamento o incastri che renderanno la lezione ogni volta più stimolante e interessante.

Appendice

Come abbaiare all'estero

L'altro giorno, sfogliando un libro di italiano, ci siamo bloccati di fronte a questa frase: "Il cagnolino correva per le strade di Napoli e abbaiava, faceva *bau-bau, bau-bau, bau-bau* a tutti i passanti".

A quel punto c'era da aspettarsi che nella frase seguente si chiarisse che quel tal cane, che se ne andava in giro a sparare *bau-bau*, si fosse precipitato dal più vicino psicanalista per un controllo. Ma quando l'autore non ha commentato questo comportamento canino alquanto peculiare, uno sconcertante pensiero si è fatto avanti nelle nostre teste.

Fosse che fosse che tutto il mondo non si accorgeva che i cani fanno *bow-wow* o *woof-woof*?

Deciso che la questione meritava una ricerca, abbiamo immediatamente telefonato all'Ambasciata italiana a Washington. L'addetto culturale si è rifiutato categoricamente di abbaiare al telefono. Ma fortunatamente un suo subordinato ha accettato di farlo: ne è uscito chiaro e inconfondibile un bel *bau-bau, bau-bau*.

La notizia che sessanta milioni di italiani credono che i loro cani abbaino come il cantante Bing Crosby era stimolante al punto da motivare una ricerca su vasta scala "internazionale".

Dobbiamo ammettere che le nostre speranze in un'unità globale non sono state incoraggiate dai risultati emersi. Si prenda, ad esempio, la mucca. *Moo* è americano. I francesi hanno quest'idea piccante che Bossy emetta un *meuh* nasale (che si pronuncia *mur*). In India, un paese dove le mucche sono sacre, non si sentirà mai un *moo*: le mucche del Gange dicono *moe* (che si avvicina a *schmoe*).

Sinceramente non sappiamo che pesci pigliare con il gallo. Ma vogliamo farvi sapere una cosa: che il resto del mondo è compatto nel contrastare il nostro *cock-a-doodle-doo*. Tedeschi, spagnoli e italiani sono d'accordo nell'affermare che questo volatile cerca di dire rispettivamente *kikiriki, quiquiriqui* e *chicchirichì*. Ma nei paesi ispanofoni i galli giovani dicono *quiquiriqui* e quelli più anzianotti *quiquiriquoooo*. I francesi hanno una leggera scivolata in favore di *cocorico*, mentre i giapponesi tendono a *kokekkoko*, sempre comunque ben lontani da *cock-a-doodle-doo*.

Gran parte del mondo occidentale concorda con gli statunitensi sul fatto che le anatre facciano *quack*. Ma non potrete mai togliere a un cinese la certezza matematica che un'anatra cantonese faccia *ap-ap*. Le anatre in Giappone se ne vanno in giro sparando *ga-ga*, ma le arabe *bat-bat*, e le rumene *mac-mac*. Se mai andrete a caccia in Germania e sentirete un *quack-quack*, non siate troppo svelti a sparare: in Germania, è vero, le anatre fanno *quack-quack*, ma lo fanno anche le rane.

Nel loro habitat naturale i cocker spagnoli fanno *how-how* (in castigliano *jau-jau*). I barboncini francesi in Alsazia si siedono sulle rive del Reno e dicono *oua-oua (wa-wa)*, mentre i bassotti solitari li guardano dalla riva tedesca e riempiono l'aere di *vau-vau, vau- vau, vau-vau (vow-vow)*.

I turchi sono convinti che i loro segugi facciano *hov-hov, hov-hov*. E nemmeno si discute coi russi. Sono i cani lupo che hanno inventato l'abbaiare. E che ci crediate o no, i cani a Mosca la sera si ritrovano intorno al Cremlino e dicono *vas-vas, vas-vas* alla luna. Tuttavia è in Cina che il regno canino se ne va completamente fuori di testa. Lì i cani fanno *wang-wang, wang-wang*.

<small>Leslie Lieber and Charles D. Rice, "How to Bark Abroad" from *This Week*, 1953 in Alan C. Coman e Ronald T. Shephard, *Language is!* Toronto, Thomas Nelson and Sons Ltd.</small>

Riferimenti bibliografici

BALBONI PAOLO E., 1998, *Tecniche didattiche per l'educazione linguistica. Italiano, lingue straniere, lingue classiche*, Torino, Utet.

MOLLICA ANTHONY (a cura di), 1992, *A te la scelta! Attività, giochi e passatempi*, Welland, Ontario, éditions Soleil publishing inc.

MOLLICA ANTHONY, 2004, *Attività lessicali, 2. Intermedio-Avanzato*. Recanati, ELI. Ristampa per il Nord America: Welland, Ontario, éditions Soleil publishing inc.

Capitolo 2

L'acronimo e la sigla

Il termine *acronimo* deriva dal greco *ákros* (che significa "estremo") e *ónyma* (variante di *ónoma*, "nome"). Un *acronimo* si riferisce ad un termine formato dalle lettere o sillabe iniziali di un gruppo di parole. Il termine si definisce *sigla* quando è composto dalle lettere iniziali della parola o una lettera iniziale e una lettera della parola. Per esempio "CS" è la sigla di "Cosenza". Quando le lettere, o sillabe iniziali si possono usare come parola (in questo caso un nuovo lemma formato dalle iniziali) ci troviamo davanti ad un *acronimo*. Sia gli acronimi sia le sigle sono termini molto diffusi nella lingua italiana; qui di seguito alcuni tra quelli comunemente usati:

Bot = Buono Ordinario del Tesoro
colf = *col*laboratrice *f*amiliare: persona addetta ai servizi domestici
Cri = Croce Rossa Italiana
Csm = Consiglio superiore della magistratura
Enal = Ente Nazionale Assistenza Lavoratori
Fiat = Fabbrica italiana automobili Torino
FF SS = Ferrovie dello Stato
Onu = Organizzazione delle Nazioni Unite
Pc / *PC* = Personal Computer
pg = procuratore generale

Pm / *PM* = Pubblico ministero

Rai = (Ra.i) Radio audizioni italiane (Radiotelevisione Italiana)

STANDA = Società Tutti Articoli Nazionali Dell'arredamento e Abbigliamento. Un grande magazzino conosciuto e diffuso sul territorio nazionale.

Tci = Touring Club Italiano

Ue / *UE* = Unione europea

Alcuni acronimi sono dei prestiti da altre lingue, per la maggior parte dall'inglese:

Aids = Acquired immunity deficiency syndrome ("sindrome da immunodeficienza acquisita")

Cia = Central Intelligence Agency ("Ufficio centrale d'informazione"; servizi segreti USA)

Dna = Deoxyribonucleic Acid ("acido desossiribonucleico")

Fbi = Federal Bureau of Investigation ("Ufficio federale investigativo")

Laser = Light Amplification by Stimulated Emission of Radiation ("amplificazione della luce per mezzo dell'emissione stimolata di radiazioni")

Modem = MOdular DEModulator ("demodulatore modulare")

Nato = North Atlantic Treaty Organization ("Organizzazione del trattato nord atlantico")

Pin = Personal identification number ("numero di identificazione personale")

Radar = Radio detecting and ranging ("apparecchio che rivela e localizza per mezzo di onde elettromagnetiche")

Scuba = Self-Contained Underwater Breathing Apparatus ("apparato sub(acqueo) con autorespiratore")

SOS = Save our souls ("salvate le nostre anime"). Segnale che viene usato nelle trasmissioni radio in caso di pericolo. Il segnale consiste di tre punti, tre linee, tre punti [. . . - - - . . .] – segnale di facile trasmissione telegrafica.

Telex = TELeprinter EXchange ("scambio con telescrivente")

ufo = Unidentified Flying Objects ("oggetti volanti non identificati").

È interessante notare le regole legate all'uso delle maiuscole: in inglese gli acronimi sono scritti in lettere maiuscole mentre in italiano si possono presentare con maiuscole e minuscole.

Un aneddoto racconta di una moglie che passa un bigliettino al marito, notoriamente prolisso, che è in procinto di fare un discorso in un consesso. Nel bigliettino c'è scritto solo "KISS" ("bacio") e il marito interpreta il messaggio come un segno di buon augurio quando, in realtà, si trattava dell'acronimo di "Keep It Short, Stupid" (*"Taglia corto, cretino!"*), la moglie gli stava raccomandando di essere stringato.

Dei passeggeri scontenti, insoddisfatti per via dei ritardi e del servizio nei voli, hanno coniato delle definizioni spiritose, ma anche graffianti per gli acronimi o sigle di compagnie aeree (Rossi, 2002, p. 12):

SABENA = Such A Bloody Experience; Never Again ("è stata una maledetta esperienza; mai più").

> *BOAC* = Better On a Camel ("meglio con un cammello");
>
> *TWA* = Try With Another ("prova con un'altra compagnia aerea");
>
> Malauguratamente, le più graffianti sono quelle create per l'Alitalia.
>
> *ALITALIA* = Always Late In Take-off; Always Late in Arrival ("ritardataria sia in partenza sia in arrivo") e
>
> *ALITALIA* = Aircraft Landing in Tokyo And Luggage in Athens ("con atterraggio a Tokio e i bagagli dirottati ad Atene").

L'acronimo è di solito un termine originato dalle lettere iniziali di una serie di parole, ma ci sono acronimi o sigle che sono abbreviazioni o iniziali. Questi ultimi hanno un ruolo importante nella cultura italiana; per esempio negli indirizzi tutti i capoluoghi di provincia si indicano con una sigla che ne comprende le iniziali. Tuttavia non è più necessario indicare la provincia in sede di spedizione di una lettera o di un plico, in quanto il codice postale non solo identifica la provincia e il comune ma anche addirittura la zona della città. L'acronimo, o meglio la sigla, di una provincia, di solito è composto dalle due prime lettere del nome, ma non si tratta, come vedremo, di una regola fissa. Qui di seguito le sigle dei capoluoghi delle regioni.

> La Valle d'Aosta: AO = Aosta
> Il Piemonte: TO = Torino
> La Lombardia: MI = Milano
> Il Trentino-Alto Adige: TN = Trento;
>   BZ = Bolzano
> Il Veneto: VE = Venezia
> Il Friuli-Venezia Giulia: TS = Trieste
> La Liguria: GE = Genova
> L'Emilia-Romagna: BO = Bologna
> La Toscana: FI = Firenze
> Le Marche: AN = Ancona
>
> L'Umbria: PG = Perugia
> Il Lazio: RM = Roma
> L'Abruzzo: AQ = L'Aquila
> Il Molise: CB = Campobasso
> La Campania: NA = Napoli
> La Puglia: BA = Bari
> La Basilicata: PZ = Potenza
> La Calabria: CZ = Catanzaro
> La Sicilia: PA = Palermo
> La Sardegna: CA = Cagliari

Applicazioni glottodidattiche

L'insegnante può

1. *chiedere agli studenti di ricercare degli acronimi e di raggrupparli per categoria;* ad esempio acronimi relativi a:
   - partiti politici,
   - nomi di imprese,
   - nomi di associazioni, ecc.

2. *chiedere agli studenti di inventare particolari acronimi che possono essere divertenti* se letti nella classe di lingua straniera.

3. *chiedere agli studenti di partire da un acronimo o sigla esistente e sostituire le parole che lo compongono con altre,* con lo scopo di creare un'espressione che risulti comica e divertente, del tipo di quelle coniate dai viaggiatori con gli acronimi delle linee aeree (vedi pp. 18-19).

4. *chiedere agli studenti di individuare degli acronimi di uso comune* che, di solito, si trovano nei quotidiani o nella pubblicità (Immagine 1).

   Trova nei quotidiani italiani i titoli di articoli che contengono degli acronimi. Spiega che cosa significano.

I rapporti congelati dall'Europa dopo 3 condanne a morte
Castro si riavvicina all'Ue riaperti i canali diplomatici

L'Unicef: 50mila gli orfani dello tsunami

Accolta l'istanza del ministro Castelli contro i pm milanesi titolari delle indagini "toghe sporche"
Il pg della Cassazione al Csm: "processate" Boccassini e Colombo

IL CASO
Juventus e Milan contro la Rai
i giorni bollenti del calcio in tv

L'ex segretario di Stato era uno dei consiglieri
Il nuovo capo della Cia licenzia Kissinger

Decisione choc della polizia di Truro in Massachusetts alla ricerca dell'assassino di una giornalista di moda
Test del Dna per un'intera città
Per risolvere dopo tre anni un caso di omicidio negli Usa

Immagine 1

5. Come attività successiva, si può *chiedere agli studenti di creare dei titoli con acronimi di loro invenzione.*

6. L'insegnante può fornire agli studenti un elenco di sigle dei capoluoghi e *chiedere agli studenti di individuare di quale città si tratti.* L'utilizzo di una carta geografica dell'Italia consentirà il rinforzo delle conoscenze e renderà l'esercizio più facile (Immagine 2).

7. *Si può chiedere agli studenti di trovare le sigle delle province italiane.* Per rendere l'attività meno pesante gli insegnanti possono dividere il paese in quattro macro-aree che corrispondono ad altrettanti esercizi, per cui gli studenti dovranno trovare le sigle per:

L'acronimo e la sigla 21

L'Italia: i capoluoghi

Ecco una cartina dell'Italia: i capoluoghi di regione sono rappresentati con una sigla. Identifica e scrivi il loro nome.

1 AN: _____
2 AO: _____
3 AQ: _____
4 BA: _____
5 BO: _____
6 CA: _____   11 MI: _____   16 RM: _____
7 CB: _____   12 NA: _____   17 TN: _____
8 CZ: _____   13 PA: _____   18 TO: _____
9 FI: _____   14 PG: _____   19 TS: _____
10 GE: _____   15 PZ: _____   20 VE: _____

Immagine 2
Da: Anthony Mollica, *Attività lessicali, 2. Intermedio-Avanzato,* Recanati, ELI, 2004.
Per gentile concessione dell'Editore.

l'Italia settentrionale:

    la Valle d'Aosta, il Piemonte, la Lombardia, il Trentino-Alto Adige, il Veneto, il Friuli-Venezia Giulia, la Liguria, l'Emilia-Romagna

l'Italia centrale:

    la Toscana, le Marche, l'Umbria, il Lazio

l'Italia meridionale:

    l'Abruzzo, il Molise, la Campania, la Puglia, la Basilicata, la Calabria

l'Italia insulare: la Sicilia, la Sardegna.

Trova la sigla per le seguenti province.

L'Italia settentrionale

La Valle d'Aosta
    Cap.: Aosta   _____

Il Piemonte
    Cap.: Torino
    Alessandria
    Asti
    Biella
    Cuneo
    Novara
    Verbano-Cusio-
       Ossola (Verbania)
    Vercelli

La Lombardia
    Cap.: Milano
    Bergamo
    Brescia
    Como
    Cremona
    Lecco
    Lodi
    Mantova
    Monza e Brianza[1]
    Pavia
    Sondrio
    Varese

Il Veneto
    Cap.: Venezia
    Belluno
    Padova
    Rovigo
    Treviso
    Verona
    Vicenza

Il Friuli-Venezia Giulia
    Cap.: Trieste
    Gorizia
    Pordenone
    Udine

Il Trentino-Alto Adige
    Trento
    Bolzano

La Liguria
    Cap.: Genova
    Imperia
    La Spezia
    Savona

L'Emilia-Romagna
    Cap.: Bologna
    Ferrara
    Forlì-Cesena
    Modena
    Parma
    Piacenza
    Ravenna
    Reggio Emilia
    Rimini

[1] dal 2009

L'Italia centrale

La Toscana
- Cap: Firenze _____
- Arezzo _____
- Grosseto _____
- Livorno _____
- Lucca _____
- Massa-Carrara _____
- Pisa _____
- Pistoia _____
- Prato _____
- Siena _____

Le Marche
- Cap.: Ancona _____
- Ascoli Piceno _____
- Fermo[1] _____
- Macerata _____
- Pesaro-Urbino _____

L'Umbria
- Cap.: Perugia _____
- Terni _____

Il Lazio
- Cap.: Roma _____
- Frosinone _____
- Latina _____
- Rieti _____
- Viterbo _____

L'Italia meridionale

L'Abruzzo
- Cap.: L'Aquila _____
- Chieti _____
- Pescara _____
- Teramo _____

Il Molise
- Cap.: Campobasso _____
- Isernia _____

La Campania
- Cap: Napoli _____
- Avellino _____
- Benevento _____
- Caserta _____
- Salerno _____

La Puglia
- Cap.: Bari
- Barletta-Andria-Trani _____
- Brindisi _____
- Foggia _____
- Lecce _____
- Taranto _____

La Basilicata
- Cap.: Potenza _____
- Matera

La Calabria
- Cap.: Catanzaro
- Cosenza _____
- Crotone
- Reggio Calabria _____
- Vibo Valentia

L'Italia insulare

La Sicilia
- Cap.: Palermo _____
- Agrigento _____
- Caltanissetta _____
- Catania _____
- Enna _____
- Messina _____
- Ragusa _____
- Siracusa _____
- Trapani _____

La Sardegna
- Cap.: Cagliari _____
- Carbonia-Iglesias _____
- Medio Campidano (Sanluri) _____
- Nuoro _____
- Ogliastra (Lanusei Tortoli) _____
- Olbia-Tempio
- Oristano
- Sassari _____

[1] dal 2009

Immagine 3

È ovvio che l'attività può essere presentata anche in forma di gioco. E in questo caso si può dare una attività opposta dando le sigle e chiedendo agli studenti di identificare le città e i capoluoghi.

Pierino deve sostenere un esame di geografia. Purtroppo ha completamente dimenticato i nomi dei capoluoghi e delle città italiane ma ricorda perfettamente le sigle. Aiutalo tu.

L'Italia settentrionale

La Valle d'Aosta
   Cap: AO _____

Il Piemonte
   Cap.: TO _____
   AL _____
   AT _____
   BI _____
   CN _____
   NO _____
   VB _____

La Lombardia
   Cap.: MI _____
   BG _____
   BS _____
   CO _____
   CR _____
   LC _____
   LO _____
   MB[1] _____
   MN _____
   PV _____
   SO _____
   VA _____

Il Veneto
   Cap.: VE _____
   BL _____
   PD _____
   RO _____
   TV _____
   VR _____
   VI _____

Il Friuli-Venezia Giulia
   Cap.: TS _____
   GO _____
   PN _____
   UD _____

Il Trentino-Alto Adige
   Cap.: TN _____
   BZ _____

La Liguria
   Cap.: GE _____
   IM _____
   LS _____
   SV _____

L'Emilia-Romagna
   Cap.: BO _____
   FE _____
   FC _____
   MO _____
   PR _____
   PC _____
   RA _____
   RE _____
   RN _____

L'Italia centrale

La Toscana
   Cap.: FI _____
   AR _____
   GR _____
   LI _____
   LU _____
   MS _____
   PI _____
   PO _____
   PT _____
   SI _____

Le Marche
   Cap.: AN _____
   AP _____
   FM [1] _____
   MC _____
   PU _____

L'Umbria
   Cap.: PG _____
   TR _____

Il Lazio
   Cap.: RM _____
   FR _____

LT	_____	LE	_____
RI	_____	TA	_____

La Basilicata

Cap.: PZ _____
MT _____

L'Italia meridionale

L'Abruzzo

Cap.: AQ _____
CH _____
PE _____
TE _____

Il Molise

Cap: CB _____
IS _____

La Campania

Cap.: NA _____
AV _____
BN _____
CE _____
SA _____

La Puglia

Cap.: BA _____
BS _____
BT [1] _____
FG _____
LE _____
TA _____
CE _____
SA _____

La Puglia

Cap.: BA _____
BR _____
FG _____

VT _____

La Calabria

Cap.: CZ _____
CS _____
KR _____
RC _____
VV _____

L'Italia insulare

La Sicilia

Cap.: PA _____
AG _____
CL _____
CT _____
EN _____
ME _____
RG _____
SR _____
TP _____

La Sardegna

Cap.: CA _____
CI _____
MD _____
OG _____
OR _____
OT _____
NU _____
SS _____

[1] dal 2009

Immagine 4

8. Per una classe di principianti si suggerisce di fornire agli studenti una carta geografica della regione e le sigle che corrispondono alle province di quelle città. Agli studenti *viene richiesto di individuare la posizione geografica delle città corrispondenti* (Immagine 5).

9. In alternativa, l'insegnante può decidere di *assegnare un'attività che è l'opposto di quella proposta sopra.* In questo caso si dà agli studenti una carta geografica della regione e si chiede loro di identificare con sigle le città della regione. (Immagine 6)

Le due attività (7 e 8) possono essere presentate anche in forma di gioco.

Pierino deve sostenere un esame di geografia. Purtroppo ha completamente dimenticato i nomi delle province di questa regione ma ricorda perfettamente le sigle. Aiutalo tu ad identificare le province.

Pierino deve sostenere un esame di geografia. Ricorda perfettamente le province della regione, ma ha dimenticato le sigle. Aiutalo tu.

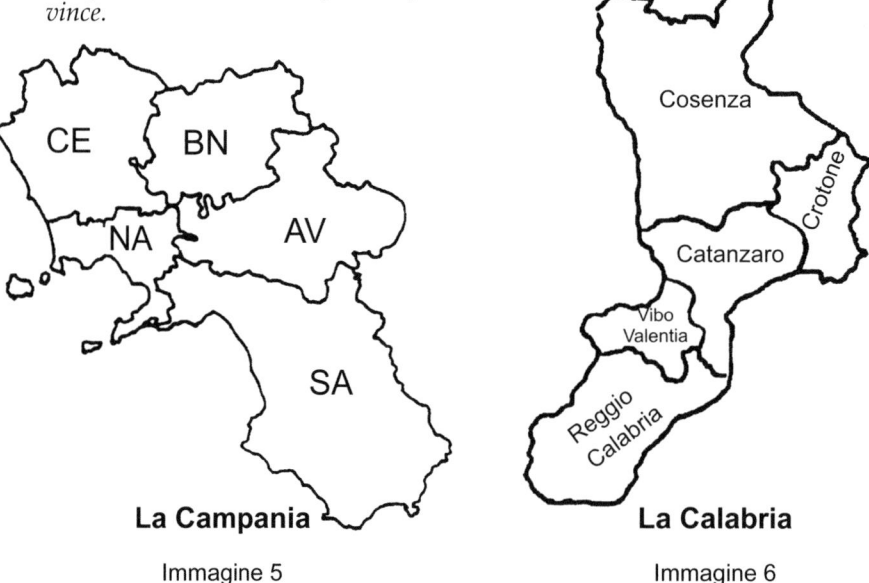

La Campania

Immagine 5

La Calabria

Immagine 6

Gli acronimi e le sigle sono di fondamentale importanza nella lingua italiana. Per insegnare l'ubicazione delle città italiane queste attività basate sulle sigle delle province sono un modo di presentare un aspetto legato alla geografia del Paese. Siamo sicuri che l'insegnante troverà molti altri modi di insegnare la geografia italiana.

Riferimenti bibliografici

Rossi Giuseppe Aldo, 2002, *Dizionario Enciclopedico di Enigmistica e Ludolinguistica,* Bologna, Zanichelli.

Mollica Anthony, 2004, *Attività lessicali 2. Intermedio-Avanzato,* Recanati, ELI. Ristampa per l'America del Nord: Welland, Ontario, éditions Soleil publishing inc.

Capitolo 3

L'acrostico e il mesostico

Il termine *acrostico* viene dal greco *akróstikhon*, sostantivo composto da *ákros* che significa "estremo" e *stikhos* che significa "verso". Un *acrostico* quindi è una composizione poetica che dà luogo ad un nome, a una frase o ad un messaggio in cui le lettere iniziali del verso si leggono verticalmente l'una dopo l'altra. I poeti spesso hanno celato i nomi delle loro amate o anche il loro stesso nome se l'obiettivo era restare anonimi. Se il nome, il termine o la frase sta al centro, questo si definisce *mesostico*, se invece sta alla fine, si dice *telestico*.

Ci sono acrostici che riportano a tempi biblici. L'acrostico più antico fu ritrovato nelle catacombe romane. È un acrostico criptico nascosto nella forma di un simbolo di pesce ed è impresso nelle tombe segrete dei primi cristiani (King, 2002, p. 2). Il termine greco per pesce è ΙΧΘΥΣ che, non a caso, contiene le lettere iniziali di *Iesoùs Christòs Theoù Yiòs Sotèr*, "Gesù Cristo, Figlio di Dio, il Salvatore."

Iesoùs	Gesù
Christòs	Cristo
Theoù	di Dio,
Yiòs	Figlio
Sotèr	Salvatore.

Si narra che il drammaturgo romano Plauto anteponesse acrostici alle sue commedie con lo scopo di riassumerne le trame (Augarde, 1984, p. 32). Nell'*Amorosa visione* di Giovanni Boccaccio (1313-1375), scritto in terzine, le lettere iniziali di ogni terzina, se lette una dopo l'altra, danno luogo al testo di tre sonetti. Dossena (1988, p. 25) li definisce *akrostichon ad carmen*, "l'acrostico che sorregge la struttura del poema", una tradizione facilmente riscontrabile anche ai giorni nostri. Il poeta Eugenio Montale (1896-1981), ad esempio, celò il nome dell'amata nel poema "Da un lago svizzero", in *La bufera e altro* (Montale, 1957; neretto nostro).

> **M**ia volpe, un giorno fui anch'io il "poeta
> **a**ssassinato": là nel nocciolelo
> **r**aso, dove fa grotta, da un falò;
> **i**n quella tana un tondo di zecchino
> **a**ccendeva il tuo viso, poi calava
> **l**ento per la sua via fino a toccare
> **u**n nimbo, ove stemprarsi; ed io ansioso
> **i**nvocavo la fine su quel fondo
> **s**egno della tua vita aperta, amara,
> **a**trocemente fragile e pur forte.
>
> **S**ei tu che brilli al buio? Entro quel solco
> **p**ulsante, in una pista arroventata,
> **a**lacre sulla traccia del tuo lieve
> **z**ampetto di predace (un'orma quasi
> **i**nvisibile, a stella) io, straniero,
> **a**ncora piombo; e a volo alzata un'anitra
> **n**era, dal fondolago, fino al nuovo
> **i**ncendio mi fa strada, per bruciarsi.

L'acrostico dà luogo al nome di *Maria Luisa Spaziani*.

Anche Edoardo Sanguineti (1930-) ha scritto dei poemi in cui gli acrostici danno diretta indicazione del nome della persona alla quale il poema è dedicato (Dossena, 1994, p. 12). Gran parte degli acrostici si trovano in versi. Essi ebbero una grande popolarità fino al Ventesimo secolo, periodo in cui furono sostituiti dalle più popolari parole crociate.

Forse l'acrostico in assoluto più popolare è l'acrostico *Sator* (Immagine 1), ritrovato a Pompei. Le parole possono essere tradotte con *"Arepo, il seminatore, conduce"* o *"Arepo, il seminatore conduce il carro con attenzione"*. La sua composizione è unica: può essere letto da sinistra a destra, da destra a sinistra, dall'alto verso il basso e dal basso verso l'alto, e si tratta di una commistione tra acrostico, quadrato magico, e palindromo (che può essere letto in un senso e l'altro).

```
S A T O R
A R E P O
T E N E T
O P E R A
R O T A S
```
Immagine 1

```
        A
        P
        A
        T
        E
        R
A PATERNOSTER O
        O
        S
        T
        E
        R
        O
```
Immagine 2

Un altro acrostico interessante è che 21 delle 25 lettere dell'acrostico possono essere riorganizzate in forma di croce dando così luogo a *Pater noster* (Immagine 2), il verso di apertura della preghiera cattolica, se si eludono le quattro lettere A A O O. Se A e O vengono poste ad ogni capo, tali lettere possono rappresentare *alfa* e *omega*, la prima e ultima lettera dell'alfabeto greco, ovvero l'inizio e la fine, la vita e la morte. Un'altra caratteristica degna di nota è che le lettere possono essere anagrammate in *"Oro Te, Pater, Oro Te, Pater, Sanas"*, (Prego te, Padre, prego te, Padre Santissimo).

Acrostici acronimici come strumenti mnemonici

Gli acrostici acronimici sono stati spesso usati come strumenti mnemonici. Nelle scuole religiose l'acrostico SALIGIA serviva a ricordare i sette peccati capitali *(superbia, avarizia, lussuria, ira, gola, invidia, accidia)*. In inglese allo stesso modo si usava WASPLEG: *wrath, avarice, sloth, pride, lust, envy, gluttony* (Russell e Carter, 1995, p. 169).

Durante il Risorgimento, in Italia l'acronimo "W VERDI!" era usato a significare "Viva Vittorio Emanuele, Re d'Italia!"

Molti insegnanti usano acrostici acronimici come strumenti mnemonici quando insegnano regole grammaticali.

Mason (1996) suggerisce CHEATED *("defraudato")* per ricordare l'uso del tempo imperfetto:

Continuous actions *(azioni continuate):*
   Maria cantava mentre Carlo leggeva il giornale.
Habitual actions *(azioni abituali):*
   Il sabato andavamo sempre al cinema.
Emotions *(emozioni):*
   Era molto contento perché aveva ricevuto un regalo per il suo compleanno.
Age *(età):*
   L'uomo aveva 34 anni.
Time *(tempo):*
   Erano le tre.
Endless actions *(azioni non concluse):*
   Tommaso passeggiava nel parco quando l'ho visto.
Descriptions *(descrizioni):*
   Era una bella giornata di primavera.

La parola WEDDING ("matrimonio") si può usare come strumento mnemonico per ricordare l'uso del congiuntivo (Tuttle, 1981, p. 582). Ma Knop (1971, p. 340) suggerisce il plurale WEDDINGS e dà un'altra regola alla lettera "S": l'uso del congiuntivo dopo un aggettivo al *superlativo*.

Will (verbi di volontà, preferenze, ecc.): Preferisco che venga lui da me.
Emotion (verbi e espressioni di emozione come, *mi dispiace, son contento,* ecc.): Son contento che sia venuta a festeggiare il mio compleanno.
Desire (verbi di desiderio: *volere, desiderare,* ecc.): Desidero che lo faccia lui.
Doubt (verbi come *dubitare,* ecc.): Dubito che piova oggi.
Impersonal expressions (espressioni impersonali): È possibile che ci sia molta gente.
Negative (proposizioni con antecedenti negative come, *nessuno, niente,* ecc.): Non c'è nessuno che mi sappia indicare la strada.
Generalized characteristics (proposizioni subordinate con antecedenti non specificate): C'è qualcuno che mi sappia indicare la strada?

Nuessel (2004) riassume una serie di strumenti mnemonici usati per la lingua spagnola e Knop (1971) e Janc (2004) ne suggeriscono vari per l'insegnamento del francese. Mollica (non pubblicato) consiglia COPS *("sbirri")* per ricordare i verbi francesi *(cesser, oser, pouvoir, savoir)* in cui la prima parte della negazione *(ne)* può essere omessa nel parlato (es., *Je sais pas!)* e il *pas* può essere omesso nella lingua scritta (es., *Je ne sais nager.)*

Sebbene l'acrostico si possa considerare piuttosto diffuso, il mesostico è più versatile dell'acrostico e del telestico. Quest'ultimo è piuttosto difficile in quanto la maggior parte delle parole italiane terminano in vocale e quelle che finiscono in consonante o sono onomatopeiche o di origine straniera e, conseguentemente, rare. Per questi motivi vi sono pochi termini che, a partire dalla loro finale in consonante, possono essere usati per comporre altre parole, frasi o messaggi in telestico. Il mesostico usa lettere presenti all'interno del termine e per questo offre una varietà più ampia di attività mnemoniche dell'acrostico.

Applicazioni glottodidattiche

1. Sia acrostici che mesostici (Immagine 3) sono utili nell'insegnamento di aggettivi. Si può ***chiedere agli studenti di scrivere il loro nome in verticale e poi scrivere un aggettivo (positivo o negativo) che descriva la loro personalità.*** Gli studenti possono scegliere sia acrostici che mesostici per svolgere la loro attività. È ovvio che gli studenti useranno aggettivi al maschile e le studentesse aggettivi al femminile.

2. Per aiutare gli studenti si possono ***fornire elenchi di aggettivi*** come appaiono nella Immagine 4, p. 32.

3. L'approccio tematico può essere usato per presentare proverbi famosi o espressioni proverbiali. Ad un livello elementare o di introduzione alla lingua straniera, gli insegnanti possono scegliere di fornire sia il termine che l'illustrazione e ***chiedere agli studenti di completare il mesostico.*** Nell'Immagine 5 (p. 33), una volta che tutti gli articoli d'abbigliamento

L'acrostico e il mesostico

Acrostico   Mesostico

Immagine 3

siano messi al posto giusto, il mesostico darà *"l'abito non fa il monaco"*, un proverbio che si rifà allo stesso tema.

4 Ad un livello intermedio e avanzato, *gli insegnanti potrebbero fornire il proverbio come mesostico e gli studenti avere il compito di completarlo* con gli articoli di abbigliamento.

5. Si può *fornire agli studenti un proverbio e chiedere loro di trovare i termini relativi all'argomento.* Per esempio, un proverbio come *"L'appetito viene mangiando"* (Immagine 6) può essere la molla che fa scattare un elenco di parole attinenti all'alimentazione riferite a frutta, verdure, bevande e altri cibi. Gli studenti possono lavorare in gruppi di due o più persone e si può richiedere un'attività di *brainstorming* tesa a realizzare un elenco di termini relativi a frutta, verdura, bevande, carne, pesce.

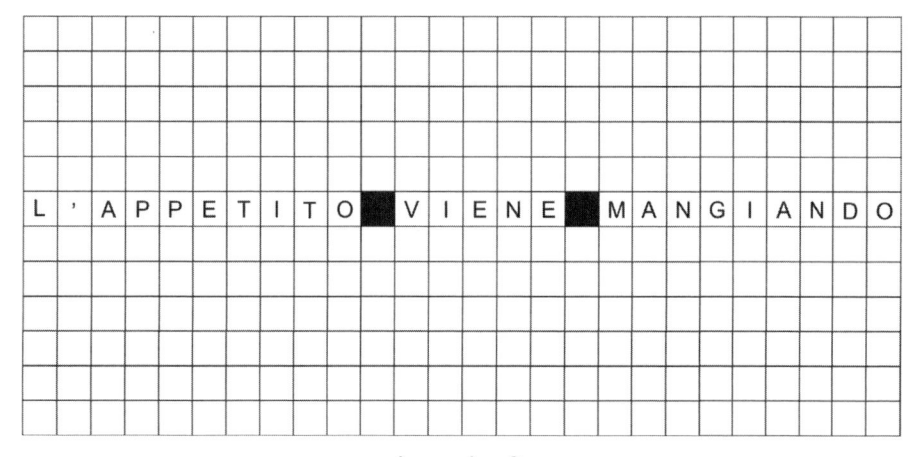

| L | ' | A | P | P | E | T | I | T | O | | V | I | E | N | E | | M | A | N | G | I | A | N | D | O |

Immagine 6

Io e il mio carattere

Scrivi il tuo nome in verticale e in lettere maiuscole nelle caselle dell'acrostico (a sinistra) o del mesostico (a destra), poi inserisci gli aggettivi che descrivono le qualità e i difetti del tuo carattere.

affettuoso, -a	generoso, -a		
aggressivo, -a	gentile		
ambizioso, -a	goloso, -a		
attivo, -a	impassibile		
audace	impressionabile		
benevolo, -a	impulsivo, -a		
brillante	indifferente		
comprensivo, -a	indipendente		
cortese	indolente	onesto, -a	spensierato, -a
costante	indulgente	orgoglioso, -a	sportivo, -a
curioso, -a	ingenuo, -a	passivo, -a	taciturno, -a
debole	intelligente	paziente	temerario, -a
deciso, -a	invidioso, -a	perspicace	tenace
diplomatico, -a	irascibile	pigro, -a	tollerante
egoista	ironico, -a	presuntuoso, -a	timido, -a
elegante	irritabile	prudente	ubbidiente
energico, -a	laborioso, -a	realista	umile
fedele	malizioso, -a	scettico, -a	vanitoso, -a
fiero, a	meditativo, -a	sensibile	violento, -a
furbo, -a	meticoloso, -a	simpatico, -a	volubile
geloso, -a	nervoso, -a	sincero, -a	zelante

acrostico

☐ _____
☐ _____
☐ _____
☐ _____
☐ _____
☐ _____
☐ _____
☐ _____
☐ _____
☐ _____

mesostico

_____ ☐ _____
_____ ☐ _____
_____ ☐ _____
_____ ☐ _____
_____ ☐ _____
_____ ☐ _____
_____ ☐ _____
_____ ☐ _____
_____ ☐ _____
_____ ☐ _____

Immagine 4
Da: Anthony Mollica, *Attività lessicali, 2. Intermedio-Avanzato*. Recanati: ELI, 2004.
Per gentile concessione dell'Editore.

L'acrostico e il mesostico 33

Abbigliamento

Scrivi nello schema il nome degli indumenti senza l'articolo.
Le lettere nelle caselle grigie daranno un proverbio italiano.

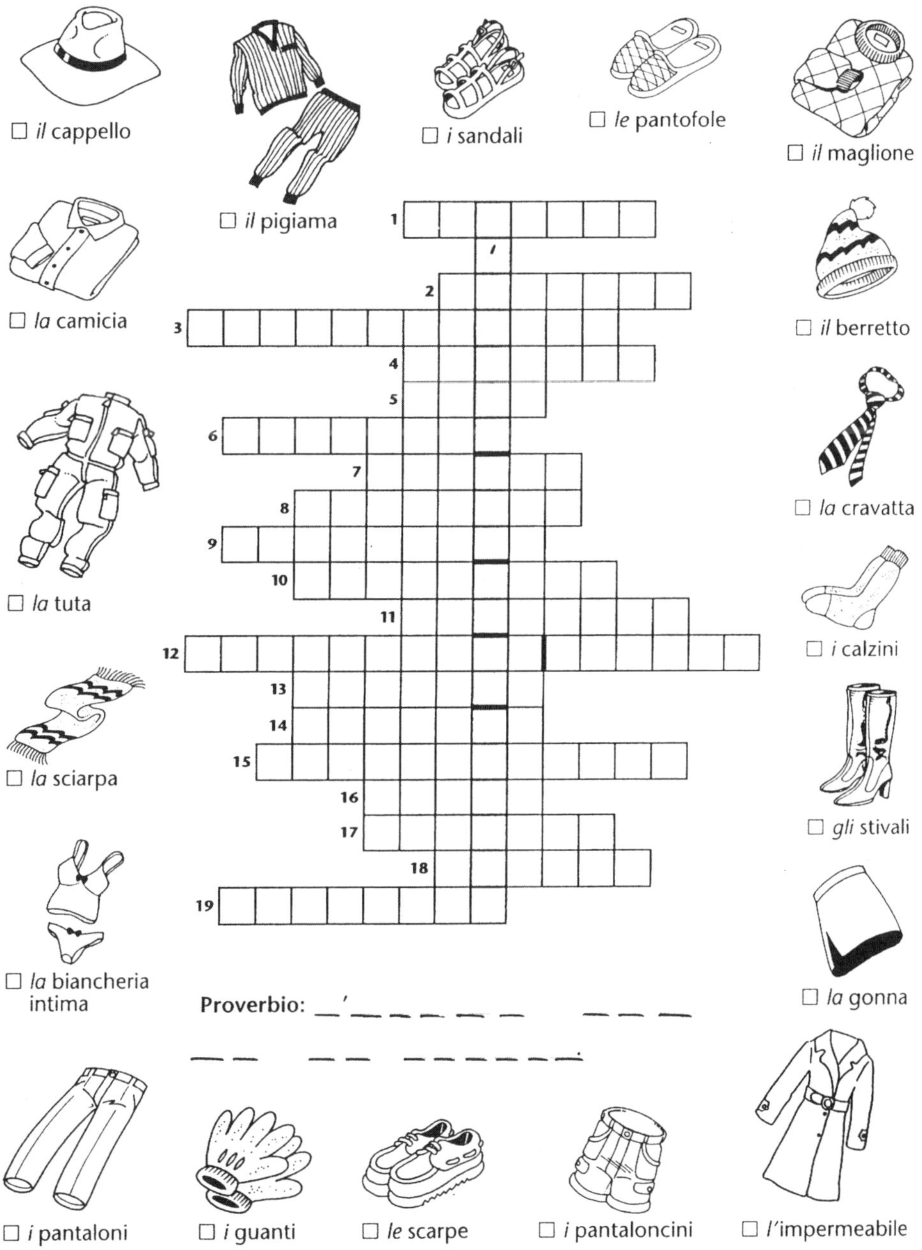

☐ *il* cappello ☐ *i* sandali ☐ *le* pantofole ☐ *il* maglione

☐ *la* camicia ☐ *il* pigiama ☐ *il* berretto

☐ *la* tuta ☐ *la* cravatta ☐ *i* calzini

☐ *la* sciarpa ☐ *gli* stivali

☐ *la* biancheria intima Proverbio: _ _ ' _ _ _ _ _ _ _ _ _ _ _ _ ☐ *la* gonna

☐ *i* pantaloni ☐ *i* guanti ☐ *le* scarpe ☐ *i* pantaloncini ☐ *l'* impermeabile

Immagine 5
Da: Anthony Mollica, *Attività lessicali, 2. Intermedio-Avanzato*. Recanati: ELI, 2004.
Per gentile concessione dell'Editore.

Frutta: l'ananas, l'anguria, l'arancia, la banana, la ciliegia, il cocomero, la fragola, il limone, la mela, il melone, la pera, la pesca, il pompelmo, la prugna, l'uva

Verdura/vegetali: i broccoli, la carota, il cetriolo, la cipolla, i fagioli, l'insalata, la lattuga, la patata, i piselli, il pomodoro, il sedano, gli spinaci

Bevande: l'acqua, l'acqua minerale, la bibita, la birra, il caffè, il cioccolato caldo, il latte, la limonata, il succo d'arancia, il succo di mela, il tè, il vino, il vino bianco, il vino rosso

Carne: l'agnello, la bistecca, la carne, la carne di maiale, il manzo, il pollo, il prosciutto, la salsiccia, il vitello

Pesce: l'aragosta, le cozze, i frutti di mare, i gamberi, il granchio, le ostriche, il pesce, le vongole

Il mesostico si presta bene ad un approccio tematico. Vari studiosi, infatti, affermano che gli studenti richiamano più facilmente il lessico se raggruppato per temi.

6. Poiché sia i "mesi dell'anno" che "i giorni" contengono rispettivamente dodici e sette lettere, essi *possono essere usati come mesostici per richiamare i mesi dell'anno* e *i giorni della settimana* (Immagini 7 e 8). In relazione all'abilità linguistica dello studente, l'insegnante può fornire i giorni della settimana e i nomi dei mesi o semplicemente ometterli; nel secondo caso lo studente dovrà ricordarli a memoria.

Inserisci i nomi dei mesi dell'anno nelle caselle.

Immagine 7

L'acrostico e il mesostico

Inserisci i nomi dei giorni della settimana nelle caselle.

```
1. _ _ _ _ _ I _ _
           2. G _ _ _ _ _
3. _ _ _ _ I _
   4. _ _ _ O _ _ _ _ _
      5. _ _ R _ _ _ _
         6. _ _ N _ _ _ _
7. _ _ _ _ _ I _
```

Immagine 8

7. Il mesostico può essere usato per **richiamare i capoluoghi delle varie regioni italiane** usando un noto proverbio incompleto, *"Tutte le strade portano a..."* (Immagine 9). In questa attività si dà il mesostico; gli studenti dovranno inserire il nome dei capoluoghi nelle caselle. Se l'insegnante aggiunge una cartina dell'Italia, si accentua l'apprendimento dell'ubicazione dei capoluoghi.

Inserisci nelle caselle attorno al proverbio incompleto i nomi dei capoluoghi delle regioni. Il capoluogo rimasto completerà il proverbio.

- ☐ Ancona
- ☐ Aosta
- ☐ L'Aquila
- ☐ Bari
- ☐ Bologna
- ☐ Bolzano
- ☐ Cagliari
- ☐ Campobasso
- ☐ Catanzaro
- ☐ Firenze
- ☐ Genova
- ☐ Milano
- ☐ Napoli
- ☐ Palermo
- ☐ Perugia
- ☐ Potenza
- ☐ Roma
- ☐ Torino
- ☐ Trento
- ☐ Trieste
- ☐ Udine
- ☐ Venezia

TUTTE LE STRADE PORTANO A _ _ _ _

Immagine 9

8. Gli insegnanti possono distribuire agli studenti un mesostico già risolto e dire loro di *creare le definizioni per le risposte che appaiono nelle caselle.* (Immagine 10).

Dai una definizione del capoluogo che completa il mesostico con il proverbio "Tutte le strade portano a Roma."

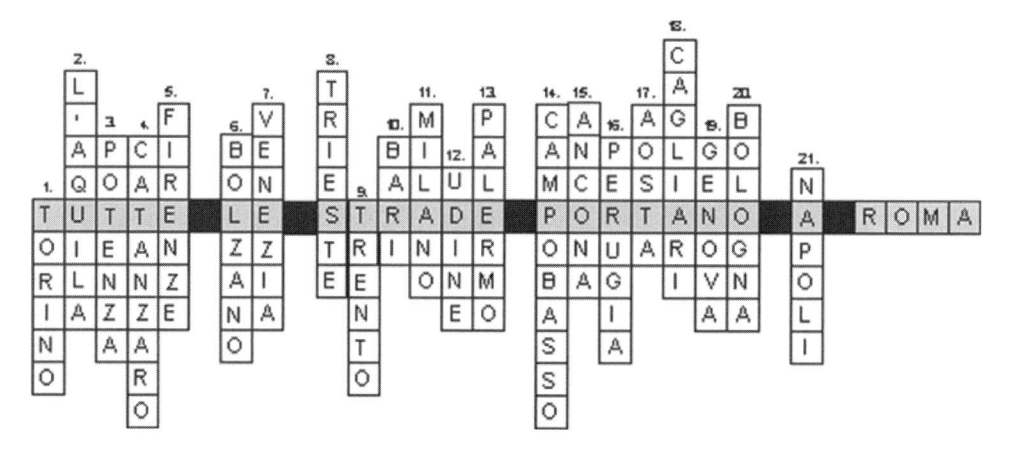

Immagine 10

1. Il capoluogo del Piemonte.
2. Il capoluogo dell'Abruzzo.
3. Il capoluogo della Basilicata
4. Il capoluogo della Calabria.
5. Il capoluogo della Toscana, ecc.

9. Allo stesso modo il mesostico può essere usato *per richiamare le regioni italiane con la frase di venti lettere* "Ecco le regioni d'Italia" (Immagine 11). In questo caso il mesostico viene fornito e gli studenti dovranno collocare la regione al posto giusto. Se si fornisce anche una carta geografica del Paese, l'attività può servire da rinforzo al processo di acquisizione delle regioni.

10. Il nome di un cantante d'opera, ad esempio "Enrico Caruso" (1873-1921), può facilmente condurre ad un elenco di opere di Giuseppe Verdi (1813-1901), (Immagine 12)

Inserisci il titolo delle opere di Giuseppe Verdi attorno al nome del famoso tenore "Enrico Caruso."

1842 Nabucco
1847 Macbeth
1851 Rigoletto
1853 Il Trovatore
1853 La Traviata
1857 Simon Boccanegra
1859 Un ballo in maschera
1862 La forza del destino
1867 Don Carlos
1871 Aida
1874 Messa da Requiem
1887 Otello

L'Italia: le regioni

Inserisci nelle caselle il nome delle venti regioni italiane.

ECCOLE REGIONI D'ITALIA

- ☐ la Valle d'Aosta
- ☐ il Piemonte
- ☐ la Lombardia
- ☐ il Trentino-Alto Adige
- ☐ il Veneto
- ☐ il Friuli-Venezia Giulia
- ☐ la Liguria
- ☐ l'Emilia-Romagna
- ☐ la Toscana
- ☐ le Marche
- ☐ l'Umbria
- ☐ il Lazio,
- ☐ l'Abruzzo
- ☐ il Molise
- ☐ la Campania
- ☐ la Puglia
- ☐ la Basilicata
- ☐ la Calabria
- ☐ la Sicilia
- ☐ la Sardegna

Immagine 11
Da: Anthony Mollica, *Attività lessicali, 1. Elementare-Pre-Intermedio*. Recanati: ELI, 2004.
Per gentile concessione dell'Editore.

Immagine 12

11. In alternativa, l'elenco delle opere di Verdi elencate nelle caselle può diventare il mesostico "Enrico Caruso" (1873-1921) Immagine 13.

Inserisci nelle caselle le opere principali di Giuseppe Verdi. Le caselle evidenziate daranno il nome di un famoso tenore napoletano.

1842 Nabucco
1847 Macbeth
1851 Rigoletto
1853 Il Trovatore
1853 La Traviata
1857 Simon Boccanegra
1859 Un ballo in maschera
1862 La forza del destino
1867 Don Carlos
1871 Aida
1874 Messa da Requiem
1887 Otello

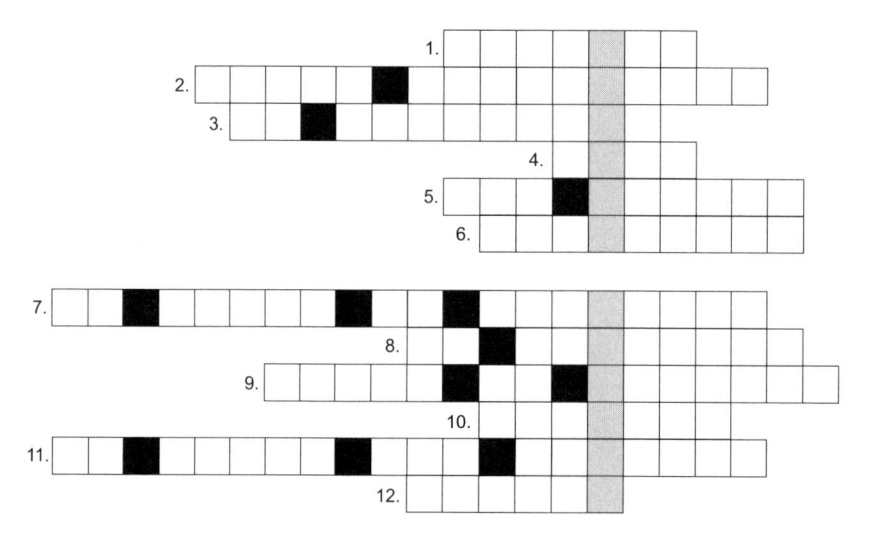

Immagine 13

L'acrostico e il mesostico   39

12. L'insegnante può decidere di *fornire acrostici con definizioni.* Questa attività si basa sul racconto breve di Moravia "Una donna sulla testa" [tratto da *Nuovi racconti romani* (Milano: Bompiani, 1959), vedi Appendice B] (Immagine 14). Le iniziali delle risposte dell'acrostico *(Luigi, abbreviare, neppure, ossessione, interurbana, anziano)* daranno La Noia, il titolo di uno dei romanzi di Moravia.

Scrivi a fianco di ciascuna delle definizioni o dei sinonimi il vocabolo che corrisponde. Le iniziali di questi vocaboli formeranno il titolo di un romanzo di Moravia.

1. il nome del fattorino
2. rendere breve
3. neanche
4. pensiero fisso, incubo
5. comunicazione telefonica tra città e città
6. di età avanzata

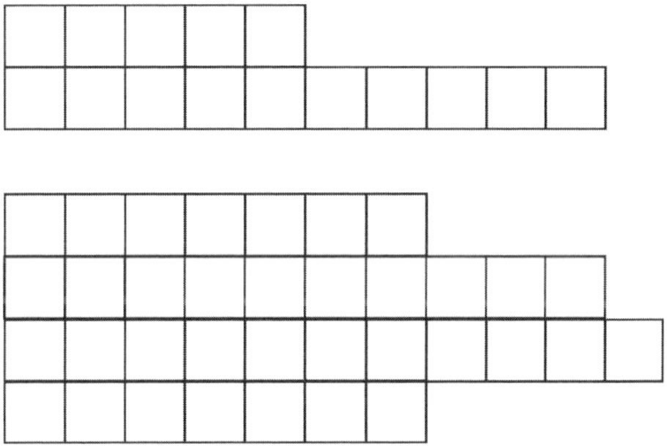

Immagine 14

13. I docenti possono chiedere agli studenti di scrivere un termine in verticale e poi, a partire da quelle lettere, di scrivere altre parole in orizzontale.

Zamponi (1986, p. 44) consiglia questa attività e nel suo libro, *I draghi locopei,* ne fornisce vari esempi. (Il titolo del libro è l'anagramma di "Giochi di parole"!) Uno di questi esempi si rifà al saluto "Ciao!"

C on
I mmenso
A more
O vunque

Altri studenti hanno suggerito il seguente acronimo per la parola "scuola".

S ede
C he
U ccide
O gni
L ibera
A ttività

Laura Gallina, durante un corso di "Didattica delle lingue straniere" che ho tenuto presso l'Università degli Studi della Calabria nel maggio del 2007, ha proposto una serie di acrostici e mesostici per "mestieri e professioni" (Immagini 15-22).

14. Il mesostico e l'acrostico possono identificare una professione e descriverne l'attività e apparire insieme (Immagini 15-22).

```
        R E C I T A                    S V E L T O
          P A R T I                    A R T I G I A N O
    R I S C U O T E N D O        F O R B I C I
    S U C C E S S O                   U T I L I Z Z A
              R A R A M E N T E        O P E R O S A M E N T E
            A T T E S O
```
Immagine 15   Immagine 16

```
          C A N T A                        B A R B U T O
          C A N Z O N I                    B A R B I E R E
    D I V E N U T E                  S B A R B A
          T A L M E N T E                  B A R B U T I
        F A M O S E                    C L I E N T I
        I N                      C H I A C C H I E R A N D O
        E T E R N O                    M E N T R E
    R I S E N T I T E                  R A D E
```
Immagine 17   Immagine 18

```
          M E G L I O                  P I L O T A
          E S S E R E                  I
          D O T T O R E          V O L I  A
        P I U T T O S T O    S C A L O
          C H E                    I N T E R N A Z I O N A L E
    M A L A T O              E  N A Z I O N A L E
```
Immagine 19   Immagine 20

```
              C O M A N D A
              A U T O R E V O L M E N T E
          I M P I E G A T I
    D ' U F F I C I O
```
Immagine 21

```
        A M M O N I S C E
        A M O R E V O L M E N T E
        E
      I S T R U I S C E
      S T U D E N T I
      P R E P A R A N D O L I
    A L   D O M A N I
```
Immagine 22

15. L'acrostico e il mesostico possono apparire insieme con parole di un campo semantico che rifletta il mesostico (Immagine 23).

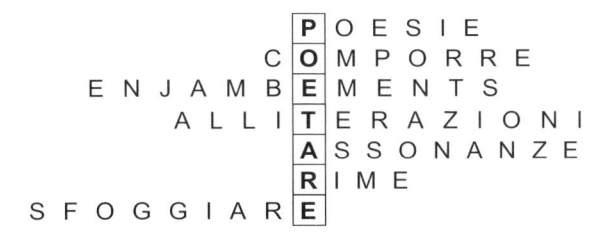

```
              P O E S I E
            C O M P O R R E
    E N J A M B E M E N T S
          A L L I T E R A Z I O N I
              A S S O N A N Z E
              R I M E
  S F O G G I A R E
```

Immagine 23

16. L'insegnante può dare agli studenti le parole chiave e chiedere di preparare una serie di acrostici e mesostici.

Acrostici, mesostici e acrostici acronimici creano momenti di umorismo in classe e rappresentano, nello stesso tempo, attività molto funzionali al richiamo e all'arricchimento del lessico della lingua in apprendimento.

Riferimenti bibliografici

AUGARDE TONY, 1984, *The Oxford Guide to Word Games,* Oxford, Oxford University Press.

BOCCACCIO GIOVANNI, 1986, *Amorosa visione,* Bilingual edition translated by HOLLANDER ROBERT, HAMPTON TIMOTHY, FRANKEL MARGHERITA, With an introduction by VITTORE BRANCA, Hanover and London, University Press of New England.

DOSSENA GIAMPAOLO, 1988, *La zia era assatanata. Primi giochi di parole per poeti e folle solitarie,* Roma-Napoli, Edizioni Theoria, s.r.l.

DOSSENA GIAMPAOLO, 1994, *Dizionario dei giochi con le parole,* Milano, A. Vallardi/Garzanti Editore.

JANC JOHN J., 2004, "Teaching French Using Mnemonic Devices", *Mosaic. A Journal for Language Teachers,* 8, 3, pp. 17-20.

KING GRAHAM, 2002, *Word Games,* Glasgow, Harper Collins Publishers.

KNOP C. K., 1971, "Mnemonic Devices in Teaching French", *The French Review,* 45, pp. 337-342.

MASON KEITH, 1990, "*Ser* vs. *estar:* A Mnemonic Device Puts *estar* in Its P.L.A.C.E.", *Hispania,* 73, pp. 506-507.

MASON KEITH, 1992, "Successful Mnemonics for *por/para* and Affirmative Commands with Pronouns", *Hispania,* 75, pp. 197-199.

MASON KEITH, 1996, "Mnemonics for Mastering the Imperfect and Irregular Future in French, Italian and Spanish", *Mosaic. The Journal for Language Teachers,* 3, 4, pp. 16-17.

MOLLICA ANTHONY, 2004, *Attività lessicali 1. Elementare-Pre-Intermedio,* Recanati, ELI, 2004. Welland, Ontario, éditions Soleil publishing, inc.

MOLLICA ANTHONY, 2004, *Attività lessicali 2. Intermedio-Avanzato,* Recanati, ELI, 2004. Welland, Ontario, éditions Soleil publishing inc., 2004.

MONTALE EUGENIO, 1957, *La bufera e altro,* Milano, Arnoldo Mondadori Editore.

NUESSEL FRANK, 2004, "Mnemonic Acronyms: A Memory Aid for Teaching and Learning Spanish Grammar", *Mosaic. A Journal for Language Teachers*, 8, 2, pp. 21-24.

ROSSI GIUSEPPE ALDO, 2002, *Dizionario Enciclopedico di Enigmistica e Ludolinguistica.* Bologna, Zanichelli.

RUSSELL KEN AND CARTER PHILIP, 1995, *The Complete Guide to Word Games and Word Play,* London, Foulsham.

TUTTLE HARRY, 1981, "Mnemonics in Spanish Classes", *Hispania*, 64, pp. 582-584.

ZAMPONI ERSILIA, 1986, *I draghi locopei. Imparare l'italiano con i giochi di parole,* Presentazione di Umberto Eco, Torino, Einaudi.

Capitolo 4

Gli aggettivi qualificativi

Gli insegnanti sono spesso alla ricerca di modi per poter variare gli esercizi cosiddetti "formali", e passare da attività che si concentrano sulla forma ad attività che valorizzano la comunicazione. Una delle attività che può essere utilizzata per fare apprendere/far ripassare gli aggettivi qualificativi è l'associazione di un aggettivo qualificativo con il nome dello studente, attività valida anche per il fatto che fornisce interessanti spunti per la conversazione. Questa attività viene spesso usata come rompighiaccio nelle prime lezioni ad un livello intermedio (ma si può usare anche a livello di principianti) e si è dimostrata interessante oltre che ricca di spunti divertenti.

Applicazioni glottodidattiche

L'attività prevede che l'insegnante consegni agli studenti un elenco, in ordine alfabetico, di aggettivi nella lingua oggetto di insegnamento; questa tecnica ha dimostrato la sua validità sia in classi di inglese lingua seconda che in altre lingue straniere.

Descrivere se stessi

In questa prima attività viene chiesto agli studenti di descrivere se stessi associando la prima lettera del loro nome con la prima lettera di un aggettivo presente nella lista. Lo scambio di battute, nella lingua target, tra insegnante e studente potrebbe essere il seguente:

Insegnante: Come ti chiami?
Antonio: Mi chiamo Antonio e sono *a*ttento.

Insegnante: E come dimostri la tua attenzione?
Antonio: Sto sempre attento a quello che dice l'insegnante.

L'insegnante, nel chiedere come lo studente dimostra una particolare caratteristica, volge l'aggettivo in sostantivo, arricchendo di fatto il vocabolario. Può succedere che gli studenti nel tentativo di dare una spiegazione sulle caratteristiche con cui hanno descritto se stessi, creino una frase che suscita l'ilarità nella classe; il divertimento non va trascurato in questa attività: spesso, infatti, sono proprio gli aggettivi presentati in una spiegazione divertente quelli che vengono più facilmente fissati nella memoria.

Descrivere un amico

Una variante dell'attività descritta sopra può essere rivolta alla descrizione di un amico dello studente.

Studente: La mia amica si chiama Anna ed è altruista.
Insegnante: E come dimostra Anna il suo altruismo?
Studente: (dà una spiegazione)
Studente: Il mio amico si chiama Enrico ed è energico.
Insegnante: E come dimostra Enrico la sua energia?
Studente: (dà una spiegazione)

Sia questa attività che la precedente si prestano bene ad uno svolgimento in forma negativa:

Studente: La mia amica si chiama Anna ma non è altruista.
Studente: Il mio amico si chiama Enrico ma non è energico.

Descrivere i compagni

In questa attività si può chiedere agli studenti di fare il nome dei loro compagni; è un'attività particolarmente adatta alle prime lezioni, momento in cui si cerca di ricordare i nomi degli studenti. Un esercizio adatto potrebbe essere la variante del classico gioco (vedi Capitolo 25, "Faccio la valigia…")

In questo gioco si chiede al giocatore di identificare il nome dello studente e l'aggettivo ad esso associato; ogni giocatore successivo dovrà ripetere i nomi precedentemente detti e aggiungerne uno alla lista.

Ad esempio:

Giovanni: Mi chiamo Giovanni e sono gioviale…
Maria: Si chiama Giovanni ed è gioviale, io mi chiamo Maria e sono malinconica…
Irene: Si chiama Giovanni ed è gioviale, si chiama Maria ed è malinconica, mi chiamo Irene e sono intuitiva…
Fausto: Si chiama Giovanni ed è gioviale, si chiama Maria ed è malinconica, si chiama Irene ed è intuitiva. Mi chiamo Fausto e sono famoso…

ecc.

Si può rendere più rapido il gioco facendo semplicemente ripetere il nome dello studente e l'aggettivo.

Ad esempio:

Giovanni è *g*ioviale, **M**aria è *m*alinconica, Irene è *i*ntuitiva, Fausto è *f*amoso, ecc.

Visto che allo studente non si chiede di dare una spiegazione, cioè non gli si chiede di cambiare l'aggettivo in sostantivo e di darne una definizione, l'attività può essere utile a livello di principianti.

Trovare una persona che sia...

In questa attività viene data agli studenti una lista di aggettivi ai quali verranno abbinati nomi di studenti consoni. Nel caso l'insegnante desideri introdurre l'elemento competitivo si può dichiarare vincitore lo studente che per primo completa l'elenco. Questa attività è adatta alla pratica delle forme interrogativa/risposta.

Il foglio di attività dello studente può presentarsi così:

Trova uno studente che sia...

1. ... intelligente.
2. ... nervoso.
3. ... apprensivo.
4. ... creativo.
5. ... disponibile.
6. ... brillante.
7. ... ottimista.
8. ... coraggioso.
9. ... famoso.
10. ... distratto.
11. ... contento.
12. ... generoso.

ecc.

Una volta che ad ogni aggettivo si è associato un nome il gioco può considerarsi concluso e l'insegnante può chiedere allo studente il motivo per cui il compagno o la compagna possano essere associati all'aggettivo corrispondente. Si consideri, ad esempio, come risposta al primo aggettivo:

Mario è intelligente.

L'insegnante o uno studente potrebbe porre la domanda sulla qualità di

Mario chiedendo allo stesso Mario o a uno studente che darà un giudizio su Mario.

Insegnante: Come dimostri la tua intelligenza, Mario?
Insegnante: Come dimostra la sua intelligenza Mario?

oppure

Secondo te, *(nome di uno studente che sarà chiamato a dare un'opinione)*, come dimostra Mario la sua intelligenza?

Il compagno/La compagna ideale

In questa attività l'insegnante divide la lavagna o il lucido (se usa la lavagna luminosa) in due parti e scrive "il ragazzo ideale" su una colonna, "la ragazza ideale" sull'altra; si chiede quindi agli studenti di identificare le caratteristiche dell'uno e dell'altra. Quest'attività è particolarmente valida nelle lingue in cui la forma degli aggettivi al maschile e al femminile può variare e dove alcune qualità al maschile sono le stesse anche al femminile.

Per esempio:

il ragazzo ideale	*la ragazza ideale*
simpatico	simpatica
intelligente	intelligente
ricco	ricca
ottimista	ottimista
atletico	bella
fedele	fedele
gentile	gentile
ecc.	

Questa attività riassume la forma degli aggettivi e lo studente scoprirà che

- Un aggettivo che termina in *–o* al maschile, termina in *–a* al femminile.
- Un aggettivo che termina in *–e* al maschile resta invariato al femminile
- Alcuni aggettivi che terminano in *–a* al maschile restano invariati al femminile.

Le mie qualità

Si fornisce agli studenti un elenco di aggettivi e si chiede loro di identificare le proprie caratteristiche, siano esse positive o negative.

Lessico consigliato

La lista che segue non ha alcuna pretesa di essere esaustiva: la si fornisce ai docenti con l'unico scopo di far risparmiare tempo. Gli insegnanti possono decidere di selezionare alcuni termini o di modificare l'elenco fornito in base alle loro necessità.

Gli aggettivi qualificativi

Gli aggettivi seguenti sono tratti dal *Dizionario di base della lingua italiana* (De Mauro e Moroni, 1996). È ovvio che alcuni sono stati scelti per introdurre l'umorismo in classe e per creare momenti di relax.

Si consideri che molte, se non la totalità di queste attività, possono essere svolte in forma scritta, in base alle competenze che lo studente o l'insegnante desidera esercitare.

A
- [ ] agitato, -a / agitazione *s.f.*
- [ ] affettuoso, -a / affetto
- [ ] agile / agilità
- [ ] aggiornato, -a / aggiornamento
- [ ] allegro, -a / allegria
- [ ] allergico, -a / allergia
- [ ] altruista / altruismo
- [ ] ambizioso, -a / ambizione *s.f.*
- [ ] amico, -a / amicizia
- [ ] anarchico, -a / anarchia
- [ ] ansioso, -a / ansia
- [ ] anticonformista / anticonformismo
- [ ] antipatico, -a / antipatia
- [ ] apatico, -a / apatia
- [ ] apprensivo, -a / apprensione
- [ ] arrogante / arroganza
- [ ] astuto, -a / astuzia
- [ ] attento, -a / attenzione *s.f.*
- [ ] attivo, -a / attività
- [ ] audace / audacia
- [ ] avaro, -a / avarizia

B
- [ ] bello, -a / bellezza
- [ ] bilingue / bilinguismo
- [ ] bisognoso, -a / bisogno
- [ ] brutale / brutalità
- [ ] bugiardo, -a / bugia
- [ ] buono, -a / bontà

C
- [ ] calmo, -a / calma
- [ ] calvo, -a / calvizia
- [ ] cattivo, -a / cattiveria
- [ ] celebre / celebrità
- [ ] confuso, -a / confusione
- [ ] cortese / cortesia
- [ ] crudele / crudeltà
- [ ] curioso, -a / curiosità

D
- [ ] debole / debolezza
- deluso, -a / delusione *s.f.*
- [ ] depresso, -a / depressione *s.f.*
- [ ] diplomatico, -a / diplomazia
- [ ] disattento, -a / disattenzione *s.f.*
- [ ] disinvolto, a / disinvoltura
- [ ] disoccupato, -a / disoccupazione *s.f.*

E
- [ ] eccellente / eccellenza
- [ ] egoista / egoismo
- [ ] elegante / eleganza
- [ ] energico, -a / energia
- [ ] entusiasta / entusiasmo

F
- [ ] famoso, -a / fama
- [ ] fedele / fedeltà
- [ ] felice / felicità
- [ ] fortunato, -a / fortuna
- [ ] freddo, -a / freddezza
- [ ] frustrato, -a / frustrazione
- [ ] furioso, -a / furia

G
- [ ] geloso, -a / gelosia
- [ ] generoso, -a / generosità
- [ ] gentile / gentilezza
- [ ] giovane / gioventù *s.f.*
- [ ] grasso, -a / grassezza

I
- [ ] impaziente / impazienza
- [ ] indifferente / indifferenza
- [ ] inquieto, -a / inquietudine *s.f.*
- [ ] insensibile / insensibilità
- [ ] insolente / insolenza
- [ ] insopportabile / insopportabilità
- [ ] intelligente / intelligenza
- [ ] invidioso, -a / invidia
- [ ] ipocrita / ipocrisia

L
- [ ] leale / lealtà
- [ ] libero, -a / libertà
- [ ] logico, -a / logica

M
- [ ] maligno, -a / malignità
- [ ] malinconico, -a / malinconia
- [ ] malizioso, -a / malizia
- [ ] modesto -a / modestia

N
- [ ] nervoso, -a / nervosismo
- [ ] noioso, -a / noia
- [ ] obeso, -a / obesità
- [ ] onesto, -a / onestà
- [ ] opportunista / opportunismo
- [ ] ozioso, -a / ozio

P
- [ ] paziente / pazienza
- [ ] pigro, -a / pigrizia
- [ ] pomposo, -a / pomposità
- [ ] povero, -a / povertà
- [ ] prepotente / prepotenza
- [ ] presente / presenza

Q
- [ ] quieto, -a / quiete

R
- [ ] ribelle / ribellione
- [ ] ricco, -a / ricchezza
- [ ] risentito, -a / risentimento

S
- [ ] sadico, -a / sadismo
- [ ] sarcastico, -a / sarcasmo
- [ ] sciocco, -a / sciocchezza
- [ ] sensibile / sensibilità
- [ ] sentimentale / sentimento
- [ ] serio, -a / serietà
- [ ] sereno, -a / serenità
- [ ] simpatico, -a / simpatia
- [ ] stanco, -a / stanchezza
- [ ] superbo, -a / superbia

T
- [ ] tenero, -a / tenerezza
- [ ] tiranno, -a / tirannia
- [ ] triste / tristezza

U
- [ ] ubbidiente / ubbidienza
- [ ] ubriaco, -a / ubriachezza
- [ ] umano, -a / umanità

V
- [ ] vanitoso, -a / vanità
- [ ] vecchio, -a / vecchiaia
- [ ] vendicativo, -a / vendetta
- [ ] vittorioso, -a / vittoria

Z
- [ ] zelante / zelo

Riferimento bibliografico

DE MAURO TULLIO E MORONI G. G., 1996, *Dizionario di base della lingua italiana*, Torino, Paravia.

Capitolo 5

L'anagramma

Il giocologo Ennio Peres in una sua pubblicazione (2005, p. 9) offre questa definizione per *anagramma*:

> L'anagramma (dal greco *aná* "sopra" e *grammá* "lettera") è un gioco linguistico consistente nel formulare una parola (o un insieme di parole) utilizzando le medesime lettere che compongono un'altra parola (o un altro insieme di parole), senza prendere in considerazione eventuali differenze tra lettere maiuscole e minuscole o presenze di accenti, apostrofi e segni di punteggiatura. Per applicare correttamente un tale meccanismo, è essenziale che le lettere dell'insieme finale coincidano esattamente con quelle dell'insieme di partenza: non sono ammessi in alcun modo scarti, aggiunte o ripetizioni di lettere.

Con tutta probabilità l'anagramma fu usato per la prima volta dall'autore di tragedie Licofrone, poeta e studioso nato a Calcide, città della Grecia, situata lungo la costa occidentale dell'Eubea, nel 330 a.C. Lo si ricorda per aver inserito un paio di anagrammi sulla caduta di Troia nella sua opera, *Alexandra*. Gli anagrammi sono parole, espressioni o frasi che possono essere decostruite per creare nuove parole, frasi o espressioni; si tratta dei giochi di parole più duraturi e versatili (King, 2001, p. 6).

Augarde (1984, p. 71) sottolinea che

> i mistici ebraici del tredicesimo secolo noti come Cabalisti credevano che nell'alfabeto ebraico esistessero delle proprietà magiche e che le lettere utilizzate nelle Sacre Scritture ebraiche potessero essere riorganizzate allo scopo di ottenere miracoli e rivelare la verità.

In epoca romana e durante il primo cristianesimo si attribuì agli anagrammi significato profetico o mistico. Per molti, quindi, gli anagrammi avevano grande importanza in quanto recavano i segni della personalità o del destino di colui dal cui nome erano tratti. Nel XVI e XVII secolo, il gioco era molto in voga in Francia e si usava tessere lodi anagrammando il nome di illustri contemporanei. Il gioco era così popolare che Luigi XIII arrivò a nominare un anagrammista di corte.

La fede nel potere dato dal rimescolare le lettere dell'alfabeto continuò dal Medio Evo al Rinascimento; si credeva che carattere o fato potessero essere svelati attraverso la riorganizzazione delle lettere che compongono il nome di una persona, facendo quindi un anagramma.

Credere che gli anagrammi possano predire il futuro ha radici lontane. Augarde (1984, p. 72) narra di come il francese André Pujom portò questa convinzione all'estremo. Pujom aveva scoperto che il suo nome poteva essere ricomposto nell'anagramma *"pendu à Riom"* ("impiccato a Riom") e per questo commissionò il suo omicidio in modo da poter essere impiccato a Riom, una città nel dipartimento della Francia centrale Puy-de-Dôme, regione Alvernia, conosciuto come il cuore della giustizia criminale.

Un famoso anagramma della storia è nella versione latina della domanda di Pilato a Gesù,

"Quid est veritas?" ("Che cos'è la verità?").

Quando la domanda viene trasformata in anagramma diventa:

"Est vir qui adest" ("È l'uomo che hai di fronte.")

Ma in verità non si tratta di un anagramma perfetto perché il verbo *est* viene ripetuto.

Alcuni autori decidono di usare uno pseudonimo al posto del loro vero nome e lo trasformano in anagramma: Salustri (1871-1950), il cui nome completo è *Carlo Alberto Salustri*, il famoso poeta romano, divenne Trilussa. Voltaire (1694-1778), il cui vero nome era *Arouet L. J. (le jeune)*, creò il suo pseudonimo facendo un anagramma e cambiando la *u* in *v* e la *j* in *i*. Giacomo Casanova (1725-1798) nella sua *Storia della mia vita* propone una ragione a questo cambiamento di nome:

Voltaire non avrebbe mai ottenuto l'immortalità con il nome Arouet [...] Avrebbe perso la sua autostima al sentirsi perennemente indicato "à rouer" (*"ragazzo da bastonare"*).

Come puntualizza Bartezzaghi (2001, p. 111),

L'anagramma è una parola messa nel frullatore.

La popolarità degli anagrammi oggi è immediatamente riscontrabile in "Jumble", un gioco di parole da decifrare, evoluzione dell'anagramma, creato da Henri Arnold e Mike Argirion, pubblicato in volumi e nei quotidiani americani e canadesi. Scopo del gioco è decifrare una serie di quattro parole accompagnate da alcune lettere evidenziate. Tali lettere devono quindi essere decifrate allo scopo di formare una parola, una frase o un gioco di parole che abbia un collegamento con la vignetta che le accompagna. (Immagine 1).

JUMBLE.
THAT SCRAMBLED WORD GAME
by Henri Arnold and Mike Argirion

Unscramble these four Jumbles, one letter to each square, to form four ordinary words.

YUJIC

PULIT

NARREB

COALJE

©2004 Tribune Media Services, Inc. All Rights Reserved.
www.jumble.com

Everybody in position. _____ Pay close attention

THE DANCE IN-STRUCTOR DEMAND-ED THE STUDENTS DO THIS.

Now arrange the circled letters to form the surprise answer, as suggested by the above cartoon.

Answer here: " ◯◯◯◯ " THE ◯◯◯◯◯

Immagine 1

Le parole da decifrare in relazione all'Immagine 1 *(juice, tulip, barren, cajole:* "succo, tulipano, sterile, ottenere con lusinghe"*)* ci dicono che l'istruttore richiede che gli studenti "si attengano alle direttive" (*"toe the line"*).

Le didascalie generate da tali vignette generalmente danno origine ad un contrasto, a un'espressione che comprende un gioco di parole, a un termine legato al tema o più semplicemente a una frase idiomatica.

Gli anagrammi spesso danno espressioni o frasi che descrivono oggetti o cose, o le attività (non sempre lusinghiere!) di politici, uomini d'affari, criminali e persone famose, come evidenziano i seguenti esempi in inglese.

1. *Alcuni anagrammi sono divertenti:*

    Dormitory = Dirty room *(dormitorio: camera in disordine)*
    (www.fun-with-words.com)

    Bartender = Beer and art *(barista: birra e arte)*
    (Ken Russell and Philip Carter)

    George Bush = He bugs Gore *(George Bush: infastidisce Gore)*
    (Don P. Fortier)

    Elvis = Lives *(Elvis: vive)*
    (David N. Axford)

    Elvis Aaron Presley = Seen alive? Sorry, pal! *(Elvis Aaron Presley: visto vivo? Mi dispiace, amico!)*
    (David Bourke)

    Saddam Hussein = UN's said he's mad. *(Saddam Hussein: Le Nazioni Unite affermano sia pazzo!)*
    (Jaybur)

    Election results = Lies – let's recount! *(Risultato elettorale: Bugie: verifichiamo!)*
    (Tom Myers)

    Margaret Thatcher = The great charmer *(Margaret Thatcher: la grande incantatrice)*
    (Ken Russell and Philip Carter)

    Eleven + two = Twelve + one *(Undici più due: dodici più uno)*
    (Ken Russell and Philip Carter)

2. *Alcuni anagrammi sono apertamente offensivi:*

    Mother-in-law = Woman Hitler *(Suocera: Hitler in gonnella)*
    (Henry C. Wiltbank)

    President Bush of the USA = A fresh one, but he's stupid! *(Il Presidente Bush degli USA: una faccia nuova, ma è stupido!)*
    (Richard Grantham)

    Nemmeno i politici italiani sfuggono alla crudeltà degli anagrammi:

    Giovanni Agnelli = inganni legali
    (Sandro Dorna)

    On. Giulio Andreotti = un gelido Totò Riina*
    (Federico Zeri)

    (*Nota dell'Autore: Totò Riina è un presunto mafioso.)

3. *Alcuni anagrammi suggeriscono un'azione o descrizione relativa all'attività, impiego o professione del termine o espressione originale:*

    Clint Eastwood = Old West action *(Clint Eastwood: azione del vecchio west)*
    (David Bourke)

    Florence Nightingale = Angel of the reclining *(Florence Nightingale: l'angelo dei distesi)*
    (Larry Brash)

Giovanni Pergolesi = I love singing opera *(Giovanni Pergolesi: mi piace cantare opera)*
(Meyran Kraus)

M. Caine = Cinema *(M. Caine: cinema)*
(Zoran Radisavlevic)

Schoolmaster = The classroom *(Insegnante: l'aula)*
(www.fun-with-words.com)

Astronomer = Moon starer *(Astronomo: osservatore della luna)*
(Farmer's Almanack)

Debit card = Bad credit *(Carta di addebito: cattivo credito)*
(Mike Morton)

The terrorist Osama Bin Laden = Arab monster is no idle threat. *(Il terrorista Osama Bin Laden: Il mostro arabo non è una minaccia inattiva.)*
(David Bourke)

Conversation = Voices rant on *(Conversazione: voci ampollose)*
(www.fun-with-words.com)

Slot machines = Cash lost in 'em. *(Mangiasoldi: soldi perduti)*
(www.fun-with-words.com)

Payment received = Every cent paid me *(Pagamento ricevuto: ogni centesimo mi è stato pagato)*
(George B. King)

The eyes = They see *(Gli occhi: vedono)*
(William Grossman)

The Morse Code = Here come dots *(Il Codice Morse: arrivano i puntini)*
(www.fun-with-words.com)

A decimal point = I'm a dot in place *(Un decimale: sono un puntino a posto)*
(www.fun-with-words.com)

The public art galleries = Large picture halls, I bet *(Le gallerie d'arte pubbliche: grandi sale con quadri, suppongo)*
(www.fun-with-words.com)

4. ***Alcuni autori di anagrammi sono riusciti a creare dilettevoli anagrammi da modi di dire, frasi celebri, e detti popolari:***

Rome wasn't built in a day = Any labour I do wants time. *(Roma non è stata costruita in un giorno: qualsiasi lavoro io faccia ha bisogno di tempo.)*
("Navigator")

A stitch in time saves nine = Is this meant as an incentive? *(Un punto in tempo ne risparmia cento: Questo significa un incentivo?)*
(Tony Augarde)

The meaning of life = The fine game of nil *(Il senso della vita: il bel gioco di niente)*
(www.fun-with-words.com)

"That's one small step for a man; one giant step for mankind." Neil Armstrong = A thin man ran... makes a large stride... left planet... pins flag on moon... on to Mars! *(Un piccolo passo per un uomo ma un passo da gigante per l'umanità. Neil*

Armstrong: la corsa di un uomo magro... fa un'ampia falcata... lascia il pianeta... pianta la bandiera sulla luna... avanti verso Marte!)
(Steve Krakowski)

Dorna (1978) ha pubblicato una serie di anagrammi su persone famose; il libro contiene una serie di fotografie e ogni foto è accompagnata da un anagramma. Qui di seguito degli esempi:

Caterina Caselli = se li lasci cantare
Sofia Loren = farò il seno
Pier Paolo Pasolini = siano ali per popoli
Totò = otto
Gian Maria Volontè = navigo in alto mare

Applicazioni glottodidattiche

1. Un'attività divertente consiste nell'individuare, ove possibile, *un anagramma per il nome proprio della persona:*

   Trova un anagramma per i seguenti nomi:
   1. Bianca
   2. Camillo
   3. Carolina
   4. Cristina
   5. Diana
   6. Elisabetta
   7. Ettore
   8. Graziana
   9. Marco Antonio[1]
   10. Marina
   11. Mario
   12. Nadia
   13. Nicoletta
   14. Olga
   15. Pietro
   16. Rosalia
   17. Stefania
   18. Teresina
   19. Tommaso
   20. Toni

   [1]L'esempio è di Bartezzaghi (2001, p. 112), "antico romano"

2. Ugualmente carica di sfida può essere l'attività opposta, in cui si chiede agli studenti di *fornire l'anagramma di un nome proprio per una data parola.* Ad esempio:

Trova i nomi propri nascosti in questi anagrammi:
1. cabina
2. il calmo
3. ciarlona
4. eretto
5. garanzia
6. eretto
7. gola
8. daina
9. animar
10. aromi
ecc.

3. Si può fornire agli studenti un elenco di parole e chiedere che con ciascuna di esse si formi *un nuovo termine attraverso un anagramma*. Questa attività è utile quale arricchimento del vocabolario.

Trova un anagramma per le parole seguenti:
1. attore
2. barrito
3. calendario
4. clamore
5. cretino
6. ferrame
7. lavato
8. liceo
9. longevità
10. malintesi
11. marchesa
12. preda
13. preteso
14. senatore
15. totale

4. Per aiutare gli studenti l'insegnante può *fornire delle definizioni relative alla parola da anagrammare.*

Trasforma il primo vocabolo in un anagramma secondo la definizione.
1. castano = Firenze è il suo capoluogo:
2. giunco = il figlio di mio zio:
3. monaci = autocarro:
4. nota = participio passato del verbo *nascere*:

5. Roma = affetto intenso: _____
6. spinaci = vi si può nuotare: _____
7. tende = è necessario per masticare: _____
8. terno = mezzo di trasporto: _____
9. Veneto = un avvenimento: _____

5. L'attività descritta sopra può essere trasformata in *una attività di parole crociate con doppia definizione* (Immagine 2).

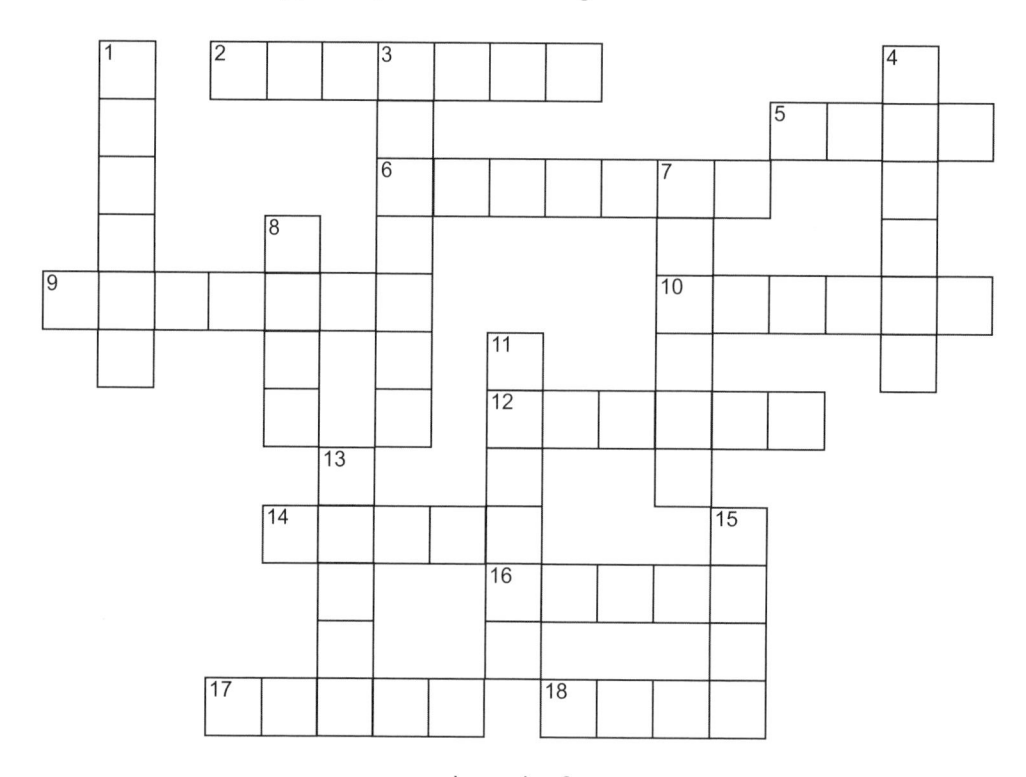

Immagine 2

Completa il cruciverba usando come stimolo le definizioni seguenti. (O = orizzontali; V= verticali).

1. O-2: vi si può nuotare; O-6: verdura
2. O-5: affetto intenso; O-18: capitale d'Italia
3. O-12: avvenimento; V-11: regione italiana
4. O-9: Firenze è il suo capoluogo; V-3: del colore bruno scuro
5. O-10: pianta erbacea; V-7: il figlio di mio zio
6. O-14: è necessario per masticare
   V-13: drappi di tessuto che si lascia pendere all'interno delle finestre
7. O-16: combinazione di tre numeri, nel gioco del lotto
   O-17: mezzo di trasporto

L'anagramma

8. V-1: autocarro; V-4: membri di un ordine religioso che ha pronunciato i voti solenni di povertà
9. V-8: participio passato di *nascere*
   V-15: segno convenzionale con il quale si indica graficamente un suono musicale

6. In alternativa, l'insegnante può *fornire le soluzioni del cruciverba e* agli studenti si chiede di creare le definizioni (Immagine 3).

	C		P	I	S	C	I	N	A				M		
	A					A						A	M	O	R
	M				S	P	I	N	A	C	I		N		
	I		N		T					U			A		
T	O	S	C	A	N	A				G	I	U	N	C	O
	N				T			V		I				I	
					O		E	V	E	N	T	O			
				T			N			O					
			D	E	N	T	E				N				
				N			T	E	R	N	O				
				D			O				T				
			T	R	E	N	O		R	O	M	A			

Immagine 3

7. Gli insegnanti possono *optare per un approccio tematico.* Ad esempio, si può chiedere agli studenti di riconoscere i nomi di alcune città italiane fornendone gli anagrammi e chiedendo loro di scoprire i nomi delle città. L'uso di una carta geografica in cui appaiono le città può essere un utile rinforzo nello studio della geografia.

Anagramma il vocabolo della Colonna A per formare il nome di una città nella Colonna B. Non fare attenzione agli accenti.

Colonna A   Colonna B
  1. amor   _____
  2. ansie   _____
  3. assicura   _____
  4. camerata   _____

5. conterò
6. capienza
7. cervelli
8. entri
9. gambero
10. laminò
11. mirini
12. natali
13. negavo
14. nomade
15. novellai
16. nuoce
17. omertà
18. ornava
19. ospitai
20. porta
21. premiai
22. rampa
23. servito
24. severa
25. spaziale
26. spia
27. stai
28. tornata
29. tornio
30. troneggia

8. Per aiutare gli studenti l'insegnante può somministrare lo stesso esercizio fornendo un'indicazione a riguardo della posizione in cui si trova la città; si può fornire, ad esempio, il nome della regione.

Anagramma il vocabolo della Colonna A per formare il nome di una città nella Colonna B. Per facilitarti il compito, indichiamo il nome della regione in cui si trova la città.

Colonna A   Colonna B
1. alpino (in Campania)
2. ansie (in Toscana)
3. cervelli (nel Piemonte)
4. gambero (in Lombardia)
5. natali (nel Lazio)
6. ospitai (in Toscana)
7. porta (in Toscana)
8. ramo (nel Lazio)

9. rampa (in Emilia-Romagna) _____
10. sapore (nelle Marche) _____
11. spaziale (in Liguria) _____
12. servito (nel Veneto) _____
13. severa (in Lombardia) _____
14. treni (in Umbria) _____
15. vagone (in Liguria) _____

9. Gli insegnanti di lingue si sono spesso allontanati dai veri anagrammi – ossia dalla decostruzione di una parola per ricostruirla in una nuova – fornendo un insieme di lettere mischiate e chiedendo agli studenti di metterle in ordine con l'obiettivo di comporre una nuova parola. In entrambi i casi il numero delle lettere deve essere lo stesso. Questa attività ha anche l'obiettivo di aiutare gli studenti nel caso di errori d'ortografia dovuti a interferenze dalla lingua madre. Spesso l'allievo anglofono mette la *u* prima della *i* (*Guiseppe* al posto di *Giuseppe*) o la *e* prima della *i* (*ceico* invece di *cieco*), influenzato dalla regola inglese ("*i before e except after c.*": "la *i* prima della *e* eccetto dopo la *c*".)

Anagramma le lettere della Colonna B per trovare il contrario della parola elencata nella colonna A. Inseriscilo nella Colonna C.

Colonna A	Colonna B	Colonna C
1. capriccioso	e v o r i g l e n o a	_____
2. corto	g u l o n	_____
3. deciso	c o n s i d e i	_____
4. difficile	a l f e c i	_____
5. famoso	c i n o t o c o s s u	_____
6. forte	o b e d e l	_____
7. freddo	a l d o c	_____
8. generoso	o r a v a	_____
9. grande	o l c o p i c	_____
10. libero	u p a t o c o c	_____
11. magro	s a s g o r	_____
12. meraviglioso	r o n d e r o	_____
13. necessario	p o s u f u r e l	_____
14. nuvoloso	n o r e s e	_____
15. passato	s t e n e r p e	_____
16. perduto	v a t o r t o	_____
17. perenne	e t o n a r o m p e	_____
18. piacevole	i p e c e l o v a s	_____
19. ricco	v o r e p o	_____
20. vicino	n o l a n t o	_____

10. Gli anagrammi sono utili anche per insegnare ed imparare sinonimi e contrari. Gli insegnanti possono somministrare agli studenti gli esercizi di p. 60 (Immagine 4, p. 61). In questa attività gli insegnanti forniscono indicazioni o suggerimenti e successivamente gli allievi devono svelare le parole in modo da trovare una risposta appropriata. Se questa attività viene utilizzata per la revisione, gli studenti dovrebbero riuscire a svolgerla con relativa facilità.

11. Per rendere l'attività più interessante gli insegnanti possono inserire un numero sotto le lettere; i numeri riportati in fondo alla pagina nascondono un "messaggio cifrato". (Immagine 5, p. 62). In questo caso, si tratta della "Cavalleria Rusticana", il titolo di un'opera di Ruggero Leoncavallo (1857-1919) basata su una famosa novella di Giovanni Verga (1840-1922).

12. Gli insegnanti possono anche fornire agli studenti le risposte a una data parola in ordine sequenziale e disordinato. Agli studenti viene chiesto di trovare il sinonimo o il contrario appropriati. Poiché le lettere vengono date in ordine sequenziale, una volta che lo studente individua la prima o la seconda risposta, la terza viene automaticamente composta dalle lettere che restano (Immagine 6, p. 63).

13. L'insegnante può decidere di dividere sinonimi e contrari ma tenere le lettere numerate per un "oggetto misterioso". In questa attività (Immagine 7, p. 64), agli studenti viene chiesto di decodificare le lettere in disordine. Le lettere numerate che si trovano in fondo alla pagina sveleranno la risposta misteriosa.

Qualsiasi sia l'attività, gli anagrammi riescono a creare momenti di divertimento e relax durante o al di fuori della lezione di lingua.

Riferimenti bibliografici

AUGARDE TONY, 1984, *The Oxford Guide to Word Games*, Oxford, Oxford University Press.

BARTEZZAGHI STEFANO, 2001, *Lezioni di enigmistica*, Torino, Giulio Einaudi Editore.

DORNA SANDRO, 1978, *Anagramma è gioco tosto*, Introduzione di Umberto Eco, Padova, Mastriogiacomo Editore Images 70.

KING GRAHAM, 2002, *Word Games*, Glasgow, Harper Collins Publishers.

MOLLICA ANTHONY, 2003, *Attività lessicali 1. Elementare-Pre-intermedio*, Recanati, ELI, ristampa per il Nord America, Welland, ON, éditions Soleil publishing, inc.

MOLLICA ANTHONY, 2004, *Attività lessicali 2. Intermedio-Avanzato*, Recanati, ELI, ristampa per il Nord America, Welland, ON, éditions Soleil publishing, inc.

PERES ENNIO, 2005, *L'anagramma. Storia, curiosità, consigli e tecniche di composizione e risoluzione*, Roma, L'Airone editrice.

Trova i contrari dei seguenti verbi.

1. **unire:**

   DIIEVDRE

   APSERRAE

   SUEDERINGIG

2. **calmarsi:**

   IARSARBIRBA

   RUNIFRAIIS

   RIARISITR

3. **continuare:**

   NDBENRAOABA

   AARILSEC

   CEINAIURRN

4. **iniziare:**

   OCECNDUELR

   FRINEI

   TIERMNEAR

Immagine 4

Trova i contrari dei seguenti verbi. Trasferisci le lettere numerate nelle caselle in fondo alla pagina e saprai il titolo di un'opera di Ruggero Leoncavallo tratta da una novella omonima di Giovanni Verga.

1. **unire:**

D I I E V D R E — _ _ _ _ _ _ _ _ (3)

A P S E R R A E — _ _ _ _ _ _ _ _ (10)

S U E D E R I N G I G — _ _ _ _ _ _ _ _ _ _ _ (9)

2. **calmarsi:**

I A R S A R B I R B A — _ _ _ _ _ _ _ _ _ _ _ (2, 19, 15)

R U N I F R A I I S — _ _ _ _ _ _ _ _ _ _ (12, 11)

R I A R I S I T R — _ _ _ _ _ _ _ _ _ (14, 13)

3. **continuare:**

N D B E N R A O A B A — _ _ _ _ _ _ _ _ _ _ _ (17)

A A R I L S E C — _ _ _ _ _ _ _ _ (6, 1)

C E I N A I U R R N — _ _ _ _ _ _ _ _ _ _ (18, 4)

4. **iniziare:**

O C E C N D U E L R — _ _ _ _ _ _ _ _ _ _ (16, 5)

F R I N E I — _ _ _ _ _ _ (7)

T I E R M N E A R — _ _ _ _ _ _ _ _ _ (8)

1	2	3	4	5	6	7	8	9	10

11	12	13	14	15	16	17	18	19

Immagine 5

L'anagramma

Trova i contrari dei seguenti verbi. Le lettere per ogni contrario appaiono in ordine. Per facilitarti il compito, abbiamo messo in una casella la prima lettera di ogni risposta.

1. unire

| D | S | D | I | I | V | S | E | I | G | I | P | U | A |
| R | D | N | E | R | E | G | E | A | R | E | R | E | |

| D | | | | | | | | |

| S | | | | | | | |

| D | | | | | | | | | | |

2. calmarsi:

| A | I | N | I | R | R | R | R | F | I | U | R | T | I |
| A | B | A | B | R | I | A | S | R | A | S | R | S | I | I | I |

| A | | | | | | | | | | | |

| I | | | | | | | |

| I | | | | | | | |

3. continuare:

| A | L | R | A | I | N | S | U | B | B | A | N | N | C |
| D | I | C | I | O | A | N | A | A | R | R | R | E | E | E |

| A | | | | | | | | | | |

| L | | | | | | |

| R | | | | | | | | |

4. iniziare:

| C | F | T | O | N | C | E | R | M | L | I | U |
| I | N | N | A | R | D | E | R | I | R | E | E | E |

| C | | | | | | | | |

| F | | | | | |

| T | | | | | | | |

Immagine 6

Inserisci nelle caselle il sinonimo del sostantivo a sinistra. Trasferisci le lettere numerate nelle caselle in fondo alla pagina e saprai il titolo di un'opera di Ruggero Leoncavallo tratta da una novella omonima di Giovanni Verga.

1. nemico:

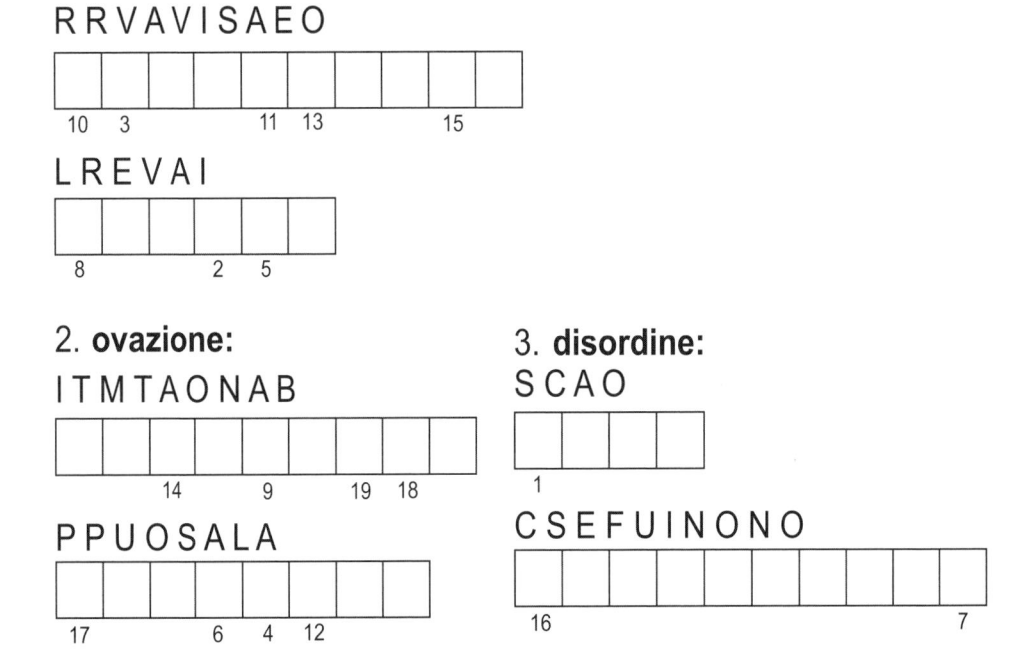

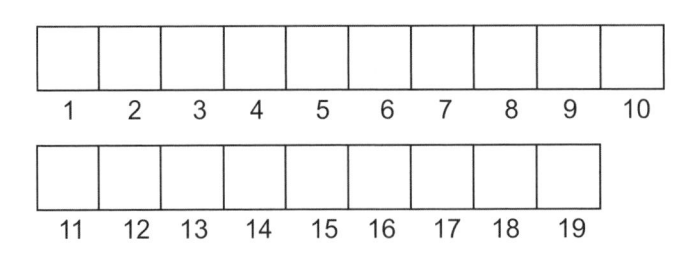

R R V A V I S A E O

10	3		11	13		15			

L R E V A I

8		2	5		

2. ovazione:

I T M T A O N A B

	14		9		19	18		

P P U O S A L A

17			6	4	12		

3. disordine:

S C A O

	1		

C S E F U I N O N O

16									7

1	2	3	4	5	6	7	8	9	10

11	12	13	14	15	16	17	18	19

Immagine 7

N.d.A. Il seguente sito è utile per costruire gli anagrammi:
http://www.nightgaunt.org/anagrams/anagrams.htm

Capitolo 6

La pista cifrata

"La pista cifrata" è il titolo di un gioco che appare regolarmente su *La Settimana Enigmistica* e in quasi tutte le riviste di enigmistica pubblicate da Corrado Tedeschi editore, da cui abbiamo estratto queste immagini. In altre riviste lo stesso gioco viene chiamato "La figura numerata", "Punti numerati", "La vignetta numerica", "Puntini uniti", "Il filo magico", "Puntini numerati", "L'itinerario numerato", "Ricostruzione", ma l'attività è essenzialmente identica. Si tratta di un gioco facilissimo nel quale il solutore deve unire con una lineetta i numeri da uno fino a un determinato numero, seguendo l'ordine numerico crescente. Il risultato di questa attività sarà una scenetta. Il disegnatore del gioco spesso aggiunge qualche dettaglio che le lineette rette non avrebbero potuto fare. Non è un gioco che richiede particolari abilità intellettuali visto che il solutore deve semplicemente "unire" i numeri in successione. Modificandolo, però, il gioco potrebbe trasformarsi in una attività creativa e in una prova d'intelligenza nella classe di lingua.

Applicazioni glottodidattiche

L'insegnante potrebbe dare una di queste attività agli studenti dopo aver "cambiato" la sequenza dei numeri secondo le sue esigenze linguistiche.

1. Si può chiedere allo studente di completare l'attività dando come stimolo il numero in lettere mentre nel disegno i numeri appaiono in cifre da 1 a 100 (Immagine 1).
2. L'attività può essere un po' più complessa se i numeri sono da 1 a 1.000 (Immagine 2).
3. Dopo aver insegnato i numeri da 1 a 100 (o anche prima), l'insegnante può usare l'attività come dettato, ripetendo ogni numero due volte (Im-

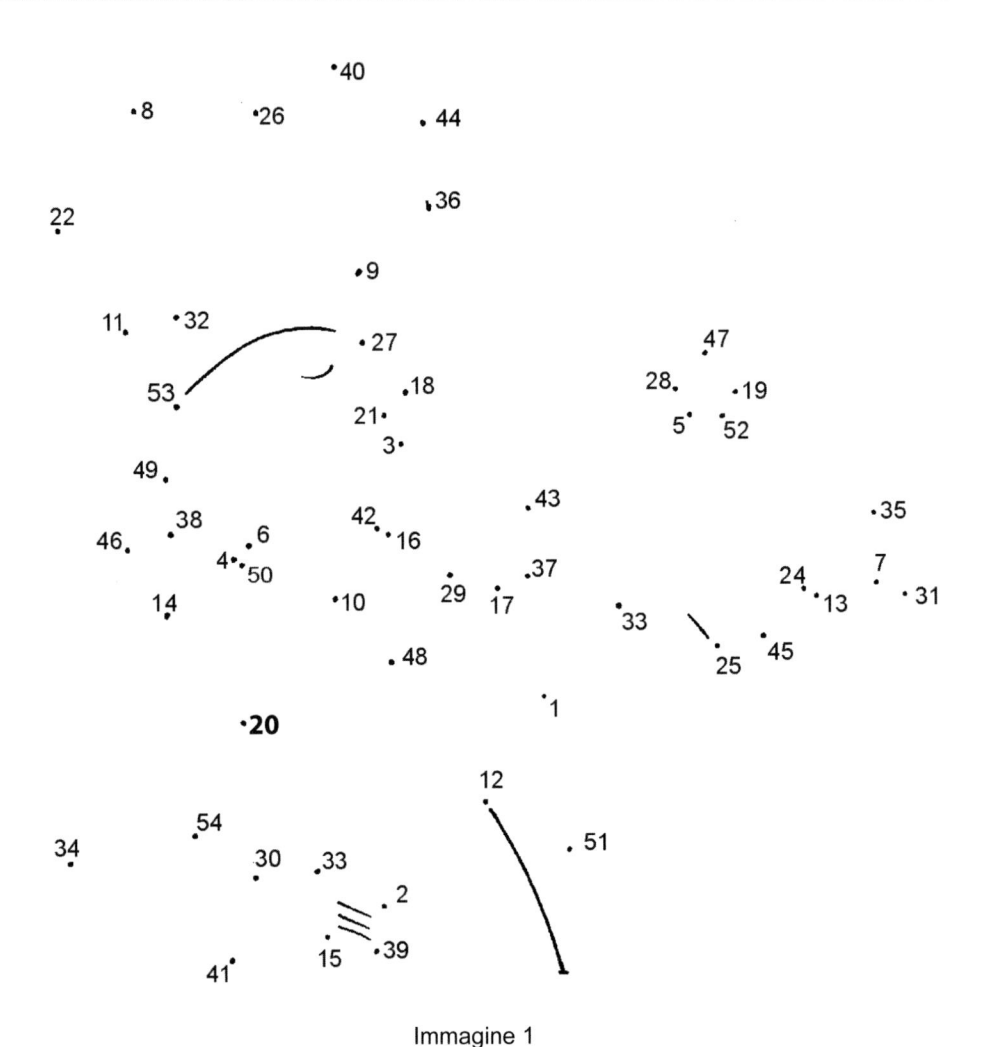

```
             •40
     •8   •26      • 44

                  ,36
  22
  ͏•
   11  •32          •9
    ͏•        •27            47
     53             •18    28͏•    •19
     ͏•          21•                 
              3•           5͏•   ͏•52
    49
    ͏•                •43
          38                              •35
     38    •6    42
 46͏•   •͏•    •͏•͏•16             7
       4•͏• 50           •37    24    ͏•  •31
      14         •10  29͏•  17͏•    ͏••13
      ͏•                     33͏•  •45
                  • 48              ͏•25

                           •1
      •20

                            12
                            ͏•
          •54                    
  34             30 ͏•33            • 51
  ͏•              ͏•
                      ͏•• 2

                41͏• 15͏• •39
```

Immagine 1
Disegno per gentile concessione di Corrado Tedeschi Editore

1.	venti	19.	ventidue	37.	trentatré
2.	cinquantaquattro	20.	otto	38.	ventiquattro
3.	trenta	21.	ventisei	39.	diciassette
4.	trentatré	22.	quaranta	40.	trentasette
5.	due	23.	quarantaquattro	41.	quarantatré
6.	trentanove	24.	trentasei	42.	cinque
7.	quindici	25.	nove	43.	ventotto
8.	quarantuno	26.	ventisette	44.	quarantasette
9.	trentaquattro	27.	diciotto	45.	diciannove
10.	quattordici	28.	ventuno	46.	cinquantadue
11.	quattro	29.	tre	47.	trentacinque
12.	quarantasei	30.	quarantadue	48.	sette
13.	trentotto	31.	cinquanta	49.	trentuno
14.	quarantanove	32.	dieci	50.	tredici
15.	sei	33.	quarantotto	51.	quarantacinque
16.	cinquantatré	34.	sedici	52.	venticinque
17.	trentadue	35.	ventinove	53.	cinquantuno
18.	undici	36.	uno	54.	dodici

La pista cifrata   67

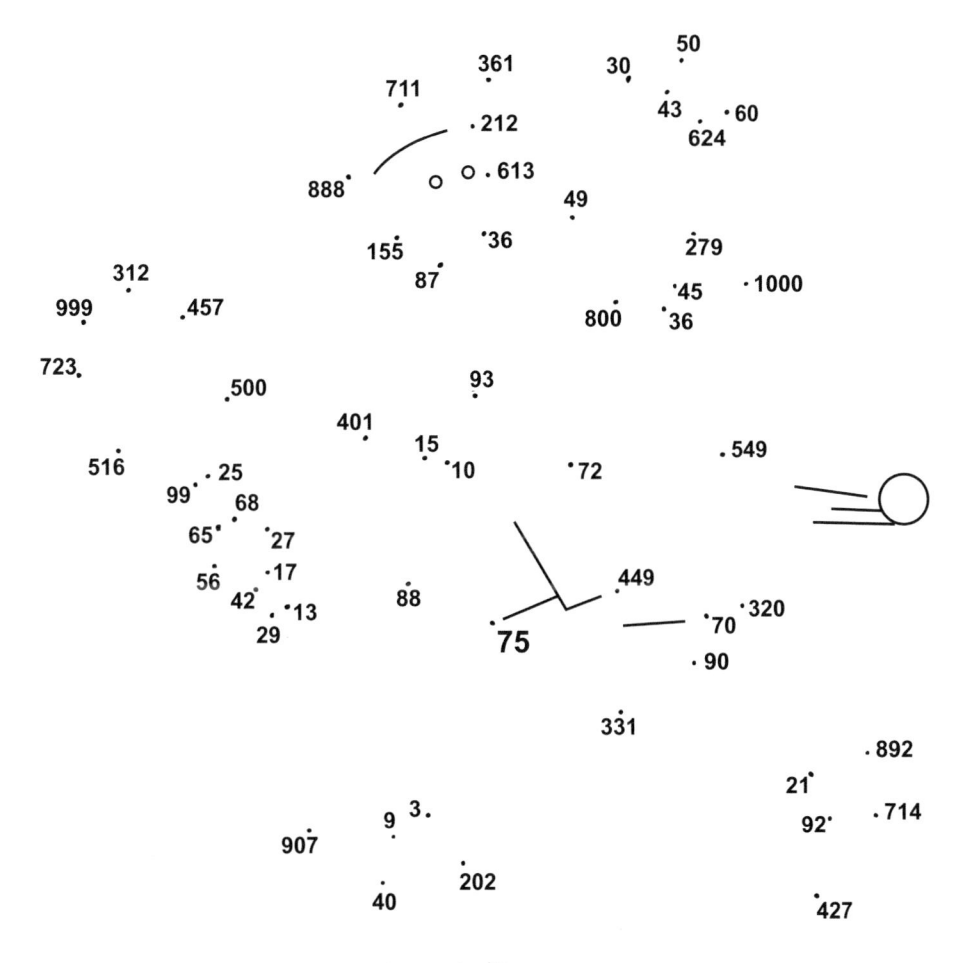

Immagine 2
Disegno per gentile concessione di Corrado Tedeschi Editore

1. settantacinque
2. duecentodue
3. quaranta
4. novecentosette
5. nove
6. tre
7. ottantotto
8. settantadue
9. novantatré
10. dieci
11. quindici
12. diciassette
13. tredici
14. ventinove
15. quarantadue
16. cinquantasei
17. sessantacinque
18. novantanove
19. cinquecentosedici
20. settecentoventitré
21. novecentonovantanove
22. trecentododici
23. quattrocentocinquantasette
24. cinquecento
25. venticinque
26. sessantotto
27. ventisette
28. quattrocentuno
29. ottantasette
30. centocinquantacinque
31. ottocentottantotto
32. settecentoundici
33. trecentosessantuno
34. duecentododici
35. seicentotredici
36. trentasei
37. quarantanove
38. duecentosettantanove
39. seicentoventiquattro
40. quarantatré
41. trenta
42. cinquanta
43. sessanta
44. mille
45. quarantacinque
46. trentasei
47. ottocento
48. cinquecentoquarantanove
49. trecentoventi
50. settanta
51. novanta
52. ottocentonovantadue
53. settecentoquattordici
54. quattrocentoventisette
55. novantadue
56. ventuno
57. trecentotrentuno
58. quattrocentoquarantanove

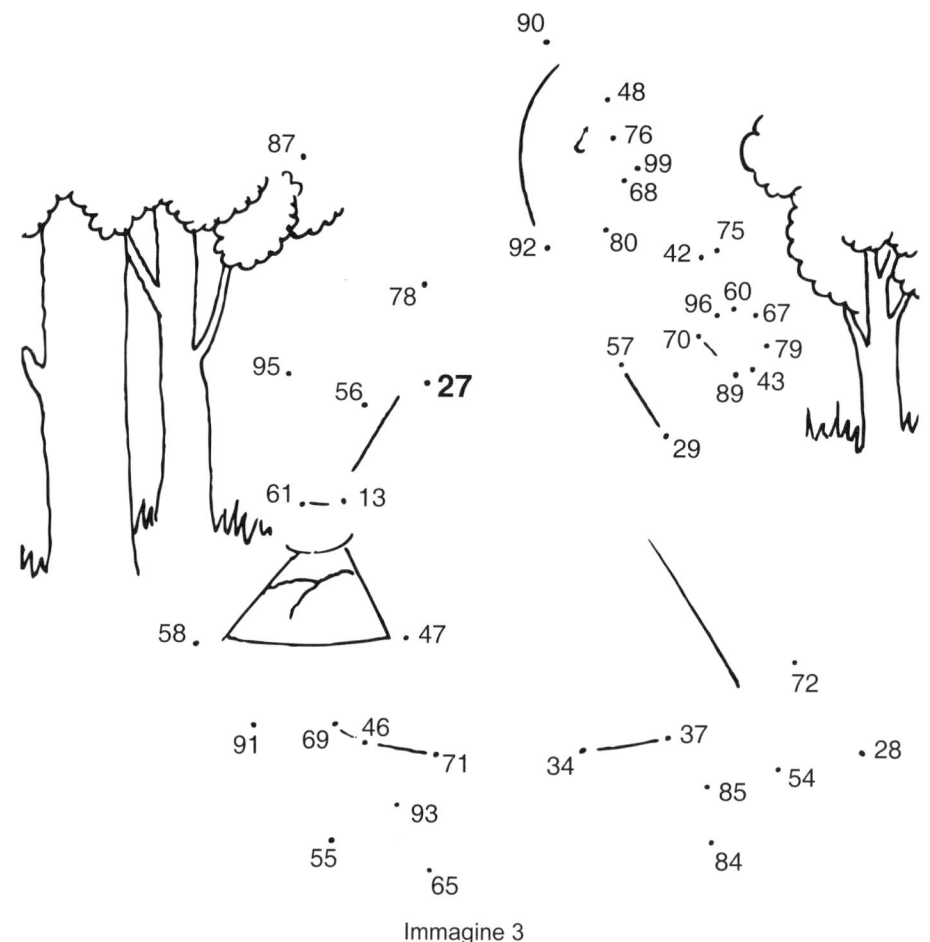

Immagine 3
Disegno per gentile concessione di Corrado Tedeschi Editore

magine 3). Ovviamente, l'alunno avrà solo l'immagine; l'insegnante avrà i numeri da dettare in ordine sequenziale:

1. ventisette, **2.** cinquantasei, **3.** tredici, **4.** quarantasette, **5.** sessantanove, **6.** novantuno, **7.** cinquantotto, **8.** sessantuno, **9.** novantacinque, **10.** settantotto, **11.** ottantasette, **12.** novanta, **13.** quarantotto, **14.** settantasei, **15.** novantanove, **16.** sessantotto, **17.** ottanta, **18.** novantadue, **19.** cinquantasette, **20.** settanta, **21.** novantasei, **22.** quarantadue, **23.** settantacinque, **24.** sessanta, **25.** sessantasette, **26.** settantanove, **27.** quarantatré, **28.** ventotto, **29.** ottantanove, **30.** ventinove, **31.** settantadue, **32.** trentasette, **33.** ottantacinque, **34.** cinquantaquattro, **35.** ottantaquattro, **36.** trentaquattro, **37.** settantuno, **38.** novantatré, **39.** sessantacinque, **40.** cinquantacinque, **41.** quarantasei.

4. L'insegnante può dare lo stimolo ad alta voce usando operazioni di aritmetica (Immagine 4) e in questo caso l'attività diventa un eserczio di ascolto; oppure può dare lo stimolo (cioè, le operazioni) per iscritto e in questo caso diventa un esercizio di lettura.

La pista cifrata   69

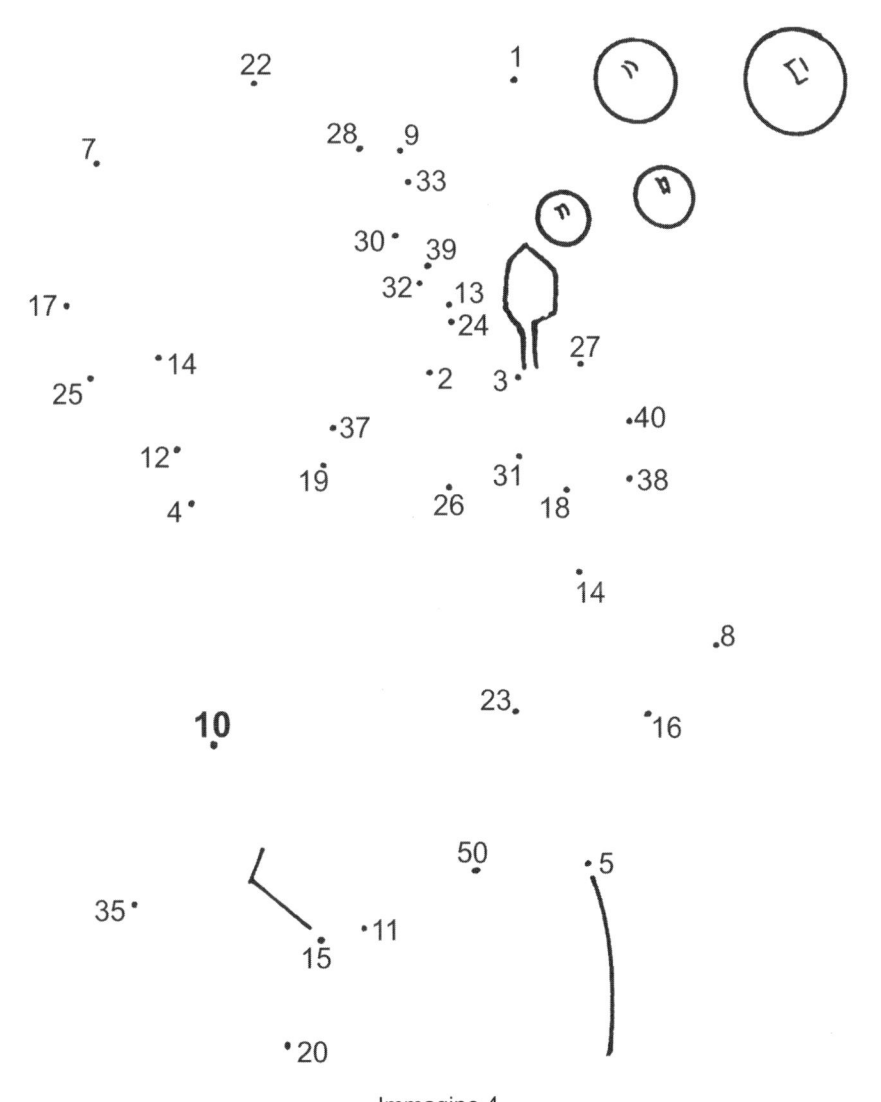

Immagine 4
Disegno per gentile concessione di Corrado Tedeschi Editore

Quanto fa...? Quanto fanno?
1. venti meno dieci?, **2.** cinque per tre?, **3.** dieci per due?, **4.** trenta più cinque?, **5.** due per due?, **6.** ventiquattro diviso per due?, **7.** diciassette più otto?, **8.** venticinque meno otto?, **9.** tre più quattro?, **10.** undici per due?, **11.** nove meno otto?, **12.** sette per quattro?, **13.** ventiquattro meno dieci?, **14.** tre per tre?, **15.** tre per undici?, **16.** dieci per tre?, **17.** tredici per tre?, **18.** ventiquattro più otto?, **19.** quindici meno due?, **20.** diciotto più sei?, **21.** uno più uno?, **22.** ventisette più dieci?, **23.** tredici più sei?, **24.** trenta meno quattro?, **25.** venticinque meno undici?, **26.** sei per tre?, **27.** ventisette più quattro?, **28.** tre per uno?, **29.** nove per tre?, **30.** trenta più dieci?, **31.** diciannove per due?, **32.** ventiquattro diviso per tre?, **33.** trentadue diviso per due?, **34.** trentasei meno tredici?, **35.** venticinque diviso per cinque?, **36.** dieci per cinque?, **37.** otto più tre?

5. L'attività può diventare più complessa se come stimolo si danno indizi culturali, geografici, storici, modi di dire il cui "numero" serve come risposta per tirare una lineetta da un numero all'altro.

Rispondi alle seguenti domande. La risposta corretta ti permetterà di sapere come unire i numeri del disegno.

1. Quanti erano i "personaggi in cerca di un autore"? [6]
2. Secondo gli italiani, quale numero porta sfortuna? [17]
3. Quante volte sette bisogna perdonare? [70]
4. Completa il seguente modo di dire: "fare il diavolo a..." [4]
5. Quante sono le stazioni della *Via Crucis*? [14]
6. Qual è un famoso film di Federico Fellini? [8 ½]
7. Quante sono le dita della mano? [5]
8. Quante erano le muse, figlie di Zeus, che presiedevano a tutte le arti e le scienze e ispiravano poeti, filosofi e musicisti? [9]
9. Una dozzina. [12]
10. Che numero bisogna fare al "totocalcio" per vincere il primo premio? [13]
11. In quale anno a.C. fu fondata la città di Roma? [753]
12. Qual è l'estensione del Vaticano in kmq? [44]
13. Quanti comandamenti diede Gesù a Mosé sul monte Sinai? [10]
14. Quanti giorni si fanno per gli auguri di "Buon compleanno!" [100]
15. Quante sono le regioni d'Italia? [20]
16. Quanti sono gli anni di matrimonio per le "nozze d'argento"? [25]
17. Quale numero completa quest'opera di Pirandello: *Uno, nessuno* ...? [100.000]
18. Quale numero fa paura? [90]
19. Completa questo modo di dire: "in quattro e quattr'..." [8]
20. Completa questo modo di dire: "non c'è due senza ..." [3]
21. Completa questo modo di dire: "sparare a ..." [0]
22. In quale anno Rita Levi-Montalcini ha ricevuto il Premio Nobel per la medicina? [1986]
23. Quanti erano i soldati di Garibaldi che sbarcarono a Marsala? [1.000]
24. Il primo numero. [1]
25. Quanti sono gli anni di matrimonio per le "nozze d'oro"? [50]
26. Quanti trentini andavano trotterellando verso Trento? [33]
27. Completa il seguente modo di dire: "avere una visione a ... gradi". [360]
28. In quale anno Cristoforo Colombo scoprì l'America? [1492]
29. Quanti sono i colli di Roma? [7]
30. Quale numero forma il titolo di un libro di Marco Polo? [1.000.000]
31. Quante pecore bisogna lasciare per andare a cercare quella smarrita? [99]
32. Qual è la lunghezza del Po in km? [652]
33. Fra quanti litiganti gode il terzo? [2]

La pista cifrata 71

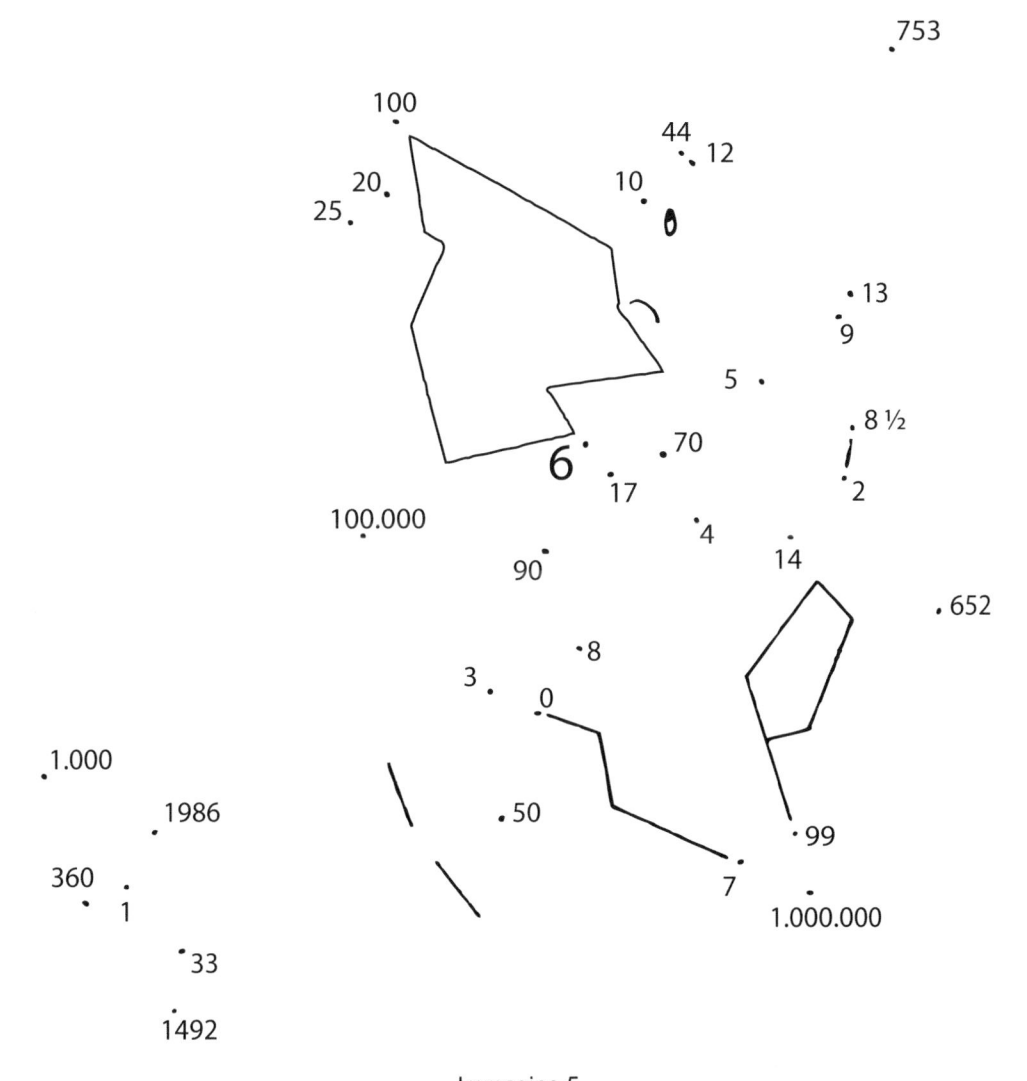

.753

100

44
.. 12

20.
25.   10.
              0

            • 13
             •9

        5 •
                . 8 ½
6•   .70   i
  ..   •2
  17
100.000
            •4
    90•   14
                    . 652

        •8
    3.
        .0

.1.000

   .1986   .50
                              •99
360 .
  • 1   7
                      1.000.000
    •33

   1492

Immagine 5
Disegno per gentile concessione di Corrado Tedeschi Editore

6. L'insegnante può anche decidere di optare per anni di avvenimenti storici e in questo caso presentare una lezione di storia.

7. Ma questa attività non è necessariamente legata solo all'insegnamento o alla revisione di numeri, di operazioni aritmetiche o date o avvenimenti storici. Essa può coinvolgere anche altri esempi di ludolinguistica: a-cronimi, sigle, iniziali. Il docente, se desidera usare un approccio tematico, si può servire di soli acronimi, sigle, o iniziali per ogni attività (Immagine 6, p. 72).

Collega i puntini con gli acronimi delle parole, sigle di città o iniziali di autori dettati dall'insegnante o da un compagno di scuola.

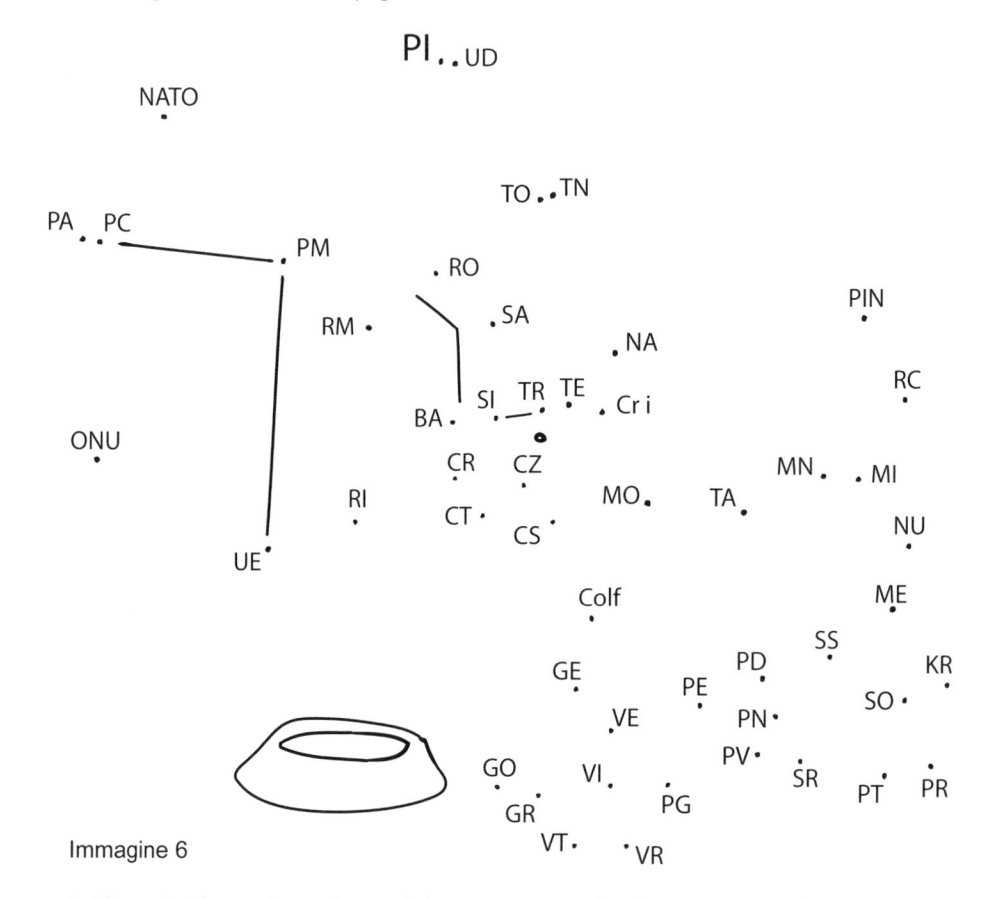

Immagine 6

1. Pisa, 2. Organizzazione del trattato nord atlantico, 3. Palermo, 4. Piacenza, 5. Organizzazione delle nazioni unite, 6. Unione europea, 7. Rimini, 8. Roma, 9. Rovigo, 10. Salerno, 11. Siena, 12. Bari, 13. Cremona, 14. Catanzaro, 15. Catania, 16. Cosenza, 17. collaboratrice familiare, 18. Genova, 19. Gorizia, 20. Grosseto, 21. Venezia, 22. Vicenza, 23. Viterbo, 24. Verona, 25. Perugia, 26. Pescara, 27. Padova, 28. Pordenone, 29. Pavia, 30. Siracusa, 31. Sassari, 32. Sondrio, 33. Prato, 34. Parma, 35. Crotone, 36. Messina, 37. Nuoro, 38. Milano, 39. Reggio Calabria, 40. numero di indentificazione personale, 41. Mantova, 42. Taranto, 43. Modena, 44. Croce rossa italiana, 45. Napoli, 46. Teramo, 47. Trieste, 48. Torino, 49. Trento, 50. Udine, 51. Pubblico ministero.

Per facilitare il compito degli studenti, l'insegnante può indicare il primo numero (cioè il primo numero della "partenza") dell'attività in neretto in carattere leggermente più grande.

Qualsiasi sia la scelta del docente, siamo sicuri che questa attività sarà di gradimento agli studenti.

Capitolo 7

Il colmo

La parola *colmo* deriva dal latino *culmen*, "cima". È quindi *il grado massimo, l'apice, il culmine*. Il *colmo* è un'espressione che sta ad indicare la caratteristica di eccezionalità di qualcosa che accade, al punto da sfiorare l'assurdo o la difficile accettazione.

Secondo Lapucci (1994, p. 293), il colmo

> si basa soprattutto su originali o paradossali associazioni, interpretazioni letterali di metafore, frasi fatte, modi di dire, stravolgimenti di significati.

Ed infatti Lapucci afferma che

> i colmi sono forme d'indovinelli nelle quali è quasi impossibile la soluzione, per cui risultano una sorta di composizioni brevissime, di freddure che, solo per convenzione o per aumentare l'effetto, prevedono una domanda o una risposta. (p. 293).

Sassi e Picozzi (2007, p. 4) sostengono che

> il colmo, nella sua versione più tradizionale, è un gioco di parole basato sul doppio senso. Si tratta in sostanza di creare un contesto in cui una parola faccia emergere tutti e due i suoi significati.

Nella loro introduzione al *Libro dei colmi e dei record* (p. 6), essi affermano che

> spesso le parole posseggono un significato primario e un derivato o meglio traslato. Per esempio "piantare" significa sia "metter nel terreno semi o germogli", sia "abbandonare, lasciare in modo improvviso qualcuno". Il meccanismo per costruire i colmi è quello stesso che abbiamo esaminato: si crea un contesto in cui utilizziamo entrambi i sensi.

Oltre ai colmi giocati sul doppio senso di parole o frasi idiomatiche, Sassi e Picozzi suggeriscono

1. colmi basati su concetti
   – Qual è il colmo per una gallina con la febbre?
   – fare le uova sode...

2. colmi basati sull'"esagerazione"
   – Qual è il colmo per una persona discreta?
   – bussare sempre prima di aprire un'ostrica

3. colmi con parole "foneticamente simili"
   – Qual è il colmo per un coniglio che compera l'anello di fidanzamento?
   – pretendere che sia di oro 24 carote.

Il colmo quindi sfrutta soprattutto espressioni idiomatiche e conoscenze culturali ma si rifà anche a giochi di parole e doppi sensi. È un umorismo sottile che richiede forti conoscenze linguistiche e culturali.

La domanda che viene fatta è sempre:
"Qual è il colmo di...?"
o "Qual è il colmo per...?"
Qui di seguito si riportano alcuni esempi:

1. *Il colmo si può riferire a professioni e attività.*

   Qual è il colmo... ?

   ... per un angelo?
   avere un diavolo per capello.
   (Sassi e Picozzi, 2007, p.100)

   ... per un architetto?
   progettare castelli in aria
   (Parolini, 2000, p. 103)

   ... per un assassino?
   ammazzare il tempo
   (Parolini, 2000, p. 103)

   ... per un astronauta?
   avere problemi di spazio
   (Giunti Junior, 2005, p. 129)

   ... per un automobilista?
   investire... il proprio denaro
   (Gianduzzo, 1991, p. 41)

   ... per un avvocato?
   accusare la stanchezza dopo un lungo processo
   (www.colmodeicolmi.com)

   ... per un barista?
   ritirarsi in un convento per fare il cappuccino
   (Zanoncelli, 2002a, p. 122)

   ... per un boia?
   perdere la testa per una donna
   (Medail, 1997, p. 89)

   ... per un boia?
   ammazzare... il tempo
   (Stilton, 2001, p. 285)

   ... per un cacciatore?
   spararle grosse
   (Paoletti, 1994, p. 210)

   ... per un calciatore?
   fare il portiere di notte
   (Giunti Junior, 2005, p. 125)

   ... per un cameriere?
   portare un paio di occhiali a uno che non vede dalla fame
   (Zanoncelli, 2002a, p. 32)

   ... per un carcerato?
   rispondere con frasi... evasive
   (Gianduzzo, 1991, p. 41)

   .... per un cantante?
   essere brasiliano ed avere la voce... argentina.
   (www.colmodeicolmi.com; Giunti Junior, 2005, p. 127)

   ... per un cantante lirico?
   avere una voce fuori dalla *Norma*
   (Medail, 1997, p. 85)

... per una chiaroveggente?
smettere di lavorare perché non vede futuro
(Sassi e Picozzi, 2007, p.87)

... per un cardiologo?
essere una persona di... cuore
(Giunti Junior, 2005, p.107)

... per un cieco?
andare al cinema a vedere un film muto
(Giunti Junior, 2005, p. 127)

... per un comico?
prendere il lavoro... troppo sul serio
(Stilton, 2001, p. 289)

... per un cuoco?
farne di cotte e ... di crude.
(Giunti Junior, 2005, p. 113)

oppure,
non sapere quel che bolle in pentola
(Paoletti, 2004, p. 109)

... per un dentista?
mangiare solo pasta al dente
(Zanoni, 2001, p. 24)

... per un direttore di Grand Hotel?
essere mandato in pensione
(Medail, 1997, p. 86)

... per un direttore d'orchestra?
essere sconcertato
(Medail, 1997, p. 85)

... per una disoccupata?
chiamarsi Assunta
(Medail, 1997, p. 89)

... per un ecologo?
dipingere una natura morta
(Gianduzzo, 1991, p. 41)

... per un elettricista?
mettere troppa energia nel proprio lavoro
(Gianduzzo, 1991, p. 36)

... per un fabbro?
saldare una fattura
(Medail, 1997, p. 88)

... per un falegname?
sposare una persiana
(Zanoncelli, 2002a, p. 104)

... per un fantino
avere una febbre da cavallo
(Medail, 1997, p. 89)

... per un fiorentino ammalato?
vivere nella città dei Medici e non trovare nessuno che lo curi
(Gianduzzo, 1991, p. 39)

... per un fotografo?
essere un tipo obiettivo
(Zanoncelli, 2002a, p. 128)

... per un fruttivendolo?
non capire un cavolo!
(Giunti Junior, 2005, p. 114)

... per un giardiniere?
piantare la fidanzata
(Sassi e Picozzi, 2007, p.93)

... per un giocatore di basket?
non essere all'altezza
(Medail, 1997, p. 89)

... per un gioielliere?
avere il cuore d'oro, il figlio che è un tesoro e la moglie una perla
(Sassi e Picozzi, 2007, p. 90)

... per un imbianchino?
ordinare un caffè macchiato
(Medail, 1997, p. 87)

... per un impiegato postale?
avere la figlia raccomandata
(Zanoncelli, 2002b, p. 36)

... per un insegnante?
non avere classe
(Medail, 1997, p. 90)

... per un ladro?
fare un grosso colpo... senza far rumore
(Giunti Junior, 2005, p.97)

... per un medico?
brindare alla salute di qualcuno
(Medail, 1997, p. 85)

... per un medico?
influenzare i pazienti
(Sassi e Picozzi, 2007, p. 82; (Giunti Junior, 2005, p 104)

... per un meteorologo?
avere la testa fra le nuvole
(Zanoncelli, 2002a, p. 162)

... per un meteorologo?
sprecare... il tempo
(Ganduzzo, 1991, p. 38)

... per un miliardario?
esprimersi in parole povere
(Zanoncelli, 2002a, p. 170)

... per un mobiliere?
avere una figlia poltrona
(Sassi e Picozzi, 2007, p. 88)

... per un muratore?
aver paura del cemento armato
(Zanoncelli, 2002, p. 170)

... per un muratore?
firmare i documenti in calce
(Giunti Junior, 2005, p.123)

... per un musicista?
farsi accompagnare al piano... dal ragazzo dell'ascensore
(Giunti Junior, 2005, p. 123)

... per un nano?
mangiare un tiramisù
(Medail, 1997, p. 87)

... per un oculista?
sposare la sua pupilla
(Giunti Junior, 2005, p. 129)

... per un oratore?
non essere un uomo di parola
(Paoletti, 2004, p. 110)

... per un orologiaio?
avere le figlie sveglie
(Zanoncelli, 2002a, p. 170)

... per un ortolano?
spogliarsi davanti ai pomodori per farli diventare rossi
(Sassi e Picozzi, 2007, p. 93)

... per un ottico?
essere tutt'occhi
(Gianduzzo, 1991, p. 35)

... per un pagliaccio?
essere licenziato per mancanza di serietà
(Paoletti, 1993, p. 214)

... per un paracadutista?
cadere dalle nuvole
(Sassi e Picozzi, 2007, p. 94)

... per un paracadutista?
giurare di non cascarci più
(*Barzellette lunghe e corte di Topo Bi*, 2008, p. 154)

... per due pellettieri?
essere amici per la pelle
(Medail, 1997, p. 86)

... per un pilota e una hostess?
capirsi a volo
(Zanoncelli, 2002a, p. 182)

... per un piromane?
bruciare le tappe
(Medail, 1997, p. 90)

... per un pittore?
farne di tutti i colori
(Parolini, 2000, pag. 103)

... per un pizzaiolo?
avere una moglie capricciosa di nome Margherita che ogni quattro stagioni fa la capricciosa per una napoletana
(Giunti Junior, 2005, p.122)

... per un pompiere?
avere una moglie di nome Fiammetta
(Medail, 1997, p. 90)

... per un pompiere?
mettere a fuoco il problema
(Sassi e Picozzi, 2007, p. 93)

... per una sarta?
perdere il filo del discorso
(Zanoncelli, 2002, p. 94)

... per un sindaco?
avere un'intelligenza fuori dal comune
(Zanoncelli, 200b, p. 43)

... un venditore di ferramenta?
essere magro come un chiodo
(Medail, 1997, p. 86)

... per un veterinario?
avere la febbre da cavallo, una fame da lupo, il collo da cigno, la voce da cigno e un vitino da vespa
(Sassi e Picozzi, 2007, p. 90)

... per un veterinario?
avere per pazienti solo... quattro gatti

(*Barzellette lunghe e corte di Topo Bi*, 2008, p. 146)

... per un vigile?
accusare disturbi di circolazione
(Medail, 1997, p. 88)

2. *Il colmo può anche rifarsi a caratteristiche personali.*

   Qual è il colmo… ?

   ... per un avaro?
   sposarsi con una donna nata il 29 febbraio per farle il regalo ogni quattro anni
   (Sassi e Picozzi, 2007, p.36)

   ... per un buono a nulla?
   essere capace di tutto
   (Zanoncelli, 2002, p. 34)

   ... per un calvo?
   avere un diavolo per capello
   (Medail, 1997, p. 86)

   ... per un calvo?
   farsi raccontare una storia da… far rizzare i capelli
   (Gianduzzo, 1991, p. 38)

   ... per un dispettoso?
   non ve lo dico!
   (Stilton, 2001, p. 279)

   ... per un gigante?
   leggere il *Corriere dei Piccoli*
   (Gianduzzo, 1991, p. 38)

   ... per un goloso?
   mangiarsi le parole
   (Medali, 1997, p. 88)

   ... per un grasso?
   fare una magra figura.
   (Giunti Junior, 2005, p. 110)

   ... per un ignorante?
   non lo so
   (Stilton, 2001, p. 279)

   ... per una persona indecisa?
   andare a pescare e… non sapere che pesci pigliare.
   (Paoletti, 1993, p.213)

   ... per un indeciso?
   avere un figlio di sei anni ancora senza nome
   (Sassi e Picozzi, 2007, p. 76)

   ... per un matto?
   tenere l'auto in folle
   (Medail, 1997, p. 87)

   ... per un miope?
   essere un uomo di larghe vedute
   (Medali, 1997, p. 85)

   ... per un muto?
   essere… di parola
   (Gianduzzo, 1991, p. 36)

   ... per una persona freddolosa?
   scaldarsi facilmente
   (Gianduzzo, 1991, p. 35)

   ... per due persone magrissime?
   essere amiche per la pelle
   (Zanoncelli, 2002, p. 182)

   ... per un pigro?
   far di tutto… per non far niente
   (Gianduzzo, 1991, p. 36)

   ... per un timido?
   chiedere del fuoco per rompere… il ghiaccio
   (Gianduzzo, 1991, p. 37)

   ... per un uomo altissimo?
   avere sempre la testa tra le nuvole
   (Zanoncelli, 2002a, p. 82)

3. *Il colmo può anche ricollegarsi a cose o a oggetti.*

   Qual è il colmo… ?

   ... per un altoparlante?
   sentirsi male
   (Zanoncelli, 2000a, p. 122)

   ... per un arcobaleno?
   farne di tutti i colori
   (*Barzellette lunghe e corte di Topo Bi*, 2008, p. 149)

   ... per una chitarra?
   non andare d'accordo con chi la suona
   (Zanoncelli, 2002a, p. 104)

   ... per una Coca Cola?
   andare a tutta birra
   (Sassi e Picozzi, 2007, p. 26)

... per un computer?
non avere programmi per la serata.
(Giunti Junior, 2005, p.98)

... per un'eco?
non riuscire ad avere l'ultima parola
(Giunti Junior, 2005, p.117)

... per una lente a contatto?
costare... un occhio
(Gianduzzo, 1991, p. 36)

... per un libro di aritmetica?
non avere... problemi
(Stilton, 2001, p. 285)

... per un pettine?
battere i denti
(Medail, 1997, p. 86; Zanoni, 2001, p. 27)

... per una rosa?
avere tante spine ma nessuna presa
(Zanoncelli, 2002b, p. 32)

... per uno specchio?
non avere i riflessi pronti
(Giunti Junior, 2005, p.96)

...per una sveglia?
avere le ore... contate
(*Barzellette lunghe e corte di Topo Bi*, 2008, p. 160)

... per un tappo
essere imbottigliato nel traffico
(Zanoncelli, 2002a, p. 94)

...per un vocabolario?
rimanere senza... parole.
(Giunti Junior, 2005, p. 114)

4. **Il colmo può anche riferirsi a animali.**

Qual è il colmo... ?

... per un agnellino?
avere una fame da lupo
(Zanoncelli, 2002b, p. 45)

... per un'anatra?
avere la pelle d'oca per il freddo
(Ganduzzo, 1991, p. 36)

... per un'ape?
avere una brutta cera
(Parolini, 2000, p. 104)

... per un asino?
avere una febbre da cavallo
(*Barzellette lunghe e corte di Topo Bi*, 2008, p. 152)

... per una cicala?
avere i grilli per la testa.
(Sassi e Picozzi, 2007, p. 22)

... per una gallina?
avere tante penne e non sapere scrivere.
(Giunti Junior, 2005, p.99)

... per un gatto?
fare una vita... da cani
(Stilton, 2001, p. 286; Zanoni, 2001, p. 18)

... per una pecora
farsi augurare "in bocca al lupo"
(Gianduzzo, 1991, p. 41)

... per un ragno?
restare con un pugno di mosche
(Zanoncelli, 2002a, p. 182)

... per una tartaruga?
rallentare in curva
(Zanoncelli, 2002a, p. 94)

... per due topolini affamati davanti a un ristorante?
non entrare perché dentro ci sono quattro gatti.
(Sassi e Picozzi, 2007, p. 15)

5. **Il colmo può anche "insegnare" la geografia.**

Qual è il colmo... ?

... per un agricoltore toscano?
avere un campo a Firenze e coltivarlo a Prato
(Paoletti, 1993, p. 216)

... per un dentista?
andare in vacanza a Trapani
(Medail, 1997, p. 87)

... per un professore di matematica?
abitare in una frazione di Potenza
(Zanoncelli, 2002a, p. 82)

... per un turista che visita Venezia?
chiedere un ribasso in un negozio di Rialto
(Medail, 1997, p. 85)\

Applicazioni glottodidattiche

1. Gli insegnanti possono chiedere agli studenti di *spiegare con parole proprie il colmo e il motivo per cui fa ridere*. Questa attività può implicare la ricerca, in un buon dizionario, della frase idiomatica o del doppio senso.

2. Gli insegnanti possono formulare un esercizio in cui si chiede agli studenti di *associare una data risposta al colmo*.

   Associa la risposta al colmo. Qual è il colmo ...?

   Colonna A
   1. ... per un dentista?
   2. ... per un insegnante?
   3. ... per un direttore d'orchestra?
   4. ... per un buono a nulla?
   5. ... per un miope?
   6. ... per una persona indecisa?
   7. ... per un agnellino?
   8. ... per un gatto?
   9. ... per un professore di matematica?
   10. ... per un pizzaiolo?

   Colonna B
   a. abitare in una frazione di Potenza
   b. andare a pescare e... non sapere che pesci prendere
   c. avere una fame da lupo
   d. avere una moglie capricciosa di nome Margherita
   e. essere sconcertato
   f. essere un uomo di larghe vedute
   g. essere capace di tutto
   h. fare una vita... da cani
   i. mangiare solo pasta al dente
   j. non avere classe

3. Si può chiedere agli studenti di *formulare il loro proprio colmo*
   - per una persona,
   - delle caratteristiche personali,
   - per un oggetto o
   - per degli animali.

4. Gli insegnanti possono chiedere agli studenti di *creare nuove frasi partendo dalle espressioni idiomatiche contenute nei vari colmi.*

   Usa le espressioni seguenti in una frase che ne dimostri chiaramente il significato.
   Esempio: fare una vita da cani

   Marco sta facendo una vita dura, insopportabile; insomma, una vita da cani.

   1. avere la testa tra le nuvole:

   _____

   2. avere un cuore d'oro:

   _____

   3. avere un diavolo per capello:

   _____

4. bruciare le tappe:
   _____

5. costare un occhio:
   _____

6. non aver classe:
   _____

7. non essere all'altezza:
   _____

8. perdere la testa:
   _____

9. avere una fame da lupo:
   _____

10. una vita da cani:
    _____

11. essere quattro gatti:
    _____

12. non sapere che pesci pigliare:
    _____

5. Gli insegnanti possono chiedere agli studenti di spiegare le espressioni idiomatiche che spesso vengono usate nel colmo.

   Inserisci nella Colonna B il significato dell'espressione idiomatica della Colonna A, scegliendo la risposta tra quelle proposte.

Colonna A	Colonna B
1. avere la testa tra le nuvole:	_____
2. avere un cuore d'oro:	_____
3. avere un diavolo per capello:	_____
4. bruciare le tappe:	_____
5. costare un occhio:	_____
6. non aver classe:	_____
7. non essere all'altezza:	_____
8. perdere la testa:	_____

Il colmo

9. essere tutto orecchi
10. una vita da cani:
11. essere quattro gatti
12. spararle grosse

- ☐ a. avere un prezzo elevato
- ☐ b. confondersi; innamorarsi
- ☐ c. essere attentissimi
- ☐ d. essere generosi
- ☐ e. essere abitualmente distratto
- ☐ f. essere poche persone
- ☐ g. irritarsi, eccitarsi
- ☐ h. non essere signorile
- ☐ i. non essere in grado
- ☐ j. dire cose esagerate
- ☐ k. procedere molto velocemente in una carriera
- ☐ l. vita insopportabile, dura

6. Si può chiedere agli studenti di *illustrare alcuni di questi colmi e mettere i disegni in bacheca.*

essere tutt'occhi    *avere la testa quadrata*    *avere la testa fra le nuvole*

Se usato in maniera appropriata e con moderazione il colmo è davvero un modo efficace per migliorare le capacità espressive degli studenti, far capire loro le battute a doppio senso ed arricchire il loro vocabolario.

Riferimenti bibliografici

Gianduzzo Silvano, 1991, *Lieti passatempi,* Leumann (TO), Editrice Elle Ci Di.

Giunti Junior, 2005, *Barzellette lunghe e corte per Topo Bi.* Milano, Giunti Editore, S.p.A.

Medail Enrico, 1997, *Barzellette per ragazzi, ragazzini, ragazzoni,* Milano, De Vecchi Editore.

Paoletti Sergio, 1994, *Ragazzi la sapete l'ultima? Barzellette e battute irresistibili per ragazzi,* Milano, Giovanni De Vecchi Editore.

Paoletti Sergio, 2004, *Un sacco di indovinelli in allegria,* Torino, Editrice Piccoli.

Parolini Marsilio, 2000, *Mille modi e più per organizzare una Caccia al Tesoro. Giochi, quiz, messaggi segreti e percorsi per grandi e piccoli, in casa e all'aria aperta,* Casale Monferrato (AL), Piemme, S.p.a.

Sassi e Picozze, 2007, *Il libro dei Colmi e dei record,* Firenze/Milano, Giunti Demetra.

Stilton Geronimo, 2001, *Barzellette Super-topo-compilation. Numero 2,* Casale Monferrato (AL), Edizioni Piemme, Spa.

Zanoncelli Anastasia, 2002a, *Indovina indovinello,* Colognola ai Colli (VR), Gribaudo Tempolibro.

Zanoncelli Anastasia, 2002b, *E io rido. Barzellette per bambini,* Colognola ai Colli (VR), Gribaudo Tempolibro.

N.d.A: I disegni a p. 81 sono di George Shane.

Capitolo 8

Il crucipuzzle

I *crucipuzzle* (la voce è un misto di latino *cruci* e inglese *puzzle*), o semplicemente, *i puzzle*[1], ma anche *parole mascherate, zuppa di lettere, cercaparole, parolando, parole intrecciate* e altro ancora, sono attività di ricerca che richiedono allo studente di individuare delle parole scritte in verticale, orizzontale o diagonale. I termini possono essere letti dall'alto verso il basso o dal basso verso l'alto, da sinistra a destra o da destra a sinistra. Alcune lettere possono essere in comune tra più termini.

Secondo Arnot (1988, p. 56),

> i rompicapo "a parola nascosta" ("hidden words" come l'autrice li definisce) sono alla base dell'odierna industria dei puzzle. Questa categoria di giochi, che non va accomunata alle parole crociate, attira milioni di lettori. Sul mercato si possono trovare varie riviste che contengono questi giochi enigmistici, pronte a soddisfare i gusti di coloro che apprezzano detti passatempi.

Questi puzzle sono così popolari che non c'è bisogno di indicare le istruzioni al principio dell'attività. Per fornire uno stimolo motivazionale, queste attività vanno completate con un "messaggio nascosto", che fornisce allo studente informazioni spicciole su un determinato fatto o aspetto. Come

---

[1] De Mauro e Moroni, nel loro *Dizionario di base della lingua italiana*, 1996, definiscono la voce "puzzle" come "gioco di pazienza consistente nel comporre di nuovo un'immagine incastrando correttamente i piccoli pezzi di forma irregolare in cui è rimasta scomposta". La definizione è simile in altri dizionari (*Il Devoto-Oli*, 2009, *Il Garzanti*, 2008; *Il Sabatini-Coletti*, 1997; *Lo Zingarelli*, 2004; ecc.); ma nelle riviste italiane dove questo gioco viene pubblicato, gli editori ricorrono a "puzzle" per descrivere quest'attività in cui le parole vanno cercate in verticale, orizzontale o diagonale.

con le parole crociate, l'attività di ricerca in ambito lessicale è utilissima nell'insegnamento/apprendimento delle lingue, poiché essa risponde ai differenti stili di apprendimento: cinestesico, uditivo, visivo.

- L'apprendente *cinestesico* ha bisogno di trascrivere le parole per "sentire" se "suonano" bene.
- L'apprendente *uditivo* sillaba le parole in modo silenzioso mentre le legge.
- L'apprendente *visivo* riconosce le parole dalla loro composizione.

Applicazioni glottodidattiche

Questi puzzle sono esercizi rilassanti ma contribuiscono particolarmente allo sviluppo e all'arricchimento del vocabolario. Ma anche questa attività può essere "abbellita" con un'immagine. Nel caso dell'Immagine 1, l'attività si può abbellire con un albero genealogico.

1. Il puzzle più popolare resta quello con una lista di termini che si dà al solutore e che questi deve cercare nel puzzle. Trovata la soluzione, il solutore scoprirà una parola chiave o una frase attinente alla lista di termini proposti (Immagine 1).

2. L'attività di ricerca del lessico può rispondere alle esigenze di un approccio tematico, raggruppando termini o argomenti che hanno un comune denominatore. Nel puzzle dell'Immagine 2 (p. 86) si chiede agli studenti di trovare i nomi dei giorni della settimana, dei mesi dell'anno e delle quattro stagioni, puzzle appropriato al livello di principianti. La soluzione alla domanda del puzzle "Qual è il mese più corto?" darà una risposta basata su un gioco di parole: "Marzo. È il solo mese dell'anno che si scrive con cinque lettere."

3. Il puzzle è utilissimo per richiamare o fornire informazioni culturali. Nell'Immagine 3 viene proposto un elenco di compositori famosi e delle loro opere. Una volta che nella griglia si individuano i nomi dei compositori e i titoli delle opere, le lettere che restano danno i nomi di tre tenori legati al mondo dell'opera: Plácido Domingo, José Carreras e Luciano Pavarotti. Una foto o un disegno dei tre tenori renderà l'attività più attraente.

4. Il crucipuzzle può essere usato per arricchire il vocabolario degli studenti semplicemente chiedendo loro di trovare una serie di contrari. L'Immagine 4 (p. 88) contiene una serie di contrari che, una volta individuati nella griglia, consentono, utilizzando le lettere rimaste, di scoprire il nome del miglior attore del 1999 oltre che del miglior film dello stesso anno premiato dall'Oscar hollywoodiano.

Il crucipuzzle

Trova i nomi di parentela elencati a sinistra. Le lettere rimaste daranno una massima.

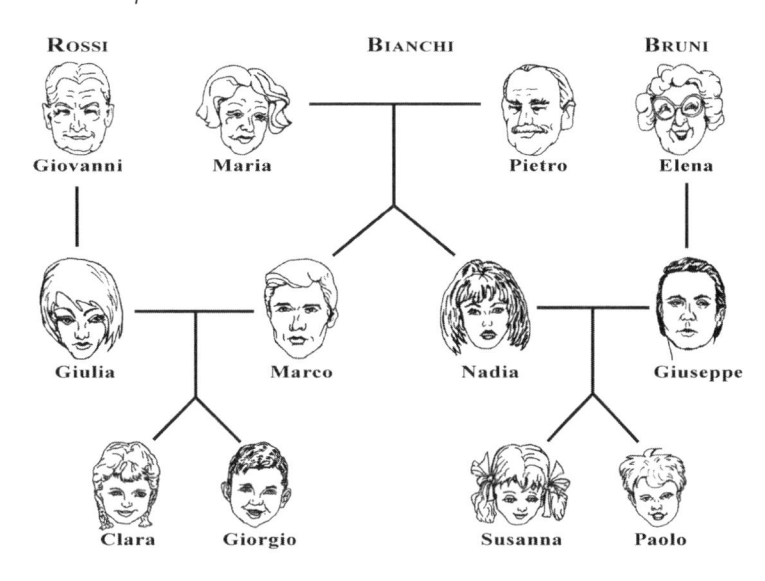

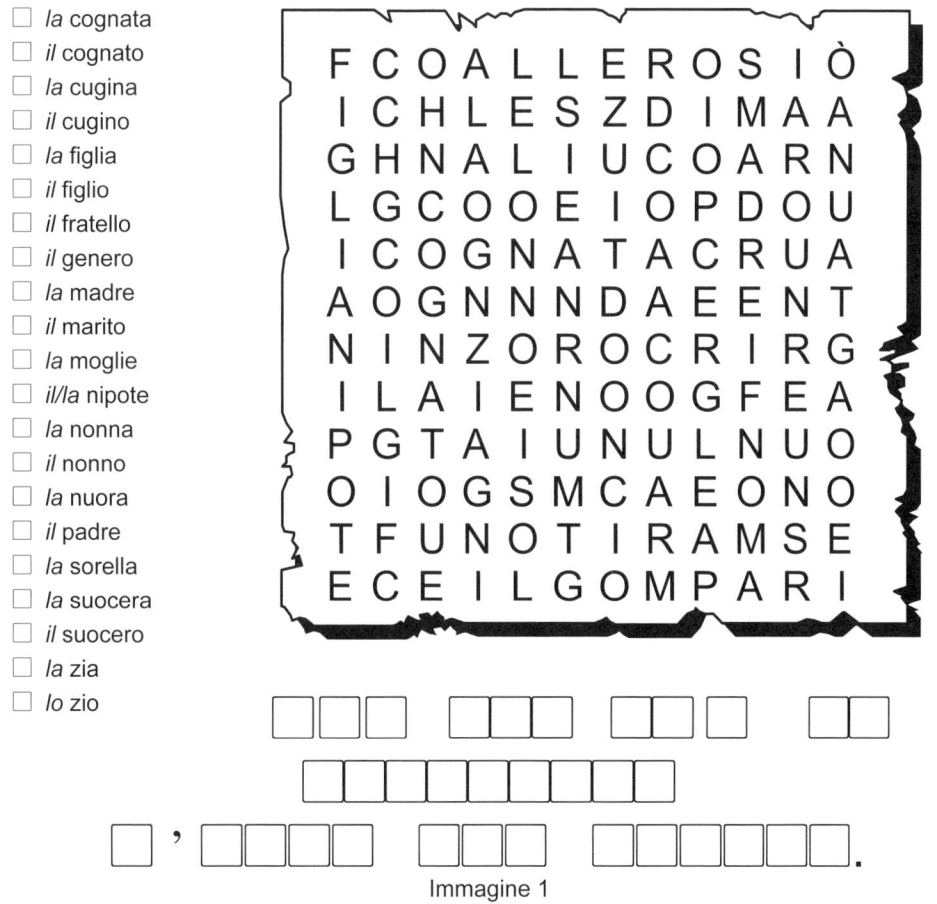

Albero genealogico:
- Rossi: Giovanni — Maria; Bianchi: Pietro — Elena (Bruni)
- Figli: Giulia — Marco; Nadia — Giuseppe
- Nipoti: Clara, Giorgio (di Marco e Giulia); Susanna, Paolo (di Nadia e Giuseppe)

- ☐ *la* cognata
- ☐ *il* cognato
- ☐ *la* cugina
- ☐ *il* cugino
- ☐ *la* figlia
- ☐ *il* figlio
- ☐ *il* fratello
- ☐ *il* genero
- ☐ *la* madre
- ☐ *il* marito
- ☐ *la* moglie
- ☐ *il/la* nipote
- ☐ *la* nonna
- ☐ *il* nonno
- ☐ *la* nuora
- ☐ *il* padre
- ☐ *la* sorella
- ☐ *la* suocera
- ☐ *il* suocero
- ☐ *la* zia
- ☐ *lo* zio

```
F C O A L L E R O S I Ò
I C H L E S Z D I M A A
G H N A L I U C O A R N
L G C O O E I O P D O U
I C O G N A T A C R U A
A O G N N N D A E E N T
N I N Z O R O C R I R G
I L A I E N O O G F E A
P G T A I U N U L N U O
O I O G S M C A E O N O
T F U N O T I R A M S E
E C E I L G O M P A R I
```

☐☐☐ ☐☐☐ ☐☐☐ ☐☐

☐☐☐☐☐☐☐☐

☐'☐☐☐☐ ☐☐☐ ☐☐☐☐☐☐.

Immagine 1

Giorni della settimana, mesi dell'anno, stagioni

Trova nella griglia i giorni della settimana, i mesi dell'anno e le stagioni.
Scrivi le lettere rimaste nelle caselle e avrai la risposta alla domanda:
"Qual è il mese più corto?"

```
M M F A R Z V O I L G U L
A E A E R B M E V O N O E
G I R U B I D E N U L O L
G S E C T B O L O E I M E
I S V R O U R E D A R E E
O L A B L N A N A N D L
N D M D O M E N I C A O I
O E I C H S E D O O E N R
S S R C A G E T I N I G P
M T P B E V S C T R R U A
I A A V O M A R T E D I E
C T R I O T B N C V S G I
O E G Z N Q T R U N E L E
T T A G O S T O E I E R E
```

I giorni della settimana
☐ lunedì
☐ martedì
☐ mercoledì
☐ giovedì
☐ venerdì
☐ sabato
☐ domenica

I mesi dell'anno
☐ gennaio
☐ febbraio
☐ marzo
☐ aprile
☐ maggio
☐ giugno
☐ luglio
☐ agosto
☐ settembre
☐ ottobre
☐ novembre
☐ dicembre

Le stagioni
☐ primavera
☐ estate
☐ autunno
☐ inverno

Qual è il mese più corto?

☐☐☐☐☐ . ` ☐☐ ☐☐☐☐ ☐☐☐☐ ☐☐☐☐ ' ☐☐☐☐ ☐☐☐ ☐☐ ☐☐☐☐☐☐ ☐☐☐ ☐☐☐☐☐☐ ☐☐☐☐☐☐☐☐ .

Immagine 2
Da: Anthony Mollica, *Attività lessicali, 1. Elementare/pre-intermedio*. Recanati: ELI, 2003.
Per gentile concessione dell'Editore.

Il mondo dell'opera

Trova nel diagramma il nome e cognome del compositore e dell'opera che ha musicato. Le lettere rimaste, inserite consecutivamente nelle caselle, daranno il nome e cognome di tre grandi tenori contemporanei.

☐ Vincenzo Bellini
☐ *Norma*

☐ Gaetano Donizetti
☐ *Don Pasquale*
☐ *L'Elisir d'amore*

☐ Ruggero Leoncavallo
☐ *I Pagliacci*

☐ Pietro Mascagni
☐ *Cavalleria Rusticana*

☐ Giacomo Puccini
☐ *La Bohème*
☐ *Manon Lescaut*
☐ *Gianni Schicchi*
☐ *Tosca*

☐ Gioacchino Rossini
☐ *Il barbiere di Siviglia*
☐ *Semiramide*

☐ Giuseppe Verdi
☐ *Un ballo in maschera*
☐ *La forza del destino*
☐ *Otello*
☐ *Rigoletto*
☐ *La Traviata*

```
J I D R E V E P P E S U I G O T
R A G S É S O L L E T O L I C O
U N I L I E M A R R E R B T G S
G A A A C M A G A S P L A T I C
G C C F C I N I Á C E I R E O A
E I O O A R O A R D R E B Z A I
R T M R I A N N I I O L I I C N
O S O Z L M L N G L M A E N C G
L U P A G I E I O T A U R O H A
E R U D A D S S L R D Q E D I C
O A C E P E C C E O R S D O N S
N I C L I O A H T V I A I N O A
C R I D E A U I T A S P S A R M
A E N E D M T C O T I N I T O O
V L I S O R E C M O L O V E S R
A L I T N O G H O R E D I A S T
L A L I U N C I O E L I G G I E
L V I N C E N Z O B E L L I N I
O A A O N O P A V A A R I O I P
T C A T A I V A R T A L A T I
```

Immagine 3

I contrari

Trova nella griglia le coppie degli opposti. Le lettere rimaste daranno il nome e cognome dell'attore italiano che ha ricevuto l'Oscar come migliore attore del 1999 e il titolo del miglior film straniero dello stesso anno.

- ☐ alto ⇔ ☐ basso
- ☐ astuto ⇔ ☐ ingenuo
- ☐ brutto ⇔ ☐ bello
- ☐ chiuso ⇔ ☐ aperto
- ☐ contento ⇔ ☐ triste
- ☐ difficile ⇔ ☐ facile
- ☐ distratto ⇔ ☐ attento
- ☐ giovane ⇔ ☐ vecchio
- ☐ innocente ⇔ ☐ colpevole
- ☐ interessante ⇔ ☐ noioso
- ☐ magro ⇔ ☐ grasso
- ☐ meraviglioso ⇔ ☐ orrendo
- ☐ nero ⇔ ☐ bianco
- ☐ ricco ⇔ ☐ povero
- ☐ ultimo ⇔ ☐ primo

☐☐☐☐☐☐☐   ☐☐☐☐☐☐☐

```
M R O O A O N O P R I M O G P
B E E T T S T E T R N T O R O
I B R T L R T O R N G E N A V
I N U A E A T U C O E E U S E
O R T P V N E H T D N T L S R
B S A E E I I L I O U S T O O
B G O T R U G F O O O I I A S
O I N I S E F L I V G R M B S
C O A O O I S H I M E T O E A
C V N N C N C S A O I P L L B
I A A I C C V G A I S T L L A
R N L È E O R R E N D O B O E
L E L V A O T T A R T S I D C
F A C I L E I N N O C E N T E
```

Immagine 4
Da: Anthony Mollica, *Attività lessicali, 1. Elementare/pre-intermedio*. Recanati: ELI, 2003.
Per gentile concessione dell'Editore.

Il crucipuzzle 89

L'Italia

Trova nello "stivale" quindici delle venti regioni. Le lettere rimaste, lette nell'ordine, daranno il titolo dell'attività e il nome delle altre cinque regioni illustrate.

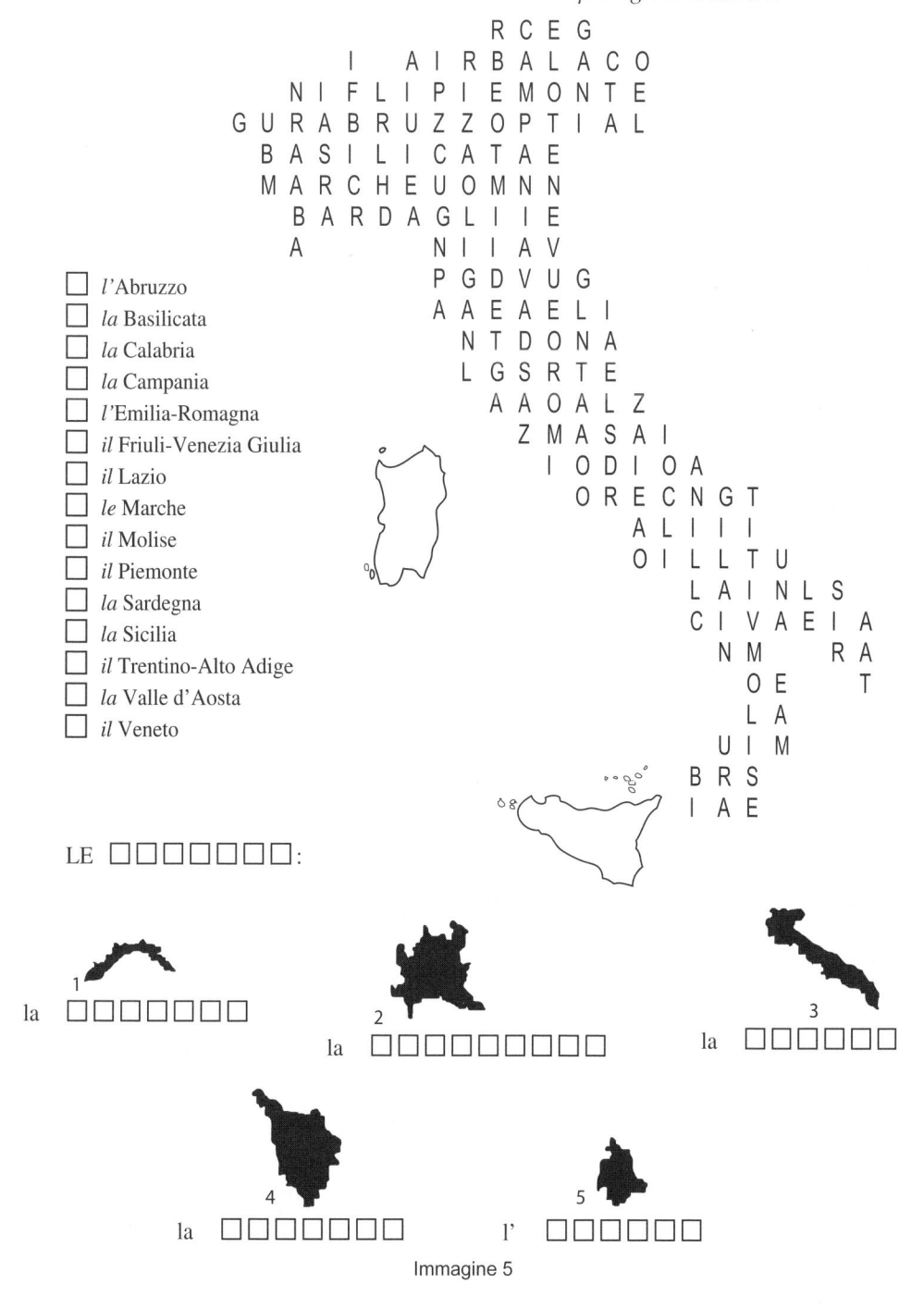

```
                    R C E G
              I   A I R B A L A C O
            N I F L I P I E M O N T E
        G U R A B R U Z Z O P T I A L
          B A S I L I C A T A E
          M A R C H E U O M N N
            B A R D A G L I I E
            A       N I I A V
                    P G D V U G
                    A A E A E L I
                      N T D O N A
                      L G S R T E
                        A A O A L Z
                          Z M A S A I
                            I O D I O A
                              O R E C N G T
                                A L I I I
                                O I L L T U
                                  L A I N L S
                                  C I V A E I A
                                    N M   R A
                                      O E   T
                                      L A
                                      U I M
                                      B R S
                                      I A E
```

☐ *l'* Abruzzo
☐ *la* Basilicata
☐ *la* Calabria
☐ *la* Campania
☐ *l'* Emilia-Romagna
☐ *il* Friuli-Venezia Giulia
☐ *il* Lazio
☐ *le* Marche
☐ *il* Molise
☐ *il* Piemonte
☐ *la* Sardegna
☐ *la* Sicilia
☐ *il* Trentino-Alto Adige
☐ *la* Valle d'Aosta
☐ *il* Veneto

LE ☐☐☐☐☐☐☐:

1. la ☐☐☐☐☐☐☐
2. la ☐☐☐☐☐☐☐☐☐
3. la ☐☐☐☐☐☐
4. la ☐☐☐☐☐☐☐
5. l' ☐☐☐☐☐☐

Immagine 5

Gli animali

Trova il nome degli animali illustrati. Le lettere rimaste, lette nell'ordine, daranno un proverbio.

☐ *il* pulcino ☐ *l'*agnello ☐ *lo* scoiattolo ☐ *la* farfalla ☐ *l'*uccello ☐ *la* capra

☐ *la* mucca ☐ *la* scimmia

```
E G I O C L E L G U E A C U
L P I A L L O A C T A I A C
E O P R A L L M N B O M N C
F R N I A L A O A O L M G E
A M A I I F R G G N O I U L
N M U N C E F T N I T C R L
T I A C C L O A E S T S O O
E A I O C P U L L A A P A E
L O N M O A A P L T I G R E
O I L G I N O C O N O O B N
R G A T T O N I L V C I E A
A L L A F R A F Z I S O Z C
C A V A L L O A R O C E P O
```

☐ *l'*asino ☐ *il* cavallo

☐ *il* cane ☐ *il* gallo

☐ *il* topo

☐ *l'*oca ☐ *la* pecora ☐ *la* gallina ☐ *il* rinoceronte ☐ *il* coniglio

☐ *il* gatto

☐ *la* zebra ☐ *il* canguro ☐ *la* tigre ☐ *la* giraffa ☐ *l'*elefante ☐ *il* maiale

☐☐ ☐☐☐☐ ☐☐☐☐☐☐ ☐☐ ☐☐☐☐
☐☐ ☐☐☐ ☐☐ ☐☐☐☐☐.

Immagine 6

Gli animali

Trova il nome degli animali illustrati. Le lettere rimaste, lette nell'ordine, daranno un proverbio.

```
O L O T T A I O C S R A O
N U A C E E N A C I L I E
I C A C N L G C N L L L A
C C A H O N E O A G A N E
L E A R E O C F I I I B M
U L B L P E R N A L A U I
P L L O R A O M L N C A G
A O T O F C C A N C T I O
R N N O R U G N A C R E G
B T O L L A V A C A R A A
E S C I M M I A F G L M T
Z O O N I S A F I L R D T
P E C O R A A T O E G L O
```

Immagine 7

5. Le attività di ricerca delle parole sono utilissime per ripassare il vocabolario in riferimento ad un determinato argomento. L'elenco di parole presente nell'Immagine 5 (p. 89) viene associato all'immagine dell'Italia. Ed in più l'aspetto grafico del crucipuzzle ha la forma del Paese, enfatizzando così ancora di più la relazione che c'è tra l'attività e l'argomento. Il puzzle comprende le informazioni che completano l'esercizio. Le risposte sono le cinque regioni italiane che, combinate con le risposte trovate nel puzzle, completano l'elenco delle venti regioni (Immagine 5).

6. Gli insegnanti possono scegliere di presentare un puzzle in cui gli stimoli sono rappresentati da immagini e parole. In questo modo l'attività ha l'ulteriore vantaggio di sviluppare il vocabolario (Immagine 6).

8. Le attività più difficili sono quelle in cui vengono date le illustrazioni e gli studenti devono trovare la risposta corrispondente. Ovviamente lo studente dovrà in primo luogo identificare l'immagine e poi cercare il termine corrispondente nel puzzle (Immagine 7, p. 91).

A giudicare dal numero di riviste e di giornali che pubblicano questi giochi, è indiscutibile il fatto che ci si trovi di fronte ad attività molto popolari, che concedono ai lettori momenti di serenità e di rilassamento.

Riferimenti bibliografici

ARNOT MICHELLE, 1998, *Crossword Puzzles for Dummies,* Foster City, CA , IDG Books World.

DE MAURO TULLIO E MORONI GIAN GIUSEPPE, 1996, *Dizionario di base della lingua italiana*, Bologna, Paravia.

DEVOTO GIACOMO E OLI GIAN CARLO, 2009, *Il Devoto-Oli. Vocabolario della lingua italiana 2010,* a cura di Luca Serianni e Maurizio Trifone, Milano, Mondadori Education.

GARZANTI, 2008, *Il Grande dizionario Garzanti* (in cd-rom), Novara, De Agostini Scuola, S.p.A.

MOLLICA ANTHONY, 2004, *Attività lessicali. Elementare/pre-intermedio,* Recanati, Eli.

SABATINI FRANCESCO E COLETTI VITTORIO, 2007, *Il Sabatini Coletti. Dizionario della lingua italiana 2008* con Cd-rom, Milano, RCS Libri S.p.A. Divisione Education, Sansoni.

ZINGARELLI NICOLA, 2004. *Lo Zingarelli. Vocabolario della lingua italiana* (cd-rom), Bologna, Zanichelli.

Capitolo 9

Il cruciverba

Quando, il 21 dicembre 1913, Arthur Wynne (1862-1945) pubblicò il primo cruciverba per la pagina dei passatempi dell'edizione domenicale del *World* di New York, con molta probabilità non si rese conto del successo che questo gioco era destinato ad avere.

Secondo Arnot (1981) il 99% dei quotidiani editi nel mondo e 677 delle edizioni domenicali dei quotidiani statunitensi hanno almeno un gioco di parole crociate, e gli appassionati del genere si contano a milioni. Possiamo tranquillamente affermare che sia il numero degli appassionati enigmisti che il numero dei quotidiani siano aumentati da quando Arnot ha pubblicato la sua statistica; inoltre le parole crociate non appaiono solo sui quotidiani ma anche in centinaia – forse migliaia – di riviste dedicate esclusivamente a questo gioco enigmistico.

Roger Millington (1977), uno dei primi a scrivere sulla storia dei cruciverba in inglese, ci fornisce una descrizione anedottica delle reazioni alle prime parole crociate di Arthur Wynne:

> Coppie coinvolte diedero buone notizie su di loro componendo parole crociate *ad hoc* e pubblicandole nei giornali locali. Il Reverendo George McElveen, un pastore battista di Pittsburgh, fu il primo di molti predicatori ad usare le parole crociate per attrarre più fedeli. Egli annunciò che avrebbe posto una grande lavagna davanti al pulpito; su di essa si sarebbe trovato un cruciverba che i presenti avrebbero dovuto risolvere prima dell'inizio del sermone. La soluzione, inutile dirlo, era il testo del sermone. Ad Atlantic City le parole crociate furono distribuite in chiesa per sollevare interesse a riguardo di campagne missionarie in Cina e Persia. Ai fedeli veniva però chiesto di non risolvere il cruciverba durante la funzione (p. 20).

Nel dicembre 1924, non prevedendo che presto la moda avrebbe raggiunto un enorme successo anche in Gran Bretagna, il *Times* espresse compassione nei confronti degli americani. In un articolo ci si riferì all'"America resa in schiavitù" sottolineando che "l'America intera di fatto ha dimostrato di soccombere alle parole crociate." Con un'affermazione errata dichiarò che "le parole crociate non sono affatto una cosa nuova, con tutta probabilità esistevano già durante la Guerra Civile." Sempre il *Times* arrivò ad affermare che i cruciverba erano "una minaccia, in quanto occupavano un'impressionante parte delle ore lavorative in vari ordini della società." Quanto impressionante? Bene, secondo il loro corrispondente da New York, quotidianamente cinque milioni di ore – gran parte delle quali in orario lavorativo – venivano spese in attività di scarso interesse pratico (Millington, 1977, p. 21).

Sebbene il cruciverba abbia una storia relativamente breve, non c'è alcun dubbio che sia il più popolare e il più diffuso di tutti i giochi di parole. Un rapido sguardo a giornali e riviste e alle centinaia di pubblicazioni può fornire un riscontro attendibile. (Sulla storia del cruciverba scritta in italiano, vedi Bartezzaghi, 2007).

Che cosa sono le parole crociate?

Secondo Augarde (1984, p. 52), le parole crociate:

> in linea di massima consistono in diagrammi a quadretti (di solito rettangolari) in cui il risolutore deve inserire delle parole che deduce da definizioni. Le parole sono separate da quadretti neri o da barre spesse tra i quadretti. [...] Oggi le parole crociate sono realizzate in modo tale che risultano uguali anche se capovolte. Tuttavia molte delle prime versioni di parole crociate non rispondevano a questo tipo di modello o erano costruite in maniera simmetrica, cosicché il lato sinistro risultava essere l'immagine speculare del destro.

La definizione di Augarde è quella tradizionale delle parole crociate. Ma come suggerisce Francipane (1999, p. 16) esistono altri tipi di cruciverba:

- *cruciverba sillabico,* la forma più classica, nelle cui caselle vanno inserite non singole lettere ma le sillabe in cui si divide la parola trovata in base alla definizione;
- *cruciverba a chiave:* in questo schema alcune parole non vengono definite ma suggerite da illustrazioni e sono da indovinare grazie ai vari incroci;
- *cruciverba a schema-casellario tutto bianco* ove, in base alle definizioni, bisogna collocare le opportune caselle nere;
- *cruciverba auto-definito:* un casellario incorpora le definizioni nelle caselle numerate. Detto anche *interdefinito* o *crucifreccia;*
- *cruciverba a barre:* le caselle nere cedono il posto a linee marcate che delimitano le parole;
- *cruciverba puzzle:* vanno inserite nello schema lettere a gruppi, parole o frasi già date, secondo chiavi diverse indicate di volta in volta;
- *cruciverba illustrato:* in esso si sostituiscono le definizioni con figure e illustrazioni che servono a indovinare le parole dello schema.

E a questi tipi di cruciverba aggiungiamo:
- *Parole crociate facilitate:* in questo tipo di parole crociate, alcune lettere sono già inserite nello schema per facilitare la soluzione.
- *Parole crociate a schema libero:* queste differiscono dal gioco base perché le caselle nere sono disposte nello schema senza alcuna regolarità o simmetria.
- *Parole crociate crittografate:* è un tipo di parole crociate in cui le parole non sono descritte da definizioni; ogni casella bianca è numerata e a numero uguale corrisponde lettera uguale. Il solutore deve risolvere lo schema partendo dalla corrispondenza tra alcuni numeri e le rispettive lettere, che viene fornita come suggerimento, e basandosi sulle frequenze letterali e gli incroci. (Wikipedia)

I primi cruciverba creati da Arthur Wynne furono pubblicati in forma di diamante senza alcun riquadro nero e il loro nome era "word-cross", "croce di parole". La mia teoria è che Wynne definì il gioco "croce di parole" perché le parole erano posizionate a forma di croce (che nella forma richiamava quella del diamante o losanga) e anche perché le parole si incrociavano l'una con l'altra. La parola "Fun" *(divertimento)* appariva in quanto il gioco era inserito all'interno del quotidiano nella pagina dei passatempi (Immagine 1).

Immagine 1

2-3	What bargain hunters enjoy.	
4-5	A written acknowledgement.	
6-7	Such and nothing more.	
10-11	A bird.	
14-15	Opposed to less.	
18-19	What this puzzle is.	
22-23	An animal of prey.	
26-27	The close of a day.	
28-29	To elude.	
30-31	The plural of is.	
8-9	To cultivate.	
12-13	A bar of wood or iron.	
16-17	What artists learn to do.	
20-21	Fastened.	
24-25	Found on the seashore.	
10-18	The fibre of the gomuti palm.	
6-22	What we all should be.	
4-26	A day dream.	

2-11	A talon.	33-34	An aromatic plant.
19-28	A pigeon	N–8	A fist
F-7	Part of your head.	9-31	To agree with it.
23-30	A river in Russia.	3-12	Part of a ship
1-32	To govern.	20-29	One.

Fu a causa di un errore di stampa che il gioco fu battezzato *cross-word*, "parole crociate".

Il termine "cross-word" *(parole crociate)* (in principio scritto con una lineetta e in seguito senza, "crossword") fu di immediato successo. Secondo Millington, dopo che le prime "parole crociate" furono pubblicate nel World di New York, il quotidiano fu inondato di richieste e il gioco di parole rimase un inserto fisso sebbene errori continuassero a intrufolarsi. Il problema fu risolto portando la bozza della pagina al Direttore e chiedendogli di risolverlo. Nel 1920, il World decise di assumere una giovane laureata dello Smith College di nome Margaret Petherbridge come risolutrice/correttrice delle bozze di cruciverba.

Come ci racconta Millington (1974), una domanda del tutto casuale ad una cena a casa della zia di Dick Simon, avrebbe portato a lui e al suo nuovo socio Lincoln Schuster della "Simon and Schuster Publishers", casa editrice da loro recentemente fondata, un bel po' di denaro. La zia di Simon chiese dove avrebbe potuto comprare un libro di cruciverba per sua nipote che, apparentemente, era diventata dipendente dalle soluzioni delle parole crociate pubblicate nel World di New York. Simon e Schuster si resero immediatamente conto che non esisteva una pubblicazione del genere e si rivolsero a Margaret Petherbridge e a due suoi colleghi, Prosper Buranelli e F. Gregory Hartswick. In breve tempo raccolsero una collezione di 50 giochi ma fu loro suggerito di non pubblicarli col nome della loro casa editrice (il monito era che una tale pubblicazione non sarebbe stata di buon auspicio nel mondo dell'editoria) e così li pubblicarono con la sigla editoriale, "The Plaza Publishing Company". "Plaza" era il nome della strada dove era situata la casa editrice.

Il libro, al quale era allegata una matita Venus e una gomma (una pratica che continua anche oggi in molte pubblicazioni italiane), costava un dollaro e 35 centesimi la copia, un prezzo astronomico per un volume in quel periodo, ma non appena il *The Cross Word Puzzle Book (Libro delle Parole Crociate)* fu pubblicato, le linee telefoniche di Simon e Schuster furono subissate di richieste. In meno di tre mesi si vendettero 40.000 copie e entro la fine del primo anno furono pubblicati tre volumi di cruciverba per un totale che superò 400.000 copie.

Non ci volle molto a che questo nuovo gioco attraversasse l'Atlantico.

In Finlandia si chiamò *Ristisana*, in Francia *Mots croisés*, in Germania *Kreuzworträtsel*, in Olanda *Kruisswoord*, in Portogallo *Palavras cruzadas*, in Romania *Cuvinte Incrusate*, in Spagna *Crucigramas*, in Svezia *Krossord*, in Yugoslavia *Krjz-Lica*. In Italia fu diffuso come *Parole incrociate*, una definizione che lasciò spazio alla meno corretta *Parole crociate* e al latinismo *Cruciverba*.

Fu ancora Arthur Wynne che, secondo Augarde (1984, p. 54), diede all'Inghilterra il primo cruciverba che apparve nel *Sunday Express* il 2 novembre 1924. Il *Times* seguì sei anni dopo, nel 1930. Va sottolineato che la versione inglese del cruciverba era più difficile della versione americana, in quanto le definizioni di quest'ultima tendevano ad essere più dirette e la struttura grafica più ampia.

Arnot (1981, p. 3) sottolinea che in gran Bretagna, nonostante la penuria di carta, il cruciverba, durante la seconda guerra mondiale, ebbe il suo spazio nei quotidiani condensati in sole quattro pagine. La ragione è da ricercarsi nel fatto che il gioco era considerato un diversivo terapeutico durante le lunghe ore da trascorrere nei rifugi aerei.

In Francia il nuovo gioco apparve per la prima volta nel *Dimanche Illustré* il 9 novembre 1924 con il nome di "Mosaïque mystérieuse" (Immagine 2).

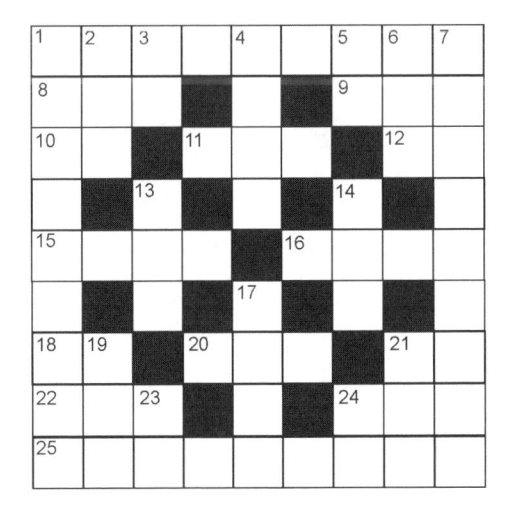

Immagine 2

Horizontalement

1. Champêtre. **8.** Favorable. **9.** Chiffre. **10.** Note. **11.** Arme. **12.** Préposition. **15.** Fleur. **16.** L'égal de quelqu'un. **18.** Pronom. **20.** Appel. **21.** Note. **22.** Arbre. **24.** Particule d'atome **25.** Vive lueur.

Verticalement

1. Temps de verbe. **2.** Conscience intime. **3.** Note. **4.** Personnage légendaire. **5.** Terme de jeu. **6.** Dépôt de liquide. **7.** Détruit. **13.** Fleuve. **14.** Petit animal. **17.** Vêtement. **19.** Meuble. **21.** La terre. **23.** Négation. **24.** Pronom.

Quando il secondo cruciverba fu pubblicato la settimana seguente, nelle sue pagine apparve la comunicazione che nel primo gioco erano presenti due errori: il 12 orizzontale avrebbe dovuto essere "conjonction" e non "préposition" e l'1 verticale avrebbe dovuto essere "mode de verbe" e non "temps de verbe". La storia si ripeteva: errori e refusi che avevano infestato i primi cruciverba pubblicati nel New York *World* stavano contagiando il *Dimanche Illustré*. Entro il dicembre dello stesso anno le parole crociate avrebbero subito un altro cambiamento, non sarebbero più state definite "Mosaïque mystérieuse" ma "Problème de mots croisés".

Altri quotidiani quali *Le Gaulois, L'Excelsior, Le Matin* e *L'Intransigeant* – tanto per nominarne alcuni – prontamente seguirono l'esempio inserendo parole crociate nelle loro pubblicazioni.

Nel 1925, Renée David pubblicò *Le journal des mots croisés.* Lo stesso anno fondò anche l'*Académie des mots croisés.*

In Italia, le parole crociate apparvero per la prima volta nella *Domenica del Corriere* l'8 febbraio 1925 (Immagine 3).

Da sinistra a destra
1. Un tedesco – secondo un francese – durante La guerra.
2. Coloro che stendono atti pubblici.
3. Paese natio di un celebre ciclista.

Dall'alto in basso.
1. Recipiente.
4. Do da mangiare.
5. Alberi resinosi

Immagine 3
Le prime parole crociate apparse nella *Domenica del Corriere*

La domenica seguente, nella stessa rivista, fu pubblicata un'illustrazione (Immagine 4) di Achille Beltrame (1871-1945). L'illustrazione del famoso pittore e illustratore italiano mostra una sala da ballo dove è collocato un quadro cpn un un enorme cruciverba e le coppie cercano le soluzioni senza smettere di ballare. Da allora il cruciverba godette e continua a godere in Italia di un grande successo; ci sono dozzine di pubblicazioni che si possono trovare nelle edicole di tutto il Bel Paese.

Nello stesso anno, il 1925, la casa editrice Mondadori pubblicò un libro, *Cruciverba,* con un sottotitolo piuttosto lungo (Dossena, 1994, p. 245), che ricordava il titolo della pubblicazione di Simon e Schuster:

Immagine 4
L'illustrazione di Achille Beltrame apparsa nella *Domenica del Corriere* il 15 febbraio 1925.

50 problemi scelti e inediti di parole incrociate, composti da valenti enigmisti preceduti da una prefazione "all'antica" di Fernando Palazzi, da uno scritto di Emilio Cecchi e da una "Introduzione alla scienza del puzzle"; raccolti, ordinati commentati a tempo perso da V. Bompiani e da E. Piceni, illustrati da Piero Bernardini e da altri.

Sette anni dopo, il 23 gennaio 1932, nacque la più famosa rivista di parole crociate, *La Settimana Enigmistica* (Immagine 5, p. 101). La rivista mantiene la sua veste editoriale sin dalla nascita e, a differenza degli altri cruciverba pubblicati nel mondo, nel *Dimanche Illustré* e in altri quotidiani, può orgogliosamente affermare che è esente da errori. *La Settimana Enigmistica* mantenne la definizione "parole crociate" al posto della corretta "parole incrociate". Nonostante in Italia si pubblichino numerose riviste di cruciverba, *La Settimana Enigmistica* resta forse la più famosa e la più popolare. A partire dagli anni Cinquanta, la rivista ebbe come collaboratore il più importante autore italiano di parole crociate, Piero Bartezzaghi (1933-1989). Il suo cruciverba era difficilissimo ed era conosciuto come "il Bartezzaghi".

Nella storia dell'enigmistica italiana troviamo anche il nome del lecchese Giuseppe Airoldi (1861-1913). È noto per la sua pubblicazione del primo schema di "parole incrociate", apparso il 14 settembre 1890 sul numero 50 di una rivista milanese *Il Secolo Illustrato della Domenica* (Immagine 6). Il gioco consisteva di una griglia di 4x4 senza caselle nere e ogni riga e colonna aveva la propria definizione.

1 R	2 I	3 P	4 A
2 O	D	E	R
3 S	E	R	A
4 A	M	E	N

Orizzontali
1. Guai se l'onda mi varca o mi spezza.
2. In Germania son acqua corrente.
3. Ogni dì quando il sole è morente.
4. Così sogliono le preci finir.

Verticali
1. Sono un fiore di rara bellezza.
2. Il "medesimo" in lingua latina.
3. Quali frutti noi siam indovina.
4. Per la messe di là da venir.

Immagine 6

Nonostante il nome, Airoldi non viene considerato l'ideatore delle parole crociate. Il suo gioco non solo manca di caselle nere ma si avvicina più al famoso quadrato magico, "SATOR" (vedi Capitolo 3, "L'anagramma",) che al formato del cruciverba odierno.

Molti attribuiscono l'origine delle parole crociate all'acrostico o al quadrato magico (Parlett, 1995; Amende, 2001), ma ci sono voci dissenzienti (Dossena, 1994).

Anno I - N. 1   *Conto Corrente Postale*   Milano, 23 Gennaio 1932 - X

LA SETTIMANA ENIGMISTICA

UN NUMERO **C. 50**
Arretrato il doppio

PERIODICO DI GIUOCHI - ENIGMI - PAROLE CROCIATE SCACCHI - DAMA - BRIDGE - SCIARADE ecc.

ESCE IL SABATO - *Direzione e Amministrazione:* Milano (132) - Via Enrico Nöe, 43

1.   PAROLE CROCIATE

Avvertenza. — Sia orizzontalmente che verticalmente le parole hanno inizio dalla casella nella quale è posto il numero di riferimento.

Nelle spiegazioni la cifra tra parentesi indica il numero delle lettere che formano la parola da ricercare e di conseguenza il numero delle caselle da riempire a partire, come detto, dalla casella numerata.

Spiegazioni:
Orizzontali. —
1. (4) Eroiche in guerra, nefande in pace 4. (2) Dipartim. e fiume della Francia 5. (3) La metà di Nicola 6. (3) Infimo 7. (3) Dipartim. e fiume della Francia 8. (4) Lettera greca 12 (5) Boccetta 13. (8) rapinatori 14. (2) La pancia del boia 16. (3) Davanti al giudice. 18. (3) il quindici di marzo degli antichi romani 21. (3) ardisco 23. (4) È cieco e non conosce misura 24. (13) Ignaro 27. (24) lieto 28. (5) Gambo 29. (4) il vero amico 31. (2) cammino 33. (5) l'altra metà 36. (4) grande apocopato 38. (2) confidenziale 39 (4) il fiume azzurro. 40. (6) Le basi in chimica 42. (5) Tra il sonno e la veglia 43. (10) riconfermare in carica 44. (6) Potente veleno se inoculato nel sangue, innocuo se ingerito.

Verticali. —
1. (5) Nome russo di donna 2. (7) primo 3. (14) senza patti o clausole 8. (3) soffocante 9. (4) tela 10. (8) penoso; duro 11. (3) dei pennuti 13. (4) ladro 15. (7) rimacinare 17. (4) sottil 19. (5) sensazione 20 (3) andare 22. (2) Ravenna 23. (6) inferno 25. (7) Buon vetro apocopato 26. (2) congiunz. latina 27. (6) persistere 30. (5) sempre 31. (5) ogni essere ed ogni cosa ha il suo. 32. (5) a perderlo non si ritrova. 34. (4) filamenti cornei 35. (4) nelle scuole 37. (4) riva 41. (2) partic. pronom. 42. (2) sopra.

(Dal *Das Rätsel* - Vienna)

Vedere nell'interno i grandi concorsi a premio

Immagine 5
La prima copertina della *Settimana Enigmistica*.
Per gentile concessione della *Settimana Enigmistica*.

A che cosa va attribuita la popolarità dei cruciverba?

Augarde (1984, p. 61) cita i motivi dati da Prosper Buranelli e Margaret Petherbridge per questo fenomenale successo:

1. il fascino che le parole assumono per una società che articola il suo pensiero,
2. auto-educazione e
3. passatempo.

Augarde aggiunge un altro fattore:

4. la sfida che costituisce il risolvere delle indicazioni ciascuna delle quali può essere un rebus in miniatura o un indovinello.

I cruciverba: uno strumento pedagogico

Il primo suggerimento sull'uso dei cruciverba nella glottodidattica per l'italiano è stato proposto da Mollica (1971) e appare in un articolo pubblicato su *Italica*.

Più recentemente, in Italia, il cruciverba è stato riconosciuto quale valido strumento pedagogico. In una circolare datata 16 luglio 1999, il Ministero della Pubblica Istruzione suggerisce ed incoraggia l'introduzione dei cruciverba nel curriculum scolastico italiano (Immagine 7).

È sempre più evidente, come mostrano le ricerche in campo psicolinguistico (Jeffries, 1985) che l'esperienza quotidiana in classe, che la via per arrivare alla mente e alla personalità dello studente non passa attraverso tecniche meccanicistiche e ripetitive, ma attraverso quelle tecniche che consentono di utilizzare i canali "immaginativi" della mente. Questo implica non solo l'applicazione di insegnamenti legati all'etimologia del termine immagine in senso stretto, ma anche a procedure che implicano l'elicitazione di immagini. Uno strumento che calza a pennello con queste indicazioni pedagogiche è, senza alcun dubbio, il cruciverba.

È stato scritto molto sull'uso del cruciverba nella classe di lingua riferendosi alle parole scritte in qualità di stimoli. Dino Bressan (1970) classifica le definizioni dirette in nove diverse categorie: [le traduzioni dal francese degli esempi presenti nell'articolo originale sono dell'Autore.]

1. *Definizione generica*: Pronome. *Risposta:* Loro
2. *Definizione sinonimica*: Assolutamente naturale. *Risposta:* Innato
3. *Definizione contraria*: Non fittizio. *Risposta:* Autentico.
4. *Definizione allusiva*: Sfugge al sognatore. *Risposta:* Realtà.
5. *Definizione allusivo-negativa*: Molti non ne conoscono che i limiti. *Risposta:* Legge.
6. *Definizione di definizione*: Nessuno lo disturba, nulla lo agita. *Risposta:* Tranquillo.
7. *Definizione descrittiva*: Vi si internano gli sfortunati. *Risposta:* Asili.

8. *Definizione gioco di parola:* anche al singolare. *Risposta:* Anca.
9. *Definizione "comprensiva":* Lettere d'amore. *Risposta:* Am.

Bressan preferisce il cruciverba per gli ovvi contributi che esso può fornire da un punto di vista linguistico e sostiene che

> Una selezione graduata di cruciverba in termini di complessità potrà contribuire all'acquisizione di nuovo lessico e frasi oltre che al consolidamento della conoscenza attraverso la ripetizione.

Una circolare del ministero: possibili i giochi enigmistici sui banchi del liceo

Parole crociate a scuola

di GIANNI MURA

COSI'·a prima vista, lo studente che in aula faceva le parole crociate di nascosto adesso potrà farle alla luce del sole, cioè sul banco. Una circolare del ministero della Pubblica istruzione, in applicazione dell'autonomia scolastica, dà diritto di cittadinanza ai giochi che costano meno di tutti: quelli di parole. Non sarà obbligatorio, ma nelle scuole secondarie superiori si potrà aprire la porta all'enigmistica come ausilio didattico. Come s'addice ai giochi, ci sarà anche un concorso per la miglior pubblicazione, con tanto di premio.

E' una bella iniziativa, e può anche essere utile. Il rebus è: quanti docenti sono in grado di pilotare i ragazzi verso le sciarade o gli anagrammi? In passato, è già accaduto che intere classi si dedicassero ai giochi di parole (I draghi locopei, era il titolo del libro che li raccoglieva, l'insegnante era Ersilia Zamponi, il padre nobile Umberto Eco). Anche Roberto Vecchioni, quando insegnava nella zona del Garda, proponeva ai suoi studenti indovinelli in schema classico.

È BELLA perché, se applicata con buon senso e un minimo d'elasticità, può contribuire alla ginnastica mentale. Ogni gioco ha una sua chiave che non dipende necessariamente dal nozionismo. Il successo di "Scarabeo" et similia ("Paroliamo") dimostra che con le parole si può giocare. Indovinarle ma anche cambiarle, per esempio i cognomi dei poeti: Tenda, Sosta, S'ostina, Aoristo, Lamento. E una poesia cui è quasi impossibile sfuggire (Pianto antico) si può parafrasare in tanti modi, nel rispetto della metrica.

Appartengo a una generazione cui nulla, a scuola, è stato risparmiato. Non so a che numero di tentativi d'imitazione fosse arrivata allora la Settimana enigmistica, ma sotto il banco ce l'avevo come antidoto alle ore di lezione più noiose. Adesso non so quanto sia utile sapere dove scorreva lo Scamandro né le caratteristiche del trimetro ipponatteo, un giambo scazonte s'accalorava il professore di greco, però son cose che restano.

Senza voler dare suggerimenti a nessuno, e pensando alla barzelletta del carabiniere pugliese che al 5 verticale, «Sei romano», 2 lettere, scrisse «no», credo che all'inizio sarebbero da evitare i cruciverba monografici, tutti su letteratura o storia, e da preferire quelli misti e mirati. Non ci vedrei nulla di male se dalla H di hamburger partisse in verticale Hegel né se Rimbaud incrociasse con Ronaldo (si può anche con Rabesandratana, del Psg, ma è già più difficile). Ma credo che questi giochi, a scuola, abbiano un traguardo molto serio, che forse non è bene dire: la rivalutazione della parola. Siamo sommersi dalle parole e abbiamo perso di vista il significato delle parole. I cruciverba sono fondati sull'esattezza della definizione e anche sulla sua concisione. Ma possono essere fondati anche sul doppio senso (in questo caso, l'avvertimento è dato purtroppo dai tre puntini di sospensione). Le sciarade, gli indovinelli richiedono un altro approccio. Gli anagrammi gradiscono la fantasia. La ginnastica mentale si nutre di nessi associativi.

Visto che l'enigmistica a scuola non è obbligatoria, visto che non contempla voti, ci sarebbe da divertirsi. Un altro aspetto simpatico (lo so che gli anagrammi e altri giochi si possono fare anche col computer, ma ufficialmente lo ignoro) è che si va verso il 2000 riscoprendo non solo la parola, ma anche il foglio di carta e la matita. Il pennarello (non la biro, che non consente di scrivere stando a letto) è riservato ai solutori più che abili. Non è mai troppo tardi, avrebbe detto il maestro Manzi. Non è mai troppo presto, dico io dopo aver sentito in tv (a Passaparola, condotto da Gerry Scotti, martedì sera) una concorrente rispondere Antilla alla domanda «isola siciliana, comincia per A».

GIANNI MURA

Immagine 7
L'articolo su *La Repubblica* del giovedì, 30 settembre 1999 annuncia il contenuto della circolare del Ministero della Pubblica Istruzione
Per gentile concessione de *La Repubblica* e del giornalista Gianni Mura.

Latorre e Baeza (1975) sottolineano che

> Le definizioni sono funzionali all'obiettivo di pratica linguistica presente nelle parole crociate, poiché gran parte delle informazioni necessarie allo studente per la soluzione dell'esercizio sono presenti in esse. La definizione è per il cruciverba quello che il modello era per gli esercizi strutturali: è lo stimolo che fa andare avanti l'attività. In questo senso non c'è spazio per alcuna ambiguità, deliberata o no: al contrario, la chiarezza è indispensabile. Leggendo la definizione gli studenti dovrebbero sapere con un buon livello di sicurezza quale è il termine richiesto, poiché si confrontano con un problema linguistico inerente alle loro capacità e conoscenze (p. 51).

David E. Wolfe (1972), in un articolo pubblicato in *The Audio Visual Language Journal*, sottolinea il contributo degno di nota di Bressan, offre numerosi elementi di approvazione, e suggerisce vari esempi. Per Wolfe il cruciverba è

> forse più utilizzabile nella classe di lingua supponendo che [esso] sia preparato dall'insegnante e si basi su materiali in precedenza studiati dall'alunno.

Uno degli esempi suggeriti da Wolfe è la definizione-immagine a proposito della quale afferma:

> Qualsiasi nome concreto che l'insegnante possa disegnare costituisce una indicazione appropriata, considerando, però, che il nome deve essere stato insegnato.

Mollica concorda con Wolfe e, in varie pubblicazioni, (Mollica, 1987, 1988a, 1988b, 1991a, 1991b, 1991c, 1992, 1995, 2001), sostiene che lo stimolo dato dall'immagine è un modo efficace di costruire un cruciverba, in modo particolare quando gli insegnanti vogliono far ripassare allo studente il vocabolario relativo ad un tema specifico, o farglielo arricchire.

Il successo delle pubblicazioni di Mollica ha spinto altri editori a seguire la sua strada.

D'accordo con Morgan e King (1996) che

> La maggior parte delle persone, se non tutte, le persone percepiscono le immagini e quelle immagini spesso aiutano il pensiero, e alcuni individui hanno un'imma-ginazione così fervida che possono richiamare i concetti quasi perfettamente...

Mollica decide di usare stimoli visivi in quanto è fermamente convinto che nei primi stadi dell'acquisizione linguistica il cruciverba possa essere un'alternativa

- alla traduzione,
- alle definizioni e
- alle descrizioni

per il fatto stesso di poter mettere in relazione la lingua con il contesto e stabilire un'associazione diretta tra lingua e immagine. A tal fine, propone "un approccio cumulativo" come negli esempi seguenti:

Il Cruciverba A (Immagine 8, p. 106) contiene dieci illustrazioni. In fondo alla pagina, elencate in ordine alfabetico, sono stampate le dieci parole che occorrono per risolvere correttamente lo schema. Gli studenti che non conoscessero il nome della parola illustrata possono scoprirlo, con un po' d'ingegno, contando le lettere della risposta e inserendole negli appositi spazi. In questo modo l'attività diventa anche un esercizio per acquisire nuovo lessico.

Il Cruciverba B (Immagine 9, p. 107) contiene altre dieci illustrazioni e riprende cinque illustrazioni del Cruciverba A. In fondo alla pagina, elencate in ordine alfabetico, sono stampate quindici risposte che si svelano contando le lettere delle risposte e inserendole negli spazi appositi. Anche in questo caso l'attività permette l'acquisizione di nuovo vocabolario

Il Cruciverba C (Immagine 10, p. 108) riprende le dieci illustrazioni del Cruciverba B e le cinque del Cruciverba A non usate in B. In fondo alla pagina, in ordine alfabetico, sono stampate le quindici parole necessarie a risolvere il cruciverba.

Il Cruciverba D (Immagine 11, p.109) contiene tutte le venti illustrazioni solo come stimolo visivo. A questo punto lo studente avrà visto le immagini due volte prima della soluzione dell'ultimo schema e l'attività conclusiva può essere considerata un test per verificare che lo studente abbia appreso tutti i vocaboli contenuti nelle pagine del vocabolario per immagini.

L'obiettivo è stimolare e ottenere un apprendimento cumulativo attraverso un elemento di divertimento.

Gli insegnanti possono scegliere un cruciverba in relazione al livello e alle abilità linguistiche dei loro studenti; possono inoltre decidere di utilizzare un approccio cumulativo o semplicemente usare l'ultimo cruciverba come test. Tuttavia nel caso che gli studenti conoscano già i vocaboli, si può utilizzare solo l'ultimo cruciverba, quello che contiene solo le immagini; gli studenti che hanno meno conoscenza del lessico possono lavorare sugli altri.

Mollica osserva che questi cruciverba possono essere dati a studenti che non hanno una perfetta familiarità con l'argomento; in questo caso l'attività diventa per loro un'esperienza di apprendimento perché dovranno riconoscere l'immagine. I discenti che hanno qualche difficoltà nel risolvere il cruciverba possono contare le lettere della parola e inserirle negli appositi spazi. La soluzione esatta identificherà il disegno e quindi un nuovo vocabolo.

Graficamente il processo può essere riassunto come segue:

Parole	**Cruciverba**			
	A	B	C	D
5	5	5		5
5	5		5	5
5		5	5	5
5		5	5	5

Tra tutti i giochi di parole, il cruciverba è il gioco più versatile e più popolare nell'insegnamento/apprendimento linguistico. Si tratta di uno strumento utile e sfaccettato per insegnare, imparare, ripassare ed arricchire la propria

Abbigliamento

☐ O10
☐ O1
☐ V4
☐ V2
☐ O8
☐ O7
☐ O9
☐ V5
☐ V6
☐ V3

☐ il berretto   ☐ i calzini   ☐ la cravatta   ☐ la gonna   ☐ i guanti
☐ il maglione   ☐ le pantofole   ☐ il pigiama   ☐ i sandali   ☐ la sciarpa

Cruciverba A: *Abbigliamento*, 25

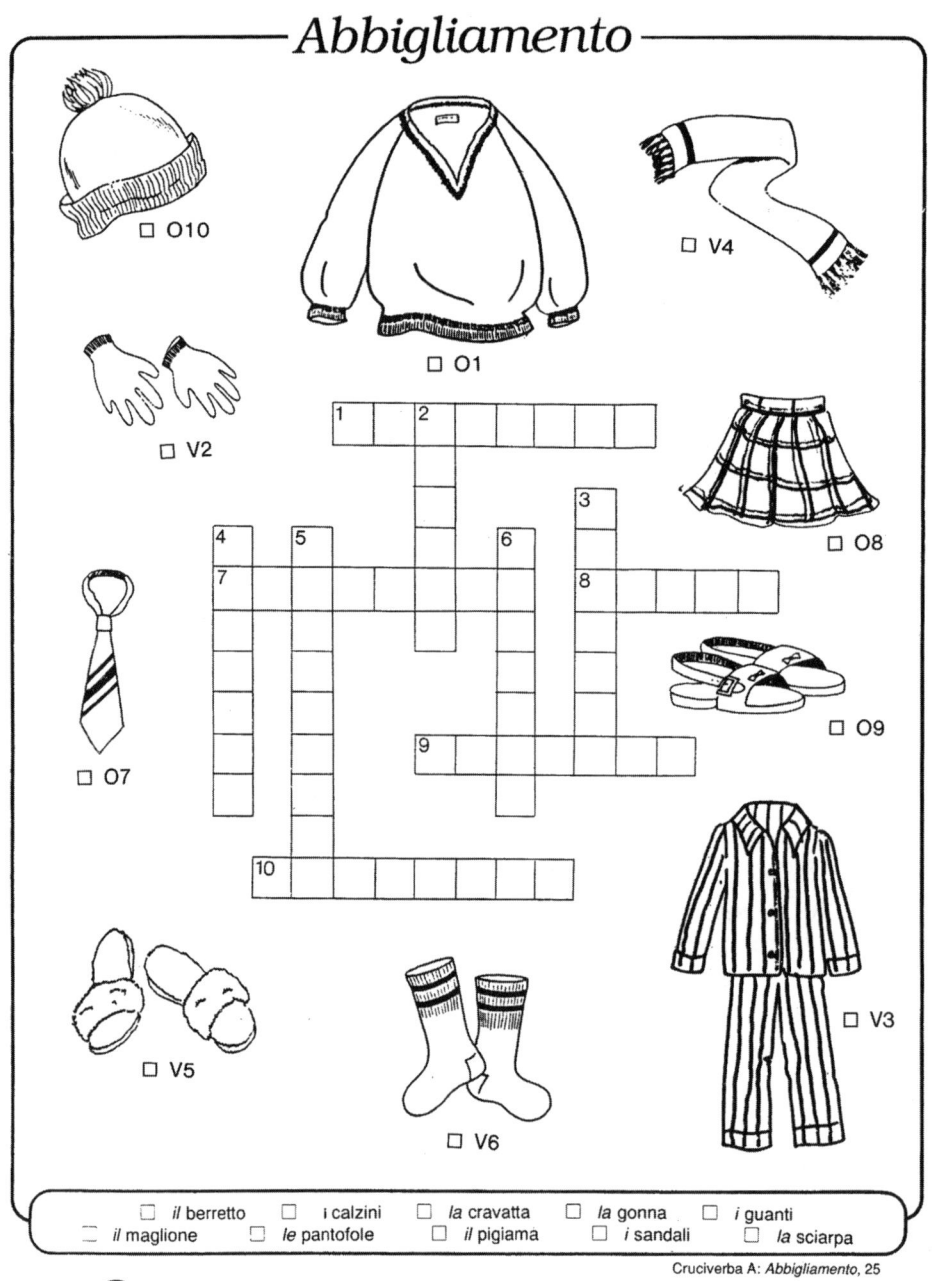

Anthony Mollica, *Parole crociate per principianti*. Disegni: Nancy Elkin.
Copyright © 1991 éditions SOLEIL publishing inc. Tutti i diritti riservati. Si accordano i diritti di riproduzione di questo foglio di attività esclusivamente all'insegnante che lo ha acquistato per uso nelle proprie classi. Qualsiasi altra riproduzione è illegale.
Printed in Canada

Immagine 8
Da: Anthony Mollica, *Parole crociate per principianti*. Welland, Ontario: éditions Soleil publishing inc., 1991. Per gentile concessione dell'Editore.

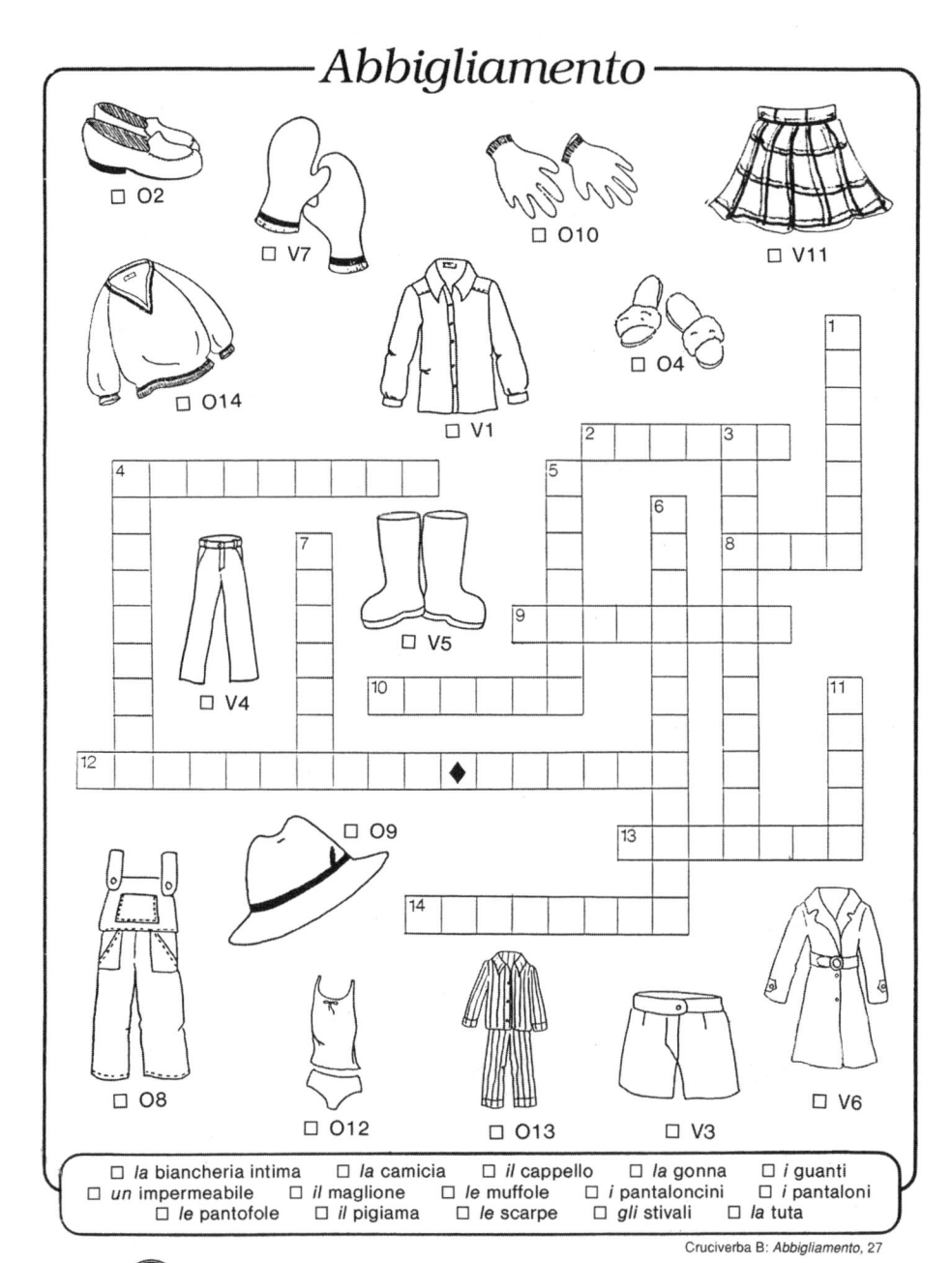

Il cruciverba 107

Abbigliamento

- ☐ la biancheria intima ☐ la camicia ☐ il cappello ☐ la gonna ☐ i guanti
- ☐ un impermeabile ☐ il maglione ☐ le muffole ☐ i pantaloncini ☐ i pantaloni
- ☐ le pantofole ☐ il pigiama ☐ le scarpe ☐ gli stivali ☐ la tuta

Cruciverba B: *Abbigliamento*, 27

Anthony Mollica, *Parole crociate per principianti*. Disegni: Nancy Elkin.
Copyright © 1991 éditions SOLEIL publishing inc. Tutti i diritti riservati. Si accordano i diritti di riproduzione di questo foglio di attività esclusivamente all'insegnante che lo ha acquistato per uso nelle proprie classi. Qualsiasi altra riproduzione è illegale.
Printed in Canada

Immagine 9
Da: Anthony Mollica, *Parole crociate per principianti*. Welland, Ontario: éditions Soleil publishing inc., 1991. Per gentile concessione dell'Editore.

Abbigliamento

- il berretto
- la biancheria intima
- il cappello
- i calzini
- la camicia
- la cravatta
- un impermeabile
- le muffole
- i pantaloncini
- i pantaloni
- i sandali
- le scarpe
- la sciarpa
- gli stivali
- la tuta

Cruciverba C: *Abbigliamento*, 29

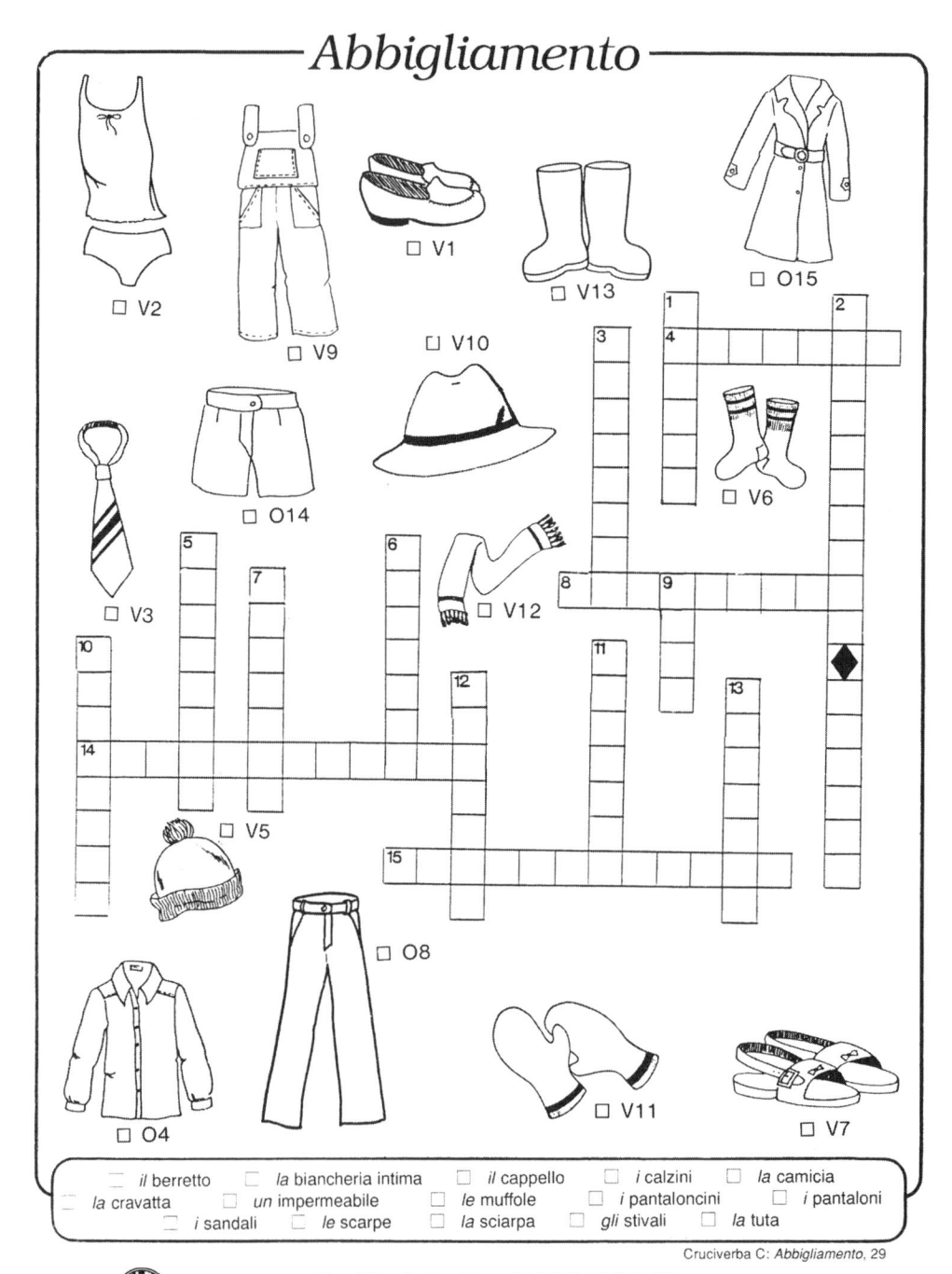

Immagine 10
Da: Anthony Mollica, *Parole crociate per principianti*. Welland, Ontario: éditions Soleil publishing inc., 1991.
Per gentile concessione dell'Editore.

Il cruciverba 109

Abbigliamento

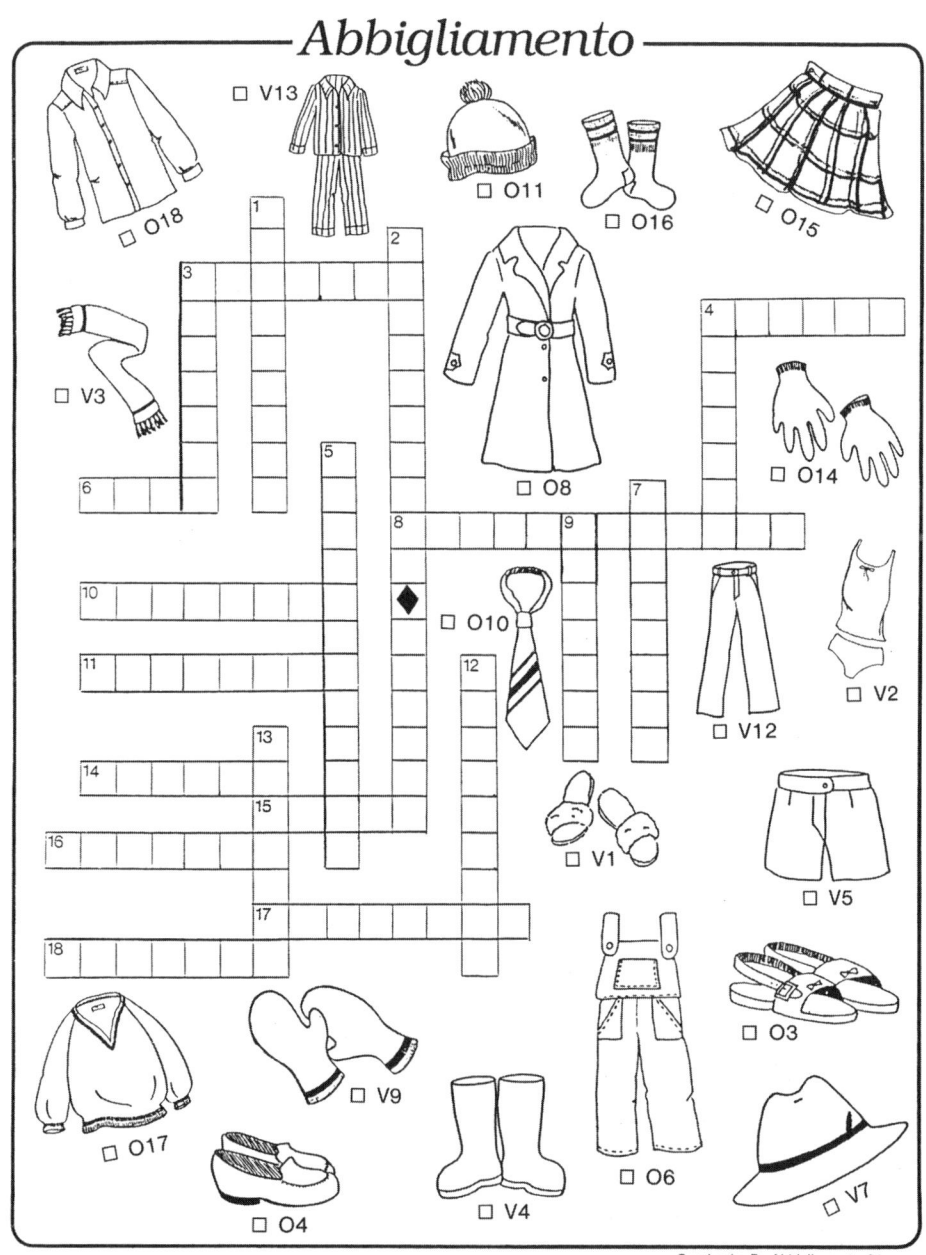

Cruciverba D: *Abbigliamento*, 31

Anthony Mollica, *Parole crociate per principianti*. Disegni: Nancy Elkin.
Copyright © 1991 éditions SOLEIL publishing inc. Tutti i diritti riservati. Si accordano i diritti di riproduzione di questo foglio di attività esclusivamente all'insegnante che lo ha acquistato per uso nelle proprie classi. Qualsiasi altra riproduzione è illegale.

Printed in Canada

Immagine 11
Da: Anthony Mollica, *Parole crociate per principianti*. Welland, Ontario: éditions Soleil publishing inc., 1991.
Per gentile concessione dell'Editore.

conoscenza del lessico. I cruciverba sono utilissimi nell'insegnamento/apprendimento linguistico poiché implicano, sollecitano, stimolano i vari stili di apprendimento dello studente: cinestetico, uditivo o visivo, come abbiamo già accennato nel crucipuzzle (vedi Capitolo 8).

- *L'apprendente cinestetico* ha bisogno di scrivere le parole per "sentire" se sono corrette.
- *L'apprendente uditivo* può pronunciare silenziosamente le parole mentre legge.
- *L'apprendente visivo* riconosce le parole dalla loro composizione.

Applicazioni glottodidattiche

1. Il docente può decidere di evidenziare le parole chiave di un racconto (Mollica e Convertini, 1976). Le parole chiave di questo cruciverba, basato su "La ragazzina" di Alba de Céspedes (Appendice C), possono essere usate come uno strumento mnemonico per riassumere il racconto (Immagine 12).

   Orizzontali
   2. la scotevano spesso le colleghe della ragazzina
   4. il nome del "fidanzato" napoletano
   8. il nome di una compagna della ragazzina
   11. il mestiere di Osvaldo
   12. le avrebbe date il padre alla ragazzina se l'avesse vista vestita così
   15. la mandavano per ogni sciocchezza
   16. luogo dove la ragazzina aveva visto per la prima volta gli innamorati baciarsi
   17. viale che costeggia il fiume che passa per Roma
   18. l'ha detta la ragazzina per fare ingelosire Osvaldo

   Verticali
   1. luogo dove Osvaldo aspettava la ragazzina
   2. gli anni della cassiera
   3. alla madre della ragazzina basta solo questo per conoscere gli uomini
   5. erano mature quelle frequentate da Osvaldo
   6. il "peso" della madre della ragazzina
   7. le comprò col denaro rubato alla madre
   9. la macchina di "Armando"
   10. gli anni della ragazzina
   12. persona presso la quale lavorava la ragazzina
   13. luogo dove lavorava Osvaldo
   14. quello del vestito lo cuciva spesso la ragazzina

2. Il docente può dare agli studenti le parole chiave di un racconto in un cruciverba già risolto (Immagine 13) e chiedere agli studenti di fornire le definizioni. Questa attività è l'opposto della precedente.

3. Il docente può fare apprendere e ripassare argomenti grammaticali usando i cruciverba. Agli studenti si può chiedere di completare lo schema con

Il cruciverba 111

Immagine 12

Immagine 13

le forme corrette del presente (o qualsiasi altro tempo) rispondendo a determinate indicazioni (Immagine 14). O, in alternativa, agli studenti può essere dato un cruciverba e si può chiedere loro di inserire negli spazi le varie forme del presente o di altri tempi (Immagine 15). Tuttavia la seconda attività non è facile come sembra. Lo scopo di questo esercizio è di richiamare nella mente dello studente le varie desinenze del verbo.

Per esempio il 4 orizzontale dell'Immagine 15 non può essere né *parlo*, né *parli* perché si ha bisogno di un "a" nella seconda casella del 3 verticale.

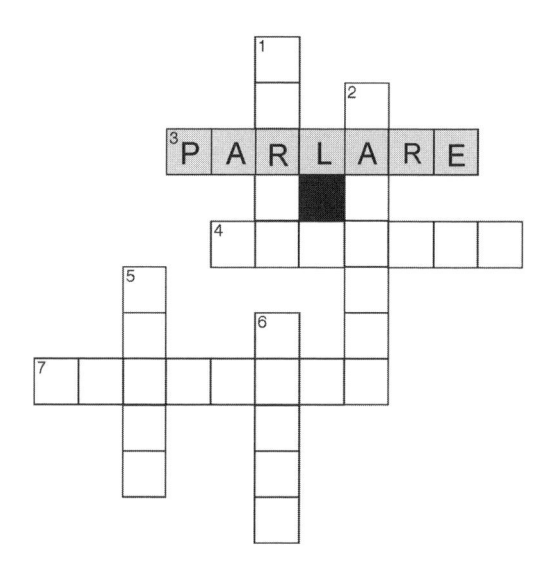

Inserisci nelle caselle la forma appropriata del presente del verbo indicato nelle caselle evidenziate.

Orizzontali
   3. PARLARE
   4. voi...
   7. noi...

Verticali
   1. lui...
   2. loro...
   5. tu...
   6. io...

Immagine 14

Inserisci nelle caselle la forma appropriata del presente del verbo indicato nelle caselle evidenziate.

Orizzontali
   4. _____
   5. _____

Verticali
   1. _____
   2. PARLARE
   3. _____
   4. _____
   5. _____

Immagine 15

Il cruciverba 113

Così pure l'1 verticale non può essere *parlate,* perché si ha bisogno di una "o" nell'ultima casella del 5 orizzontale. Quindi il 5 orizzontale deve essere *parliamo* e l'1 verticale *parlano.* Il 3 verticale può essere *parlo* o *parli* così come il 5 verticale. È ovvio che se inseriamo *parli* nel 3 verticale, dobbiamo inserire *parlo* nel 5 verticale, o viceversa.

4. I cruciverba possono essere usati insieme al gioco dell'intruso per arricchire la conoscenza di sinonimi e contrari e per facilitare le risposte in quanto il numero delle caselle può essere di aiuto per individuare il termine (Immagine 16).

L'intruso. In ogni definizione ci sono quattro verbi: tre sono sinonimi e il quarto è un contrario. Inseriscilo nel cruciverba.

Orizzontali

1 comandare, imporre, obbedire, ordinare
4 abbandonare, continuare, lasciare, rinunciare
7 chiedere, domandare, richiedere, rispondere
10 cibarsi, digiunare, mangiare, nutrirsi
11 amare, detestare, avere in odio, odiare
12 conseguire, ottenere, perdere, raggiungere
13 finire, incominciare, iniziare, mettersi a

Verticali

2 convincere, indurre, dissuadere, persuadere
3 confondere, mescolare, smarrire, riconoscere
5 concludere, finire, iniziare, terminare
6 abbattere, annientare, distruggere, costruire
7 accettare, dire di sì, gradire, rifiutare
8 disgiungere, dividere, separare, unire
9 arrabbiarsi, calmarsi, infuriarsi, irritarsi

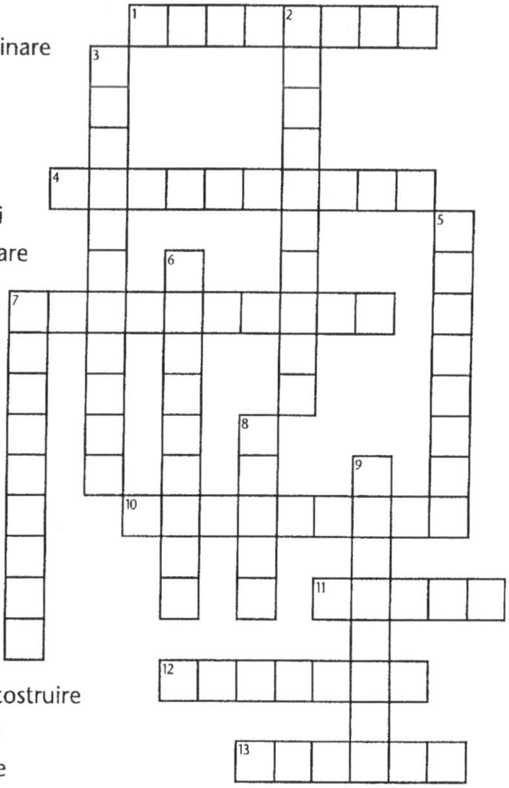

Immagine 16
Da: Anthony Mollica, *Attività lessicali 2.* Intermedio-Avanzato. Recanati, ELI, 2004.
Per gentile concessione dell'Editore.

5. Al livello di principianti, l'insegnante può dare un cruciverba con una immagine etichettata (Immagine 17, p. 114).

Completa il cruciverba secondo gli indizi.

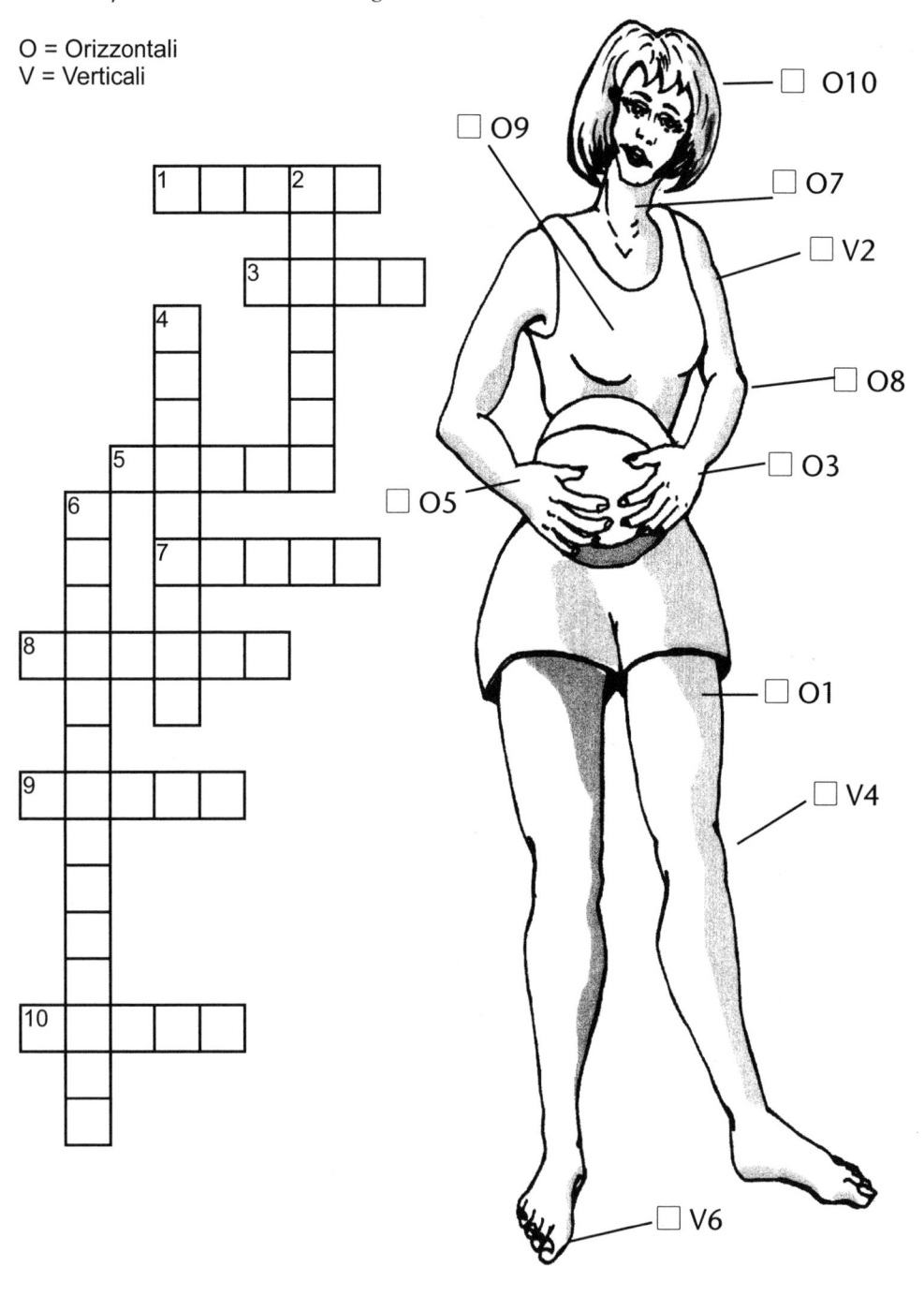

O = Orizzontali
V = Verticali

Disegno di Ed Telenko

Immagine 17

6. Allo stesso modo si può chiedere agli studenti di individuare la forma avverbiale che corrisponde a un dato aggettivo (Immagine 18). Anche l'attività opposta può essere utile; si fornisce l'avverbio e si chiede allo studente di fornire l'aggettivo.

Inserisci l'avverbio che corrisponde agli aggettivi seguenti.

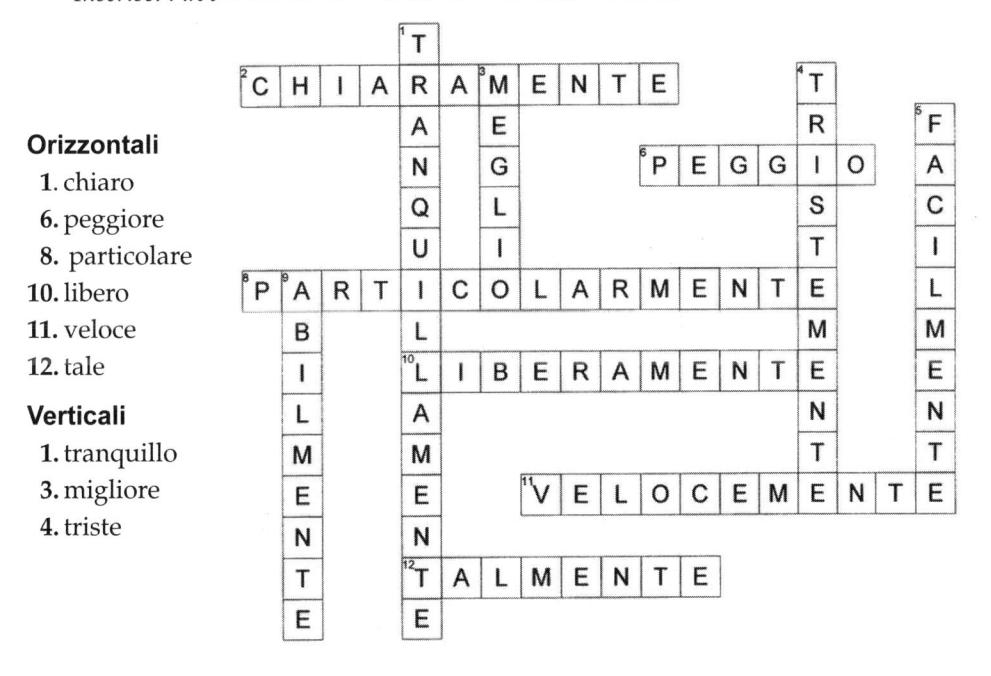

Orizzontali
1. chiaro
6. peggiore
8. particolare
10. libero
11. veloce
12. tale

Verticali
1. tranquillo
3. migliore
4. triste

Immagine 18

La varietà dei cruciverba dipende solo dall'immaginazione del docente. Non c'è alcun dubbio, inoltre, che i cruciverba aiutino gli studenti a imparare, a ripassare o ad arricchire il loro vocabolario, e allo stesso tempo, siano fonte di ore di divertimento e di relax.

Riferimenti bibliografici

AMENDE CORAL, 2001, *The Crossword Obsession. History and Lore of the World's Most Popular Pastime*, New York, Berkley Books.

ARNOT MICHELLE, 1981, *What's Gnu. A History of the Crossword Puzzle*, New York, Vintage Books.

BARTEZZAGHI STEFANO, 2007, *L'orizzonte verticale. Invenzione e storia del cruciverba*, Torino, Einaudi.

BRESSAN DINO, 1970, "Crossword Puzzles in Modern Language Training", *Audio-Visual Language Journal*, 8,2, pp. 93-95.

DOSSENA GIAMPAOLO,1994. *Dizionario dei giochi con le parole*, Milano, A. Vallardi/Garzanti Editore.

FRANCIPANE MICHELE, 1999, *Io cruciverbo... e tu? Guida pratica a tutti i giochi enigmistici amica dei risolutori utile agli autori,* Tascabili Sonzogno, Milano, RCS Libri S.p.A.

JEFFRIES SOPHIE, 1985, "English Grammar Terminology as an Obstacle to Second Language Learning", *The Modern Language Journal,* 69, pp. 385-390.

LATORRE G. E BAEZA GLORIA, 1975, "The Construction and Use of the EFL Crossword Puzzles", *English Language Teaching Journal,* 30, pp. 45-55.

MILLINGTON ROGER, 1977, *Crossword Puzzles. Their History and Their Cult,* New York, Pocket Books.

MOLLICA ANTHONY, 1971, "The Reading Program and Oral Practice", *Italica,* 48, 4, pp. 522-541.

MOLLICA ANTHONY, 1978. "The Film Advertisement: A Source for Language Activities", *The Canadian Modern Language Review/La Revue canadienne des langues vivantes,* 34, 2, pp. 221-243.

MOLLICA ANTHONY, 1981, "Visual Puzzles in the Second-Language Classroom", *The Canadian Modern Language Review/La Revue canadienne des langues vivantes,* 37, 3, pp. 582-622.

MOLLICA ANTHONY, 1987, *Mots croisés pour les débutants,* Welland, Ontario, éditions Soleil publishing inc.

MOLLICA ANTHONY, 1988a, *Crossword Puzzles for Beginners,* Welland, Ontario, éditions Soleil publishing inc.

MOLLICA ANTHONY, 1988b, *Crucigramas para principiantes,* Welland, Ontario, éditions Soleil publishing inc.

MOLLICA ANTHONY, 1991a, *Parole crociate per principianti,* Welland, Ontario, éditions Soleil publishing inc.

MOLLICA ANTHONY, 1991b, *Kreuzworträtsel für Anfänger,* Welland, Ontario, éditions Soleil publishing inc.

MOLLICA ANTHONY, 1991c, *Latin Crosswords for Beginners,* Welland, Ontario, éditions Soleil publishing inc.

MOLLICA ANTHONY, 1992, *Palavras cruzadas para principiantes,* Welland, Ontario, éditions Soleil publishing inc.

MOLLICA ANTHONY. 1995. *Parole crociate per principianti.* Perugia: Guerra edizioni. Pp. viii, 88. Reprint of the 1991 éditions Soleil publishing inc. edition.

MOLLICA ANTHONY, 2001, *Mots croisés pour les débutants,* Nouvelle édition, Welland, Ontario, éditions Soleil publishing inc.

MOLLICA ANTHONY E CONVERTINI ANGELA (a cura di), 1976, *L'Italia racconta...,* Toronto, Copp Clark.

MORGAN CLIFFORD T. E KING RICHARD A., 1966, *Introduction to Psychology,* 3rd ed., New York, McGraw-Hill.

PARLETT DAVID, 1995, *The Guiness Book of Word Games,* Middlessex, England, Guiness Publishing.

WOLFE DAVID E., 1972, "Teacher-made Crossword Puzzles", *Audio-Visual Language Journal,* 10,3, pp. 177-181.

Capitolo 10

L'enigma e l'indovinello

L'enigma e l'indovinello

Il termine *enigma* deriva dal greco *àinigma,* un sostantivo che si rifà al verbo *ainXttomai,* che significa "parlare in modo oscuro e complesso". Il *Vocabolario della lingua italiana* di Nicola Zingarelli (2003, in cd-rom) propone questa definizione:

> breve componimento, per lo più in versi, in cui ambiguamente e allusivamente si propone una parola o un concetto da indovinare

e suggerisce il termine *indovinello* quale sinonimo.

L'enigma è forse il gioco di parole più antico e più diffuso. La sua origine si può rintracciare nell'antica Grecia nella storia della Sfinge. La Sfinge era un mostro con la testa di donna, il corpo di leone e le ali di uccello. Appollaiata su una roccia, ostacolava il passaggio ai viaggiatori facendo a tutti la stessa domanda (Immagine 1 e 2, pp. 118-119):

> Qual è l'animale che all'alba cammina con quattro zampe, a mezzogiorno con due e alla sera con tre?

Coloro che non rispondevano correttamente affrontavano la loro fine. Solo Edipo riuscì a risolvere l'enigma: *l'uomo.* L'uomo che quando è bambino *(all'alba)* cammina carponi, quando è adulto *(a mezzogiorno)* cammina su due gambe, e quando è anziano *(la sera)* con l'aiuto di un bastone. Nell'udire la soluzione di Edipo, la Sfinge si annientò lanciandosi dalla rupe e la risposta di Edipo all'indovinello salvò la città di Tebe.

Quale espressione di gratitudine, i tebani lo incoronarono re e gli diedero Giocasta, la loro regina, in moglie. Giocasta era da poco diventata vedova di

(Foto: Mollica)

Immagine 1
L'enigma ispirò il pittore francese Jean Auguste Dominique Ingres (1780-1867) a dipingere
la Sfinge e Edipo durante un suo soggiorno a Roma (1806-1820). Museo del Louvre.

Laio che Edipo, sulla via di Tebe, aveva trafitto. Edipo era ignaro che il suo matrimonio con Giocasta avverava la profezia secondo la quale avrebbe ucciso suo padre e sposato sua madre. Questi eventi avrebbero portato serie conseguenze alla città di Tebe e allo stesso Edipo. Gli dèi erano arrabbiati ed espressero la loro collera colpendo la città di Tebe con una epidemia di peste. Desideroso di conoscere la ragione dell'ira degli dèi, Edipo andò a Delfi per consultare l'oracolo. L'oracolo gli impose di trovare l'assassino di Laio e di trascinarlo fuori dalla città. Dalle ricerche che seguirono emerse che l'assassino era Edipo stesso e, in conseguenza dell'insostenibile rivelazione, Giocasta si suicidò e Edipo si accecò. Egli trascorse gli ultimi anni della sua vita in compagnia della devota figlia, Antigone.

Enigmi e indovinelli si trovano sin dagli albori della storia e in tutte le parti del mondo. Gli enigmi che rappresentano sfide tra amanti si trovano spesso nelle favole e, nelle favole, questi enigmi possono variare anche quando la trama della favola resti pressoché invariata.

Forse la favola più antica in cui si trova traccia di un enigma è quella della bellissima e crudele principessa Turandot. Non ci sono dubbi che la storia prenda origine dal poema epico *Haft Paykar* (tradotto in inglese come *The Seven Princesses*, in francese *Les Sept Portraits* e in italiano *Le sette principesse*), un lavoro del poeta mistico persiano, Nezâmî Ganjavi (1141-1204).

(Foto: Mollica)

Immagine 2
Edipo ascolta l'enigma della Sfinge.
Illustrazione su un piatto attico in mostra nei musei del Vaticano.

L'*Haft Paykar* è uno dei capolavori della letteratura persiana. È un poema allegorico di grande bellezza e profondità, e il suo tema centrale della conoscenza del sé quale via per la perfezione umana si concretizza in una rappresentazione ricca e vivida e in complessi simbolismi.

Il poema racconta la storia del sovrano persiano Bahram V Gur e della sua crescita spirituale. Egli è guidato verso la saggezza e l'illuminazione morale dai sette racconti d'amore che gli narrano le mogli. Ogni storia racconta una ricerca d'amore che talvolta fallisce, ma spesso riesce con successo se il desiderio è guidato dalla virtù.

Probabilmente ispirato da una delle favole di Nezâmî, più di cinque secoli dopo, Carlo Gozzi (1720-1806) scrisse una commedia basata su quella famosa storia, ma gli enigmi che si trovano nell'opera sono diversi da quelli narrati in *Haft Paykar*.

Nella commedia del Gozzi, Tartaglia, l'alto cancelliere annuncia l'editto.

> Ogni principe possa Turandotte
> pretender per consorte; ma disciolga
> prima tre enigmi della principessa
> tra i dottor nel divano. Se gli spiega
> l'abbia per moglie. Se non è capace,
> sia condannato in mano del carnefice,
> che gli tronchi la testa sicchè muoia.
> Al tremendo Confuzio Altoum Can
> d'eseguire il decreto afferma e giura.
> (Gozzi, 1984, pp. 251-252)

Turandot annuncia il primo enigma:

> Chi è la creatura
> d'ogni città, d'ogni castello, e terra,
> per ogni loco, ed è sempre sicura,
> tra gli sconfitti, e tra i vincenti in guerra?
> Notissima ad ogn'uomo è la sua figura,
> ch'ella è amica di tutti in sulla terra.
> Chi eguagliarla volesse è in gran follia.
> Tu l'hai presente, e non saprai, chi sia.
> (Gozzi, 1984, p. 252)

Calaf non esita: *il sole*. Turandot procede col secondo enigma:

> L'albero, in cui la vita
> d'ogni mortal si perde,
> di vecchiezza infinita,
> sempre novello, e verde,
> che bianche ha le sue foglie
> dall'altra parte, e allegre;
> bianchezza si discioglie;
> son nel rovescio negre.
> Stranier, dì in cortesia
> quest'albero qual sia.
> (Gozzi, 1984, p. 253)

Per la gioia dei presenti, Calaf risponde: *l'anno*. Turandot continua con indignazione:

> Dimmi, qual sia quella terribil fera
> quadrupede, ed alata, che pietosa
> ama chi l'ama, e co' nimici è altera,
> che tremar fece il mondo, e che orgogliosa
> vive, e trionfa ancor. Le robuste anche
> sopra l'istabil mar ferme riposa;
> indi col petto, e le feroci branche
> preme immenso terren. D'esser felice
> ombra in terra, ed in mar mai non son stanche
> l'ali di questa nuova
> (Gozzi, 1984, p. 254)

Ammaliato dalla bellezza di Turandot, Calaf risponde: *Il leone di San Marco*.

Furibonda e sconcertata dall'abilità di Calaf nel risolvere gli enigmi, Turandot chiede l'opportunità di presentare altri tre enigmi, ma Calaf propone il suo enigma. Che Turandot scopra il suo nome.

> Di chi figlio è quel principe, e qual nome
> porta lo stesso principe, ridotto
> a mendicar il pane, a portar pesi
> a prezzo vil, per sostener la vita;
> che giunto al colmo di felicitade
> è sventurato ancor più, che mai fosse?
> (Gozzi, 1984, p. 260)

A tradimento, Turandot scoprirà il nome di Calaf e la commedia avrà un lieto fine.

La commedia di Gozzi fornì la base per l'opera incompiuta *Turandot* (Immagine 3, p. 122) di Giacomo Puccini (1854-1924), con libretto di Giuseppe Adami (1878-1946) e Renato Simoni (1875-1952).

L'editto avanzato dalla bellissima e crudele Turandot è fondamentalmente lo stesso che si ritrova nell'opera di Gozzi, ma gli enigmi sono differenti.

> Popolo di Pekino!
> La legge è questa: Turandot, la Pura,
> sposa sarà di chi, di sangue regio,
> spieghi i tre enigmi ch'ella proporrà.
> Ma chi affronta il cimento e vinto resta
> porga alla scure la superba testa.
> (Puccini, 1984, p.69)

Come nella favola precedente, è la stessa Turandot a proporre i tre enigmi ai valorosi pretendenti. Ma solo il Principe Ignoto, Calaf, sarà capace di risolverli. Turandot propone il primo enigma:

> Nella cupa notte
> vola un fantasma iridescente. Sale
> e dispiega l'ale
> sulla nera, infinita umanità.

Immagine 3
Turandot
Per gentile concessione di Edizioni Ricordi, s.p.a.

> Tutto il mondo l'invoca
> e tutto il mondo l'implora!
> Ma il fantasma sparisce coll'aurora
> per rinascere nel cuore!
> Ed ogni notte nasce
> ed ogni giorno muore...
> (Puccini, 1984, p. 91)

a cui il Principe Ignoto risponde correttamente: *La speranza*. Imperterrita, Turandot propone il secondo enigma:

> Guizza al pari di fiamma, e non è fiamma!
> È talvolta delirio! È febbre
> d'impeto e ardore!
> L'inerzia lo tramuta in un languore!
> Se ti perdi o trapassi, si raffredda!
> Se sogni la conquista avvampa,
> Ha una voce che trepido tu ascolti,
> e del tramonto il vivido baglior...
> (Puccini, 1984, p. 92)

a cui, ancora una volta, Calaf, risponde correttamente: *L'amore*. Turandot continua con il terzo ed ultimo enigma:

> Gelo che dà foco! E dal tuo foco
> più gelo prende! Candida ed oscura!
> Se libero ti vuol, ti fa più servo!
> Se per servo t'accetta, ti fa Re!
> (Puccini, 1984, p. 92)

Calaf di nuovo dimostra la sua grande abilità nel risolvere l'enigma correttamente: è *Turandot!* L'intreccio dell'opera segue la stessa trama della traccia della favola: Turandot deve scoprire il nome del Principe Ignoto. In tutte le versioni, gli avvenimenti terminano felicemente con l'unione di Turandot e Calaf.

Uno dei più antichi documenti che testimoniano, in ambito italiano, l'evoluzione linguistica in atto dal latino al volgare è senza dubbio l'"indovinello veronese". Si tratta di tre righi di testo, scoperti nel 1924 in un codice della Biblioteca Capitolare di Verona. I primi due riportano una sorta di indovinello che assimila il lavoro dell'amanuense a quello del seminatore nei campi:

> *Se pareba boves,*
> *alba pratalia araba,*
> *albo versorio teneba,*
> *et negro semen seminaba.*

"Spingeva i buoi *(le dita)*, arava il campo bianco *(la pagina)*, teneva il bianco aratro *(la penna d'oca)*, e seminava il nero seme *(l'inchiostro)*".

Nella letteratura italiana l'indovinello è spesso associato a Bertoldo, un personaggio creato da Giulio Cesare Croce (1550-1609). Bertoldo è il rozzo e insensibile, ma furbo e saggio contadino protagonista di una narrativa grottesca che ha la sua cornice nella corte veronese di Alboino, il re longobardo che morì nel 572. Gli indovinelli erano parte integrale del teatro comico che prendeva in giro papi, re e gente perbene.

Bertoldo dimostrò grande saggezza e presenza di spirito con le sue giuste risposte alle domande del re.

> Qual è il miglior vino che sia?
> Quello che si beve a casa d'altri.
> (Croce, 1993, p. 87)

> Come faresti a portarmi dell'acqua in un crivello e senza spanderla?
> Aspetterei al tempo del ghiaccio, e poi te la porterei.
> (Croce, 1993, p. 87)

> Come faresti a pigliar un lepre senza cani?
> Aspetterei che fosse cotto e poi lo piglierei.
> (Croce, 1993, p. 88)

Gli indovinelli posti a Bertoldo sono particolarmente adatti al *problem-solving*: sono indovinelli che non si basano su giochi di parole ma costituiscono una genuina sfida intellettuale. Questi indovinelli richiedono che il solutore pensi in maniera divergente forzandolo ad uscire dalla fossilizzazione e vedere le cose in altri modi.

Più recentemente l'indovinello ha giocato un ruolo importante nel film *La vita è bella* (1998), soggetto e sceneggiatura di Roberto Benigni (1952-) e Vincenzo Cerami (1940-). Gli scambi d'indovinelli tra Guido e il capitano Lessing creano un legame tra i due personaggi. E il capitano Lessing arriva perfino a tradurre dal tedesco alcuni degli indovinelli sottoposti a Guido.

Nei film, nella serie televisiva e nei fumetti di *Batman*, l'indovinello è personificato nel personaggio dell'Enigmista, *the Riddler*. Questi si rivolge all'uomo mascherato con una serie di indovinelli che, se risolti, identificheranno il crimine che sta per commettere.

L'indovinello è molto simile all'enigma e infatti, come abbiamo già accennato, il Garzanti lo propone quale sinonimo di enigma.

Rossi (2002, p. 196) propone la seguente definizione per indovinello:

> gioco enigmistico che, in forma meno impegnata dell'enigma, descrive ugualmente un essere vivente, una cosa materiale o un concetto astratto, presentandone le qualità estrinseche e intrinseche con termini ambigui tali da insinuare a prima lettura un falso concetto dell'argomento trattato.

Vezio Melegari (1984, p. 14) nel suo *Manuale degli indovinelli* suggerisce che

> [...] andando più a fondo nella natura dell'indovinello stesso, ecco, in effetti, emergere altri e più interessanti aspetti: quello della voluta oscurità (e, perciò, dell'inganno) e quello, importantissimo, della sfida. In pratica, infatti, tra chi propone l'indovinello e chi lo risolve viene a instaurarsi una gara di intelligenza. Più sottile è la domanda più acuta deve essere la risposta. Proseguendo su questa strada, dall'indovinello si giunge all'enigma.

L'indovinello – sottolinea Melegari – è

> un componimento, spesso in versi, di tono per lo più scherzoso, che pone con parole oscure e ambigue una domanda che è necessario risolvere con il solo aiuto della logica, servendosi di elementi già noti o contenuti.

L'indovinello mi fa ricordare l'aneddoto dello studente universitario che ha appena terminato un esame. Un compagno gli chiede:

"Erano difficili le domande?"

"No," risponde lo studente, *"le domande erano facili, erano le risposte ad essere   difficili."*

Nell'indovinello le regole sono rovesciate: la risposta è facile, è la domanda ad essere difficile (perché cerca di ingannare il solutore con "tranelli" linguistici).

Esame	*Indovinello*
Domande: facili	Risposte: facili
↓	↓
Risposte: difficili	Domande: difficili

Ma perché chiamare *indovinello* un *"indovinello"* e non semplicemente "domanda"? Bartezzaghi (2001, p. 39) offre questa ottima spiegazione:

> In primo luogo, perché chi domanda conosce già la risposta: non domanda per sapere, ma per qualche altro motivo. Nelle interrogazioni scolastiche il motivo è la verifica della preparazione dello studente. Nell'indovinello, il motivo è il gioco. In secondo luogo, perché la domanda sembra a prima vista innaturale, esagerata, impossibile.

Lapucci (1996, p. 6) sottolinea che

> [...] nelle favole come nella mitologia, colui che trova la chiave dell'indovinello è una persona eccezionale, munito di facoltà straordinarie, designato a un non comune destino, oppure la soluzione dell'indovinello viene trovata attraverso rivelazioni o tradimento.

Ma forse la migliore distinzione tra enigma ed indovinello è quella che offre Bartezzaghi (2001, p. 50):

> Sono enigmi soprattutto quelli che troviamo nella mitologia, nella religione, nel genere tragico. Sono indovinelli soprattutto quelli che troviamo nella cultura popolare, nel folklore.

Secondo Bartezzaghi (2001, pp. 43-44) e Zanoncelli (2002a, p. 3), il primo indovinello

> È incinta senza fare figli, ingrassa senza mangiare.

è di origine babilonese e con la sua risposta "nuvola" si dice risalga a ben due millenni prima di Cristo. Indovinelli si possono trovare anche nelle storie bibliche. Si dice che Sansone sottopose il seguente indovinello ai Filistei:

Dal divoratore è uscito un cibo, da un forte è uscito un dolce. (*Libro dei Giudici*: 13-16).

L'indovinello si rifaceva ad una scena alla quale Sansone aveva assistito: uno sciame di api che uscendo dalla carcassa del leone ("il divoratore") lasciò il miele ("un dolce"). I Filistei ebbero delle difficoltà a risolvere l'indovinello e riuscirono a farlo solo dopo aver estorto la risposta alla moglie di Sansone. Infuriato, Sansone dichiarò guerra ai Filistei.

Una leggenda narra di un gruppo di pescatori che sottopose il seguente indovinello al poeta Omero:

Quello che abbiamo preso abbiamo gettato e quello che non abbiamo potuto prendere abbiamo tenuto.

La risposta è "le pulci" ma probabilmente Omero aveva fissato la sua attenzione sull'attività dei pescatori. E questo dimostra che Omero era un pensatore convergente piuttosto che divergente. L'impossibilità di trovare una risposta, si dice, sia stato motivo di un peggioramento delle sue condizioni di salute e preludio alla sua morte.

L'indovinello più famoso è forse il latino

Ibis redibis non morieris in bello.

Il soldato romano che aveva consultato l'indovino prima di partire per la guerra non si rese conto della doppia interpretazione. Infatti, tutto sta nel dove si mette la virgola o dove si fa la pausa.

Ibis redibis, non morieris in bello.

("Andrai ritornerai, non morirai in guerra")

oppure

Ibis redibis non, morieris in bello.

("Andrai non ritornerai, morirai in guerra.")

Il soldato ovviamente optò per la prima interpretazione. Non pensò che la frase avrebbe potuto avere anche un secondo significato.

È questa ambiguità, che spesso caratterizza gli antichi indovinelli, che fu incorporata negli oracoli. È con questa caratteristica di "giocare con la lingua" che gli indovini mantenevano la loro fama di infallibilità.

Oggi l'espressione *"ibis redibis"* si dice di un discorso ambiguo, confuso, uno di quei discorsi che pronunciano coloro che non vogliono compromettersi (Provenzal, 1966, p. 131).

L'indovinello: una tipologia

Dopo aver dato uno sguardo rapido a numerosi indovinelli proponiamo la seguente tipologia:

1. *Alcuni indovinelli hanno la soluzione nello stesso indovinello.*

    Viene sempre dopo il nove di novembre.
    Che cosa?
    (Paoletti, 2004, p. 31) La lettera "m"

    Comincio la notte e finisco il giorno.
    Chi sono?
    (Paoletti, 2004, p. 30) La sillaba "no"

    Quale parola è scritta male su tutti i vocabolari?
    (Paoletti, 2004, p. 42) La parola "male"

2. *L'indovinello si basa spesso su un gioco di parole e la soluzione si trova nello stesso indovinello.*

    Ho un frutto tutto tondo
    non lo mangio
    e non lo mondo
    gira e non si ferma mai
    te l'ho detto
    e non lo sai.
    (Zanoni, 2001, p. 8) Il mondo

    Velo dico,
    Velo ripeto,
    Velo torno a replicare.
    Se mi stai ben ad ascoltare
    Saprai anche tu cos'è.
    (Zanoncelli, 2000a, p. 109) Il velo

3. *La parola scritta o parlata spesso gioca un ruolo importante nella soluzione dell'indovinello.*

    Qual è l'animale che non va mai a dormire?
    (Zanoncelli, 2000a, p. 29) Il mai-a-letto

    Qual è il contrario di melodia?
    (Vinella, 2003, p. 44; Zanoni 2001, p. 20) Se lo tenga

    Adagino pianino scendevano dalla montagna e andavano a scuola.
    Chi andava a scuola?
    (www.filastrocche.it) Ada, Gino, Pia e Nino

    Giovedì andai a caccia,
    ammazzai una beccaccia,
    venerdì me la mangiai:
    peccai o non peccai?
    (Zanoncelli, 2000a, p. 15)

    Se il suddetto indovinello viene "detto" allora la riposta è ovvia, "mela mangiai" quindi "non peccai". Se l'indovinello viene "letto" la risposta è "peccai" (perché, da buon cattolico, non avrei dovuto mangiare carne di venerdì!).

    Questo tipo d'indovinello ne fa ricordare uno simile di Lewis Carroll (1832-1898) inviato alla sua amica, Mary Watson:

    Dreaming of apples on a wall,
    And dreaming often, dear,
    I dreamed that, if I counted all,
    How many would appear?

    La risposta alla domanda è "ten" *(dieci)* che si rivela nel secondo verso "dreaming often" ("of ten"). La risposta dipende anche da come viene pronunciato l'avverbio "often" che si può pronunciare con o senza la "t" silenziosa.

    Questi indovinelli si basano ovviamente sulla consapevolezza fonologica – la sensibilità al suono delle parole. L'umorismo qui si basa sulla similarità del suono e questi indovinelli incoraggiano il solutore a pensare alla struttura fonologica delle parole; cioè, ai suoni che compongono le parole.

4. *L'indovinello si basa spesso su un omofono o un omografo.*

    Qual è il frutto che i pesci odiano?
    (Vinella, 2003, p. 123) La pesca

5. *L'indovinello usa spesso dei trabocchetti: le parole chiave possono avere uno o più significati.*

È stato in Asia e ha riso abbastanza.
Chi?
(Paoletti, 2004, p. 43) La Cina

(*stato* = participio passato di *essere*; sostantivo: territorio; *riso* = participio passato di *ridere*; sostantivo: pianta erbacea con chicchi commestibili)

Vende sempre o colle buone o colle cattive.
Chi?
(Paoletti, 2004, p. 42) Il commerciante di adesivi

(*colle buone:* = con le buone, in maniera buona; *colla,* sostantivo = sostanza adesiva)

Spesso si rompe raramente.
Che cosa?
(Paoletti, 2004, p. 38) Il vetro

(*spesso*: aggettivo; *spesso* = denso; avverbio: con frequenza)

Chi è che canta prima che venga il sol?
Paoletti, 2004, p. 38) la nota fa

(*sol* = sole, sostantivo; *sol:* nota musicale)

Se rompe il telaio smette di filare.
Chi?
(Paoletti, 2004, p. 38) Il corridore ciclista

(*telaio, filare* = termini per tessere; *telaio* = termine di bicicletta; *filare* = procedere velocemente)

Deve essere colto sul fatto.
(Paoletti, 2004, p. 23) Lo storico

Può succedere da un momento all'al-tro.
(Paoletti, 2004, p. 23) L'erede

Prima di parlare consulta molti testi.
Chi?
(Paoletti, 2004, p. 27) Il giudice.

Come si chiama una persona dura d'orecchio?
(Paoletti, 2004, p. 34) Molto forte

6. *L'indovinello può apparire in versi con una domanda in terza persona dopo il verso finale.*

   Se chiami ti risponde
   è nascosto dietro un monte
   è un tale misterioso
   che mai prende riposo.
   Abita nel profondo
   e parla tutte le lingue del mondo.
   Chi è?
   (Zanoncelli, 2000a, 63) L'eco

7. *Spesso l'indovinello prende un aspetto di "natura personale" "parlando" al solutore.*

   Tutti questi indovinelli possono essere raggruppati sotto la categoria di "Chi sono?", do-manda spesso sottintesa.

   Tutti mi sanno aprire,
   nessuno mi sa richiudere,
   Non sto in piedi ben diritto
   e se mi rompi
   a volte son fritto.
   Chi sono?
   (Zanoncelli, 2000a, 106) L'uovo

   Sono un frutto assai dissetante,
   ma anche uno sport molto interessante.
   Quello che è sicuro, se non hai indovinato,
   è che sono dei pesci il cibo più odiato.
   Cosa sono?
   (Zanoncelli, 2000a,5) La pesca

   Tutti dicono che sono buona
   ma nessuno che sono bella
   non sono certo un fulmine
   ed ho in groppa una scodella.
   (Vinella, 2003, p. 16) La tartaruga

8. *Ma gli indovinelli non terminano sempre con una domanda:* **Chi è?, Chi sono? Che cosa? Che cos'è?** *Spesso l'indovinello è semplicemente una affermazione.*

   Ne occorrono quattro per scrivere bene.

(Paoletti, 2004, p. 22) Lettere dell'alfabeto

Sono in gamba, ma con loro non si può ragionare.
(Volpi, 1996, p. 21) I piedi

Quando si perde non si dice niente.
(Volpi, 1996, p. 22) La voce

Si piantano nel campo ma non mettono radici.
(Volpi, 1996, p. 22) Le tende

Non si può guidare stando seduti.
(Volpi, 1996, p. 22) La gondola

Sono ultimo ma arrivo sempre prima del primo.
(Paoletti, 2004, p. 54; Gianduzzo, 1991, p. 11) L'ultimo giorno del mese

Si comincia a lavorare proprio quando è finito.
(Paoletti, 2004, p. 60) Lo sciopero

9. *La forma in versi, la natura "personale" dell'indovinello, e un verso incompleto ideato a completare il verso precedente sono fusi. La parola che completa il verso incompleto non solo rima con il verso precedente ma dà la soluzione allo stesso indovinello.*

    Non son mela,
    non son pera,
    ho la forma di una sfera,
    il mio succo è nutriente
    è una bibita eccellente;
    non procuro il mal di pancia.
    Ho la buccia: son ...
    (Zanoncelli, 2000a, 18) L'arancia

    Viaggio sempre in mezzo al mare
    con la vela o col motore;
    posso essere di carta
    di sicuro son la ...
    (Rosita Cornella Paciotti, 2001, p. 24) barca

    Sulla sella lei ti porta
    sulle strade di ogni sorta,
    ha i pedali e il manubrio,
    devi starci in equilibrio,
    del triciclo è l'amichetta
    il suo nome è ...
    (Rosita Cornella Paciotti, 2001, p. 34) bicicletta

Mi conservano in cantina,
mi consumano in cucina,
faccio piangere la folla,
sono la ...
(Zanoncelli, 2000a, p. 16) cipolla

Sono un tipo profumato
il mio corpo è colorato, faccio rima con amore,
saprai già che sono un ...
(Rosita Cornella Paciotti, 2001, p. 10) fiore

Se li chiudi è per dormire
o se no per non vedere.
Abbelliscono il tuo viso
e son proprio sopra il naso.
E in amore fan faville.
Sono armi coi fiocchi
macché orecchie,
sono gli ...
(Rosita Cornella Paciotti, 2001, p. 7) occhi

Fra le onde nuoto arzillo,
tra gli scogli sembro un grillo,
star nell'aria non mi riesce,
sai perché?
Io sono un ...
(Rosita Cornella Paciotti, 2001, p. 17) pesce

Se mi mangi sono rotto,
che sia crudo o che sia cotto;
per diritto non mi trovo,
né seduto e sono ...
(Lapucci, 1994, p. 269) l'uovo

10. *L'indovinello spesso contiene antonimi, sostantivi, aggettivi, verbi che sembra si contraddicano l'uno con l'altro.*

    Più lavora e più riposa.
    Chi è?
    (Zanoncelli, 2000a, p. 96) La modella

    Entra nell'acqua e non si bagna,
    passa tra i vetri e non si taglia,
    sbatte sui muri
    e non si fa male.
    Chi è?
    (Zanoncelli, 2000a, p. 54) Il sole

    Più si tira e più si accorcia.
    Che cos'è?
    (www.filastrocche.it) La sigaretta

    Quando si uniscono, separano.

Cosa sono?
(www.filastrocche.it) Le forbici

Quando è aperto ti protegge,
quando è chiuso ti sorregge.
Cos'è?
(Zanoncelli, 2000a, p. 129) L'ombrello

Quando sono chiusi
si aprono se sentono un rumore
quando sono aperti
si chiudono se sentono un rumore.
Che cosa sono?
(Vinella, 2003, p. 53) Gli occhi

Te la può dare una sola persona
ma sono in tanti quelli che te la possono togliere.
Che cos'è?
(Vinella, 2003, p. 49) La vita

Chi ce l'ha vuol mandarla via
chi non ce l'ha vuole farla venire.
(Vinella, 2003, p. 30) La fame

Ho le ossa all'esterno
e la carne all'interno.
(Vinella, 2003, p. 16) Il granchio

Ieri non era ancora nato
ma domani sarà già morto.
(Vinella, 2003, p. 31) Oggi

Esiste solo prima di nascere
e nascendo muore.
Chi è?
(Lapucci, 1994, p. 120) Domani

Cambia spesso di mano
e anche se è liquido
non è mai bagnato.
Che cos'è?
(Zanoncelli, 2000a, p. 120) Il denaro

Anche se non mi pagano
e non so disegnare
faccio ritratti a tutti.
Chi sono?
(Zanoncelli, 2000a, p. 120) Lo specchio

Tutti venite a farvi consigliare
e io non vedo, non sento e non so parlare.
(Lapucci, 1994, p. 250) Lo specchio

Chi mostra a tutti quello che lui non vede?
(Lapucci, 1994, p. 250) Lo specchio

Di cose ne sa tante
ma non sa parlare.
Chi è?
(Zanoncelli, 2000a, p. 108) Il libro

Più la mandi avanti
e più ritorna indietro.
Che cosa?
(Zanoncelli, 2000a, p. 126) L'altalena

Non ha prurito,
però si gratta.
Lo indovini?
(Zanoncelli, 2000a, p. 127) Il formaggio

Anche se è armato
paura non fa.
Che cos'è?
(Vinella, 2003, p. 49) Il cemento

Può essere armato
ma non vuole sparare
e chi lo usa
tranquillo può stare.
Cos'è?
(Zanoncelli, 2000a, p. 143) Il cemento

11. *Il paradosso dell'indovinello può essere questione di "logica".*

Chi può chiamare fratello suo fratello
senza esserne fratello?
(Vinella, 2003, p. 80) La sorella

Primo non è primo,
Secondo non è secondo,
Quinto è prima di Primo,
Secondo non è primo,
Settimo è ultimo,
e Secondo è penultimo.
(Lapucci, 1994, p. 229)

In questo caso, si tratta di quattro persone che partecipano ad una gara: Quinto è primo, Primo arriva secondo, Secondo arriva terzo e Settimo arriva l'ultimo. La risposta diventa ancora più difficile se viene "detta" poiché il solutore non "vede" le lettere maiuscole necessarie ai nomi propri.

Il primo arriva sempre dopo il secondo.
(Zanoni, 2001, p. 15) Il minuto

Nel suddetto indovinello, primo e secondo sono sostantivi che si riferiscono alla divisione del tempo.

12. *La natura contraddittoria o paradossale dell'indovinello spesso conduce all'assurdità.*

Parla senza bocca
ti batte e non ti tocca
corre senza piedi
passa e non lo vedi.
Chi è?
(Zanoncelli, 2000a, 62) Il vento

Che cosa, per essere asciutta, deve stare prima nell'acqua?
(Paoletti, 2004, p. 15) La pasta

Sono sempre fatti prima di fare.
Che cosa?
(Paoletti, 2004, p. 16) I preventivi

Proprio chi lo fa non lo vede.
Che cosa?
(Paoletti, 2004, p. 17) L'errore

Anche se va in chiesa
è un uomo senza fede.
Chi è?
(Paoletti, 2004, p. 18) Lo scapolo

Un animale, che spesso tu vedi, quando è seduto è più alto che in piedi.
(Lapucci, 1994, p. 89) Il cane

Qual è quell'animale che è più alto da seduto che non in piedi?
(Vinella, 2003, p. 12) Il cane

Qual è quell'animale che da vivo ha le budella nel corpo e quand'è morto ha il corpo nelle budella?
(Vinella, 2003, p. 15) Il maiale

Chi è colui che per prenderti i soldi ti mette un coltello alla gola, tu gli porgi l'altra guancia e la passa sempre liscia?
(Lapucci, 1994, p.70) Il barbiere

13. *L'indovinello può attribuire delle caratteristiche a un oggetto o ad una cosa che non è la risposta.*

Ha la barba
ma non è un vecchio,
ha la treccia
ma non è una donna,
ha gli spicchi
ma non è un arancia.
Cos'è?
(Zanoncelli, 2000a, 8) L'aglio

Vola ma non è un uccello,
costruisce ma non è un muratore.
Che cos'è?
(Vinella, 2003, p. 12) L'ape

Donna Rebecca non beve caffè
porta corona e regina non è
ha tanti figli e marito non ha,
chi l'indovina regina sarà.
(Lapucci, 1994, p.145) La gallina

Non è re, ma ha la corona
non ha orologio
e l'ora suona.
(Lapucci, 1994, p. 146) Il gallo

Sono inciso e sono liscio.
Non son scritto ma son letto.
Sono piatto ma ho volume.
So cantare e non ho bocca.
Chi mi vede non mi sente.
Chi mi sente non mi tocca.
(Bartezzaghi, 2001, p. 44) Il compact disc

Ho le ali
e non sono un cardellino,
ho la barba
e non sono un cappuccino,
ho la coda
e non sono un somaro,
batto le ore
e non son campanaro.
Chi sono?
(Zanoncelli, 2000a, p. 45) Il gallo

Non son penna, eppure scrivo
sopra un foglio tutto nero.
Spiega tu questo mistero.
(Lapucci, 1994, p. 149) Il gesso

14. *Spesso l'indovinello presenta dei*

fatti in modo da trarre in inganno il solutore.

La risposta di questo tipo di indovinello si trova spesso nella lettera dell'alfabeto. Nell'indovinello seguente, il risolutore pensa immediatamente alla risposta logica "gobba", ma l'interrogatore vuole come risposta: la lettera "m".

Il cammello ne ha due
il dromedario una sola.
Cosa?
(Zanoncelli, 2000a, 15; Zanoni, 2001, p. 69) La lettera M

Questo tipo di indovinello abbonda e si può chiedere agli studenti di inventarne degli altri. Questa fattività incoraggerà gli studenti ad essere creativi e questa creatività darà come risultato un arricchimento della loro conoscenza lessicale. In alcuni casi gli studenti dovranno pensare a parole che rimano e l'esercizio diventa quindi un'attività poetica.

Questi indovinelli metalinguistici sono particolarmente ingannevoli poiché chiedono di spostare l'attenzione dal contenuto, cioè dal significato delle parole, alla loro struttura, agli ele-menti che le compongono.

In cielo non si vede,
in mare non si sente,
il Diavolo ce n'ha una,
in Paradiso ce ne sono due,
Tamara ne ha tre
e in tutto l'universo non se ne trova nessuna.
(Lapucci, 1994, p. 55) La lettera A

Che è quella cosa che viene sempre seconda;
gli ubriachi ne hanno una
I babbei ne hanno tre
e i ricchi nemmeno una?
(Lapucci, 1994, p. 69) La lettera B

Sta nel manico del coltello
e dove s'attacca la coda,
dentro al fucile
e in fondo al sacco.
(Lapucci, 1994, p. 82) La lettera C

Prima del dì
tu la vedi in cammino...
Ed inizia così
il caos cittadino!
(Fornari, 1992, p. 104) La lettera C

Qual è quella cosa che
sta sempre davanti al davanti
e davanti al di dietro?
(Lapucci, 1994, p. 117) La lettera D

Finisce bene
e termina male.
Gran dottore sarai
se l'indovinello
risolverai.
(Zanoni, 2001, p. 68). La lettera E

Come cominciano sempre le favole?
(Lapucci, 1994, p. 128) Con la lettera F

Qual è il principio della fine?
(Lapucci, 1994, p. 128) La lettera F

Sono nel mondo
e non sono vivente
sono tra i demoni
e non son dannata
sono nel mare
e non sono bagnata.
(Zanoni, 2001, p. 67) La lettera M

Ce n'è una in Cina e una in Francia,
nella mano e nella pancia,
il mio nonno ne ha tre,
indovina che cos'è.
(Lapucci, 1994, p. 188) La lettera N

Sta in Giappone
ma anche in Uganda
ce l'ha il canguro
sia il panda.
C'è in inverno
ma non in estate
la mia nonna
ne ha ben tre.

Indovina un po'
cos'è?
(Vinella, 2003, p. 47) La lettera N

Ce n'è una in fiore
due in chi corre
tre nell'errore
quattro sempre in ritrarre.
(www.filastrocche.it) La lettera R

Due sono a letto,
due al gabinetto,
tre in trattoria
e nessuno per la via.
(Lapucci, 1994, p. 256) La lettera T

Sta in cima all'universo,
in mezzo al fiume,
dentro l'acqua e non si bagna.
(Lapucci, 1994, p. 267) La lettera U

15. *L'indovinello può apparire in forma di ammonimento.*

Se il mio nome voi sapete
non lo dite o lo rompete.
(Lapucci, 1994, p. 246) Il silenzio

16. *Alcuni indovinelli sono basati su una conoscenza di proverbi o di espressioni idiomatiche della lingua. La risposta dell'indovinello darà il proverbio o il modo di dire.*

Chi con me nasce
è ritenuto fortunato.
(Zanoncelli, 2000a, p. 118) La camicia *(nascere con la camicia)*

C'è chi lo cerca
ma nessuno lo trova.
(Paoletti, 2004, p. 15) Il pelo nell'uovo *(cercare il pelo nell'uovo)*

Non partono mai,
tornano solo.
Che cosa?
(Paoloetti, 2004, p. 15) I conti *(tornare i conti)*

Sono bandito senza essere ricercato
dalla polizia.
(Paoloetti, 2004, p. 57) Il concorso *(bandire un concorso)*

Perché se due gatti
incontrano altri due gatti
sono ancora in pochi?
(Zanoncelli, 2000a, p. 40) Perché sono sempre quattro gatti... *(essere in quattro gatti)*

Le bestie l'hanno e gli uomini la fan-no.
Che cosa?
(Paoletti, 2004, p. 36) La coda *(fare la coda)*

Se vi dico chi sono,
non sono più chi sono!
Anche se d'oro,
voi non mi vedete.
Chi son non mi chiedete.
(Zanoni, 2001, p. 9) Il silenzio *(il silenzio è d'oro)*

È duro, eppure per romperlo basta un sorriso.
Che cosa?
(Paoletti, 2004, p. 48) Il ghiaccio *(rompere il ghiaccio)*

17. *Alcuni indovinelli richiedono una conoscenza "culturale" della lingua, come nel seguente.*

Un "caffè corretto" è un caffè a cui è stato aggiunto del liquore. Non esiste un "caffè sbagliato"!

Può essere corretto
anche se non ha alcun errore.
Cos'è?
(Zanoncelli, 2000a, p. 147) il caffè

Lo può correggere anche un analfabeta.
(Paoletti, 2004, p. 48) Il caffè

18. *L'indovinello è utile per l'apprendimento del lessico e per accentuare delle caratteristiche di una particolare parola.*

Ho le braccia ma non ho le mani.
Ho il collo ma non ho la testa!
Chi sono?
(Mollica, 2003, p. 10) La camicia

È un sostantivo
singolare di sopra,
ma plurale di sotto.
(Mollica) I pantaloni

19. *L'indovinello può essere usato per identificare le città italiane. Questo tipo di indovinello si basa su giochi di parole.*

Qual è la città più mattiniera?
(Zanoncelli, 2000a, p. 77) Alba

Qual è la città dove tutti sono seduti?
(Mollica, 2004, p. 38) Assisi

Qual è la città dove è bello solo uno?
(Zanoncelli, 2000a, p. 77) Belluno

Qual è la città più allegra?
(Zanoncelli, 2000a, p. 67) Brindisi

Qual è la città dove si fa più rumore?
(Zanoncelli, 2000a, p. 67) Chiasso

Qual è la città dal nome più corto?
(Zanoncelli, 2000a, p. 69) Cortina

Quale città d'Italia è famosa per la sua dolcezza?
(Zanoncelli, 2000a, p. 68) Crema

Qual è la città dolce e molto grande?
(Mollica, 2004, p. 38) Cremona

Qual è la città dei pescatori?
(Lapucci, 1994, p. 136) Fiume

Qual è la città che vola più alto?
(Zanoncelli, 2000a, p. 67) L'Aquila

Qual è la città italiana più aromatica?
(Paoletti, 2004, p.81) La Spezia

Qual è la città degli ubriaconi?
(Vinella, 2003, 147) Marsala

Qual è la città il cui nome è composto da due note musicali e da una negazione?
(Gemignani, 1989, p. 36) Milano (Mi, la, no)

Qual è la città lombarda dove io non posso andare?
(Paoletti, 2004, p.81) Milano (Mi-là-no)

Qual è la città dove è proibito l'oro?
(Zanoncelli, 2000a, p. 78) Orvieto (Or-vieto)

Qual è la città che moltiplica sempre?
(Vinella, 2003, p.148) Perugia (Per-ugia)

Qual è la città della Torre Pendente?
(Mollica, 2004, p. 38) Pisa

Qual è la città più abitata dai matematici?
(Zanoncelli, 2000a, p. 77) Potenza

Qual è la città più forte?
(Lapucci, 1994, p. 223) Potenza

Qual è la città preferita dalle pecore?
(Zanoncelli, 2000a, p. 67) Prato

Qual è la migliore città per fare i picnic?
(Vinella, 2003, p. p. 141) Prato

Qual è la città più verde?
(Lapucci, 1994, p. 234) Prato

Qual è quella città che fa concorrenza alla cicogna?
(Vinella, 2003, p. 141) Reca... nati

Qual è la città che vince sempre al lotto?
(Zanoncelli, 2000a, p. 67) Terni

C'è una città italiana dove non si potrebbero fare corride. Quale?
(Paoletti, 2004, p.82) Torino (Tori... no)

Qual è la città che sta tra un cibo sostanzioso?
(Gemignani, 1989, 14) Trapani (Tra-pani)

Quale città ha il maggior numero di dentisti?
(Zanoncelli, 2000a, p. 72) Trapani

Qual è la città con un numero sulla faccia?
(Vinella, 2003, p. 147) Treviso

Quale città sarebbe triste senza un'altra lettera *e*?
(Mollica) Trieste

Qual è la città il cui nome è composto da vasi sanguigni e da una parente?
(Gemignani, 1989, p. 36) Venezia (Vene-zia)

Qual è la città dal nome più lungo?
(Zanoncelli, 2000a, p. 69) Ventimiglia

Qual è la città che ne caccia un'altra?
(Gemignani, 1989, p. 36) Viareggio (Via Reggio!)

Gli indovinelli sulle varie città italiane possono essere preceduti da un indovinello la cui risposta è l'ubicazione delle varie città.

Indovina bene o male
c'è un magnifico stivale,
bello, grande e ben formato:
pur nessun n'ha mai calzato,
non ha suola né tomaio
non l'ha fatto un calzolaio...
(Melegari, 1984, p. 132) L'Italia

20. *Per l'identificazione delle città italiane, invece di una singola domanda, qualche volta gli indovinelli appaiono in forma di versi.*

Sollevano allegramente i calici
in festosa compagnia...
cin cin diventa città, parola mia...
(Vinella, 2003, p. 143) Brindisi

E adesso indovina fra le tante
qual è in Italia la città più pesante?
(Zanoncelli, 2000a, p. 71) Piombino

Mezza rosa e mezza mare
son l'eterna, son la grande.
Chi sa, bimbi, indovinare?
(Melegari, 1984, p. 138) Roma

Se alla spia una lettera sposterai
una gran bella città troverai.
(Zanoni, 2001, p. 70) Pisa

ma l'indizio può essere più specifico:

Se alla spia una lettera sposterai
il nome della città della Torre Pendente scoprirai.
(Mollica) Pisa

21. *L'indovinello si può usare per indicare l'ubicazione di un monumento o la città di un evento culturale o storico.*

Qual è la città del Ponte Vecchio?
(Mollica, 2004, p. 38) Firenze

Qual è la città eterna?
(Mollica, 2004, p. 38) Roma

Qual è la città del Palio?
(Mollica, 2004, p. 38) Siena

Qual è la città del Festival dei Due Mondi?
(Mollica, 2004, p. 38) Spoleto

Qual è la città dove nacque Leopardi?
(Mollica, 2004, p. 38) Recanati

22. *Alcuni indovinelli richiedono una conoscenza di proverbi per poter risolverli.*

Quale città non fu fatta in un giorno?
(Gemignani, 1989, p. 27) Roma *(Roma non fu fatta in un giorno.)*

Quale città bisogna vedere prima di morire?
(Gemignani, 1989, p. 27) Napoli (*Vedi Napoli e poi muori.*)

23. *Benché il solutore sia capace di dare una risposta all'indovinello, spesso una ulteriore spiegazione è necessaria per renderne pieno il significato*

In quale città si vendono più cravatte?
(Zanoncelli, 2000a, p. 79) Roma... Perché ha sette colli!

Qual è l'animale più esperto di informatica?
(Zanoncelli, 2000a, p. 48) Il canarino. Perché fa sempre...chip!

24. *Ad alcuni indovinelli non si può mai rispondere affermativamente.*

Dormi?
(Volpi, 1996, p. 21) Adattamento Mollica

25. *Alcuni indovinelli sono creati per sfruttare una battuta a doppio senso per creare delle immagini oscene o lascive nella mente del solutore.*

Il papa ce l'ha e non l'adopera
il prete ce l'ha e non lo dà a nessuno
l'uomo ce l'ha e lo dà alla donna,
la donna quand'è sposata lo prende.
(Bartezzaghi, 2001, p. 45) Il cognome

Come si crea un indovinello?

Gli insegnanti dovrebbero chiedere agli studenti di lavorare in gruppo per creare un indovinello. Qui di seguito alcune indicazioni che gli studenti devono seguire:

1. Individuare una risposta all'indovinello che si vuol creare. Ad esempio, selezionare la risposta: "cuore".

2. Lavorando in gruppi, fare un *brainstorming* ed esaminare le caratteristiche della parola selezionata in tutti i suoi aspetti:

    a. la sua definizione,

    b. il suo uso nelle frasi idiomatiche o modi di dire,

    c. come si trova nei proverbi o il suo uso come frase proverbiale.

Il risultato del *brainstorming* può portare alle seguenti informazioni sotto varie forme:

  a. *definizione*
  - È al centro dell'apparato circolatorio.
  - Batte ma non può essere battuto.
  - È la sede degli affetti.

  b. *il suo uso nelle frasi idiomatiche*
  - Se è buono, è caritatevole. (= avere un cuore buono)
  - Se è di pietra, è insensibile. (= avere un cuore di pietra)
  - Se è d'oro, è buono e generoso. (= avere un cuore d'oro)
  - Se è da leone, è coraggioso. (= avere un cuore da leone)
  - Se è tenero, è generoso. (= avere un cuore tenero)
  - Se non si ha, si è crudeli. (= essere senza cuore)
  - Può essere sacro. (= Sacro Cuore di Gesù)
  - Se si apre, ci si confida con qualcuno. (= aprire il cuore)
  - Se si ha sulle labbra, si è sinceri. (= avere il cuore sulle labbra)
  - Se è aperto o si ha in mano, è sincero. (= avere il cuore in mano)
  - Se lo spezza a qualcuno, provoca un grande dolore. (= spezzare il cuore a qualcuno)
  - Se ha una spina, prova una profonda amarezza. (= avere una spina nel cuore)

  c. *come si trova nei proverbi o il suo uso come frase proverbiale*
  - Non sbaglia mai. (= il cuore non sbaglia mai)
  - Se è caldo, è freddo di mano. (= freddo di mano, caldo di cuore)

Dal risultato del *brainstorming* gli studenti avranno sufficienti informazioni per creare un indovinello usando

   1. *Sinonimi*

   Se è buono, è caritatevole.
   Se è di pietra, è insensibile.
   Se è da leone, è coraggioso.

Se è tenero, è generoso.
Che cos'è?

2. *Caratteristiche*

Se si apre, ci si confida con qualcuno.
Se è aperto o in mano, è sincero.
Che cos'è?

3. *Personificazioni*

In questo caso, l'indovinello "parla" al solutore.

   a. Batto ma non son battuto!
      Chi sono?
   b. Se sono caldo, sono freddo di mano.
      Chi sono?
   c. Se ho una spina, provo una profonda amarezza.
      Chi sono?

4. *Poesia*

Se sono da leone, sono coraggioso.
Se sono tenero, sono generoso.
Chi sono?

Applicazioni glottodidattiche

1. Anche per gli indovinelli i cruciverba valgono come attività in cui lo studente può essere coinvolto. Gli studenti possono essere in possesso sia delle definizioni che delle possibili risposte, in questo caso i nomi delle città. Se gli studenti non conoscono la risposta, possono facilmente risolvere il cruciverba contando il numero degli spazi vuoti e il numero delle lettere dei nomi di città. (Immagine 4, p. 138).

Completa il cruciverba inserendo nelle caselle il nome delle città a cui corrisponde la definizione.

Orizzontali

Qual è…

6. la città più allegra?
8. la città che fa concorrenza alla cicogna?
10. la città il cui nome è composto da due note musicali e da una negazione?
14. la città del Festival dei Due Mondi?
16. la città dal nome più lungo?
17. la città il cui nome è composto da vasi sanguigni e da una parente?
19. la città più rumorosa?
21. la città degli ubriaconi?
23. la città che moltiplica sempre?
28. la città eterna?
29. la città dei pescatori?
30. la città che ha il maggior numero di dentisti?

Verticali

Qual è…

1. la città che ne caccia un'altra?
2. la città della Torre Pendente?
3. la città con un numero sulla faccia?
4. la città famosa per la sua dolcezza?
7. la città del Ponte Vecchio?
9. la città dal nome più corto?

11. la città dove è proibito l'oro?
12. la città dove solo uno è bello?
13. la città che vola più alto?
15. la città più forte?
18. la città dove tutti sono seduti?
19. la città dolce e molto grande?
20. la città che bisogna vedere prima di morire?
22. la città del Palio?
24. la città più mattiniera?
25. la città preferita dalle pecore?
26. la città che vince sempre al lotto?

- ☐ Alba
- ☐ Assisi
- ☐ Belluno
- ☐ Brindisi
- ☐ Chiasso
- ☐ Cortina
- ☐ Napoli
- ☐ Orvieto
- ☐ Perugia
- ☐ Pisa
- ☐ Potenza
- ☐ Prato
- ☐ Recanati
- ☐ Roma
- ☐ Siena
- ☐ Spoleto
- ☐ Terni
- ☐ Trapani
- ☐ Crema
- ☐ Cremona
- ☐ Firenze
- ☐ Fiume
- ☐ L'Aquila
- ☐ Marsala
- ☐ Milano
- ☐ Treviso
- ☐ Venezia
- ☐ Ventimiglia
- ☐ Viareggio

Immagine 4

L'enigma e l'indovinello 139

2. In alternativa, l'insegnante può fornire il cruciverba con le risposte chiedendo agli studenti di creare le definizioni (Immagine 5).

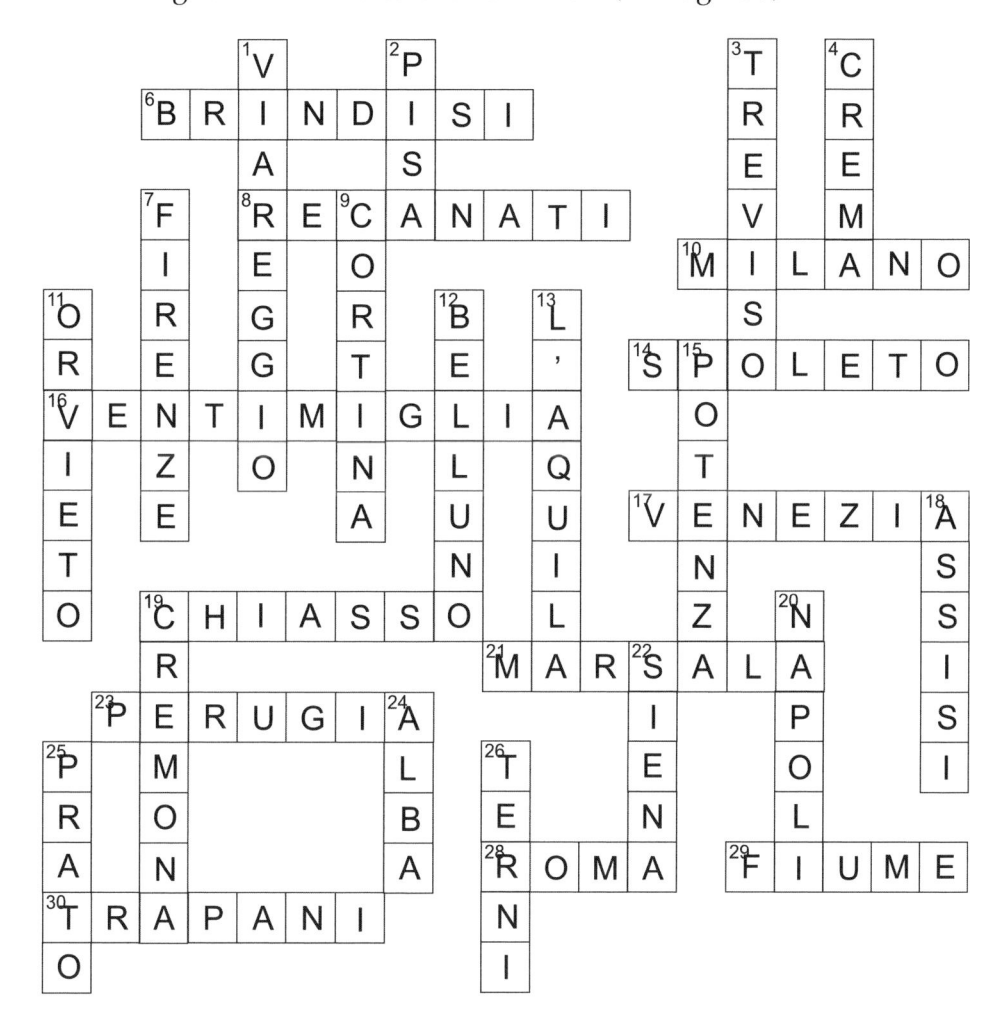

Immagine 5

3. Gli insegnanti possono assegnare dello spazio nella bacheca per esporre gli indovinelli. Si suggerisce di creare una sezione, ad esempio, "Indovina indovinello" dove quotidianamente è inserito un indovinello. Per facilitare la lettura gli insegnanti possono stampare gli indovinelli usando caratteri grandi e carta colorata, in modo da far risaltare meglio le parole. Agli studenti farà piacere vedere i loro indovinelli esposti in questa sezione riservata!

4. Per facilitare il processo di acquisizione nelle fasi iniziali, potrebbe essere utile fornire allo studente una serie di possibili risposte tra cui scegliere quella giusta.

Associa le risposte ai seguenti indovinelli.

☐ la cipolla ☐ il formaggio ☐ la pesca ☐ l'ombrello ☐ l'uovo

1. Sono un frutto assai dissetante,
   ma anche uno sport molto interessante.
   Quello che è sicuro, se non hai indovinato,
   è che sono dei pesci il cibo più odiato.
   Cosa sono? _____

2. Tutti mi sanno aprire,
   nessuno mi sa richiudere,
   Non sto in piedi ben diritto
   e se mi rompi
   a volte son fritto.
   Chi sono? _____

3. Mi conservano in cantina,
   mi consumano in cucina,
   faccio piangere la folla,
   sono la ... _____

4. Quando è aperto ti protegge,
   quando è chiuso ti sorregge.
   Cos'è? _____

5. Non ha prurito,
   però si gratta.
   Lo indovini? _____

5. Gli studenti possono chiedere ai compagni di sostituire un indovinello scritto in prosa con uno scritto in versi e viceversa. Questa attività impegnerà gli studenti a cercare parole simili o alternative.

6. Gli insegnanti potrebbero "introdurre" l'indovinello usando un approccio tematico. Per esempio, quando si insegna frutta e verdura, introdurre indovinelli di frutta e verdura, ecc.

Le domande del "Perché...?"

Ne *Il libro degli indovinelli italiani,* Lapucci elenca "le domande del perché" e spiega che in realtà sono anch'esse forme particolari di indovinelli perché

> conservano soprattutto la forma essenziale d'interrogazione, che serve a creare nell'interlocutore quel coinvolgimento necessario a far risaltare la trovata più o meno originale data nella soluzione.

> Il gioco viene proposto sapendo già in partenza che l'interlocutore difficilmente risolverà il problema e quindi si mira soprattutto a far conoscere la risposta, sperando che sia veramente acuta e originale. [...]

> Vi è quindi un gioco di allusioni, di significati traslati e letterali, di doppi significati che sono materia anche degli indovinelli (Lapucci, 1994, p. 301).

Oltre ad essere indovinelli, sono anche freddure e giochi di parole e in questo caso fanno parte anche dell'umorismo. Esiste una struttura codificata per questo tipo di indovinello. Usa *Perché...?* nella domanda e *Perché...* nella risposta. Eccone alcuni esempi catalogati.

1. *Le domande del perché si basano su giochi di parole.*

    – Perché l'aquila è dappertutto?
    – Perché è là-qui-là.
    (Stilton, 2001, p. 328)

    – Perché i cinesi sono il popolo più allegro di tutta la terra?
    – Perché hanno tanto riso.
    (Vinella, 2003, p. 87)

    – Perché le donne d'estate non dormono?
    – Perché sono destate.
    (Lapucci, 1994, p. 302)

    – Perché alcune lenti sono tristi?
    – Perché sono da sole.
    (Vinella, 2003, p. 80)

    – Perché tutti i preti sono senza fede?
    – Perché non sono sposati.
    (Vinella, 2003, p. 98)

    – Perché si dice che gli sciatori sono un po' stupidotti?
    – Perché sono sci... muniti!
    (Vinella, 2003, p. 100)

    – Perché gli specchi non dicono mai sciocchezze?
    – Perché riflettono sempre.
    (Parolini, 2000, p. 99)

2. *Le domande del perché si basano sui modi di dire o espressioni idiomatiche.*

    – Perché i capelli vincono tutte le gare?
    – Perché sono sempre in testa.
    (Zanoncelli, 2000, p. 51)

    – Perché i commessi delle calzolerie sono dei grandi seccatori?
    – Perché stanno sempre tra i piedi.
    (Vinella, 2003, p. 192)

    – Perché i pesci sembrano sempre affamati?
    – Perché hanno sempre l'acquolina in bocca.
    (Vinella, 2003, p. 89)

    – Perché tutti riescono più o meno a dormire?
    – Perché lo sanno fare ad occhi chiusi!
    (Zanoni, 2001, p. 39)

    – Perché i non vedenti sono sempre impazienti?
    – Perché non vedono l'ora.
    (Vinella, 2003, pag. 113)

    – Perché ai pesci piace la gente dormigliona?
    – Perché chi dorme non piglia pesci.
    (Paoletti, 2004, p. 72)

3. *Le domande del perché si basano spesso su spiegazioni logiche.*

    – Perché l'asino raglia?
    – Perché non sa cantare.
    (Gemignani, 1989, p. 50)

    – Perché un barbiere preferisce fare i capelli a tre mori che a uno biondo?
    – Perché guadagna di più.
    (Lapucci, 1994, p. 303; Zanoni, 2001, p. 43)

    – Perché al cane si danno gli ossi?
    – Perché la carne la mangia il padrone.
    (Vinella, 2003, p. 17; variazione: Zanoni, 2001, p. 36)

    – Perché il cane segue il padrone?
    – Perché il padrone va avanti.
    (Gemignani, 1989, p. 50)

    – Perché il cane entra in chiesa?
    – Perché trova la porta aperta.
    (Gemignani, 1989, pag. 51)

    – Perché i cani rosicchiano gli ossi?
    – Perché non riescono a inghiottirli interi.
    (Vinella, 2003, p. 19)

    – Perché il gallo chiude gli occhi

quando canta?
– Perché vuol fare vedere che sa a memoria il chicchirichì.
(Gemignani, 1989, p. 50)

– Perché i gatti si mettono vicino al giornalaio?
– Perché aspettano che esca *Topolino*.
(Parolini, 2000, p. 99)

– Perché la luna è pallida?
– Perché la notte non dorme.
(Lapucci, 1994, p. 303)

– Perché la luna non si vede di giorno?
– Perché si vergogna del sole.
(Gemignani, 1989, p. 50)

– Perché i musicisti non prendono mai l'ascensore?
– Perché amano fare le scale.
(Vinella, 2003, p. 50)

– Perché di notte non vediamo il sole?
– Perché dormiamo.
(Vinella, 2003, pag. 125)

– Perché il peccato di Adamo ed Eva si chiama "originale"?
– Perché poi si sono fatte miliardi di copie.
(Parolini, 2000, p. 100)

– Perché le pecore nere fanno poco latte?
– Perché ce ne sono poche.
(Zanoncelli, 2000, p. 51)

– Perché Robin Hood rubava ai ricchi per dare ai poveri?
– Perché i poveri non avevano niente da farsi rubare.
(Vinella, 2003, p. 32)

– Perché la sera bisogna mettersi davanti al televisore?
– Perché dietro non si vede niente.
(Vinella, 2003, p. 39)

– Perché le tartarughe non si cimentano in gare di velocità?
– Perché fanno tardi ad iscriversi.
(Gemignani, 1989, p. 51)

– Perché il tempo fugge?
– Perché nessuno lo ha legato.
(Gemignani, 1989, p. 50)

– Perché chi dorme non piglia pesci?
– Perché è difficile pescare con gli occhi chiusi.
(Parolini, 2000, p. 100)

4. ***Le domande del perché spesso mettono a fuoco mestieri e professioni.***

– Perché l'arrotino fa un mestiere molto brillante?
– Perché fa sempre scintille.
(Paoletti, 1985, p. 120. Adattamento di Mollica)

– Perché il bancario è la persona più curiosa?
– Perché si occupa degli... interessi degli altri.
(Paoletti, 1985, p. 123. Adattamento di Mollica)

– Perché il barbiere è sempre un tipo disperato?
– Perché lo trovi sempre con le mani nei capelli.
(Paoletti, 1985, p. 120. Adattamento di Mollica)

– Perché i cantanti della Scala sono entrati in sciopero?
– Perché vogliono un miglior... tenore di vita
(Paoletti, 1985, p. 121. Adattamento di Mollica)

– Perché il gioielliere non ha problemi?
– Perché fa sempre affari d'oro.
(Paoletti, 1985, p. 120. Adattamento di Mollica)

– Perché il ladro è sempre un tipo molto elegante?
– Perché è sempre molto... ricercato.
(Paoletti, 1985, p. 120. Adattamento di Mollica)

– Perché i minatori hanno proclamato un'agitazione ad oltranza?
– Perché il governo non li tratta con le buone miniere.
(Paoletti, 1985, pag. 119. Adattamento di Mollica)

– Perché i nani del circo sono entrati in sciopero?
– Perché vogliono la settimana... corta.
(Paoletti, 1985, pag. 120. Adattamento di Mollica)

5. *Le domande del perché spesso mettono a fuoco un certo tipo di persona; per esempio domande sui "carabinieri"*, ma queste fanno parte anche dell'umorismo di cui i carabinieri sono bersaglio. (vedi Capitolo 24, "L'umorismo")

– Perché i carabinieri vanno sempre in due?
– Perché uno sa leggere e uno sa scrivere; uno sa la strada per andare e l'altro per tornare.
(Lapucci, 1994, p. 303)

– Perché a Venezia i carabinieri hanno i piedi bagnati?
– Perché buttano le sigarette in laguna e le schiacciano col tacco per spegnerle.
(Zanoncelli, 2000, p. 93)

– Perché un carabiniere è stato visto per ore davanti allo scaffale del supermercato a fissare la passata di pomodoro?
– Perché c'era scritto: Concentrati.
(Zanoncelli, 2000, p. 95)

– Perché un carabiniere torna al botteghino del cinema almeno una dozzina di volte?
– Perché all'ingresso c'è sempre un maleducato che strappa i biglietti.
(Zanoncelli, 2000, p.96)

– Perché i carabinieri, quando c'è freddo, si mettono la pistola in testa?
– Perché è una Beretta.
(Bonistalli, 2006, p.78)

– Perché i carabinieri hanno tutti i baffi?
– Perché sulla lametta c'è scritto: "Da barba".
(Bonistalli, 2006, p.79)

6. *Le domande del perché possono essere anche domande retoriche.*

– Perché "abbreviazione" è una parola così lunga?
(Zanoncelli 2002, p. 66)

– Perché "separato" si scrive tutto insieme e "tutto insieme" si scrive separato?
(Zanoncelli 2002, p. 67)

– Perché i negozi aperti 24 ore su 24 ore hanno la serratura?
(Zanoncelli 2002, p. 67)

– Perché gli aeroplani non vengono fatti con lo stesso materiale indistruttibile delle scatole nere?
(Zanoncelli 2002, p. 68)

– Se lavorare fa bene, perché non lo lasciamo fare agli ammalati?
(Zanoncelli 2002, p. 64)

– Perché non esiste un alimento per gatti al gusto di topo?
(Zanoncelli 2002, p. 63)

7. *Alcune domande del perché perpetuano uno stereotipo.*

In questo caso, è importante che l'insegnante lo identifichi e lo discuta con gli studenti.

Perché è difficile fare il dentista in Sicilia?
– Perché nessuno apre la bocca.
(Parolini, 2000, p. 99)

Siamo convinti che l'utilizzo dell'indovinello in classe o delle domande del perché sarà un'eccellente fonte di esercizi per l'acquisizione linguistica, una finestra sulla cultura e fornirà gradevoli momenti di umorismo.

Riferimenti bibliografici

Bartezzaghi Stefano, 2001, *Lezioni di Enigmistica*, Torino, Giulio Einaudi Editore.

Bonistalli Roberto, 2006, *Ultime barzellette sui carabinieri*, Firenze, Giunti Demetra.

CROCE GIULIO CESARE, 1993, *Le astuzie di Bertoldo e la semplicità di Bertoldino,* (a cura di) CAMPORESI PIERO, Milano, Garzanti.

FORNARI BRUNO, 1992, *Il libro degli indovinelli,* Roma, Hermes Edizioni.

GEMIGNANI NELLO M., 1989, *Umorismo e ginnastica mentale. Giochi, battute umoristiche quiz, curiosità, ricerche,* Torino, Editrice Elle Di Ci.

GIANDUZZO SILVANO, 1991, *Lieti passatempi,* Torino, Editrice Elle Di Ci.

GOZZI CARLO, 1984, *Fiabe teatrali,* Testo, introduzione e commento a cura di BOSISIO PAOLO, Roma, Bulzoni editore.

I LIBROTTI, 1989, *Scioglilingua,* Milano, Vita e Pensiero.

LAPUCCI CARLO, 1994, *Il libro degli indovinelli italiani,* A. Vallardi editore, © Garzanti Editore, s.p.a.

MOLLICA ANTHONY, 2004, *Attività lessicali 2. Intermedio-Avanzato,* Recanati, ELI; ristampa per il Nord America: Welland, Ontario, éditions Soleil publishing, inc.

MELEGARI VEZIO, 1984, *Manuale degli indovinelli,* Milano, Arnoldo Mondadori Editore, S.p.a.

NEZÂMÎ GANJAVI, 2000, *Les Sept Portraits.* Traduit du persan par DE GASTINES ISABEL, Librairie Arthème Fayard.

NEZÂMÎ DI GANJE, 1967, *Le sette principesse,* a cura di Alessandro Bausani Alessandro, Città di Castello, Leonardo da Vinci editrice.

NEZÂMÎ GANJAVI, 1995, *The Haft Paykar. A Medieval Persian Romance,* translated with Introduction and notes by SCOTT MOLISANI JULIE , Oxford, Oxford University Press.

NIZÂMÎ GANJAVI, 1976, *The Story of the Seven Princesses,* translated from the Persian and edited by R. GELPKE. English version by ELISE AND HILL GEIRGE, London, Bruno Cassirer Publishers Ltd.

PACIOTTI ROSITA CORBELLA, 2001, *Quiz e indovinelli,* Novara, DeAgostini.

PAOLETTI SERGIO, 1989, *Almanacco della risata,* Milano, Arnoldo Mondadori Editore.

PAOLETTI SERGIO, 2004, *Un sacco di indovinelli in allegria,* Torino, Editrice Piccoli.

PUCCINI GIACOMO, 1984, *Turandot,* London, John Calder Publishers Ltd.

ROSSI GIUSEPPE ALDO, 2002, *Dizionario Enciclopedico di Enigmistica e Ludolinguistica,* Bologna, Zanichelli

LA SUPERBARZELLETTA, 1999, *1.000 barzellette tutte da ridere,* Varese, Crescere editore.

VINELLA BIAGIO, 2003, *Il libro degli indovinelli. Indovinelli facili, difficili, culturali, matematici, umoristici, surreali, demenziali.* Milano, Giovanni De Vecchi Editore.

VOLPI DOMENICO, 1996, *Rompicapi, Indovinelli, Enigmi & Giochi vari,* Torino, Editrice Elle Di Ci.

ZANONCELLI ANASTASIA, 2000a, *Indovina indovinello,* Colognola ai Colli (VR), Gribaudo Tempolibro.

ZANONCELLI ANASTASIA, 2000b, *E io rido... barzellette per bambini,* Colognola ai Colli (VR), Gribaudo Tempolibro.

ZANONCELLI ANANSTASIA, 2002, *E io rido. Barzellette per bambini.* Cavallermaggiore, Gribaudo.

ZANONI RENZO, 2001, *1001 indovinelli per giocare e imparare in allegria,* Firenze, Giunti Gruppo Editoriale, su licenza di Demetra S.r.l.

ZINGARELLI NICOLA, 2003, *Dizionario della lingua italiana* (cd-rom), Bologna, Zanichelli.

Capitolo 11

L' intervista impossibile

Che cos'è un'"*intervista*"?

Si tratta di una serie di domande che generalmente un giornalista pone ad una persona per ottenere informazioni, dichiarazioni o opinioni destinate ad essere diffuse pubblicamente attraverso la radio, la televisione o anche attraverso la stampa. È una conversazione, uno scambio di domande e risposte tra due persone con lo scopo di raccogliere dati statistici o informazioni su un argomento specifico. È un dialogo, quindi, e il dialogo per la diffusione di informazioni è più interessante della prosa. La funzione della lingua è informativa, incentrata sul referente, ossia sull'oggetto dell'intervista (fatto di cronaca, avvenimento storico o politico, personaggio famoso). Il registro è colloquiale; il lessico è semplice e lineare, vicino al parlato.

Sembra che l'intervistato e l'intervistatore parlino tra di loro, ma in realtà sono consci che c'è un lettore che li legge o un ascoltatore che li ascolta. L'intervistatore cerca di fare delle domande che il lettore o che l'ascoltatore avrebbe fatto o avrebbe voluto fare per saperne di più su un dato tema o argomento.

Secondo una nota di Rai Teche, l'idea delle interviste impossibili nacque durante una conversazione tra il drammaturgo Diego Fabbri (1911-1980) e il giornalista Adriano Magli (1920-1988) quando Magli era dirigente alla televisione. Ma poi Magli fu trasferito alla radio e non se ne fece nulla. Anni dopo riprese l'idea e, nel luglio del 1974 Radio Rai lanciò un nuovo format "Le interviste impossibili": scrittori come Italo Calvino, Umberto Eco, Vittorio Sermonti, Leonardo Sciascia prestarono la loro creatività e la loro voce alla radio per intervistare personaggi storici e letterari. I personaggi, interpretati da attori come Carmelo Bene, Paolo Poli, Romolo Valli, Paolo

Bonacelli, rispondevano alle domande taglienti degli scrittori, raccontavano di sé e dell'epoca in cui erano vissuti e diventavano, attraverso lo sguardo degli intellettuali, specchio dell'attualità. Non è certo una sorpresa che la serie "Interviste impossibili" sia considerata un piccolo classico. Oggi le interviste con Calvino, Eco, Sanguineti, ecc. ai personaggi storici della nostra cultura letteraria, artistica, scientifica sono riunite in un volume (Pavolini, 2006). Si tratta di dialoghi fantasiosi con grandi personaggi del passato, ricchi di riferimenti storici. Molte di queste interviste si trovano anche su internet.

Ascolta o leggi, per esempio, un giovane Umberto Eco che intervista Beatrice. (Beatrice ha la voce dell'attrice Isabella Del Bianco, la regia è di Andrea Camilleri):

http://blogs.dotnethell.it/artblog/12.-Intervista-impossibile-a-Beatrice__9596.aspx

In una classe di lingua, però, l'intervista impossibile può diventare un'attività interessante e istruttiva per gli studenti poiché li costringe a fare delle ricerche sia su siti internet che in biblioteca.

È importante una buona preparazione da parte dell'*intervistatore*, visto che *l'intervistato* già *sa* le risposte alle domande che gli saranno rivolte. Ecco alcuni suggerimenti utili all'intervistatore:

1. scegliere un personaggio interessante. Il personaggio può essere vivente, storico, letterario o anche fittizio se si tratta di parlare di feste o tradizioni come nell'intervista che segue;
2. articolare le domande su un argomento che possa interessare l'ascoltatore o il lettore;
3. fare domande brevi. L'intervistato risponderà con risposte brevi e concise;
4. fare domande precise, senza commenti "editoriali" da parte dell'intervistatore;
5. evitare domande a cui l'intervistato può rispondere con un semplice *sì* o *no*. Se l'intervistato risponde a monosillabi, il compito dell'intervistatore è di chiedere il perché o la ragione;
6. sapere ascoltare. Spesso l'intervistatore può prendere spunto, per la domanda successiva, dalla risposta precedente, rendendo l'intervista più "naturale";
7. descrivere in una didascalia l'atteggiamento, la reazione dell'intervistato; per esempio, *sorridendo, compiaciuto, soddisfatto,* ecc. alla domanda dell'intervistatore.

Per altri suggerimenti su domande da fare ed esempi di interviste impossibili, vedi anche il sito:

http://www.atuttascuola.it/scuola/didattica/intervista.htm

La seguente intervista è stata creata da Raffaella Maiguashca e pubblicata sulla rivista *Mosaic. The Journal for Language Teachers* (1996), [ristampa in *Teaching and Learning Languages* (Mollica, 2009)], con lo scopo di dare informazioni sulla festa di Halloween.

Intervista con una Strega

Mosaic: Buonasera, Signora Strega!

Strega: Buonasera!

Mosaic: Innanzitutto vorrei ringraziarla per averci concesso questa intervista. Per noi lettori di *Mosaic*, questa è un'occasione molto speciale. Non capita tutti i giorni di poter parlare a una strega...

Strega: Anche a me non capita spesso di parlare con studenti e docenti di lingua italiana. Il piacere è tutto mio!

Mosaic: Beh, noi vorremmo farle alcune domande sulla festa di Halloween... Ormai la festa si avvicina. È alla fine di ottobre, no?

Strega: Sì, certo. Il 31 ottobre per essere esatti. Io sono arrivata qui dall'Italia con qualche giorno di anticipo... e mi sto appunto preparando per la grande serata.

Mosaic: Dall'Italia? Ma è venuta da sola?

Strega: No, faccio parte di una delegazione inviata dall'ANSI (Associazione Nazionale Streghe Italiane) per partecipare a questo Halloween 1996. Siamo in tredici a rappresentare l'Italia.

Mosaic: Ma, scusi, in Italia non si festeggia Halloween?

Strega: No, da noi non esiste questa festa! C'è una ricorrenza simile in questo periodo, il giorno dei morti, il 2 novembre... Però è molto diverso: la gente va al cimitero a visitare i morti, poi la sera c'è la tradizione di mangiare le castagne arrosto, di pregare insieme per i morti, di ricordarli... Ma noi streghe non interveniamo in queste attività.

Mosaic: Ma allora, scusi, Signora Strega, Lei non conosce bene la tradizione di Halloween...

Strega: Come no, la conosco benissimo! Prima di venire qui ci hanno fatto seguire un corso intensivo di lingua e cultura inglese. E poi ci hanno fatto anche un "training" speciale per poter partecipare alle attività che si svolgeranno qui, in Nord America.

Mosaic: Ah, ho capito. Bene, allora, per cominciare vorremmo farle una domanda di tipo linguistico. Da dove viene la parola *Halloween*?

Strega: Viene dall'espressione inglese *All Hallows' Eve*. Questa tradizione è stata introdotta in Nord America dagli immigranti irlandesi ma risale a un periodo molto più antico. Infatti originariamente Halloween era un rituale celebrato dai celti, un popolo antico che viveva in Gran Bretagna e nella Francia del nord. Durante la notte del 31 ottobre, che per loro segnava la vigilia di capodanno, si credeva che le anime dei morti tornassero sulla terra. Ecco perché ci sono i fantasmi, le streghe... Capisce?

Mosaic: Sì, capisco. Però mi deve spiegare una cosa: le streghe esistevano anche in passato?

Strega: Ma certo che esistevano! Anzi, le dirò, in passato noi streghe avevamo un ruolo molto più importante di adesso. La notte di Halloween ci riunivamo intorno al fuoco, passavamo tutta la notte a ballare, a fare incantesimi e magie... Eravamo molto potenti allora: gli spiriti maligni avevano paura di noi... *(sospiro)* Quelli sì che erano bei tempi!

Mosaic: Beh, anche oggi sono rimaste tracce di questi riti antichi...

Strega: Sì, è vero... Per esempio, l'abitudine di svuotare le zucche e ritagliare una faccia che assomiglia a una strega, e poi illuminarle dal di dentro con una candela o con una lampadina. Questo ricorda la leggenda inglese di *Jack-o'-lantern*, il fantasma di un uomo avaro che, dopo la morte, è stato condannato per sempre a vagare sulla terra con la sua lanterna.

Mosaic: Ah sì, questa storia me la ricordo...

Strega: Jack era un tipo molto avaro e per questo non era stato ammesso in Paradiso. Però anche all'Inferno non l'avevano accettato perché aveva fatto dei brutti scherzi al diavolo...

Mosaic: Sì, proprio così...

Strega: E poi c'è anche "Trick or treat"... I bambini mascherati vanno di casa in casa chiedendo dolci e caramelle... o minacciando di fare brutti scherzi se rimangono a mani vuote. Sono sicura che questa è la parte più divertente per loro... Credo che piacerebbe molto ai bambini italiani!

Mosaic: Ma qual è l'origine di questa usanza?

Strega: Anche questa deriva da un antico costume irlandese. I contadini la sera andavano dai loro vicini a chiedere cibo e bevande per la festa della notte.

Mosaic: L'unica parte nuova, allora, è la raccolta dei soldi per l'UNICEF, non è vero?

Strega: Sì, questa è un'iniziativa moderna. Mi sembra molto bella perché i bambini, mentre si divertono, sanno di aiutare altri bambini meno fortunati di loro.

Mosaic: E mi dica, Signora, cosa ne pensa, Lei, dei brutti episodi che si sono verificati negli ultimi anni durante la notte di Halloween?

Strega: Penso che sia un vero peccato. Comunque, sono state proposte delle regole di sicurezza che dovrebbero diminuire il pericolo. Per esempio, i bambini più piccoli devono essere accompagnati da un adulto, i dolci devono essere controllati accuratamente, e così via. Io suggerirei anche ai bambini di truccarsi invece di mettersi una maschera... Le maschere possono impedire di vedere chiaramente, specialmente di notte.

Mosaic: Certamente! Dunque, Signora Strega, Lei rimarrà qui in Nord America con le sue colleghe fino alla notte di Halloween. E dopo, mi dica, ha intenzione di trattenersi ancora qualche giorno?

Strega: Eh, purtroppo non possiamo assolutamente permettercelo. Per ragioni professionali dobbiamo rientrare in Italia al più presto. Abbiamo molto da fare nei prossimi due mesi...

Mosaic: Come mai?

Strega: Beh, ci sono soltanto due mesi prima di Natale, e poi arriva subito il 6 gennaio, il giorno della *Befana*... Noi streghe italiane siamo molto occupate in quel periodo.

Mosaic: Perché? Cosa succede il 6 gennaio? Chi è la Befana?

Strega: Il 6 gennaio è appunto la festa della Befana, cioè dell'Epifania. Una festa molto importante per noi streghe, e per i bambini naturalmente. Vede, la Befana è una donna vecchia e brutta, una strega insomma, che va in giro per le case, scendendo per il camino, a cavallo di una scopa, e porta i regali ai bambini...

Mosaic: Ma i regali, scusi, non li porta Babbo Natale?

Strega: Sì, certo. Però in certe parti d'Italia, a Roma per esempio, la tradizione della Befana è ancora molto sentita. La sera precedente la gente sta alzata fino a tardi, la città è tutta illuminata, c'è chiasso per le strade... E poi il 6 gennaio è un giorno festivo in Italia. Non c'è scuola. Non si lavora...

Mosaic: Ah! Beati voi! Da noi invece il 6 gennaio non è festa. Dunque, Signora Strega, vedo che Lei e le Sue colleghe siete molto occupate...

Strega: Altro che occupate! E per stipendi bassissimi, mi creda. Infatti è molto probabile che facciamo sciopero...

Mosaic: (incredulo) Sciopero? Ma avete un sindacato?

Strega: Eccome! Il SINSI (Sindacato Nazionale Streghe Italiane) al momento è in trattative per gli aumenti salariali...

Mosaic: Veramente?!

Strega: Eh sì. Anche le condizioni di lavoro sono inaccettabili: orari quasi sempre notturni, il fumo e l'aria sporca dei camini, e poi queste scope così scomode... Non le dico il mal di schiena durante il volo Roma-Toronto!

Mosaic: Eh, capisco...

Strega: Alle soglie del 2000, nel boom della tecnologia, giriamo ancora con queste scope antiquate: senza telefonino... senza stereo... Insomma è una vita da cani!

Mosaic: Beh, noi le auguriamo tutto il successo professionale possibile, Signora Strega. E poi le facciamo doppi auguri: *Buon Halloween* e *Buona Befana!*

Strega: Grazie!

Mosaic: Grazie a Lei, Signora, per essere venuta e per averci detto tante cose interessanti. Speriamo di rivederci...

Strega: Sì, arrivederci!

È interessante notare che Maiguashca presenta la cultura tale e quale: la cultura italiana non è superiore a quella nordamericana, né quella nordamericana è superiore a quella italiana. Si notano le lamentele della Strega delle condizioni di lavoro, possibili scioperi, acronimi che fanno parte della vita "quotidiana" italiana.

Applicazioni glottodidattiche

1. L'attività può essere uno stimolo per presentare il lessico in forma di
    a. crucipuzzle (Immagine 1) o
    b. parole crociate (Immagine 2, p. 152).

2. Le interviste impossibili sono molto utili per presentare personaggi famosi che discutono le loro opere. Questa attività dà allo studente l'opportunità di fare delle domande invece sempre di rispondere ad esse. Lo studente avrà quindi ampie opportunità di fare domande con pronomi, avverbi, o aggettivi interrogativi quali:
    - Chi ... ?
    - Che cosa ... ?
    - Quando ... ?
    - Perché ... ?
    - Dove... ?
    - Quanto ... ?
    - Quale... ?

3. Per rendere le interviste più interessanti, l'intervistato potrebbe raccontare degli aneddoti nel corso dell'intervista, (vedi Capitolo 24, "L'umorismo"). Per esempio, Dante potrebbe raccontare l'aneddoto del contadino che vuole mettere alla prova la sua memoria; il noto compositore Giuseppe Verdi potrebbe raccontare il dialogo tra una signora che vuole avere da Verdi un'opinione sulla voce della figlia; e così via.

4. L'insegnante può suggerire agli studenti di videoregistrare l'intervista. In questo caso, si possono scegliere "attori", "regista", "produttore" ecc. che metteranno in scena l'intervista. Se si tratta di un personaggio storico, l'interlocutore può indossare costumi dell'epoca. È ovvio che durante la "registrazione" si dovrà parlare solo in italiano e quindi gli studenti impareranno e useranno anche termini cinematografici.

Durante un corso di "Didattica delle lingue" tenutosi presso l'Università della Calabria" nel maggio 2009, quasi tutti i corsisti hanno scelto "le interviste impossibili" come compito, intervistando personaggi di favole e della letteratura per l'infanzia (Cenerentola, Pinocchio), ma anche personaggi letterari (Dante) e storici (Garibaldi).

L'intervista impossibile, dunque, è un'attività piacevole e interessante per introdurre lingua e cultura nella classe d'italiano.

Halloween

Trova le parole associate a Halloween. Le lettere rimaste, lette nell'ordine daranno un messaggio.

☐ trentuno
☐ il pipistrello
☐ la maschera
☐ la festa
☐ la lanterna
☐ il costume
☐ lo scheletro
☐ la strega
☐ la scopa
☐ il fantasma
☐ la caldaia
☐ il gatto nero
☐ le caramelle
☐ la paura
☐ la busta
☐ gli spettri
☐ il gufo
☐ la zucca
☐ la luna
☐ Halloween

```
H P I P I S T R E L L O
M A S C H E R A O T E U
S T L T A A S R O O L S
I P C L G T E C R U L R
O A E E O N S T O A E A
T N R T O W E E I P M C
A T U T T L E A F S A O
S R T T E R D E A B R S
O A U H N L I T N U A T
G F C A A E N R U S C U
A S U C P A R N L T C M
N E L G F A P T A A U E
A N R E T N A L U R Z A
```

Immagine 1

152 Anthony Mollica

Completa il cruciverba usando le immagini come stimolo alle risposte.

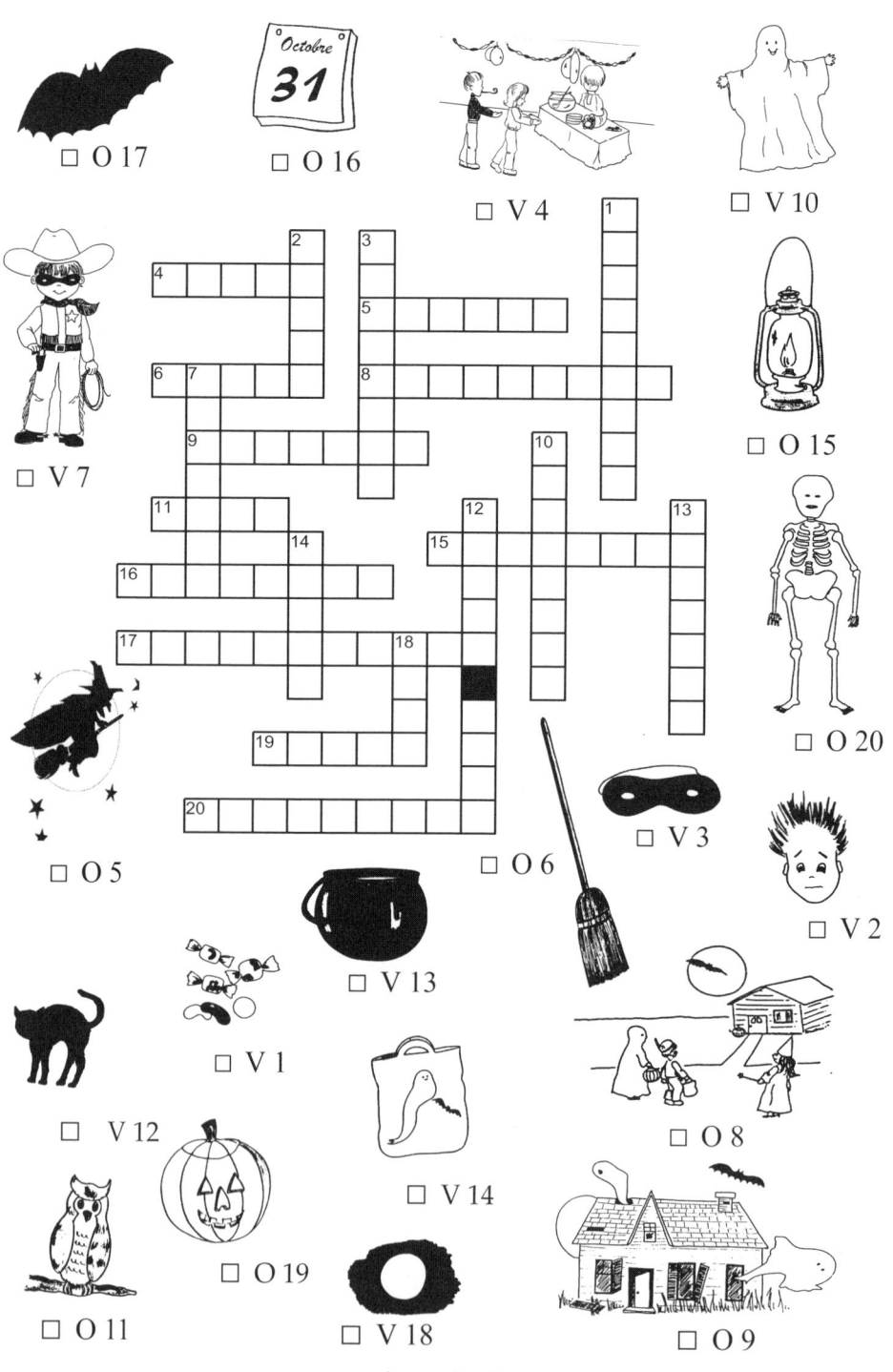

Immagine 2

Riferimenti bibliografici

Maiguashca Raffaella, "Intervista con una Strega," in Anthony Mollica, Marjolaine Séguin, Raffaella Maiguashca e Natalia Valenzuela, "Teaching Culture in a North American Context: Halloween," *Mosaic. The Journal for Language Teachers*, 4, 1 (Fall 1996): 18-22. Ristampa in Mollica Anthony (a cura di), *Teaching and Learning Languages*, Perugia, Guerra-Soleil, 2009, pp. 507-518.

Mollica Anthony (a cura di), 2009, *Teaching and Learning Languages*, Perugia, Guerra edizioni.

Pavolini Lorenzo (a cura di), 2006, *Le interviste impossibili. Ottantadue incontri d'autore messi in onda da radio Rai (1974-1975)*, (con Cd) Donzelli Editore.

Capitolo 12

L'intruso

Alcuni dei manuali più in uso per l'insegnamento delle lingue straniere comprendono attività in cui si presenta un gruppo di parole all'interno delle quali va individuato l'intruso, ossia quel termine che per qualche motivo non appartiene al gruppo in oggetto; detto termine va individuato e va data una spiegazione a riguardo del motivo per cui si tratta di un "intruso". L'attività può essere altrettanto valida utilizzando stimoli visivi.

L'obiettivo dell'attività non consiste necessariamente nell'individuazione della risposta esatta, ma nella spiegazione di quanto sia plausibile o logica. Dall'osservazione in classe è emerso che, nel tentativo di risolvere il problema e nell'impazienza di fornire indicazioni adeguate, gli studenti dimenticano che stanno utilizzando un'altra lingua; in altre parole il focus si sposta dalla lingua all'uso della lingua, poiché nello sforzo di raggiungere la soluzione gli studenti formulano una spiegazione verbale nella lingua oggetto. A tutti gli effetti questo processo psicolinguistico conduce alla formulazione del pensiero nella lingua target.

Applicazioni glottodidattiche

1. Gli insegnanti possono fornire agli studenti delle illustrazioni in cui appaiono *un baccello di piselli, una carota, una banana* e *una pannocchia*, chiedendo loro di identificare l'intruso. L'intruso può essere *la banana*, in quanto è l'unico frutto, ma una risposta altrettanto valida potrebbe essere *la carota*, in quanto è l'unico vegetale senza la "buccia" (Immagine 1, p. 156).

2. Nell'esempio che segue in cui appaiono *una mela, una fragola, un pompelmo*

e *delle ciliegie*, la risposta può essere *la mela*, se il colore è verde, ma la risposta può anche essere *il pompelmo*, per via del colore o del fatto che è l'unico frutto tagliato a metà. D'altro canto esistono spiegazioni plausibili anche per *le ciliegie*, poiché ce ne sono tre (in questo caso l'attenzione viene posta sulla quantità); ma la risposta può anche essere *la fragola*, in quanto è l'unico frutto che non cresce sugli alberi (Immagine 2).

3. L'esempio che segue (Immagine 3) può essere rivolto a studenti che abbiano conoscenza sia del francese che dell'italiano – la risposta sarà comunque diversa in base alla lingua. Per il francese è *la vache*, poiché è l'unico termine che non inizi con il suono *ch*. Per l'italiano è invece *il cane*, in quanto è l'unico nome di animale che non contenga una consonante doppia *(cavallo, gatto, mucca)*. In entrambi i casi allo studente si chiede di "leggere" l'illustrazione.

4. In questa quarta illustrazione tutte e quattro le risposte sono accettabili, tutto dipende dalla logica della risposta.

   Può essere *il giocatore di pallacanestro:* è l'unico a indossare una maglietta senza maniche – la risposta si riferisce quindi all'abbigliamento.

   Può essere *il giocatore di baseball:* è l'unica immagine dove non si vede la palla – in questo caso la risposta si concentra sull'immagine.

   Può essere *la tennista:* è l'unica giocatrice – l'immagine si concentra sul sesso del giocatore.

   Può essere *il calciatore:* il calcio è l'unico gioco in cui i piedi sono la parte principale del corpo utilizzata per giocare.

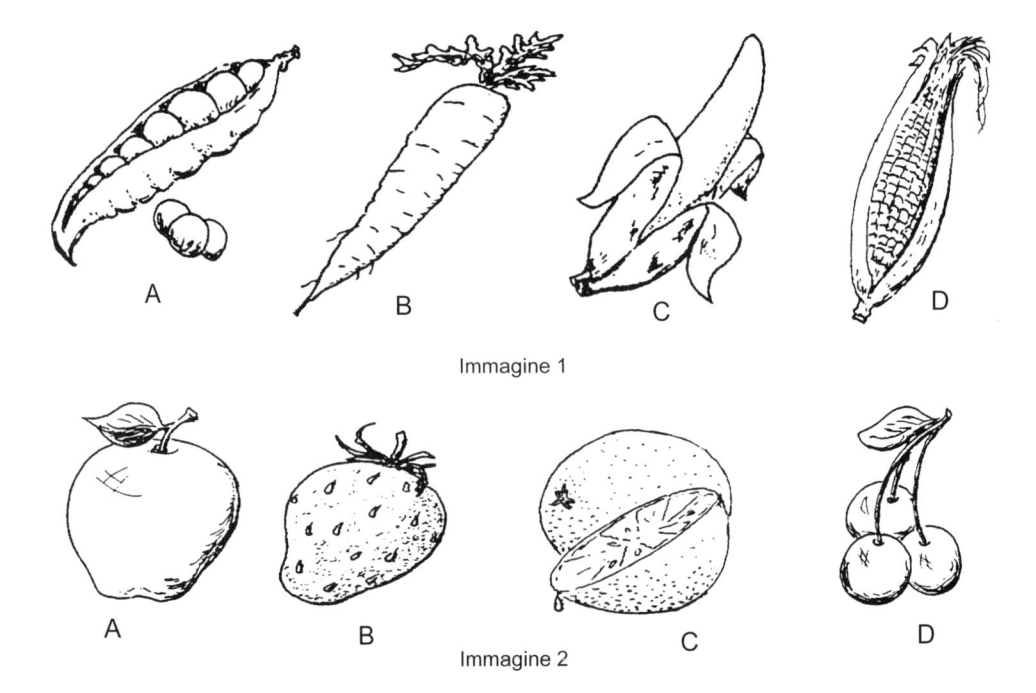

Immagine 1

Immagine 2

Immagine 3

Immagine 4

5. L'intruso può riferirsi a personaggi famosi.

   Nella serie seguente di nomi propri, trova l'intruso e spiegane la ragione.
   1. ☐ Colombo ☐ Puccini ☐ Rossini ☐ Verdi
   2. ☐ Ariosto ☐ Boccaccio ☐ Galileo ☐ Petrarca
   3. ☐ Garibaldi ☐ Goldoni ☐ Mazzini ☐ Verdi

   Risposte: 1. *Colombo. Colombo è navigatore, gli altri sono compositori;*
   2. *Galileo. Galileo è scienziato, gli altri sono scrittori;*
   3. *Goldoni. Goldoni si chiama Carlo, gli altri hanno per nome Giuseppe.*

6. L'intruso può anche riferirsi a località.

   Nella serie seguente di nomi propri, trova l'intruso e spiegane la ragione.
   1. ☐ Cagliari ☐ Catanzaro ☐ Cosenza ☐ Crotone
   2. ☐ la Liguria ☐ il Piemonte ☐ la Toscana ☐ il Veneto
   3. ☐ Capri ☐ la Calabria ☐ la Sardegna ☐ la Sicilia

   Nel primo esempio, gli studenti possono sostenere che l'intruso è *Cagliari* perché è una città che si trova in Sardegna mentre le altre città sono in Calabria. Ma ugualmente accettabile è la risposta *Crotone* la cui sigla inizia con la "K" mentre tutte le sigle delle altre città iniziano con la "C".

Nel secondo esempio gli studenti possono indicare *la Toscana*, in quanto è l'unica regione del centro Italia, tutte le altre sono regioni del nord. Ma accettabile è anche *il Piemonte*, l'unica regione non bagnata dal mare.

Nel terzo esempio gli studenti possono segnalare *la Calabria*: l'unica a non essere un'isola.

In queste attività la logica degli studenti gioca un ruolo fondamentale; nella serie di esempi presentati gli studenti devono identificare somiglianze e differenze degli elementi riportati. Diversi studenti possono individuare diverse somiglianze o differenze e, di conseguenza, fornire una varietà di termini che verranno utilizzati nella formulazione delle risposte.

7. Nella Immagine 5 viene chiesto agli studenti di identificare il contrario di tre verbi che sono sinonimi e di inserirlo nel cruciverba che viene fornito. Il cruciverba è uno strumento che può essere di aiuto: se gli studenti non conoscono la risposta possono contare i quadretti e confrontare il loro numero con le lettere che compongono i termini corrispondenti.

Verbi: sinonimi e contrari

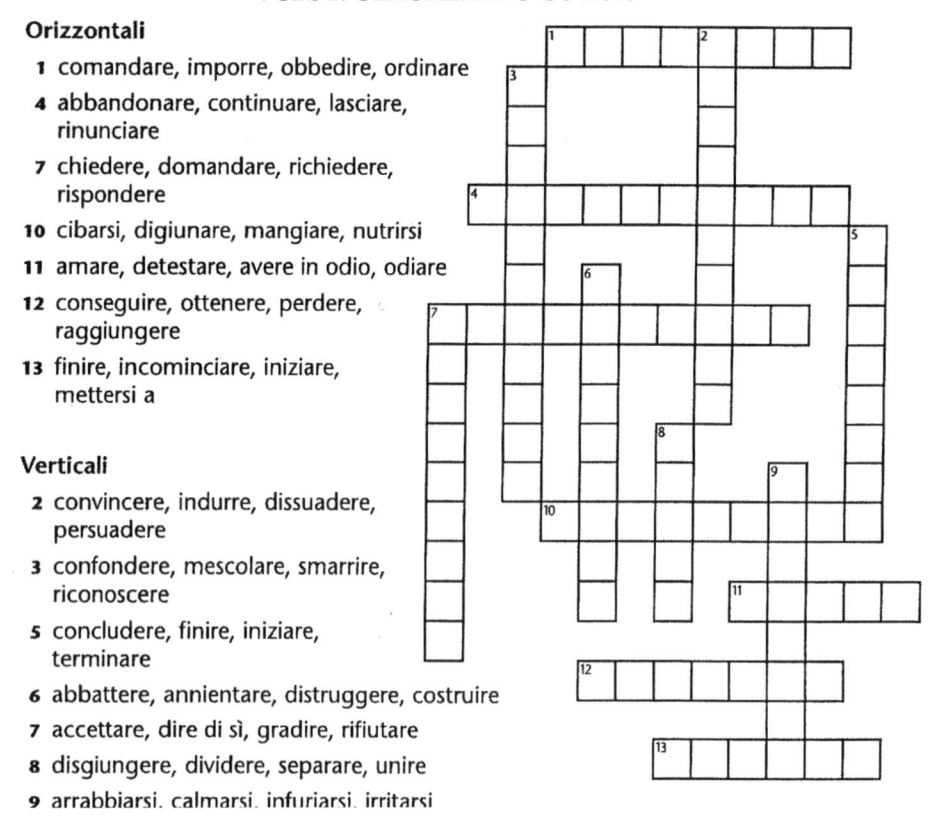

Orizzontali

1 comandare, imporre, obbedire, ordinare
4 abbandonare, continuare, lasciare, rinunciare
7 chiedere, domandare, richiedere, rispondere
10 cibarsi, digiunare, mangiare, nutrirsi
11 amare, detestare, avere in odio, odiare
12 conseguire, ottenere, perdere, raggiungere
13 finire, incominciare, iniziare, mettersi a

Verticali

2 convincere, indurre, dissuadere, persuadere
3 confondere, mescolare, smarrire, riconoscere
5 concludere, finire, iniziare, terminare
6 abbattere, annientare, distruggere, costruire
7 accettare, dire di sì, gradire, rifiutare
8 disgiungere, dividere, separare, unire
9 arrabbiarsi, calmarsi, infuriarsi, irritarsi

Immagine 5
Da: Anthony Mollica, *Attività lessicali 1. Elementare-Pre-Intermedio*. Recanati: ELI, 2004.
Per gentile concessione dell'Editore.

Aggettivi

In ogni sequenza di aggettivi ci sono tre sinonimi e un contrario.
Trovalo e segna la casella corrispondente.

1 ☐ agevole	☐ complesso	☐ facile	☐ semplice
2 ☐ aggressivo	☐ litigioso	☐ pacifico	☐ prepotente
3 ☐ agitato	☐ calmo	☐ sereno	☐ tranquillo
4 ☐ allegro	☐ contento	☐ felice	☐ triste
5 ☐ altruista	☐ avaro	☐ generoso	☐ magnanimo
6 ☐ assurdo	☐ impossibile	☐ irrealizzabile	☐ possibile
7 ☐ attraente	☐ piacevole	☐ sgradevole	☐ simpatico
8 ☐ autorevole	☐ debole	☐ forte	☐ potente
9 ☐ breve	☐ corto	☐ conciso	☐ lungo
10 ☐ buono	☐ cattivo	☐ crudele	☐ malvagio
11 ☐ complicato	☐ difficile	☐ difficoltoso	☐ facile
12 ☐ conosciuto	☐ famoso	☐ ignoto	☐ illustre
13 ☐ continuo	☐ eterno	☐ perenne	☐ provvisorio
14 ☐ deciso	☐ pronto	☐ risoluto	☐ titubante
15 ☐ essenziale	☐ indispensabile	☐ necessario	☐ superfluo
16 ☐ esteso	☐ grande	☐ grosso	☐ piccolo
17 ☐ finito	☐ passato	☐ presente	☐ trascorso
18 ☐ generale	☐ particolare	☐ speciale	☐ specifico
19 ☐ illogico	☐ incoerente	☐ irrazionale	☐ logico
20 ☐ incantevole	☐ meraviglioso	☐ orrendo	☐ stupendo

Immagine 6
Da: Anthony Mollica, *Attività lessicali 2. Intermedio-Avanzato*. Recanati: ELI, 2004.
Per gentile concessione dell'Editore.

Sostantivi

Nella colonna A ci sono delle sequenze di sinonimi. Trova nel riquadro il loro contrario e inseriscilo nella colonna B.

- ☐ alleato
- ☐ calma
- ☐ corruzione
- ☐ critica
- ☐ debolezza
- ☐ depressione
- ☐ effetto
- ☐ facilità
- ☐ indifferenza
- ☐ inettitudine
- ☐ odio
- ☐ organizzazione
- ☐ partenza
- ☐ premio
- ☐ presenza
- ☐ principio
- ☐ ribellione
- ☐ tradimento
- ☐ tristezza
- ☐ verità

A

1. abilità, capacità, competenza
2. affetto, amore, bene
3. agitazione, inquietitudine, nervosismo
4. allegria, buonumore, contentezza
5. applauso, battimano, ovazione
6. arrivo, comparsa, venuta
7. assenza, mancanza, inesistenza
8. avversario, nemico, rivale
9. bugia, fandonia, frottola
10. caos, confusione, disordine
11. castigo, pena, punizione
12. causa, motivo, ragione
13. commozione, emozione, turbamento
14. complessità, difficoltà, problematicità
15. conclusione, fine, termine
16. devozione, fedeltà, lealtà
17. eccitazione, entusiasmo, euforia
18. forza, energia, vigore
19. integrità, incorruttibilità, onestà
20. obbedienza, rispetto, sottomissione

Immagine 7
Da: Anthony Mollica, *Attività lessicali2. Intermedio-Avanzato.*. Recanati: ELI, 2004.
Per gentile concessione dell'Editore.

8. Il gioco dell'intruso può essere usato per insegnare o ripassare gli aggettivi usando sinonimi e contrari (vedi Immagine 6, p. 159). Agli studenti si chiede di individuare il contrario tra i quattro aggettivi forniti. L'attività aumenterà il patrimonio sinonimico degli studenti.

9. Nella Immagine 7 (p. 160) si richiede agli studenti di individuare il contrario (che in questo caso è il nostro intruso) da un elenco alfabetico di termini. Appare evidente che anche se lo studente non conosce il significato di tutti e tre i sinonimi, con tutta probabilità ne conoscerà almeno uno che servirà da catalizzatore per l'individuazione della risposta corretta all'interno dell'elenco.

Gli esempi relativi agli "intrusi" potranno ovviamente variare in relazione agli argomenti selezionati dai docenti o agli argomenti trattati e possono anche essere usati come strumento di verifica.

Riferimenti bibliografici

MOLLICA ANTHONY, 2004, *Attività lessicali 2. Intermedio-Avanzato.* Recanati: ELI, 2004. Welland, Ontario, éditions Soleil publishing inc.

MOLLICA ANTHONY, 1981, "Visual Puzzles in the Second-Language Classroom", *The Canadian Modern Language Review/La Revue canadienne des langues vivantes,* 37, 3 (March1), pp. 583-628.

Capitolo 13

Il labirinto

Per *labirinto* si intende una rete di percorsi irregolari e complicati ad un punto tale da far perdere l'orientamento; questa rete prevede una sola uscita che talvolta risulta quasi impossibile da trovare. Il termine deriva dal latino *labyrinthu* che, a sua volta, deriva dal greco *labyrinthos*. Rossi (2002, p. 226) suggerisce un'altra possibile origine a partire dal termine *Labaris*, un faraone, la cui tomba fu protetta da un'intricata rete di corridoi.

Nella lingua inglese esistono due termini che esprimono lo stesso concetto: *labyrinth* e *maze*. In italiano non c'è una marcata differenza tra i due: il primo, *labyrinth*, viene tradotto con "labirinto, dedalo, intrico", mentre per il secondo, *maze*, si usa "labirinto". In inglese, invece, la distinzione è netta: *maze* è un rompicapo grafico in cui appare un percorso composto da molte ramificazioni ove il risolutore deve individuare un percorso che porta all'uscita; il *labyrinth*, invece, prevede un unico tragitto risolutivo e non è concepito per essere un percorso difficile.

Sarcangeli (2005, pp. 25, 27) cita varie definizioni tratte da dizionari e enciclopedie prima di arrivare a quella che considera soddisfacente.

L'*Oxford Dictionary* offre:

Strada complicata irregolare con molti passaggi, attraverso i quali è difficile o impossibile trovare la via senza una guida.

Il *Dizionario* di Nicola Zingarelli nell'edizione del 1963 suggerisce:

Luogo donde non si trova modo di uscire; imbroglio, intrico, inviluppo, confusione.

Il Petrocchi lo definisce:

Immagine 1
Teseo uccide il Minotauro.
Statua in bronzo scolpita nel 1943 dallo scultore Antoine-Louis Barye (1796-1875).
Museo del Louvre, Parigi.

Luogo intrigato da strade che rendono difficile l'uscita.

Ma per Sarcangeli nessuna di queste definizioni è soddisfacente ed esauriente. E dopo averne considerato alcune,

> Un cammino tortuoso, disegnato per ostacolare o contrariare o ingannare coloro che si propongono di raggiungere la meta a cui conduce.

> Un cammino tortuoso circondato da muri o da siepi.

decide di dare questa definizione:

> Percorso tortuoso, in cui talvolta è facile perdere il cammino senza una guida.

Il labirinto più famoso risale all'antica Grecia. Secondo la mitologia greca, Minosse, re di Creta, si rifiutò di sacrificare un toro bianco venuto dal mare. Un tale atto di disobbedienza irritò Poseidone, dio del mare, che punì Minosse facendo in modo che la moglie Pasifae si innamorasse dell'animale. Dall'unione dei due nacque il Minotauro, un mostro metà uomo e metà toro. Fu su richiesta del re Minosse che Dedalo, un artigiano ateniese, realizzò a Creta il famoso labirinto. Scopo del labirinto era fornire rifugio al Minotauro, al quale Atene mandava un tributo sacrificale annuale di sette fanciulle e sette giovanetti. La pratica continuò sino a quando tra le vittime sacrificali destinate al Minotauro arrivò da Atene Teseo. Arianna, figlia di Minosse, si innamorò di lui e gli diede il famoso gomitolo che gli consentì di uscire dal labirinto dopo aver ucciso il Minotauro. (Immagine 1, p.164).

Minosse se la prese con Dedalo, il quale fuggì con il figlio Icaro volando via da Creta con ali fatte di piume tenute insieme dalla cera. Sfortunatamente Icaro andò incontro alla morte, perché si avvicinò troppo al sole e la cera che teneva unite le piume si sciolse. Nei secoli il termine "dedalo" divenne sinonimo di "labirinto" e "intrico".

Secondo Danesi (2002, p. 4), per labirinto si intende

> un test di intelligenza architettonica. Trovare l'uscita attraverso sentieri intricati, che si incrociano, va considerato non solo una prova di abilità ma anche un modo metaforico di trovare la strada verso l'illuminazione e la conoscenza.

Siamo d'accordo con la definizione che il Garzanti (2007) dà al labirinto nel gioco. Ed infatti, secondo il Garzanti

> nel gioco, il labirinto consiste in un disegno che rappresenta diverse strade tortuose, una sola delle quali porta all'uscita.

Ma vorremmo espandere la definizione "tradizionale" del labirinto nelle classi in cui si apprende una lingua per poter far partecipare più di un discente alla stessa attività. Quindi, oltre alla definizione tradizionale, proponiamo all'insegnante di includere in alcune attività più di una possibile soluzione in modo che esista più di una "strada tortuosa che porta all'uscita." Il nostro scopo è di far ripetere, con le varie soluzioni, il lessico in apprendimento o in revisione.

Perché portare i labirinti nella classe di lingua?

Sebbene i labirinti si identifichino immediatamente con una attività divertente che ha bisogno solo di carta e matita, il loro valore educativo nel processo dell'apprendimento è notevole. La risoluzione di labirinti, infatti

- affina l'acutezza visiva dell'apprendente,
- è utile al coordinamento occhio-mano,
- affina le capacità logiche dello studente.

Applicazioni glottodidattiche

1. I labirinti sono utili per insegnare/ripassare i numeri. In questa attività allo studente viene chiesto di trovare "la via" in modo da ottenere un totale di 20 da uscire dal labirinto. Ad un livello più basso questa attività può anche essere utile per insegnare abilità matematiche (Immagine 2).

   Segui la strada opportuna orizzontalmente da sinistra a destra o da destra a sinistra o verticalmente verso l'alto o verso il basso per ottenere il totale di 20. Scrivi le risposte in lettere in fondo alla pagina e leggile ad alta voce facendone l'addizione.

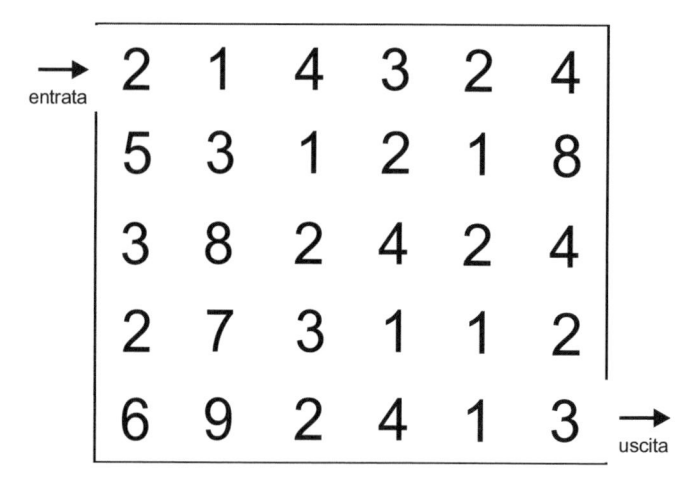

2	1	4	3	2	4
5	3	1	2	1	8
3	8	2	4	2	4
2	7	3	1	1	2
6	9	2	4	1	3

   entrata → (riga 1), uscita → (riga 5)

   Immagine 2

   L'insegnante dovrebbe incoraggiare lo studente a "contare" in italiano e quindi "pensare in italiano" mentre cerca la soluzione.

2. I labirinti sono utili per rivedere/ripassare il lessico usando un approccio tematico (Immagine 3, p. 167). Mentre per l'attività presentata all'Immagine 1 c'è solo una soluzione possibile, e l'attività di conseguenza rispecchia la definizione di labirinto, per l'attività dell'Immagine 2 ci sono varie possibilità. Lo scopo, qui, sta nell'intenzionale distacco dall'obiettivo originale del labirinto al fine di coinvolgere gli studenti nella ripetizione del lessico relativo ai legami di parentela.

Il labirinto

I signori Bianchi fanno visita ad alcuni parenti. Indica quale itinerario fanno i Bianchi per far visita ad ogni parente una volta sola. Ci sono varie possibilità.

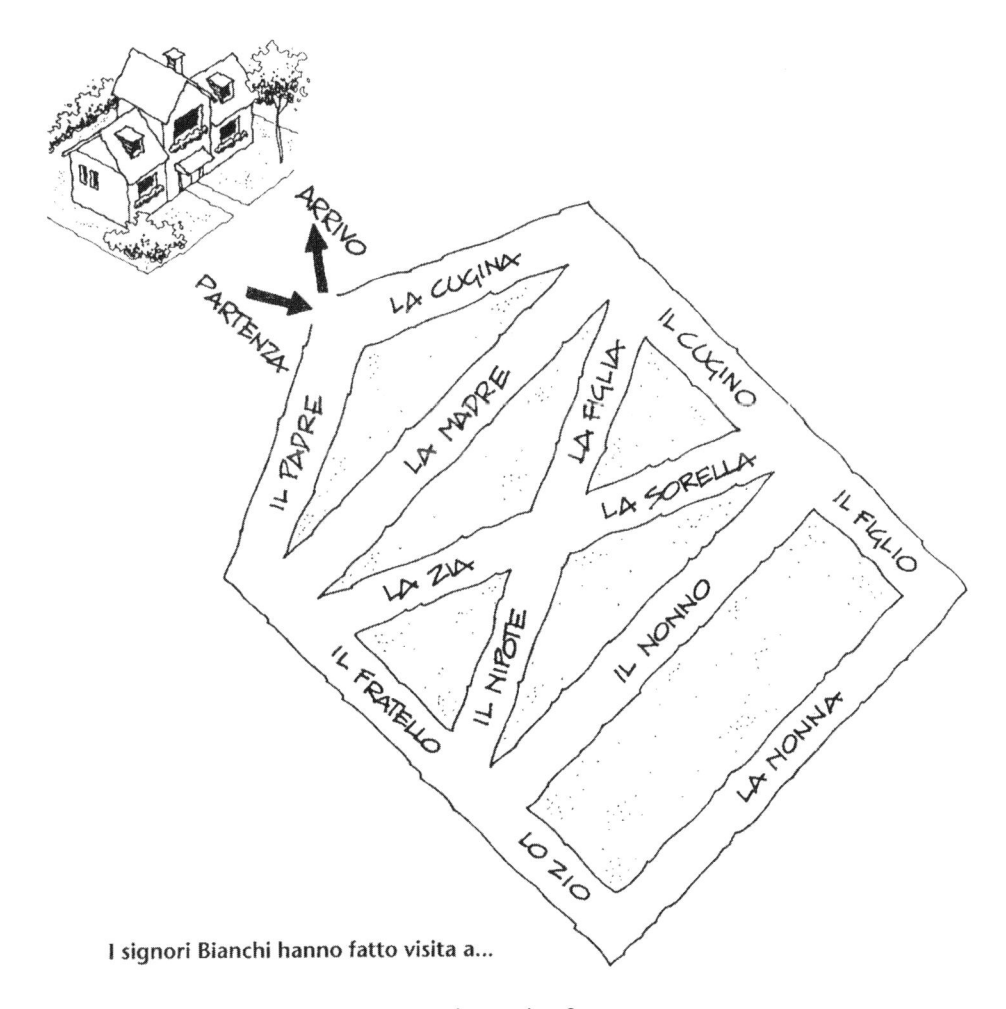

I signori Bianchi hanno fatto visita a...

Immagine 3
Da: Anthony Mollica, Attività lessicali 1. *Elementare pre-intermedio.* Recanati, Eli, 2004.
Per gentile concessione dell'Editore.

3. I labirinti possono anche essere usati insieme alle immagini per insegnare il lessico (Immagine 4, p. 168). Anche nell'attività proposta all'Immagine 3 ci sono varie risposte plausibili. Questa attività è particolarmente utile nelle prime fasi di apprendimento linguistico, in particolar modo per il fatto che presenta una associazione diretta tra immagini e termini.

4. Gli insegnanti possono anche creare dei labirinti e chiedere agli studenti di trovare una frase, un proverbio o una massima nascosta (Immagine 5, p. 169).

Ieri sono andato al giardino zoologico e ho visto tutti gli animali rappresentati nel disegno. Sono entrato e uscito da ognuna delle sette porte e ho visto ogni animale una sola volta. Come ho fatto? Sono possibili vari itinerari.

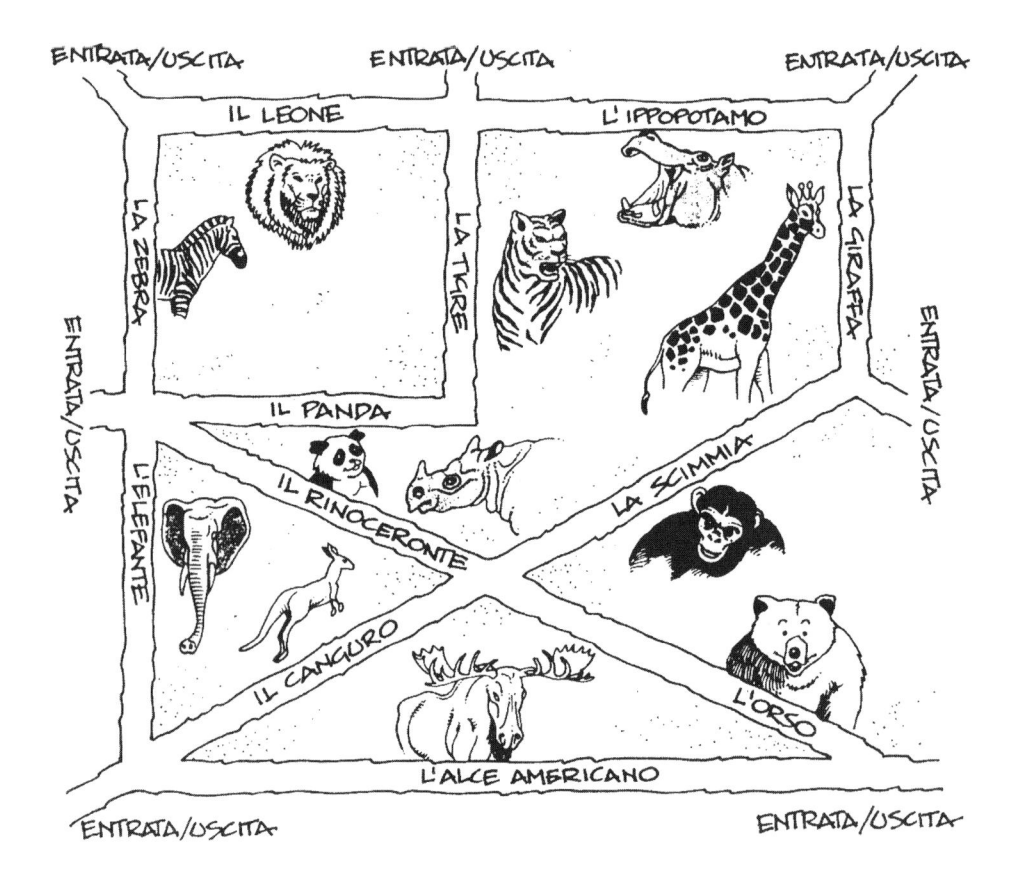

Da: Anthony Mollica, Attività lessicali 1. *Elementare pre-intermedio*. Recanati Eli, 2004.
Per gentile concessione dell'Editore.

5. Alcuni labirinti possono avere più di un'entrate ma solo una unica uscita come lo dimostra l'Immagine 6 (vedi p. 170).

Gli insegnanti sono liberi di introdurre l'aspetto competitivo in relazione alla soluzione del compito e, in questo caso, premiare lo studente che riuscirà a risolvere l'attività per primo.

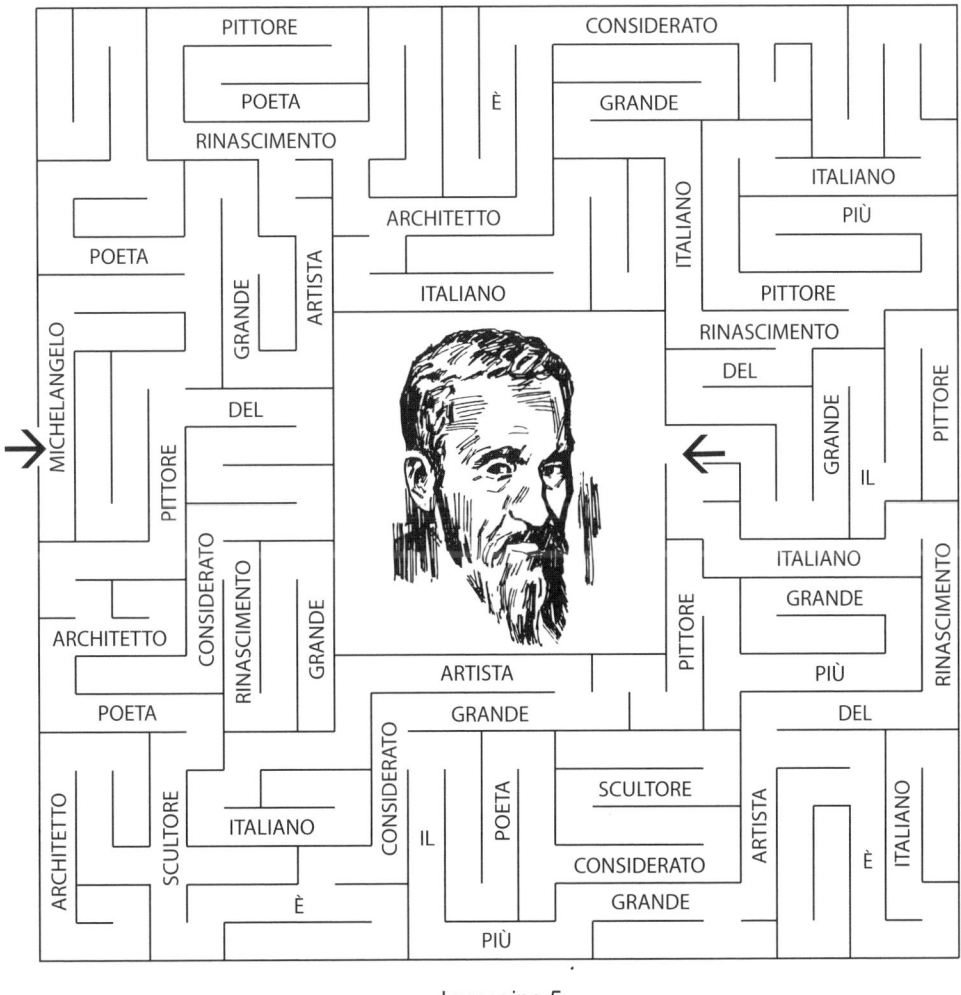

Immagine 5

Riferimenti bibliografici

Danesi Marcel, 2002, *The Puzzle Instinct. The Meaning of Puzzles in Human Life*, Bloomington, IN, Indiana University Press.

Garzanti, 2007, *Il Grande Dizionario Garzanti Italiano 2008*, Novara, De Agostini Scuola SpA, Garzanti linguistica.

Mollica Anthony, 2004 A*ttività lessicali 1. Elementare pre-intermedio.* Recanati, ELI.

Rossi, Giuseppe Aldo, 2002. *Dizionario Enciclopedico di Enigmistica e Ludolinguistica*, Bologna, Zanichelli.

Sarcangeli Paolo, 2005, *Il libro dei labirinti. Storia di un mito e di un simbolo,* Prefazione di Eco Umberto, Milano, Frassinelli.

Quale sarà la strada che la strega dovrà percorrere per raggiungere la scopa?

Immagine 6

Capitolo 14

I modi di dire

Come fa giustamente notare Laura Craici (2001, p. 5), i modi di dire

> ricorrono frequentemente nel linguaggio scritto informale, ma ancor più in quello parlato e familiare a cui danno vivezza, colore, incisività con l'uso di metafore, di immagini atte a colpire la fantasia.

Si tratta quindi di espressioni idiomatiche che, benché reperibili in altre lingue, sono intraducibili letteralmente. Si pensi, per esempio, al modo di dire italiano, *"costare un occhio"*, all'equivalente francese *"coûter les yeux de la tête"*, a quello spagnolo *"costar un ojo"* e a quello inglese, *"to cost an arm and a leg"*, che accentua parti del corpo completamente distinte dal modo di dire delle lingue romanze.

I modi di dire hanno varie origini. Craici (2001, p. 5) suggerisce che i modi di dire possono avere un'origine

- storica,
- letteraria,
- biblica,
- mitologica,
- favolistica
- o anche soltanto curiosa.

Sarebbe interessante, e anche motivante per gli studenti, che l'insegnante, nel presentare alcuni modi di dire, desse l'origine di queste espressioni. Purtroppo, in molti manuali di lingua i modi di dire vengono presentati senza nessuna spiegazione e spesso alla fine di una lista di singoli vocaboli. Poche sono le opere che danno le origini di queste espressioni (Quartu, 1993) e solo qualche manuale destinato a discenti di lingua straniera (Aprile, 2008) dà le origini di alcune presentandole come lettura o in esercizio di abbinamento. La maggior parte di altri manuali destinati a studenti che apprendono l'italiano come lingua seconda o lingua straniera si limitano semplicemente a dare il modo di dire e una spiegazione o definizione (Natale e Zacchei, 1996; Eli, 2002) senza nessun esercizio di contestualizzazione. E spesso qualche autore erroneamente confonde il modo di dire con massime o frasi latine, che possono essere tradotte letteralmente in italiano e con lo stesso significato originale e quindi non sono "modi di dire". Si tratta di latinismi paracadutati nella lingua italiana: *"Carpe diem!", "a posteriori", "a priori" "cum grano salis", "de gustibus disputandum non est", "Deo gratias",* "dire *inter nos", "Dura lex, sed lex",* "*errare humanum est", "do ut des",* "essere *ad hoc",* "essere il *factotum",* "essere il *non plus ultra",* "essere *sui generis",* "essere un *Deus ex machina",* "fare *mea culpa",* "fare *tabula rasa",* fare qualcosa *pro forma, "lupus in fabula", "repetita iuvant", "sine die", "statu quo", "Vox populi, vox Dei".*

Lo stesso si può dire di massime o detti proverbiali che vengono identificati come modi di dire ma che in realtà non lo sono perché non corrispondono alla "definizione" del "modo di dire": *"L'abito non fa il monaco", "I panni sporchi si lavano in famiglia", "La fortuna è cieca", "La matematica non è un'opinione", "Non c'è rosa senza spine", "Non tutto è oro quel che luccica", "o bere o affogare", "Ogni medaglia ha il suo rovescio", "O mangi questa minestra o salti dalla finestra", "Paganini non ripete", "Tutte le strade portano a Roma", "Una rondine non fa primavera", "La paura fa novanta".*

Non ci sorprende trovare spesso nella stessa pubblicazione modi di dire *e* proverbi o espressioni proverbiali senza che l'autore faccia alcuna distinzione (Pittàno, 2009). Né ci soprende il fatto che molte espressioni vengono usate in modo errato nella lingua parlata, come dimostra una divertente lettura di Bartezzaghi (2006).

Eric Partridge, conoscitore del settore, nel suo *Dictionary of Clichés* afferma che, a differenza dei proverbi, i modi di dire non esprimono saggezza popolare, non hanno un significato profondo o morale, ma sono semplicemente frasi "usa-e-getta" (Vedi Capitolo 19, "I proverbi".)

Tutti i dizionari consultati in varie lingue sui lemmi *"modi di dire", "espressioni idiomatiche", "idiotismi" ("idioms"* o *"idiomatic expressions"* in inglese; *"idiotismes"* o *"expressions idiomatiques"* in francese; *"modismos"* in spagnolo) sono d'accordo sulla stessa definizione:

> locuzione, costruzione particolare di una lingua dotata di particolare espressività e difficilmente traducibile in modo letterale.

Lo scopo dei modi di dire, quindi, è di rendere il messaggio linguisticamente più autentico e più colorito sia nella lingua parlata che nella lingua scritta. Tutti i discenti d'italiano sono capaci di dire che

"Una Ferrari costa molto."

ma da docenti di lingua dobbiamo portarli ad un livello linguistico tale da poter dire che

"Una Ferrari costa *un occhio della testa.*"

Dizionari o manuali di modi di dire, utilissimi certamente come fonte di ricerca e di informazione, secondo noi, non offrono la soluzione all'apprendimento dei modi di dire che sarà facilitato solamente se presentato in contesto (vedi Gobetti *et al.*, 1996) e con un approccio tematico.

Per meglio ricordare e imparare i modi di dire consigliamo che essi vengano presentati durante la lezione dove un certo tema lessicale viene accentuato o presentato. Per esempio, ad un livello intermedio o avanzato, quando si presentano o si ripassano le parti del corpo umano si potrebbero introdurre alcuni modi di dire dando il loro significato. È necessaria una fase di apprendimento antecedente alla presentazione delle attività da parte degli insegnanti per facilitare l'apprendimento. Ovviamente, la scelta dei modi di dire dipende dall'insegnante, che identificherà quelli di alta frequenza. Suggeriamo quindi un approccio tematico dei modi di dire, molti dei quali hanno un significato figurato. La maggior parte degli esempi che seguono sono tratti dal *Dizionario di base della lingua italiana* di De Mauro e Moroni (1996) e dal *Grande Dizionario Hoepli Italiano* di Gabrielli (2008) in cd-rom.

baffo / baffi
- con i baffi, con tanto di baffi = pregevole, ottimo
- ridere sotto i baffi = ridere con malizia, ridere con compiacenza, di nascosto
- leccarsi i baffi = mostrarsi soddisfatto di una cosa che fa piacere

barba
- che barba! = che noia!
- far venire la barba = annoiare moltissimo
- farla in barba a qualcuno = far qualcosa a suo dispetto o contro la sua volontà

bocca
- fare venire l'acquolina in bocca = essere appetitoso
- non chiudere la bocca = parlare in continuazione
- essere sulla bocca di tutti = si dice di qualcosa o di qualcuno di cui tutti parlano
- non aprire bocca = non dire una parola
- avere una bocca da sfamare = avere una persona a carico
- togliere la parola di bocca a qualcuno = anticipare ciò che stava per dire

braccio / braccia
- allargare le braccia = esprimere rassegnazione
- alzare le braccia = arrendersi
- sentirsi cadere le braccia = avvilirsi
- avere le braccia lunghe = essere potente
- avere le braccia legate = non poter agire liberamente
- cadere, finire in braccio a qualcuno = essere in suo potere
- essere il braccio destro di qualcuno = essere il suo aiutante di fiducia, il collaboratore personale
- far cascare le braccia = causare sconforto, delusione
- parlare a braccio = senza aver preparato il discorso, improvvisando

- ricevere (accogliere) qualcuno a braccia aperte = con affetto, in modo cordiale
- incrociare le braccia = detto dei lavoratori, scioperare
- gettare le braccia al collo a qualcuno = abbracciarlo con grande affetto

capello / capelli
- tirare per i capelli = costringere
- far venire i capelli bianchi (far rizzare i capelli) = incutere molta paura
- spaccare un capello in quattro = fare una analisi molto acuta
- avere un diavolo per capello = essere molto irritato o innervosito
- averne fin sopra i capelli = non sopportare più qualcosa
- prendersi per i capelli = accapigliarsi, litigare
- non torcere un capello a qualcuno = non fargli alcun male
- mettersi le mani nei capelli = disperarsi

cervello
- avere un cervello d'oca (di gallina, di formica) = essere poco intelligente
- fare le cose con il cervello = fare le cose assennatamente
- lambiccarsi (stillarsi) il cervello = affaticarsi intorno a un problema
- agire con poco cervello = sventatamente, senza riflettere

cuore
- avere la morte nel cuore = essere profondamente triste
- schiantare (spezzare) il cuore a qualcuno = fare soffrire qualcuno atrocemente
- non avere cuore = non essere buono, generoso, pietoso
- persona di cuore = persona di grande bontà
- sentire un tuffo al cuore = essere preso da una intensa emozione
- toccare il cuore a qualcuno = impietosire qualcuno, commuoverlo
- avere il cuore sulle labbra = essere franco, aperto, sincero, dire ciò che si pensa
- avere in cuore di fare una cosa = averne il desiderio, averne la ferma intenzione
- avere cuore = avere coraggio
- aver un cuor di leone = essere molto coraggioso
- mancare il cuore di fare (di dire) qualcosa = mancare il coraggio di fare (di dire)
- un cuore semplice = persona d'animo puro, innocente, ingenuo
- avere una spina nel cuore = essere in preda a una grave preoccupazione
- essere senza cuore = essere perfido, spietato, crudele

dente / denti
- battere i denti = tremare per il freddo o la paura
- a denti stretti = controvoglia, con reticenza
- non essere pane per i suoi denti = essere compito superiore alle sue capacità
- avere il dente avvelenato = provare rancore contro qualcuno
- mettere qualcosa sotto i denti = mangiare
- stringere i denti = sforzarsi per riuscire in qualcosa

dito / dita
- non muovere un dito in favore di qualcuno = non fare nulla per aiutarlo
- avere una cosa sulla punta delle dita = saperla benissimo
- roba da leccarsi le dita = si dice di un cibo squisito o di una cosa ottima, desiderabile
- mordersi le dita = provare rabbia
- legarsi al dito un'offesa = non dimenticarla
- mettere il dito sulla piaga = toccare un argomento non gradito o doloroso
- toccare il cielo con un dito = provare una gioia grandissima

fegato
- aver fegato = aver coraggio
- rodersi il fegato = essere vittima dell'ira, dell'invidia

gamba / gambe
- darsela a gambe = fuggire
- essere in gamba = essere in forma, in buona salute
- con la coda tra le gambe = avvilito, pieno di vergogna
- fare il passo più lungo della gamba = impegnarsi in un'impresa superiore alle proprie capacità o possibilità
- mettere le gambe in spalla = incamminarsi di buona lena
- tagliare le gambe a qualcuno = scoraggiare qualcuno, frustrarne ogni iniziativa
- avere le gambe lunghe = essere un buon camminatore

gola
- avere un groppo (un nodo) in gola = provare forte commozione, essere sul punto di piangere
- avere un rospo alla gola = sentire il peso di un sentimento represso o di un'opinione non manifestata
- prendere per la gola = approfittare della debolezza o della difficoltà di qualcuno a proprio vantaggio
- fare gola = essere molto allettante
- avere l'acqua alla gola = essere in condizioni di estrema difficoltà, specialmente economica
- gridando (urlando) a piena gola = più forte possibile

mano / mani
- battere le mani = applaudire
- mettersi le mani nei capelli = in segno di disperazione
- lavarsi le mani di qualcuno (di qualcosa) = disinteressarsene
- mordersi (mangiarsi) le mani = in segno di rabbia o di sconforto
- chiedere la mano di una ragazza = chiedere una ragazza in sposa
- con il cuore in mano = con la massima onestà, sincerità
- stare con le mani in mano = oziare
- mettere la mano sul fuoco = avere assoluta fiducia in qualcuno, essere certi di qualcosa
- toccare con mano = conoscere per esperienza diretta

- mettere le mani in qualcosa = intervenirvi, intromettersi
- sporcarsi le mani = commettere un'azione riprovevole
- tender la mano = chiedere l'elemosina
- avere qualcosa a portata di mano (sotto mano, alla mano) = avere pronta disponibilità
- trovarsi (essere) in buone mani, (in mani sicure) = di persona o cosa ben protetta, cosa ben custodita
- di seconda mano = di oggetto già usato o di notizia avuta indirettamente
- avere le mani bucate = spendere senza controllo
- mettere le mani addosso a qualcuno = picchiarlo, colpirlo
- chiedere la mano = chiedere in sposa
- dare una mano a qualcuno = aiutare
- fuori mano = lontano, difficile da raggiungere
- restare a mani vuote = non ottenere ottenere ciò che si desiderava

naso
- avere (montare) la mosca al naso = essere irascibile, perdere la pazienza, arrabbiarsi
- rimanere con un palmo di naso = restare deluso, amareggiato
- menare (tirare, prendere) per il naso = imbrogliare, raggirare qualcuno
- ficcare il naso = intromettersi, impicciarsi
- arricciare il naso = esprimere disgusto o fastidio

occhio / occhi
- a occhio e croce = suppergiù, pressappoco
- occhio per occhio, dente per dente = espressione di origine biblica che annuncia la legge del taglione, consistente nell'infliggere al colpevole lo stesso danno da lui arrecato alla vittima
- leggere negli occhi = penetrare nel pensiero
- a occhi chiusi = senza esitazione
- sognare a occhi aperti = fantasticare
- chiudere gli occhi = dormire, morire
- aprire gli occhi = svegliarsi, fare attenzione; stare molto attento a non cadere in un tranello
- gettare l'occhio su qualcosa = guardare di sfuggita
- essere tutt'occhi = stare molto attento
- tener d'occhio qualcuno = sorvegliare
- a quattr'occhi = da solo a solo, a tu per tu
- chiudere un occhio = fingere di non vedere per indulgenza o complicità
- dar nell'occhio = destare attenzione
- costare (pagare o spendere) un occhio della testa = costare, pagare, spendere moltissimo
- essere come il fumo negli occhi = essere molto antipatico, odioso
- lontano dagli occhi, lontano dal cuore: la lontananza diminuisce gli affetti
- aver buon occhio = avere buona capacità di giudizio o di scelta
- occhio non vede, cuore non duole = quello che non vediamo non ci tocca direttamente

- non poter chiudere occhio = non poter dormire
- in un batter d'occhio = molto rapidamente
- guardare con la coda dell'occhio = facendo finta di niente, cercando di non farsi notare
- vedere di buon occhio = vedere con benevolenza
- non perdere d'occhio qualcuno = vigilare qualcuno assiduamente
- a perdita d'occhio = fin dove arriva lo sguardo
- occhio! = fai attenzione
- dare nell'occhio = essere vistoso
- non vedere di buon occhio = giudicare male
- avere occhio = avere la capacità di intuire, sapere scegliere
- tenere gli occhi aperti = fare attenzione ai pericoli

orecchio / orecchi
- parlare in un orecchio a qualcuno = parlare a qualcuno a bassa voce, segretamente
- aprire gli orecchi = fare attenzione
- essere tutto orecchi = essere attentissimo
- giungere agli orecchi = sentire dire una cosa
- mettere una pulce nell'orecchio di qualcuno = insospettirlo, dirgli qualcosa che gli dia da pensare
- rizzare (tendere) gli orecchi = ascoltare attentamente
- stare con gli orecchi aperti = stare molto attento
- tirare gli orecchi a qualcuno = ammonire, riprendere qualcuno
- tirata (tiratina) d'orecchi = ammonimento, sgridata
- esser duro di orecchi = essere sordo e ostinato
- non avere orecchio = essere stonato
- cantare (suonare) a orecchio = cantare senza conoscere la musica o ripetendo i motivi a memoria

piede
- fare con i piedi = fare molto male
- in punta di piedi = con prudenza, con discrezione
- puntare i piedi = rifiutarsi di procedere
- andare con i piedi di piombo = procedere con estrema cautela
- avere un piede nella fossa (essere con un piede nella fossa) = essere sul punto di morire, essere in fin di vita
- essere (stare) tra i piedi a qualcuno = infastidire qualcuno con la propria presenza
- levarsi dai piedi = andarsene, smettere di dare fastidio
- fare qualcosa con i piedi = fare qualcosa male, approssimativamente
- da capo a piedi = da cima a fondo
- su due piedi = d'improvviso, in un attimo
- togliersi (levarsi) qualcuno dai piedi = liberarsi di qualcuno
- avere le ali ai piedi = correre velocemente
- sentirsi manacare la terra sotto i piedi = sentirsi in pericolo
- tenere in piedi = conservare, mantenere

stomaco
- avere uno stomaco di ferro = riuscire a digerire qualsiasi cosa
- avere qualcuno sullo stomaco = non poter sopportare qualcuno
- stare sullo stomaco a qualcuno = essere sgradito o antipatico a qualcuno
- riempire, riempirsi, lo stomaco = (*fam.*) mangiare
- rimanere sullo stomaco = difficile da digerire

testa
- scuotere la testa = in segno di disapprovazione o di diniego
- testa dura = persona ostinata
- testa vuota = di chi è superficiale e irresponsabile
- far girare la testa a qualcuno = farlo innamorare di sé
- andare a testa alta = si dice di chi non ha nulla di cui vergognarsi
- perdere la testa = non capire più nulla
- agire senza testa = senza riflettere
- avere la testa fra le nuvole = essere svagato, distratto, fantasticare
- non sapere dove battere (sbattere) la testa = non sapere quale soluzione adottare per risolvere un problema; non sapere dove cercare aiuto
- scuotere la testa = esprimere la propria disapprovazione
- tagliare la testa al toro = porre fine a una situazione di indecisione, prendendo una iniziativa drastica
- fare a qualcuno la testa come un pallone = stordire una persona a forza di chiacchiere
- una lavata di testa = una ramanzina, un energico rimprovero
- mettersi in testa qualcosa = convincersi di qualcosa
- rompersi la testa = scervellarsi per la risoluzione di un problema difficile
- fare le cose senza testa = fare le cose senza logica, senza ordine, senza pensare
- una gran testa = una persona particolarmente ingegnosa e geniale
- avere la testa sulle spalle = comportarsi con giudizio, in modo riflessivo
- testa calda = individuo impulsivo
- testa di rapa = persona stupida
- testa di legno = persona testarda e stupida
- tenere testa a qualcuno = resistergli con energia e successo
- montarsi la testa = credere di essere migliori di quanto non si è in realtà
- perdere la testa = perdere il controllo di sé; innamorarsi perdutamente
- avere la testa a posto = essere una persona assennata

Applicazioni glottodidattiche

1. Dopo avere presentato i modi di dire e la spiegazione/definizione/origine, l'insegnante può chiedere agli studenti di illustrarne alcuni (vedi Immagini 1-4).

2. L'insegnante può dare una serie di frasi con la definizione/spiegazione di un modo di dire e chiedere agli studenti di cambiare le parole in corsivo con il modo di dire appropriato.

I modi di dire

Immagine 1 : lavarsi le mani

Immagine 2: essere tutto orecchi

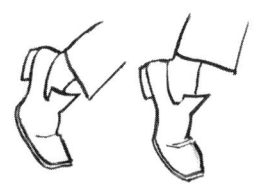

Immagine 3: camminare in punta di piedi

Immagine 4: avere le mani bucate

Sostituisci le parole in corsivo con il modo di dire appropriato.
1. Abbiamo ascoltato la conferenza del professor Bianchi. *Che noia!*
2. L'oratore era così bravo che non leggeva da un discorso preparato. *Parlava improvvisando.*
3. Il pensiero all'incidente stradale che stavamo per avere *mi incute molta paura*.
4. Il comm. Rossi ha donato 100 000 euro per aiutare i terremotati. *È un uomo generoso.*
5. Non appena videro arrivare i carabinieri, i ladri *fuggirono*.
6. Non chiedermi un prestito durante questo periodo; *sono in condizioni di estrema difficoltà economica*.
7. Marco, cosa fai lì senza far niente? Cerca di far qualcosa invece di *oziare*.
8. Maria è così brava in matematica che ha risolto tutti i problemi *molto rapidamente*.
9. Ti capisco benissimo: è stata un'azione in cui *hai agito senza riflettere*.
10. Paolo ha preso la macchina di suo padre senza chiedere il permesso e questi gli ha fatto *un severo rimprovero*.

3. In alternativa, l'insegnante può dare una serie di frasi con i modi dire e chiedere agli studenti di spiegare il significato.

Sostituisci il modo di dire in corsivo con parole proprie.
1. Malgrado l'appello, il signor Rossi non *ha mosso un dito in favore dei terremotati*.

2. Mentre Gianni raccontava gli strani avvenimenti della giornata, suo padre *rideva sotto i baffi*.

3. È un compito molto difficile quello che ha accettato Mario; secondo me, *non è pane per i suoi denti*.

4. Ho fatto diversi suggerimenti per migliorare la situazione, ma ogni volta che dicevo qualcosa, il mio collega, invidioso, *mi tagliava le gambe*.

5. Mario è innamorato pazzamente di Maria e *ha chiesto la mano* ai suoi genitori. Sperano di sposarsi l'anno venturo.

6. Al sentire che il suo collega era stato promosso al posto di capufficio, Marco *rimase con un palmo di naso*.

7. "Ti giuro che ti sto raccontando tutto *con il cuore in mano*."

8. "Sì, dimmi, cara, *sono tutto orecchi*."

9. "Ho una cosa molto importante da dirti e vorrei parlarti *a quattr'occhi*."

10. All'angolo della strada un mendicante *tendeva la mano* ai passanti.

4. L'insegnante può dare una lista di modi di dire e chiedere allo studente di completare gli esempi con la parte del corpo mancante appropriata. È ovvio che questa attività va proposta dopo che gli studenti si sono familiarizzati con i vari modi di dire. Per facilitare il compito, l'insegnante può dare le risposte in ordine alfabetico accanto all'esercizio.

1. allargare le _____
2. avere un diavolo per _____
3. avere qualcuno alle _____
4. essere l'amico del _____
5. essere con una corda al _____
6. ridere sotto i _____
7. sulla punta delle _____
8. mettersi le mani nei _____
9. armato fino ai _____
10. gettare fumo negli _____
11. lavarsene le _____
12. alzare il _____
13. avere un nodo alla _____
14. fare il passo più lungo della _____
15. far venire l'acquolina in _____

☐ baffi
☐ bocca
☐ braccia
☐ capelli
☐ capello
☐ collo
☐ cuore
☐ denti
☐ dita
☐ gamba
☐ gola
☐ gomito
☐ mani
☐ occhi
☐ spalle

5. L'insegnante può chiedere agli studenti di dare l'origine di alcuni modi di dire cercandoli su internet o su appositi dizionari.

lavarsene le mani: disinteressarsene
Questo modo dire è un gesto attribuito a Ponzio Pilato con il quale egli declinò ogni responsabilità nella condanna di Gesù. L'episodio è riportato dal Vangelo di Matteo (XXVII, 24).

mettere la mano sul fuoco: avere assoluta fiducia in qualcuno, essere certi di qualcosa

Nel Medio Evo, il mettere la mano nel fuoco faceva parte delle varie prove previste dal Giudizio di Dio. Un innocente avrebbe potuto contare sull'aiuto di Dio, e pertanto avrebbe ritirato la mano indenne. L'origine del detto potrebbe tuttavia essere ancora più antica e risalire all'epoca romana e in particolare a Muzio Scevola, che avendo per errore ucciso un soldato invece del re Porsenna, secondo la tradizione affondò la mano destra in un braciere fumante per "punire la mano che ha sbagliato" (Quartu, 1993, p. 185; vedi anche Pittàno, 2009.)

6. L'insegnante può anche chiedere agli studenti di "indovinare" il modo di dire appropriato dando la lista delle risposte e uno schema di parole crociate (Immagine 5). Lo studente scoprirà la risposta corretta contando il numero delle caselle e il numero delle lettere della risposta. Ma è importante, per non confondere *capello* e *capelli*, che uno dei due venga incrociato con un'altra parola che termina in *o* o in *i* per evitare che gli studenti non facciano errori.

☐ baffi
☐ bocca
☐ braccia
☐ capelli
☐ capello
☐ collo
☐ cuore
☐ denti
☐ dita
☐ gamba
☐ gola
☐ gomito
☐ mani
☐ occhi
☐ spalle

Immagine 5

Orizzontali
3. fare il passo più lungo della ...
6. mettersi le mani nei ...
7. ridere sotto i ...
8. gettare fumo negli ...
9. avere un nodo alla ...
10. essere con una corda al ...
12. avere qualcuno alle ...
13. sulla punta delle ...

Verticali
1. essere l'amico del ...
2. avere un diavolo per ...
3. alzare il ...
4. allargare le ...
5. lavarsene le ...
7. far venire l'acquolina in ...
11. armato fin ai ...

7. Dopo che gli studenti si sono familiarizzati con il loro significato, l'insegnante può dare loro un esercizio di abbinamento (vedi Capitolo 1, "L'abbinamento e l'incastro").

8. L'insegnante può chiedere agli studenti che studiano italiano l'equivalente di alcuni modi di dire nella loro lingua materna.

9. L'insegnante può chiedere agli studenti di abbinare un disegno (che illustra il modo di dire) al modo di dire.

   A quali modi di dire si riferiscono questi disegni? Associa il disegno al modo di dire.
   1. Che barba!
   2. avere le ali ai piedi
   3. tirare per i capelli
   4. avere un piede nella fossa
   5. fare la testa come un pallone
   6. avere le mani legate.

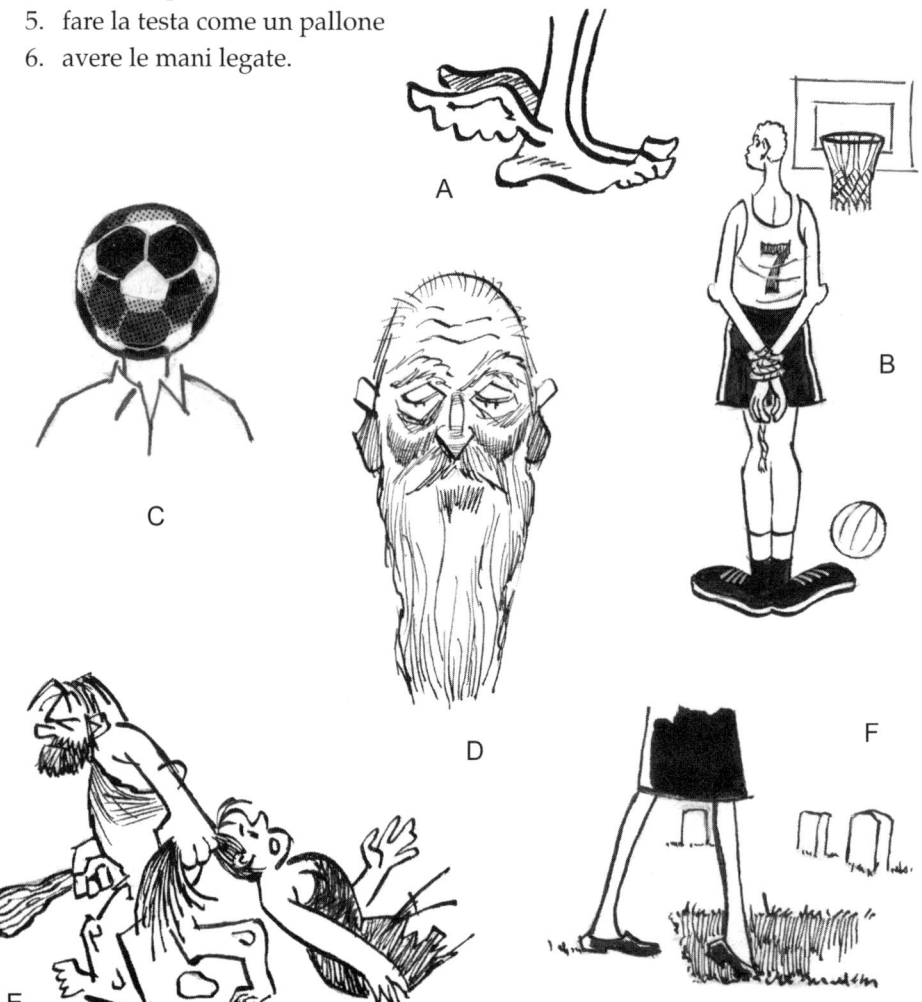

I modi di dire

9. L'insegnante può dare una serie di frasi con i modi di dire e poi chiedere allo studente di trovare la risposta nella scelta multipla.

   Scegli la risposta che spiega il modo di dire in corsivo.

   1. Il signor Bianchi *ha un cuor di leone.*
      - ☐ A. Il signor Bianchi ha subito un trapianto con un cuore di leone.
      - ☐ B. Il signor Bianchi è un uomo molto coraggioso.
      - ☐ C. Il signor Bianchi è un uomo feroce.

   2. Abbiamo ascoltato la conferenza del professor Bianchi. *Che barba!*
      - ☐ A. Il professor Bianchi aveva la barba.
      - ☐ B. Il tema della conferenza del professor Bianchi era: "La barba".
      - ☐ C. La conferenza del professor Bianchi è stata noiosa.

10. L'insegnante può suggerire agli studenti di creare delle frasi con modi di dire seguiti da risposte a scelta multipla umoristiche (Vedi attività precedente.)

11. L'insegnante può suggerire agli studenti di creare delle vignette umoristiche incorporando nella battuta un modo di dire (Immagini 5-8). (Vedi Capitolo 24, "L'umorismo").

– Questa pelliccia mi è costata un occhio!

Immagine 5

– Occhio per occhio!
– Dente per dente!

Immagine 6

– Quando penso alla nostra situazione sento un groppo qui alla gola.

Immagine 7

– Mi hanno detto di mettermi le gambe in spalla e andarmene...

Immagine 8

Il compito dell'insegnante non è solo quello di preparare lo studente di lingue a saper comunicare bene con i parlanti nativi, ma anche di prepararlo a parlare *come* i parlanti nativi. I modi di dire offrono questa opportunità.

Riferimenti bibliografici

APRILE GIANLUCA, 2008, *Italiano per modo di dire. Esercizi su espressioni, proverbi e frasi idiomatiche,* Firenze, Alma edizioni.

BARTEZZAGHI STEFANO, 2006, *Non ne ho la più squallida idea. Frasi matte da legare,* Milano, Arnoldo Mondadori Editore, S.p.A

CRAICI LAURA, 2001, *Dizionario dei Modi di Dire. Oltre 5000 espressioni per dare efficacia e colore alla lingua quotidiana,* Milano, A. Vallardi Editore.

DE MAURO TULLIO E MORONI G. G., 1996, *Dizionario di base della lingua italiana,* Torino, Paravia.

DI NATALE FRANCESCO E ZACCHEI NADIA, 1996, *In bocca al lupo! Espressioni idiomatiche e modi di dire tipici della lingua italiana,* Perugia, Guerra edizioni.

GABRIELLI ALDO, 2008, *Grande Dizionario Hoepli Italiano,* Milano, Ulrico Hoepli Editore, Spa.

GOBETTI DANIELA, HALL FRANCES ADKINS, GARAU SUSAN Z. E HALL ROBERT A. JR., 1996, I*talian Idioms,* Hauppauge, NY, Barron's Educational Series, Inc.

ELI, 2002, *Per modo di dire. Dizionario dei modi di dire italiani,* Recanati, Eli.

PITTÀNO GIUSEPPE, 2009, *Dizionario dei modi di dire, proverbi e locuzioni di italiano,* Bologna, Zanichelli.

QUARTU B.M., 1993, *Dizionario dei modi di dire della lingua italiana. 10.000 modi di dire ed estensioni figurate in ordine alfabetico per lemmi importanti e campi di significato,* Milano, RCS Rizzoli Libri, S.p.A.

[N.d.A. I disegni a pp. 175-176, 179 sono di George Shane; le vignette a p. 180 di G. Pellegrini.]

Capitolo 15

L'onomastica umoristica

L'*onomastica* è il ramo o settore della linguistica che studia i nomi propri di una persona *(antroponomi)* o i nomi di un luogo *(toponimi)*. Rossi (2002, p. 280) la definisce così:

[L'onomastica umoristica] è lo sfruttamento in chiave scherzosa di nomi vagamente evocativi, inventati in relazione alle caratteristiche o attività dei personaggi ai quali vengono applicati.

L'onomastica umoristica è un gioco di parole che è stato molto popolare negli anni Settanta del secolo scorso.

Eccone alcuni esempi.

– Come si chiama…

... il più rinomato albergo svizzero?
– Guglielmo Hotel
(Medail, 1997, p. 92)

... il protettore degli astemi?
– San Bitter
(Zanoncelli, 2002b, p. 170)

... l'astemio più famoso d'Italia?
– Alberto Bevilacqua[1]
(Zanoncelli, 2002b, p. 154)

... il più grande aviatore russo?
– Ivan Sullenubi
(http://www.verbalia.com/www/ita/forums/forum?id=1750994&pagina=4)

... il peggiore avvocato italiano?
– Massimo Della Pena
(Zanoncelli, 2002b, p. 167)

... il più esclusivo barbiere giapponese?

---

[1]Alberto Bevilacqua (1934-) è uno scrittore, regista e sceneggiatore italiano, nonché poeta e giornalista. È considerato uno dei maggiori autori della letteratura italiana novecentesca (Wikipedia).

– Akapa Torasato
(Medail, 1997, p. 95)

...barista arabo?
– Nabir Al Bar
(http://www.verbalia.com/www/ita/forums/forum?id=1750994&pagina=4)

... il cameraman giapponese?
– Mozumo
(http://www.verbalia.com/www/ita/forums/forum?id=1750994&pagina=4)

... il più grande campione di nuoto tedesco?
– Otto Waske
(Medail, 1997, p. 93)

... il campione di poker cinese?
– Cion Full
(http://www.verbalia.com/www/ita/forums/forum?id=1750994&pagina=4)

... il campione di salto in lungo arabo?
– Dalì Allah
(Zanoncelli, 2002b, p. 161; Medali, 1997, p. 92)

... il campione di salto in lungo vietnamita?
– Mo Ma Yet
(Zanoncelli, 2002b, p. 162)

... il più famoso cane presentatore televisivo?
– Pippo Bau[2]
(Zanoncelli, p. 86)

.... la migliore cantante lirica spagnola?
– Dolores de Panza
(http://www.verbalia.com/www/ita/forums/forum?id=1750994&pagina=4)

... il più ricco commerciante di benzina americana?
– Peter Oil
(Zanoncelli, 2002b, p. 165)

... la segretaria del più ricco com-merciante americano di benzina?
– Miss Shela
(Zanoncelli, 2002b, p. 165)

... il più rinomato cuoco italo-americano?
– Paul Petta
(http://www.verbalia.com/www/ita/forums/forum?id=1750994&pagina=4)

... la più grande cuoca russa?
– Galina Kocilova
(Medail, 1997, p. 92)

... il più famoso dentista giapponese?
– Tekuro Nacarie
(Medail, 1997, p. 95)

... il più capace dietologo giapponese?
– Kala Kili
(Zanoncelli, 2002b, p. 153)

...il dormiglione cinese più famoso?
– Cho Un Son
(Zanoncelli, 2002b, p. 154)

... il più grande equilibrista giapponese?
– Secaio Moio
(http://www.verbalia.com/www/ita/forums/forum?id=1750994&pagina=4)

... il faraone egiziano morto in un inci-dente stradale?
– Sutankamoion
(http://www.verbalia.com/www/ita/forums/forum?id=1750994&pagina=4)

... il più famoso farmacista cinese?
– Chan Ka She
(Medail, 1997, p. 92)

... la più accanita fumatrice italiana?
– Nico Tina
(Zanoncelli, 2002b, p. 157)

... il più grande gommista inglese?
– Cooper Tony
(http://www.verbalia.com/www/ita/forums/forum?id=1750994&pagina=4)

... la più esperta guida russa?
– Andrej Dometrovo
(http://www.verbalia.com/www/ita/forums/forum?id=1750994&pagina=4)

---

[2] Pippo Baudo (1936-   ) è un conduttore televisivo e musicista italiano, attivo dal 1959. Nel 1992 presentò il Festival di Sanremo (esperienza fatta già quattro volte tra il 1968 e il 1987).

... il più imparziale giudice irlandese?
– Sal O'Mon
(Medail, 1997, p. 94)

... il miglior idraulico romano?
– Oscar Dabagno
(Medail, 1997, p. 93)

... la più grande insonne italiana?
– Marta De Sonno
(Zanoncelli, 2002b, p. 157)

... il ministro polacco dell'ecologia?
– Andrey Peribosky
(Medail, 1997, p. 93)

... il ministro dei trasporti cinese?
– Fur Gon Chin
(Medail, 1997, p. 92)

... il ministro dei trasporti vietnamita?
– Ciaun Ka Mion
(http://www.verbalia.com/www/ita/forums/forum?id=1750994&pagina=4)

... il ministro delle Poste americane?
– Frank O'Bull
(Zanoncelli, 2002b, p. 160)

... la moglie del ministro delle Poste americano?
– Cart O'Line
(Zanoncelli, 2002b, p. 160)

... il peggior motociclista giapponese?
– Sekuro Mikado.
(Medail, 1997, p. 95)

... il più grande orafo italiano?
– Pietro Prezioso
(Zanoncelli, 2002b, p. 167)

... il maggior pensatore cinese?
– Iociò Malditesta
(Zanoncelli, 2002b, p. 155)

... il più ricco petroliere inglese?
– Sir Batoy
(Zanoncelli, 2002b, p. 166)

... la più grande pittrice giapponese?
– Kolori Suimuri
(Zanoncelli, p. 86)

... il capo della polizia romena?
– Selopescu
(Medail, 1997, p. 92)

... il portiere della nazionale giapponese di calcio?
– Tutiri Yoparo
(Medail, 1997, p. 95)

... il famoso proprietario di supermercato arabo?
– Alì Mentar
(http://www.verbalia.com/www/ita/forums/forum?id=1750994&pagina=4)

... il più grande portiere di calcio greco?
– Miki Paralirigoris
(Zanoncelli, 2002b, p. 164)

... il più grande produttore tedesco di bevande gassate?
– Fritz Ant
(Medail, 1997, p. 94)

... il più grande produttore brasiliano di succhi di frutta?
– Augusto De Pera
(Medail, 1997, p. 94)

... il più grande produttore tedesco di cioccolato?
– Von Dent.
(Medail, 1997, p. 93)

... il più grande produttore irlandese di surgelati?
– Fred O'Cane
(Medail, 1997, p. 94)

... il protettore dei calzolai?
– San Dalo
(Zanoncelli, 2002b, p. 170)

... il protettore dei detenuti?
– San Quintino
(Zanoncelli, 2002b, p. 170)

... il protettore dei prosciutti?
– San Daniele
(Zanoncelli, 2002b, p. 170)

... il protettore dei sollevatori di peso?
– San Sone
(Zanoncelli, 2002b, p. 170)

... il protettore degli ubriachi?
– Ne hanno due, San Buca e San Giovese
(Zanoncelli, 2002b, p. 170)

... la più grande psicopatica italiana?
– Marta Da Legare
(Zanoncelli, 2002b, p. 157)

... la ragazza inglese più religiosa?
– Miss Tica
(Zanoncelli, 2002a, p. 183)

... la ragazza inglese che non si vuol fare riconoscere?
– Miss Teriosa
(Zanoncelli, 2002a, p. 183)

... la riserva nazionale di calcio giapponese?
– Yoko Poko
(Medail, 1997, p. 95)

... il peggior saltatore a ostacoli cinese?
– Chin Cham Pai
(Medail, 1997, p. 92)

... il più costoso sarto giapponese?
– Tecucio Sumisura
(Zanoncelli, 2002b, p. 168)

... l'uomo più conosciuto d'Italia?
– Rino Mato
(Zanoncelli, 2002b, p. 157)

... il più grande zoologo italiano?
– Rino Ceronte
(Zanoncelli, 2002b, p. 156)

... la freddolosa signora spagnola?
– Amalia De Lana
(http://www.verbalia.com/www/ita/forums/forum?id=1750994&pagina=4)

Applicazioni glottodidattiche

1. L'insegnante può chiedere agli studenti di creare degli esempi di onomastica umoristica.

2. Si possono dare anche esempi di onomastica umoristica (la risposta) e chiedere agli studenti di creare la domanda.

3. Esempi di onomastica umoristica si possono esporre in bacheca, cambiandoli spesso.

È certo che questa attività creerà momenti di rilassamento e di umorismo nella classe di lingua.

Riferimenti bibliografici

MEDAIL ENRICO, 1997, *Barzellette per ragazzi, ragazzini, ragazzoni,* Milano, De Vecchi Editore, 1997.

PAROLINI MARSILIO, 2000, *Mille modi e più per organizzare una Caccia al Tesoro. Giochi, quiz, messaggi segreti e percorsi per grandi e piccoli, in casa e all'aria aperta,* Casale Monferrato (AL), Piemme, S.p.a.

ZANONCELLI ANASTASIA, 2002a, *Indovina indovinello per ragazze e ragazzi,* Colognola ai Colli (VR), Gribaudo Tempolibro.

ZANONCELLI ANASTASIA, 2002b, *E io rido. Barzellette per bambini,* Colognola ai Colli (VR), Gribaudo Tempolibro.

SITI WEB:
http://www.verbalia.com/www/ita/forums/forum?id=1750994&pagina=3
http://www.verbalia.com/www/ita/forums/forum?id=1750994&pagina=4

Capitolo 16

La parola nascosta

Questa attività è utile al fine di insegnare la scansione in sillabe e abituare gli studenti a leggere con attenzione. La sua funzione è "nascondere" nomi di città o di oggetti dividendo la parola in sillabe all'interno di una frase. Per rendere l'attività più difficile, suggeriamo all'insegnante di inserire della punteggiatura all'interno della frase, in modo da celare il termine e aumentare la difficoltà.

Ad esempio:

Mia cognata prepara un ottimo *ragù. Sa*i, a me piace molto la salsa alla bolognese. (Ragusa).
oppure
Mia cognata ha preparato un ottimo *ragù. Sa*bato sera ci ha invitati a cena.

Un ausilio al quale l'insegnante può ricorrere per la preparazione di questa attività è *Il Dizionario Italiano Sabatini Coletti* in CDrom (edizione del 1997) (o qualsiasi altro dizionario che consenta la ricerca per sillaba iniziale o finale). Gli insegnanti che optano per un approccio tematico possono fornire agli studenti una serie di frasi sullo stesso argomento.

Gianduzzo (1991, p. 137 e sgg.) suggerisce una serie di frasi che nascondono nomi di:

fiori:	Ho trovato pagine stracciate dal diario.	*(ginestra)*
	Ho trovato tutti gli ospedali affollati.	*(dalia)*
pesci:	Ugo usa conversar di nascosto con Teresa.	*(sardina)*
	Un giallo nastro tagliato in tre parti.	*(trota)*
animali:	Giulio ha mangiato le mele preferite.	*(lepre)*
	Oggi Raffaele non va a scuola.	*(giraffa)*
frutta:	Io non ho mai visto i canguri australiani.	*(anguria)*
	L'attore recitava un carme latino.	*(mela)*

capitali:	Oh, che disastroso fiasco! *(Sofia)*
	Lui facilmente spezza le catene di ferro. *(Atene)*
nazioni:	Cammina nell'ombra silenziosamente. *(Brasile)*
	Non è certo piacevole avere i capelli bianchi. *(Libia)*
metalli:	Quello sì che è un terribile gangster americano! *(rame)*
	È un povero uomo: non sa esprimer curiose idee. *(mercurio)*
fiumi:	Queste sono esibizioni di artiste vere. *(Tevere)*
	Si è visto una fiumana di gente. *(Adige)*

e perfino segni zodiacali

          Promise ai lavoratori migliori salari e terre fertili ai contadini *(Ariete)*

Applicazioni glottodidattiche

L'idea sulle città nascoste è stata messa in pratica con un gruppo di studenti durante un corso tenuto all'Università della Calabria nel maggio del 2003. Molti degli esempi seguenti sono stati creati dai corsisti.

In ognuna delle frasi seguenti è nascosto il nome di una città italiana. Per scoprirlo devi leggere attentamente la frase.

1. Il caffè era amaro ma buono.
2. È un guastafeste: Giuseppe sa rovinare una serata.
3. Tutti sanno che nel vocabolario la "o" sta tra la "n" e la "p".
4. Sono allergica ai gatti, ma li accarezzo ugualmente.
5. L'astice si pesca raramente ed è un pesce prelibato.
6. Durante i pasti è consigliabile non parlare.
7. Quella legna non arde. È ovvio che è umida.
8. Fai la prenotazione alla Pensione "Cavour". In questa pensione si alberga molto modestamente.
9. Durante il mese di dicembre sciamo spesso. A noi piace molto lo sci.
10. Fin dai tempi più remoti, l'Amor vietò la guerra.
11. Non riesco più a trovare Mario. Si è nascosto tra i cespugli.
12. Senza saperlo, ci siamo inoltrati in una boscaglia ricca di animali selvatici.
13. Durante le ultime elezioni, il pololo ha eletto un audace senatore.
14. – Chi è Tiziana?
    – Non la conosci? È una ragazza molto simpatica.
15. Il padre diede una punizione a Marco e sembra che questi debba rimanere in casa una settimana.
16. Il tuo amico mostra una conoscenza molto rara in questo campo. Invitiamolo a fare una conferenza.
17. I materassi si vendono nei negozi autorizzati.
18. Alcune organizzazioni di cui mi parli non sono efficienti.
19. Non ho tempo libero per andare a ballare.
20. Lavora di notte. Se vuoi parlargli, chiamalo di giorno.
21. Amo il mio nuovo fidanzato. Ha lati nascosti che lo rendono attraente.

22. Hai conosciuto i fratelli parigini che abitano al piano di sopra?
23. È andato al cinema, ma c'era tanta gente e non ha trovato nessun posto libero.
24. I miei fratellini sono pittori novelli. Hanno imbrattato tutti i muri di casa!
25. La mamma è andata a fare la spesa; compra tortellini per cena.
26. Non dire fesserie! Sei proprio un ingenuo romantico!
27. Ho mentito, è vero. Nasconderti la verità non è stata una buona idea.
28. Per la mia schiena sto facendo un'ottima terapia. Me l'ha consigliata un bravo medico.
29. I nostri estetisti dicono che non abbiamo speranze!
30. Maria è andata in ferie nelle isole Canarie. Tiziana, invece ha preferisco la Costa Azzurra.
31. Durante il mio viaggio per l'Italia, ho incontrato molti commessi napoletani; sono veramente simpatici.
32. Gli uccelli cantavano in coro in primavera mentre il gufo l'ignorava.
33. È vero che tua sorella si sposa in autunno? Confermami la notizia.
34. Nel Perù già ci sono stato. Vorrei visitare altri paesi sudamericani.
35. Devo scrivere una lettera molto importante al direttore della ditta.
36. Dopo aver litigato con i suoi compagni., Giuseppe scaraventa i libri per terra.
37. Hai caricato troppi sacchi su quel camion! Finirà per ribaltarsi!
38. La mamma ha fatto un ragù saporito. Assaggialo. Ti piacerà di sicuro.
39. Maria è diventata nonna; Luca e Giovanni sono i suoi primi nipotini.
40. Quando ero piccola usavo nascondermi nell'armadio.
41. A Firenze ho mangiato le nespole toscane; sono veramente buone!
42. Il nonno va raccontando sempre gli stessi ricordi di guerra ai suoi amici.
43. In un barlume strepitoso mi apparve la figura di un uomo misterioso.
44. Chiudi nel garage la macchina. Fuori fa troppo freddo e potrebbe gelare.
45. Come potete starvene, zia, così calma con un simile rumore in casa?
46. – Dove hai messo i miei calzini?
    – Li ho messi naturalmente nel cassetto!
47. È un famiglia poverissima ridotta all'estremo. Denaro non se ne vede proprio. Dovrà chiedere un sussidio al governo.
48. La legge proibisce di fumare in questo ristorante. Poiché il fumo è cancerogeno vanno puniti tutti i trasgressori.
49. Roberto a Nadia: Anche se non abbiamo denaro, vivremo felici.
50. I candidati son pronti. La campagna politica inizia tra dieci giorni.

Ma l'attività sarà resa più facile se l'insegnante indicherà il nome della regione dove si trova la città nascosta.

In ognuna delle frasi seguenti è nascosto il nome di una città italiana. Per scoprirlo devi leggere attentamente la frase. Per aiutarti abbiamo messo tra parentesi, a sinistra, il nome della regione dove si trova la città.

1. *(Puglia)* La roba rimasta nel cassetto per molto tempo si è rovinata; prima di usarla, lavala e stirala!

Le città nascoste.

In ognuna delle frasi seguenti è nascosto il nome di una città italiana, per scoprirlo devi leggere con molta attenzione.

☐ Como
☐ Milano
☐ Siena
☐ Arezzo
☐ Assisi
☐ Torino
☐ Macerata
☐ Pescara
☐ Chieti
☐ Roma
☐ Bari
☐ Ragusa

1   Domani andremo a trovare un nos(tro ma)estro in pensione.   Roma

2   Giocavamo a nascondino e Giovanni si è nascosto
    dove era impossibile trovarlo.

3   – Dimmi, la nonna verrà a passare le feste con noi?
    – Lo spero!

4   Mi piacciono molto i quadri dei pittori novecenteschi.

5   La salsa qui è molto buona. Ti suggerisco il ragù. Sarà
    un'ottima scelta.

6   – Chi è Tiziana? – È quella ragazza dai capelli biondi.

7   Incontriamoci al bar in fondo alla strada, in via Cavour.

8   Andò al cinema, ma c'era tanta gente e non trovò nessun
    posto libero.

9   I suoi passi si sentivano sempre più vicini.

10 Il tuo amico mostra una conoscenza molto rara in questo
    campo. Invitiamolo a fare una conferenza.

11 Si avvicinò senza che me ne accorgessi e mi accarezzò.
    Che cosa potevo fare?

12 Dopo aver litigato con i suoi compagni, Giuseppe
    scaraventa i libri per terra.

Immagine 1
Da: Anthony Mollica, *Attività lessicali 2. Intermedio-Avanzato*. Recanati, Eli, 2004.
Per gentile concessione dell'Editore.

2. *(Campania)* Una poliziotta mi ha multato ieri sera perché avevo parcheggiato in divieto di sosta.
3. *(Toscana)* Sai quali sono i Papi santificati negli ultimi due secoli?
4. *(Emilia-Romagna)* Purtroppo i nostri mini-appartamenti non si affittano facilmente.
5. *(Piemonte)* Gli agricoltori non hanno fatto sciopero ma esigono un aumento per i loro prodotti.

L'attività è utile se usata con una cartina dell'Italia (Immagine 1) o se viene usato un approccio tematico. Diventerà un'attività creativa nel momento in cui viene chiesto agli studenti di creare delle frasi simili.

Riferimenti bibliografici

Gianduzzo Silvano, 1991, *Lieti passatempi. Indovinelli, divagazioni, spigolature, rompicapo, enigmistica, barzellette, quiz*, Leuman (TO), Editrice Elle Ci Di.

Mollica Anthony, 2004, *Attività lessicali 2, Intermedio-Avanzato*, Recanati, ELI.

Sabatini Francesco e Coletti Vittorio, 1997, *Il Sabatini-Coletti. Dizionario della lingua italiana,* con CDrom, Firenze, Giunti editore.

Capitolo 17

I prefissi

È importante che gli studenti siano consapevoli del fatto che alcuni prefissi definiscono un significato negativo. Uno di questi è il prefisso *"in"* che spesso viene utilizzato con parole colte derivanti dal latino o dal francese. Altri prefissi si pongono davanti alla radice di una parola per modificarne il significato fondamentale:

- *il* all'inizio di parole che iniziano con la *l* (ad esempio *legale* → *illegale*),
- *im* all'inizio di parole che iniziano con *b, m* o *p* (*imbattibilità, immorale, imparagonabile*),
- *ir* davanti a parole che iniziano con *r* (*irregolare*)
- *dis* spesso all'inizio di parole che iniziano con una vocale (*disabitare, disaccordo*) ma anche di fronte a consonanti (*disfare*)
- *s* viene spesso usata davanti a consonanti, specialmente davanti a *c* (*scontento, scomparire, sconosciuto*).

Applicazioni glottodidattiche

1. Una volta fornite queste indicazioni agli studenti, si può assegnare l'attività seguente.

   Alcuni prefissi dis-, il-, im-, in-, ir-, e s- sono usati per formare il contrario di una parola. Indica nello spazio della Colonna B il contrario delle parole elencate nella Colonna A.

   Colonna A   *Colonna B*
   1. disaccordo   _____

2. disonestà
3. illogico
4. immoralità
5. impossibile
6. incapacità
7. infedele
8. irregolare
9. sconosciuto
10. sfortunato

Alcuni autori di manuali forniscono agli studenti prima un elenco dei termini "al positivo" per poi chiedere loro la versione alla forma negativa *(contento → scontento)* (vedi, Mollica 2001). Ma in questo modo si rischia di indurre gli studenti a commettere degli errori, in quanto essi non hanno alcun motivo di sapere che il termine negativo di *fortunato*, per esempio, è *sfortunato* e potrebbero quindi scrivere *disfortunato.

Il mio suggerimento è di fornire prima l'elenco dei termini al negativo (vedere l'esempio qui sopra) e chiedere poi agli studenti la versione al positivo, in modo da evitare che essi possano commettere errori.

2. Proponiamo una lista preliminare da cui l'insegnante può trarre esempi per future attività. L'insegnante può preparare una lista più dettagliata servendosi dei vocabolari: De Mauro e Moroni, 1996; Devoto-Oli, 2009; Gabrielli, 2008; ecc.).

dis-

disabbellire, disabitato, disagio, disamore, disapprovazione, disarmare, disavveduto, disdire, diseducare, disfare, disgiungere, disgustare, disimparare, disoccupato, disonorato, disonore, disorganizzazione, disorientamento, disubbidiente, disubbidire, disunire, disusato

il-

illecito, illegale, illeggibile, illogico

im-

immemorabile, immobilità, immodesto, immorale, immortale, immutabile, impagabile, impareggiabile, impenetrabile, impensato, imperfetto, impermutabile, impersonale, impersuaso, impietoso, implacabile, impossibile, impotente, imprevidente, improducibile, improduttivo, impunibile, impunito, impurezza

in-

inabile, inaccessibile, inaccettabile, inadatto, inadeguato, inafferrabile, inalienabile, inalterabile, inammissibile, inapplicabile, inapprensibile, inapprezzabile, inaspettato, inatteso, inattivo, incapace, incivile, inclassificabile, inclemente, incomparabile, incompatibile, incompetenza, incompleto, incomposto, incomprensibile, incomunicabilità, inconcepibile, inconciliabile, inconfondibile, incontentabile, indecente, indefinito, indipendente, indirettamente, indispensabile, indisputabile, indissolubile, inesistente, inesprimibile, inevidente, infinito, ingiustificato, ingiustizia, ingovernabile, innegabile, inosservanza, insensato, inseparabile, insofferente, insolvibile, insperato, inutile, invariabile, inviolabile, involontario

ir-

irragionevole, irraggiungibile, irrazionale, irreconciliabile, irrecuperabile, irreligioso, irreprensibile, irrequieto, irresistibile, irresoluto, irreversibile, irrevocato, irriducibile, irrilevante, irrimediabile, irrinunciabile, irriproducibile, irriverente

s + cons.

sbloccare, scalzare, scaricare, scarico, scolorito, scomparire, scomporre, sconnettere, sconosciuto, sconsigliare, scontento, scoperto, scorretto, scortese, sdegnare, sdentato, sfavorevole, sfortunato, sgradevole, smacchiare, smontare

3. Ad un livello avanzato si può dare allo studente una lista con prefissi che hanno il significato negativo e una serie di parole che, in realtà, non hanno il prefisso con il significato negativo e dire loro di distinguerli.

   e.g., incartare, invecchiare, incentivo, discorso, discussione, ecc.

Riferimenti bibliografici

De Mauro Tullio e Moroni G. G., 1996, *Dizionario di base della lingua italiana*, Torino, Paravia.

Devoto Giacomo e Oli Gian Carlo, 2009, *Il Devoto-Oli. Vocabolario della lingua italiana 2010*, a cura di Luca Serianni e Maurizio Trifone, Milano, Mondadori Education.

Gabrielli Aldo, 2008, *Grande Dizionario Hoepli Italiano*, cd-rom, Milano, Ulrico Hoepli Editore, SpA.

Mollica Anthony, 2001,"*Parole per parlare:* Teaching/Expanding the Student's Basic Vocabulary", *Italica.*, Vol. 78, 4 (Winter), pp. 464-485.

Capitolo 18

I problemi di logica

Che cosa sono i *problemi di logica*? I "problemi di logica" sono giochi basati sul
- *metodo deduttivo:* metodo di ragionamento per il quale da determinate premesse si ricavano conclusioni necessariamente necessarie
- *metodo induttivo:* procedimento sulla base di indizi determinati.

È ovvio che per risolvere questi problemi, è necessaria una buona dose di
- buon senso,
- intuito e
- riflessione.

All'inizio il problema può sembrare difficile da risolvere, ma una volta entrati nel meccanismo del processo logico, la soluzione è facilissima. Il solutore può servirsi di uno schema per facilitare la soluzione (vedi *Applicazione glottodidattica* n. 7) oppure, secondo il problema, del diagramma di Venn (vedi *Applicazione glottodidattica* n. 8).

Ogni studente, indipendentemente dal suo livello culturale o dal suo bagaglio linguistico, sa pensare. "Pensare" è una competenza che richiede l'uso e l'applicazione cosciente di certi "strumenti" che facilitano il processo mentale. L'arte di pensare correttamente, come tutte le altre competenze, richiede esercizio.

Secondo il *Gabrielli (Grande Dizionario Hoepli Italiano)*, la logica è:

la capacità di costruire un ragionamento ordinando le idee con rigore e coerenza.

Gli insegnanti di matematica sono i primi a recitare al volo un'intera litania di ragioni per includere i problemi di logica e di *problem solving* (risoluzione di un problema) nel curriculum.

Il *problem solving* è:
1. un'abilità di base,
2. un'attività divertente e basata sulla sfida,
3. l'occasione di svolgere attività individuali,
4. la possibilità di fare una sintesi delle proprie conoscenze,
5. un'opportunità per riflettere.

Il *problem solving* richiede impegno e riflessione. Sebbene le conoscenze su come funzioni realmente il cervello siano parziali, c'è un certo accordo nel fatto che a dispetto della loro origine le persone possano migliorare o cambiare il modo in cui acquisiscono e gestiscono le informazioni o generano le idee – o, più semplicemente, chiunque può imparare a ragionare meglio.

Pensare costituisce quindi una competenza che richiede l'uso della mente e l'utilizzo consapevole di determinati "strumenti" che facilitano il processo identificato come "pensiero". Gran parte di questi cosiddetti strumenti sono scontati e di uso quotidiano. L'arte di pensare correttamente, come tutte le altre competenze, richiede esercizio.

Delle buone capacità intellettive, esattamente come qualsiasi altra competenza, richiedono pratica, così come il loro uso, cognitivo o razionale, richiede un regolare esercizio. Possiamo paragonare questo processo all'accostarsi alla dattilografia o all'imparare a guidare un'auto: all'inizio qualsiasi movimento risulta strano, innaturale, e l'attenzione è alta e costante qualsiasi cosa si faccia. Via via le azioni diventano routine e vengono compiute in maniera inconsapevole.

Ogni studente indipendentemente dal suo bagaglio linguistico e culturale, sa pensare, e le attività di *problem solving* si rifanno a questa constatazione.

Esse, puntando direttamente allo svolgimento di un compito, si basano su abilità quali parlare, scrivere, leggere, capire; inutile sottolineare che al principio queste attività dovranno essere strutturate in modo da richiedere abilità di comprensione scritta piuttosto elementari.

Ma che cosa si intende per "problema valido"?

Un problema valido...

- deve prevedere e comprendere nel processo risolutivo e nei risultati concetti, contenuti o processi che siano degni di nota,
- fa sintetizzare agli studenti ciò che hanno imparato,
- deve consentire (in certi casi) più di una soluzione,
- deve porre gli apprendenti in una posizione creativa, interessante e stimolante,
- deve avere caratteristiche e motivazioni intrinseche in grado di coinvolgere e stimolare gli apprendenti affinché la soluzione sia un punto di arrivo in grado di offrire un'ulteriore estensione del problema,

I problemi di logica

- spinge gli studenti ad usare più abilità contemporaneamente in modo da poter verificare i risultati,
- non deve essere costruito in maniera fuorviante.

E quali caratteristiche devono avere i solutori di buoni problemi al fine di risolvere con successo il loro compito?

I bravi solutori:

- sono rapidi nel cogliere i punti salienti del problema, in particolar modo l'oggetto,
- hanno la convinzione di riuscire a trovare una soluzione; il loro approccio al problema è meno ansiogeno e più sereno,
- sanno trasferire le competenze acquisite nel raggiungere una soluzione allo svolgimento di altri problemi,
- sono in grado di valutare e selezionare tra più percorsi al fine di risolvere il problema,
- sanno fare previsioni e approssimazioni accurate e, raggiunta la soluzione, verificano la sua attendibilità,
- imparano dai propri errori e quando le risposte non sono adeguate sono in grado di determinare il perché.

La lista che segue, riferita al profilo del buon risolutore di problemi, è il risultato dell'analisi di varie fonti (Dodson, 1971; Hollander, 1974; Kruteskii, 1976; Robinson, 1973, Suydam e Weaver, 1977; Talton, 1973; Suydam, 1980, p. 36). Il buon risolutore ha:

1. l'abilità di capire concetti matematici e l'abilità di saper cogliere somiglianze, differenze e analogie,
2. l'abilità di saper riconoscere gli elementi critici e di selezionare le procedure e i dati corretti,
3. l'abilità di riconoscere i dettagli irrilevanti,
4. l'abilità di visualizzare e interpretare relazioni, fatti quantitativi o spaziali,
5. l'abilità di saper generalizzare partendo da esempi,
6. l'abilità di cambiare metodo con facilità.

Sia il *problem solving* che i problemi di logica trattano questioni difficili o complesse di cui si cerca la spiegazione o la soluzione e quindi potranno considerarsi termini sinonimi.

È leggendaria la soluzione di alcuni problemi di logica che poi sono entrati a far parte della lingua contemporanea in forma di modo di dire.

> Un contadino deve portare al mercato un lupo, una capra e un cavolo. Per attraversare un fiume ha a sua disposizione una barca che può trasportare, oltre a se stesso, solo uno dei tre. Come farà, tenendo conto che in sua assenza il lupo può mangiare la capra, e la capra il cavolo?
> (Parolini, 1997, p. 174)

È ovvio che il contadino opterà per questa soluzione:

Prima porta la capra, lasciando sulla riva cavolo e lupo. Scarica la capra e torna indietro. Prende il cavolo, lo deposita sull'altra riva e riporta indietro la capra. Lascia sulla prima riva la capra e prende il lupo che porta a destinaziome. Torna vuoto e si riprende la capra.
(Parolini, 1997, p. 320)

Oggi l'espressione *"salvare capra e cavoli"* significa "risolvere una situazione difficile con un abile compromesso".

Applicazioni glottodidattiche

1. Il docente, nella presentazione di questi problemi, può optare per un approccio tematico . Per esempio, se ha presentato i nomi di parentela relativi al tema "La famiglia" può introdurre problemi di logica utilizzando nomi di parentela. Il seguente problema di logica segue pressappoco la stessa soluzione dell'enigma, "capra e cavolo".

   Barca scarsa
   Una famiglia composta da padre, madre e due figli e cane deve attraversare un fiume, ma la barca può portare solo 60 kg. Madre e padre pesano 60 kg ciascuno. I due figli e il cane 30 kg ciascuno. Come fanno?
   (Parolini, 1997, p. 174)

   Numerosi i problemi di logica dove una persona in rapporto ad un'altra può essere identificata per due (o anche di più!). Per esempio, un padre può essere padre ma anche figlio in relazione a un padre.

   Padre e figli
   Due padri e due figli vanno a caccia. Ognuno di loro prende una lepre e due fagiani, ma tornano a casa con tre lepri e sei fagiani. Perché?
   (Parolini, 1997, p. 170)

   Al ristorante
   Due padri, due figli, un nonno e un nipote vanno al ristorante. Il cameriere porta solo tre porzioni. Perché?
   (Parolini, 1997, p. 176)

2. L'attività sulle relazioni di parentela può divenire un po' più complessa se non si identifica il personaggio, soluzione che tocca al lettore.

   La signora misteriosa
   La segretaria dice al capufficio:
   – Vi ha telefonato una signora che non ha voluto dire il suo nome. Ma ha detto che voi la conoscete, perché il padre di sua figlia è l'unico figlio di vostro padre. Chi ha telefonato?
   (Parolini, 1997, p. 173)

3. Se il docente vuole continuare a porre l'accento sui nomi di parentela, il seguente problema potrebbe essere utile, dando allo studente non solo l'immagine dell'ubicazione dei personaggi, ma identificando uno dei personaggi stessi (Immagine 1).

I problemi di logica

A cena. Tre coppie di amici vanno a cena al Ristorante "Da Giancarlo". Tutti e sei prendono posto intorno a un tavolo circolare. Secondo le affermazioni che fanno, sapresti scrivere il nome di ognuno di loro?

Franco: Sono seduto tra mia moglie e la moglie di Carlo.
Nadia: Sono seduta tra il marito di Paola e quello di Elena, Marco.
Paola: Sto conversando con Franco, mio marito.
Elena: Sto parlando con Carlo, il marito di Nadia.

Immagine 1
Da: Anthony Mollica, *Attività lessicali 2. Intermedio-Avanzato*, Recanati, Eli, 2004.
Per gentile concessione dell'Editore.

4 Questi problemi di logica possono essere presentati in forma di dialogo:

Maria e Pietro Bianchi raccontano a degli amici che sono stati in ferie e che nella loro macchina viaggiavano molte persone:
Pietro Bianchi: Nella nostra macchina c'era un nonno, una nonna, un suocero, una suocera, una nuora, due figlie, due sorelle, due figli, due padri, due madri e tre nipoti.
Maria Bianchi: Non esagerare! È vero tutte queste persone erano nella macchina, ma in verità non erano diciotto, bensì meno di dieci!
Sai dire quante persone erano nella macchina dei Bianchi?

Volendo creare un piccolo albero genealogico e dare i nomi alle persone che si trovano nella macchina, il risultato sarebbe il seguente (Immagine 2, p. 204).

L'insegnante può chiedere agli studenti di identificare i vari personaggi e la risposta sarebbe la seguente:

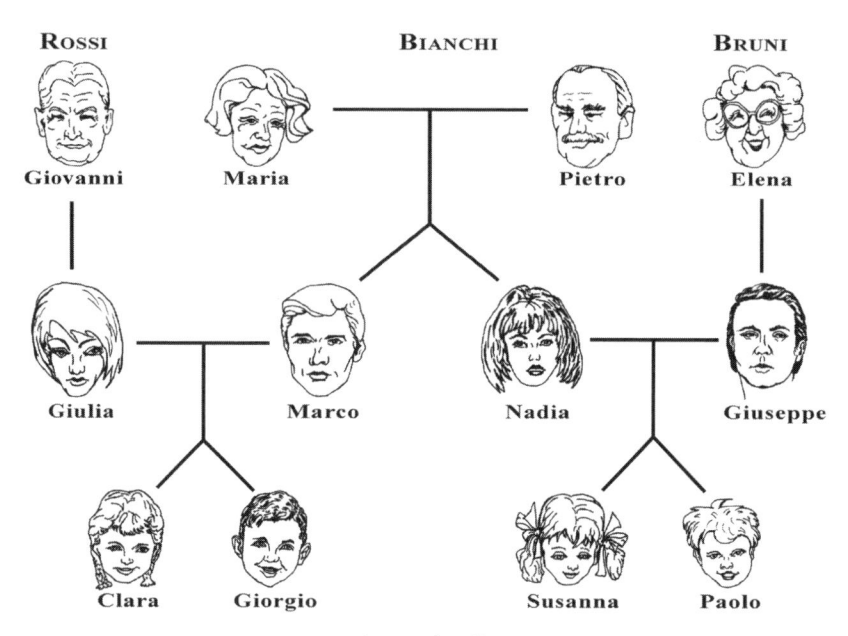

```
                  Rossi                    Bianchi                    Bruni
              Giovanni    Maria           Pietro      Elena

          Giulia    Marco           Nadia       Giuseppe

       Clara   Giorgio        Susanna   Paolo
```

Immagine 2

      Pietro Bianchi: nonno, suocero, padre
      Maria Bianchi: nonna, suocera, madre
      Nadia Bianchi: nuora, madre
      Clara Bianchi: figlia, nipote, sorella
      Susanna Bianchi: figlia, nipote, sorella
      Marco Bianchi: padre, figlio
      Giorgio Bianchi: figlio, nipote

Le persone nella macchina dei sigg. Bianchi erano sette.

5. La foto di famiglia (Immagine 3) può servire per rivedere tutti i nomi di parentela.

   Identifica la foto di ogni membro della famiglia secondo gli indizi.

   A. Il nonno __3__ e la nonna __4__ sono in piedi in prima fila.
   B. La nuora _____ è in piedi accanto alla nonna __4__.
   C. Il suocero _____ è in piedi tra il nipote _____ e la mamma _____.
   D. La cognata _____ e il nipote _____ sono in piedi, ognuno all'estremità della terza fila, rispettivamente a sinistra e a destra.
   E. Il cugino _____ è in piedi accanto al nonno __3__.
   F. La mamma _____ è in piedi direttamene dietro la sorella _____.
   G. La moglie _____ è in piedi a sinistra della nuora _____.
   I. Lo zio _____ e la sorella _____ sono in piedi direttamente dietro il nonno __3__ e la nonna __4__, rispettivamente.
   J. La figlia _____ è in piedi tra la sorella _____ e il cognato _____ che è in piedi alla fine della seconda fila.
   K. Il fratello _____ è in piedi a destra del cugino _____.
   L. La suocera _____ è all'estrema sinistra accanto alla pronipote _____.

I problemi di logica 205

M. Il genero _____ è in piedi all'ultima fila.
N. La nipote _____ è in piedi a sinistra di suo zio _____.
O. Il padre _____ è a sinistra della cognata _____.
P. Il figlio _____ è in piedi tra il marito _____ e la pronipote _____.
Q. La zia _____ è in piedi accanto alla nipote _____.
R. La cugina _____ è a sinistra del padre _____.

```
                          ( 23 )
                          ─────

        ( 19 )    ( 20 )    ( 21 )    ( 22 )
     ─────────  ─────────  ─────────  ─────────

 ( 13 )  ( 14 )  ( 15 )  ( 16 )  ( 17 )  ( 18 )
────── ────── ────── ────── ────── ──────

 ( 7 )  ( 8 )  ( 9 )  ( 10 )  ( 11 )  ( 12 )
────── ────── ────── ────── ────── ──────

 ( 1 )  ( 2 )  ( 3 )  ( 4 )  ( 5 )  ( 6 )
────── ────── ─nonno─ ─nonna─ ────── ──────
```

(sinistra)   (destra)

Immagine 3

6. L'insegnante può anche presentare il problema sotto forma di fumetto.

"Elena è una ragazza molto simpatica." — Marco
"Sì, tua nipote è molto carina." — Nadia
"È sposato Marco?" — Pietro
"No, è il fratello di Nadia." — Giulia

Chi è Elena? Elena è _____ di Nadia.

7. L'insegnante può creare dei problemi di logica e allo stesso tempo insegnare l'ubicazione di alcune città italiane. Volendo, il docente può anche porre l'accento sugli abitanti delle città: "la ragazza di Roma = la ragazza romana", ecc.

Le mie figlie, Pamela e Karen, hanno conosciuto sei ragazze italiane che stanno per venire ad abitare nella nostra città. Dal momento che un piano di un palazzo lì vicino non è stato ancora affittato, l'amministratore accetta gentilmente che le ragazze pernottino nei sei appartamenti. Quando domando chi occuperà ciascun appartamento e da quale città viene ciascuna delle ospiti, le mie figlie mi forniscono gli indizi seguenti:

1. Elena è di Firenze.
2. Clara non occupa un appartamento d'angolo.
3. La ragazza di Roma occupa l'appartamento 6.
4. La ragazza di Perugia occupa l'appartamento tra quello di Elena e quello di Maria Grazia.
5. La ragazza che occupa l'appartamento 5 viene da Napoli.
6. Gabriella occupa l'appartamento 2.
7. Nadia occupa l'appartamento 4.
8. La ragazza di Messina occupa l'appartamento tra quello della ragazza di Firenze e quello della ragazza di Reggio Calabria.
9. Marianna occupa l'appartamento di fronte a quello di Maria Grazia.

Io disegno velocemente la pianta del piano del palazzo e, tenendo conto degli indizi forniti dalle mie figlie, provo a trovare il nome di ciascuna delle ospiti e della città da cui viene. Aiutami a trovare la soluzione (Immagine 4).

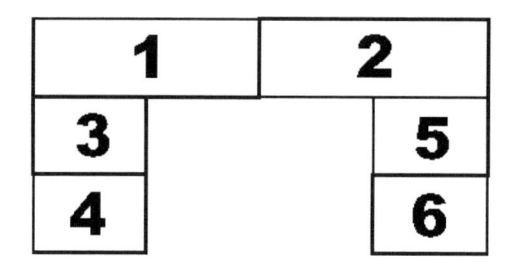

Immagine 4

1. _____ viene da _____ e occupa l'appartamento 1.
2. _____ viene da _____ e occupa l'appartamento 2.
3. _____ viene da _____ e occupa l'appartamento 3.
4. _____ viene da _____ e occupa l'appartamento 4.
5. _____ viene da _____ e occupa l'appartamento 5.
6. _____ viene da _____ e occupa l'appartamento 6.

8. In altri casi l'insegnante può dare agli studenti un'assistenza alla soluzione e risolvere il problema insieme dando loro schemi per facilitarne la soluzione. Il problema si può "abbellire" con informazioni su ogni individuo, secondo il livello linguistico degli studenti.

1. I signori Aldo Bruni, Giovanni Bianchi e Paolo Rossi abitano in Via Marco Aurelio, 27, e hanno il loro appartamento nello stesso palazzo. **2.** Esercitano le seguenti professioni: docente universitario, avvocato e chirurgo, ma non necessariamente in quest'ordine. **3.** Il chirurgo, grande amico di Giovanni Bianchi, è il più giovane di tutti e tre. **4.** Paolo Rossi è più grande dell'avvocato.

Indovina le professioni che esercita ogni signore. (Mollica, 1976: 26; traduzione e adattamento dal francese.)

Nel risolvere questo problema, Danesi (1985) suggerisce la realizzazione di una tabella al fine di tener conto delle possibilità. Egli suggerisce di inserire una X nella casella in cui viene eliminata la caratteristica; se invece la conclusione porta alla conferma dell'ipotesi, suggerisce di inserire 0. La tabella per l'attività proposta sarà così composta:

	docente	avvocato	chirurgo
Bruni			
Bianchi			
Rossi			

La terza frase ci porta a concludere che il sig. Bianchi non è il *chirurgo*, possiamo, quindi, inserire una X nel riquadro appropriato per segnalare l'eliminazione del sig. Bianchi:

	docente	avvocato	chirurgo
Bruni			
Bianchi			X
Rossi			

La quarta frase ci porta a concludere che il sig. Rossi non è l'*avvocato*:

	docente	avvocato	chirurgo
Bruni			
Bianchi			X
Rossi		X	

La terza e quarta frase ci permettono di concludere che il sig. Rossi non è il *chirurgo* poiché il *chirurgo* è il più giovane dei tre mentre il sig. Rossi è più vecchio dell'*avvocato*.

	docente	avvocato	chirurgo
Bruni			
Bianchi			X
Rossi		X	X

Uno sguardo alla tabella evidenzia che il sig. Rossi è il *docente*. Possiamo notarlo inserendo uno 0 nella casella appropriata e eliminando la possibilità del docente per gli altri due.

	docente	avvocato	chirurgo
Bruni	X		
Bianchi	X		X
Rossi	O	X	X

In questo modo si evidenzia che il sig. Bianchi è l'*avvocato* mentre il sig. Bruni è il *chirurgo*. Conseguenza di una lettura accurata sarà una tabella finale che avrà queste caratteristiche:

	docente	avvocato	chirurgo
Bruni	X	X	O
Bianchi	X	O	X
Rossi	O	X	X

Concludiamo quindi che Aldo Bruni è il *chirurgo*; Giovanni Bianchi è l'*avvocato* e Paolo Rossi è il *docente universitario*.

9. L'insegnante può anche suggerire agli studenti di usare il diagramma di John Venn (1834-1923) per risolvere alcuni problemi (Immagine 5).

    I tre sport

    Sono professore di educazione fisica. Nella mia classe ci sono 30 studenti che vogliono iscriversi a tre sport differenti (hockey, calcio, tennis).
    Io so che...

    1. 24 si sono iscritti a hockey.
    2. 18 si sono iscritti a tennis.
    3. 10 hanno deciso per il calcio.
    4. Nessuno si è iscritto a tutti e tre gli sport.
    5. 4 vogliono giocare a tennis e a calcio.
    6. 4 vogliono giocare a hockey e a calcio.

    Puoi dirmi quanti studenti si sono iscritti a hockey, al calcio e a tennis?

    Serviti del diagramma seguente di Venn per trovare la soluzione.

1. Numero di studenti iscritti a hockey: _____

2. Numero di studenti iscritti al calcio: _____

3. Numero di studenti iscritti a tennis: _____

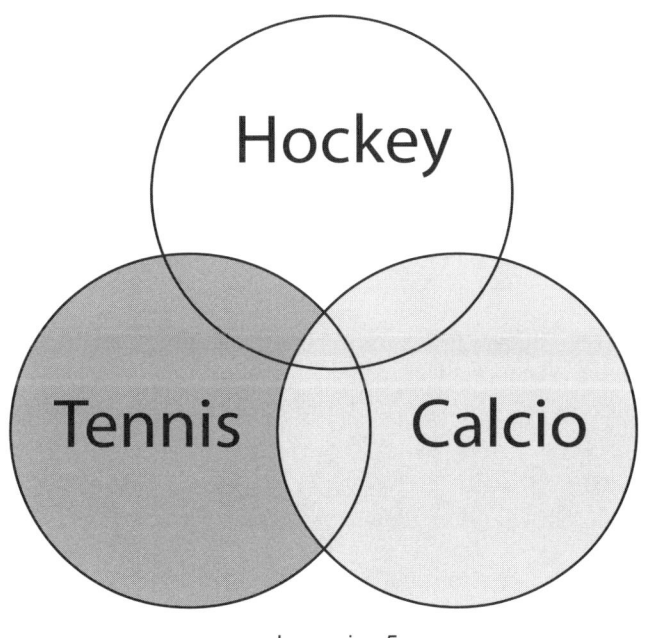

Immagine 5

10. I problemi di logica possono apparire sia in forma di paragrafo, come dimostra questo problema, sia in forma di fumetto (Immagini 6, 7 pp. 210-211).

    Una spia deve entrare in un castello che ha una serie di porte. Osserva il comportamento di coloro che entrano e scopri che:
    alla prima porta, alla parola d'ordine della sentinella che è "Dodici", chi entra dice come controparola "Sei";
    alla seconda porta, alla parola d'ordine "Dieci", chi entra dice "Cinque";
    alla terza porta, alla parola d'ordine "Otto", chi entra dice "Quattro";
    alla quarta porta, alla parola d'ordine "Sei", chi entra dice "Tre".
    Poiché a ogni porta è sempre più difficile osservare, e credendo di aver capito il meccanismo, la spia è sicura di entrare nel castello.
    Va alla prima porta: "Dodici" "Sei". Passa.
    Alla seconda porta "Dieci" "Cinque". Passa.
    Terza porta: "Otto" "Quattro". Passa.
    Quarta porta "Sei" "Tre". Passa.
    Quinta porta: "Quattro" "Due". Viene subito circondato, catturato e ucciso. Perché?
    Cosa doveva dire per passare? Con quale logica?
    (Parolini, 1997, p. 178)

Immagine 6
Da: Fabio Castelli ed Elvira Marinelli (a cura di), *Problemi di logica per ragazze e ragazzi svegli*, illustrazioni: Luigi Aldegheri, Marta Tonin, Firenze, Giunti Junior. Su licenza di Demetra, 2003.

Immagine 7
Da: Fabio Castelli ed Elvira Marinelli (a cura di), *Problemi di logica per ragazze e ragazzi svegli*, illustrazioni: Luigi Aldegheri, Marta Tonin, Firenze, Giunti Junior. Su licenza di Demetra, 2003.

11. Anche le cosiddette "foto curiose" (Mollica, 1998) possono spesso servire per identificare la risoluzione d'un problema e per stimolare l'umorismo e la conversazione in classe. (Immagine 8).
    1. Che problema hanno le due sorelline?
    2. Come hanno risolto il problema?

Immagine 7
Da: Anthony Mollica, *Una immagine vale... 1000 parole*. Libro 2. Welland, Ontario, éditions Soleil publishing,1998. Per gentile concessione dell'Editore.

I problemi di logica 213

12. Ma capitano tutti i giorni situazioni in cui veniamo chiamati a "risolvere" problemi e a prendere decisioni, come dimostra la seguente vignetta umoristica (Vignetta 1).

Vignetta 1

Come abbiamo già detto, ogni studente, indipendentemente dal suo livello culturale o dal suo bagaglio linguistico, sa pensare. Come "attività di riscaldamento" (il cosiddetto *"warm up period"*, in inglese; *"mise-en-train"*, in francese) all'inizio della lezione in cui si svolgono problemi di logica, l'insegnante potrebbe dare il seguente problema per individuare se gli studenti sono *pensatori convergenti* o *pensatori divergenti* (Immagine 9).

Senza alzare la matita dalla carta, traccia quattro linee rette di modo che passino attraverso i nove puntini.

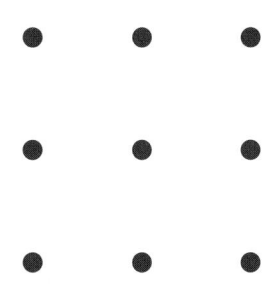

• • •

• • •

• • •

Immagine 9

Il pensatore *convergente* percepirà i puntini come un quadrato e quindi farà vari tentativi frustranti, senza successo. Il pensatore che è capace di staccarsi dalla abilità di pensatore convergente vedrà che non esistono linee di demarcazione che impediscono al solutore di tirare una linea "fuori" del "quadrato". Nulla è stato detto che obblighino a rimanere dentro le linee di demarcazione dei nove puntini. Nonostante ciò, la natura "organizzante" del pensatore convergente è tale che ci conduce a vedere un blocco al movimento della matita, dove, di fatto, il blocco non esiste.

Ecco la soluzione (Immagine 9):

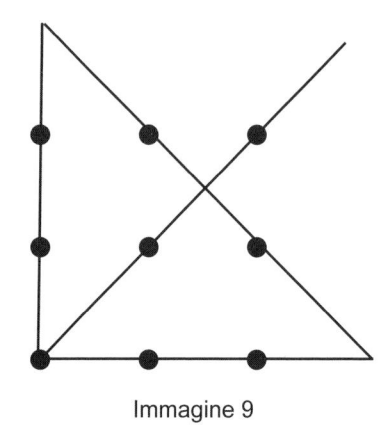

Immagine 9

L'insegnante dovrebbe scegliere o preparare problemi di logica e farli risolvere dagli studenti durante il corso sia individualmente che in gruppo usando possibilmente un approccio tematico. Nel risolvere il problema, la ripetizione e l'apprendimento del lessico risulteranno più interessanti e motivanti per lo studente.

Riferimenti bibliografici

Castelli Fabio e Marinelli Elvira (a cura di), 2003, *Problemi di logica per ragazze e ragazzi svegli,* illustrazioni: Luigi Aldegheri, Marta Tonin, Firenze, Giunti Junior. Su licenza di Demetra.

Danesi Marcel, 1985, *A Guide to Puzzles and Games in Second Language Pedagogy.* Toronto, ON, Ontario Institute for Studies in Education.

Dodson Joseph W., 1971, "Characteristics of Successful Insightful Problem-Solvers", Doctoral Dissertation, University of Georgia, *Dissertation Abstracts International,* 31A:5928.

Hollander Sheila K., 1973, "Strategies of Selected Sixth Graders Reading and Working Verbal Arithmetic Problems," Doctoral Disseration, Hofstra University.

Kruteskii V. A., 1976, *The Psychology of Mathematical Abilities in School Children,* tr. by Joan Teller, Chicago, University of Chicago Press.

Mollica Anthony, 1976, *Joie de vivre. Anthologie d'écrits québécois,* Toronto, Copp Clark.

Mollica Anthony, 1992, "Reinforcing Language Skills Through Problem-Solving and Pencil-and-Paper Activities," in Cicogna Caterina, Danesi Marcel e Mollica Anthony (a cura di), *Problem Solving in Second-Language Teaching,* Welland, Ontario, éditions Soleil publishing, inc., pp. 102-129.

Mollica Anthony,1998, *Una immagine vale... 1000 parole.* Libro 2. Welland, Ontario, éditions Soleil publishing, inc.

Mollica Anthony, 2004, *Attività lessicali 2. Intermedio-Avanzato,* Recanati, ELI.

Parolini M., 1997, *Il grande libro dei quiz. Giochi, quiz, domande e risposte per grandi e piccini, in casa e all'aria aperta,* Casale Monferrato (AL), Piemme.

ROBINSON MARY L., 1973, "An Investigation of Problem-Solving Behaviour and Cognitive and Affective Characteristiocs of Good and Poor Problem Solvers in Sixth Grade Mathematics", Doctoral Dissertation, State University of New York at Buffalo, Dissertation Abstracts International, 33A:5620.

SUYDAM MARILYN M., 1980, "Untangling Clues from Research on Problem Solving," in KRULIK STEPHEN E REYES ROBERT E. (A CURA DI), *Problem Solving in School Mathematics*, Reston, VA, The National Council of Teachers of Mathematics, Inc.

SUYDAM MARILYN M. E WEAVER FRED, 1977, "Research on Problem Solving: Implications for Elementary School Classrooms", *Arithmetic Teacher*, 25, pp. 40-42.

TALTON CAROLYN F., 1973, "An Investigation of Selected Mental, Mathematical, Reading, and Personality Assessment of Predictors of High Achievers in Sixth Grade Mathematical Verbal Problem Solving", Dissertarion Abstracts International, 34A:1008-9.

Capitolo 19

Il proverbio

La parola *proverbio* deriva dal latino *proverbium.* Lo studio dei proverbi si chiama *paremiologia* (dal greco *paroimia*) e la *paremiologia comparata* studia differenti linguaggi e culture nei proverbi.

Il dizionario *The American Heritage Dictionary of the English Language* (Morris 1979, p. 1053) definisce il proverbio

> un motto conciso e diretto, di uso diffuso e che esprime un fatto noto o una verità condivisa.

Il *Vocabolario della lingua italiana* (in Cd-rom) dello Zingarelli (2004) suggerisce quanto segue:

> detto breve e spesso arguto, di origine popolare e molto diffuso, che contiene massime, norme, consigli fondati sull'esperienza.

Il *Grande Dizioniario Hoepli Italiano* di Aldo Gabrielli (in Cd-rom) lo identifica come

> breve frase, di origine popolare, spesso in versi rimati o assonanti, che contiene un pensiero, una norma, un'ammonizione dettata dall'esperienza.

Il *Grande Dizionario Garzanti – Italiano* 2008 (in Cd-rom), offre questa definizione,

> detto popolare, generalmente breve, che fissa in una forma tradizionalmente codificata una regola di vita, una credenza, un dato dell'esperienza.

E *Il Tommaseo. Dizionario della lingua italiana* (2004) di Niccolò Tommaseo e Bernardo Bellini riassume pressappoco tutte le stesse definizioni:

> Detto breve arguto, e ricevuto comunemente, che per lo più sotto parlar figurato comprende avvertimenti attenenti al vivere umano.

Perché introdurre i proverbi nella glottodidattica?

Norrick propone un'analisi linguistica dei proverbi e ne offre due definizioni:
- la prima è *etnografica* e descrive un proverbio come un genere conversazionale tradizionale dai fini didattici, il cui significato è generico; o viene liberamente utilizzato durante una conversazione, in particolar modo per i suoi significati figurati (Norrick, 1985, p. 78),
- la seconda si distacca dagli aspetti culturali ritenendolo un genere tipico della *comunicazione orale*, la cui funzione è didattica. In questo caso esso non viene associato ad alcuna fonte in particolare (Norrick, 1985, p. 79).

Nella sua analisi critica della letteratura sui proverbi, Norrick (1985, pp. 31-51) analizza la vasta produzione esistente sul genere e dimostra che gli elementi qui di seguito elencati sono caratteristiche essenziali in un proverbio:

1. completezza (proposizioni compiute e grammaticali)
2. concisione
3. legami con la tradizione
4. componente didattica
5. forma fissa
6. natura poetica (prosodia e linguaggio figurato).

La lingua dei proverbi, una componente fondamentale nella conoscenza di una lingua e di una cultura, è ricchissima di metafore. La capacità di sfruttare questo linguaggio popolare richiede almeno una minima conoscenza delle espressioni metaforiche al fine di poter decodificare il significato e l'appropriatezza al contesto di riferimento.

A questo riguardo, Arewa e Dundes (1964, p. 71) affermano che i proverbi sono utili per
- fare il punto della situazione
- esprimere un giudizio
- suggerire un'azione
- richiamare esperienze precedenti relative a quanto sta avvenendo nel presente.

Poiché i proverbi sono un importante indicatore della competenza linguistica di una persona, essi vanno assolutamente inclusi nel curriculum di lingua straniera.

Sono varie le ragioni per cui l'introduzione dei proverbi nella classe di lingua straniera è particolarmente utile:
- Un proverbio di solito è corto, è in rima ed è facile da ricordare – le espressioni proverbiali di solito sono comprensibili e richiamano il lessico di base dei livelli elementari e intermedi.
- I detti popolari sono una parte importante in tutte le lingue. Saper usare espressioni proverbiali sviluppa un'importante abilità discorsiva: quella

del discorso indiretto. Norrick (1985, p. 27) afferma che il discorso indiretto consente all'interlocutore di nascondere i suoi veri sentimenti, lasciandogli una via di scampo, offrendo opportunità di scelta ai suoi ascoltatori e dando spazio ad un consenso vero o mascherato.

- Queste espressioni popolari hanno un primo, immediato, significato linguistico letterale e un secondo significato, figurato, metaforico, che va decodificato dal contesto. In questo senso i proverbi sono un particolare tipo di discorso indiretto che richiede ad emittente e ricevente la capacità di dedurre o individuare appropriati parallelismi tra le azioni o le descrizioni comprese nell'aforisma e l'argomento della conversazione che sta avendo luogo.

Quest'ultima abilità richiama la competenza metaforica perché lo studente deve sviluppare le appropriate analogie tra l'unità statica (il proverbio) e la situazione specifica che è venuta a crearsi (Nuessel e Cicogna 1995, pp. 317-319).

L'introduzione dei proverbi nei curricula linguistici trova la sua motivazione nelle seguenti indicazioni:

1. la loro essenziale brevità ne facilita il ricordo;
2. l'uso di proverbi nelle attività di classe, in esercizi e attività di verifica aiuta lo studente a sviluppare un'abitudine mentale a queste espressioni autentiche;
3. l'uso di espressioni idiomatiche, retoriche, metaforiche offre agli studenti l'opportunità di imparare ad utilizzare tali espressioni linguistiche in contesti appropriati e significativi;
4. l'uso dei proverbi è anche facilitatore di quello che Danesi e Mollica (1998, p. 3) definiscono "fluenza concettuale" (vedi Nuessel e Cicogna, 1995), ovvero il modo in cui una lingua riflette o comprende i concetti in relazione alla creazione di metafore. Questa competenza, come quella grammaticale e comunicativa (pragmatica), è nella maggior parte dei casi inconsapevole nei parlanti di madrelingua.

L'uso dei proverbi a livello elementare e intermedio

Qui di seguito alcuni suggerimenti che intendono essere generiche indicazioni per l'introduzione di proverbi nella classe di lingua. L'insegnante dovrebbe

1. dotarsi di varie raccolte di proverbi da utilizzare come archivio (vedi indicazioni in bibliografia). Ricordiamo che sono disponibili numerose antologie di proverbi; suggeriamo di verificare quanto presente nella biblioteca locale o universitaria, nelle librerie specializzate delle grandi città o nelle librerie online;
2. consultare una bibliografia di base sui proverbi per ulteriori informazioni;
3. familiarizzare gli studenti con proverbi dall'inglese (se gli studenti sono di madrelingua inglese) attraverso la presentazione di esempi appropriati:

anche in questo caso ci si può avvalere di numerose raccolte disponibili. La collezione Arthaber (1989) fornisce un elenco multilingue di proverbi famosi ed è quindi utile per esempi a cavallo delle varie lingue;
4. chiedere agli studenti di illustrare il significato letterale e figurato di vari proverbi;
5. presentare proverbi e trovare i corrispondenti nella lingua madre dello studente;
6. discutere il significato letterale di una selezione di proverbi e chiedere agli studenti di individuare come detti significati possano rispondere a determinate situazioni;
7. chiarire la relazione che esiste tra un proverbio e una situazione ad esso correlata dimostrando quali corrispondenze analogiche possono esserci;
8. evitare proverbi negativi o proverbi che contengono stereotipi;
9. prestare particolare attenzione all'utilizzo dei proverbi. È ovvio che va evitato l'uso eccessivo di queste espressioni in quanto la moderazione risulta essere più produttiva;
10. includere i proverbi nelle fasi di valutazione in modo da rendere consapevoli gli studenti del loro processo di acquisizione di questa importante parte della lingua;
11. condividere le idee e i risultati con i colleghi nei consigli di classe, nelle riunioni, nei convegni degli insegnanti di lingue, o in qualsiasi altra occasione opportuna;
12. periodicamente rivedere i materiali al fine di individuare quali attività siano state più efficaci ed eliminare o rielaborare i materiali che non hanno sortito buoni risultati allo scopo di verificare se possono funzionare in un diverso formato.

Applicazioni glottodidattiche

Varie sono le attività che l'insegnante può introdurre in classe. I proverbi sono utili per insegnare:

1. **Fonetica**

    L'uso dei proverbi fornisce un'eccellente opportunità di esercizio nella lingua d'arrivo, in un contesto specifico e non, come esercizio di pronuncia di parole isolate e senza alcun nesso logico.

    a. suoni vocalici

    I suoni vocalici italiani sono diversi da quelli inglesi o di altre lingue e per sottolineare tali differenze vanno esercitati.

    Per la pratica orale sono particolarmente utili le attività incentrate su combinazioni vocale-consonante che evidenziano le differenze tra il sistema inglese e quello italiano.

L'avaro è sempre povero.
(Selene, 1990, p. 27)

b. suoni consonantici

Un altro modo pratico e divertente di imparare aspetti fonologici dell'italiano, consiste nell'uso di proverbi i quali contengono suoni che non sono presenti nella madrelingua dei discenti.

Suoni palatali

Meglio poco che nulla.
(Mertvago, 1997, p. 92)

Gli amici sono buoni in ogni piazza.
(Selene, 1990, p. 15)

Suoni geminati

L'apparenza inganna.
(Selene, 1990. p. 20)

Venezia la bella, e Padova sua sorella.
(Selene, 1990, p. 48)

[r] italiana singola e geminata

Imparare, ritenere, ripetere, sono i tre cardini dello studio.
(Selene, 1990, p. 135)

Errore non fa pagamento.
(Selene, 1990, p. 93)

2. **Ortografia**

In una lingua la rappresentazione ortografica può essere lontana o vicina a quella fonetica; in generale possiamo affermare che l'ortografia di una lingua ha degli aspetti prefissati e prevedibili che si definiscono regole ortografiche di scrittura (in inglese, *spelling rules*). In questa sezione presentiamo alcuni esempi e dimostriamo come usare i proverbi per esercitare questi aspetti.

Danesi (1984) sottolinea come certi aspetti ortografici dell'italiano siano causa di gran parte dei problemi che si riscontrano in apprendenti anglofoni.

Le seguenti lettere dell'alfabeto italiano sono problematiche per gran parte dei principianti in quanto l'anglofono, soprattutto quando legge un passo ad alta voce, tende a trasferire determinate regole della sua madrelingua all'italiano; inoltre può anche succedere che questi stessi studenti acquisiscano e riproducano con una pronuncia inglese il lessico che presenta detti aspetti problematici.

"z" (z = [ts])

Mar<u>z</u>o nuvoloso, estate piovosa.
(Selene, 1990, p. 179)

La scien<u>z</u>a viene dallo studio.
(Selene, 1990, p. 276)

"c" (c = [k])

Le <u>c</u>ose rare sono le più <u>c</u>are.
(Selene, 1990, p. 254)

"ch" (ch = [k])

<u>Ch</u>i non ha libertà, non ha ilarità.
(Selene, 1990, p. 158)

"c" (c = [tS])

<u>C</u>ento <u>c</u>ervelli, <u>c</u>ento cappelli.
(Selene, 1990, p. 139)

Valutazione di pronuncia e di ortografia

Il docente di italiano deve continuamente fare i conti con la valutazione della pronuncia e i relativi problemi di interferenze legate all'ortografia dell'interlingua. Le strategie che prevedono l'uso di proverbi descritte qui di seguito sono classiche, ma sempre buone.

Il dettato resta il modo più diretto per verificare la capacità ricettiva di uno studente e in questa tipologia di esercizio i proverbi risultano particolarmente utili in quanto sono sintetici e spesso sono in rima, facilitando così il ricordo.

Scrivendo ciò che sentono, gli studenti devono dimostrare tanto la loro comprensione orale quanto la loro conoscenza delle convenzioni legate all'ortografia della lingua.

Una variazione della tecnica del dettato prevede che sul foglio da dare agli studenti si stampino i proverbi con degli spazi vuoti in corrispondenza delle lettere che risultano problematiche. Questo tipo di attività mette insieme la comprensione orale con punti critici legati alle interferenze ortografiche. Le seguenti tecniche sono degli esempi in questo senso e possono essere introdotte dalla consegna che segue.

Nell'esercizio che segue è prevista la lettura ad alta voce di alcuni proverbi.

Completa gli spazi bianchi con la trascrizione corretta dei termini che senti.

_____ diritto è _____ un dovere.
(Selene 1990: 75)

[Risposta: *Ogni, anche*]

_____ è _____ è dubbioso.
(Selene 1990: 210)

[Risposta: *Chi, ozioso*]

Dialetti regionali

L'attuale scena linguistica dell'Italia è fortemente segnata dalla presenza di dialetti regionali. L'esposizione a questo importante aspetto della cultura italiana può avvenire attraverso la presentazione selettiva di alcuni proverbi in dialetto regionale e lavorando successivamente su somiglianze e differenze con i corrispondenti proverbi in lingua standard. In classi di livello avanzato questa attività consente di avviare una discussione sui fattori storici che hanno contribuito a questa diversità linguistica; tale confronto, inoltre, consente la presentazione dei processi che hanno portato a determinate differenze; allo stesso tempo si consente al docente di presentare i processi formali che hanno portato a questa eterogeneità linguistica.

3. **Morfologia (modelli di derivazioni)**

Vizmuller-Zocco (1987, p. 720) in un eccellente saggio sugli aspetti pedagogici della morfologia delle derivazioni, afferma che:

> non c'è da sorprendersi se, forse a causa della confusa situazione teorica, i metodologi, gli autori di testi e i docenti di lingua non abbiano dato alle derivazioni l'attenzione che meritano.

Inoltre sottolinea che, in riferimento alle derivazioni,

> ai livelli iniziali non si riscontrano tentativi intenzionali e organizzati tesi a dimostrare la regolarità delle derivazioni eccetto che per alcune indicazioni su come separare la radice da un particolare prefisso o suffisso.

I proverbi sono fonte di occasioni per esercizi sul lessico focalizzati sulle forme derivate. Prima di introdurre il tema relativo alla morfologia delle derivazioni in italiano, può essere utile mostrare lo stesso aspetto grammaticale in inglese. Il modello che segue trasforma un nome in aggettivo e poi in verbo (Vedi anche Capitolo 27, "I veri amici").

amore   amante   amoroso   amare

L'esercizio che segue mostra che può servire come attività in classe e, in seguito, come strumento di valutazione.

Nei proverbi che seguono alcune parole sono in corsivo. Fornisci una parola che sia simile, per forma e significato, alla parola in corsivo.

Chi porta *fiori*, porta *amore*.
(Selene 1990, p. 17)

[Risposte: *fiorifero, fiorire, fiorista; amare, amante, amoroso*]

La *dolcezza* acquieta l'*ira*.
(Selene 1990, p. 80)

[Risposte: *dolce, dolcemente, dolcificare; irato, iracondia, irascibile, irascibilità*]

Gli esercizi che mirano a esercitarsi sul lessico e che includono l'uso di sinonimi e contrari migliorano l'abilità dello studente a comunicare in italiano: l'esercizio che segue ne è un esempio. In questa attività l'insegnante può scegliere se fornire a fondo pagina un elenco con il numero corrispondente di termini, oppure con qualche parola in più o addirittura non fornire alcuna lista.

Completa gli spazi presenti nei proverbi che seguono scegliendo i termini adatti dalla lista proposta.

- ☐ bondanzioso   ☐ canto   ☐ dimenticar   ☐ pianto
- ☐ ricordare   ☐ ventoso

Oggi in _____, domani in _____.
(Selene 1990, p. 230)

Maggio _____, anno _____.
(Selene 1990, p. 170)

Meglio _____ due volte, che _____ una.
(Selene 1990, p. 260)

[Risposte: *canto, pianto; ventoso, bondanzioso; ricordare, dimenticar*]

4. **Grammatica (sintassi, concordanza di genere, negazione, forma passiva)**

   Gran parte delle più importanti e frequenti strutture grammaticali della lingua oggetto di insegnamento sono presenti nei proverbi. Una attenta selezione di proverbi italiani che mira a fornire esempi in relazione alla grammatica favorisce l'acquisizione, incrementa il vocabolario e amplia la padronanza di espressioni linguistiche.

   Ciononostante bisogna prestare attenzione al fatto che certi proverbi contengono espressioni grammaticali e vocabolario datati, che possono risultare obsoleti o non apparire nell'italiano standard; per questo è opportuno selezionarli con attenzione. Qui di seguito vengono suggeriti alcuni esempi in relazione agli aspetti grammaticali.

   Concordanza di genere

   La concordanza degli aggettivi con i nomi corrispondenti che avviene in italiano è un aspetto grammaticale importante per gli anglofoni poiché questo aspetto non appare nella loro lingua. A tal fine, l'uso di proverbi risulta particolarmente utile.

   Meglio un buon re che una buona legge.
   (Selene, 1990, p. 255)

Negazione

In italiano la collocazione delle particelle negative è diversa rispetto all'inglese e per questo crea difficoltà all'apprendente anglofono. L'uso di proverbi per presentare la collocazione di dette particelle ne facilita il ricordo e l'uso appropriato.

Dove non c'è amore, non c'è umanità.
(Selene, 1990, p. 311)

Chi non ha giudizio, perde la cappella e il benefizio.
(Selene, 1990, p. 124)

Valutazione delle strutture grammaticali

Gli esercizi di completamento permettono la verifica di parti discrete di particolari aspetti grammaticali; ogni lingua presenta specifiche aree problematiche. Ad esempio, le preposizioni sono un aspetto particolarmente difficile in più lingue.

Esercizi di completamento

Gli esercizi di completamento che si riferiscono all'uso delle preposizioni, un aspetto piuttosto ostico per lo studente straniero che si avvicina alla grammatica italiana, sono attività dalla spiccata valenza pedagogica.

L'uso di *da* e *di*

Inserisci la preposizione appropriata (da o di) negli spazi forniti.

Guardati ___ chi giura in coscienza.
(Selene, 1990, p. 130)

Maiale ___ un mese, oca ___ tre, mangiar ___ re.
(Selene, 1990, p. 171)

[Risposte: *da, di, di, da*]

Inserisci la forma corretta di preposizioni articolate negli spazi forniti.

Chi erra *(in)* ___ elezione, erra *(in)* ___ servizio.
(Selene 1990: 93)

Il mattino è l'amico *(di)* ___ studio.
(Selene 1990: 295)

Chi ha paura *(di)* ___ legno, sarà colpito *(da)* ___ ferro.
(Selene 1990: 221)

[Risposte: *nell', nel; dello; del, dal*]

Esercizi di riscrittura

Gli esercizi di riscrittura possono essere utili per determinare l'abilità dello studente a riformulare frasi in forme alternative e adeguate. Negli esempi che seguono si dimostra questa possibilità.

Riscrivi le frasi che seguono cambiando la forma in quella negativa corrispondente.
Chi fa bene trova bene.
(Selene 1990: 32)

[Risposta: *Chi non fa bene non trova bene.*]
Chi si sacrifica, si santifica.
(Selene 1990: 32)

[Risposta: *Chi non si sacrifica, non si santifica.*]

Esercizi di riordino (grammatica, sintassi)

Mollica (1979, 1981) e Danesi (1985) promuovono attività ludiche quale strategia pedagogica decisiva nella classe di lingua straniera. I puzzle costituiscono una importante funzione per il recupero e il rinforzo nell'acquisizione di nuovi concetti e materiali. Un esempio di queste attività consiste nel riordino.

Gli esercizi di riordino danno al docente un'altra indicazione sulla conoscenza, da parte dello studente, delle strutture sintattiche che governano la lingua oggetto (Vedi Capitolo 1, "L'abbinamento e l'incastro").

Riordina le parole sparse e formula un proverbio che abbia senso.
quand'/annoia/e/scherzo/troppo/riso/gioia.
Risposta: *Scherzo, riso e gioia, quand'è troppo annoia.*
(Selene, 1990, p. 276)

campagna/la/non/tempesta/montagna/di/bagna.
Risposta: *Tempesta di montagna non bagna la campagna*
(Selene, 1990, p. 301)

5. **Lessico**

I proverbi sono un modo eccellente di introdurre nuovo vocabolario in un contesto significativo. Con questi popolari modi di dire si possono sottolineare vari campi semantici che appaiono con frequenza in un corso introduttivo.

Maiguashca (1984) ha sviluppato una strategia semantica sistematica per lo sviluppo del vocabolario attraverso campi semantici o raggruppamenti di campi che naturalmente si incrociano (*la parentela, la casa, il denaro* e così via). Nel suo approccio teso all'arricchimento e allo sviluppo lessicale, Maiguashca (1984) presenta varie tecniche e strategie innovative in contesto per facilitare la memorizzazione. I proverbi sono infatti un mezzo efficace per accelerare lo sviluppo del lessico e la sua memorizzazione.

Nelle sezioni che seguono si presenta l'uso di proverbi per favorire il ripasso di determinati campi semantici.

Animali

Volpe che dorme, vive sempre magra.
(Selene, 1990, p. 334)

Il lupo perde il pelo, non il vizio.
(Selene, 1990, p. 166)

Cavallo tanto va, tanto vale.
(Selene, 1990, p. 47)

Parentela

Tra moglie e marito, non metter dito.
(Selene, 1990, p. 187)

Una figlia, una meraviglia.
(Selene, 1990, p. 108)

Mesi dell'anno

Gennaio, freddo cane, salva il vino e salva il pane.
(Lapucci, 2006, p. 492)

Febbraio, corto e amaro.
(Lapucci, 2006, 406)

Marzo pazzerello guarda il sole e prendi l'ombrello.
(Lapucci, 2006, p.665)

Per tutto aprile, non ti scoprire.
(Lapucci, 2006, p. 61)

Non c'è maggio senza fiori né fanciulla senza amore.
(Lapucci, 2006, p.630)

Se giugno non fa sudare, pane e vino fa mancare.
(Lapucci, 2006, p. 512)

A luglio il temporale dura poco e non fa male.
(Lapucci, 2006, p.612)

D'agosto anche l;asino nero diventa rosso.
(Lapucci, 2006, p. 19)

Se in settembre senti tuonare, tini e botti puoi preparare.
(Lapucci, 2006, p. 1090)

Ottobre è bello ma tieni in man l'ombrello.
(Lapucci, 2006, p. 810)

Chi non semina di novembre presto o tardi se ne pente.
(Lapucci, 2006, p. 768)

Dicembre nevoso anno fruttuoso.
(Lapucci, 2006, p. 320)

L'insegnante può anche suggerire un'attività in cui il mese dell'anno viene omesso e gli studenti devono completare il proverbio. Ad una prima lettura, l'attività sembra un po' difficile, ma se teniamo conto che alcuni proverbi "rimano", e che, in tutti gli esempi, il proverbio stesso descrive le attività di un dato mese, allora il completamento sarà più facile. Per esempio, gli studenti dovrebbero avere poca difficoltà ad indovinare il n. 6 (giugno/pugno); il n. 8 (febbraio/febbraiuccio); il n. 9 (agosto/mosto); il n. 11 (aprile/barile).

Completa i seguenti proverbi con il corretto mese dell'anno.

1. _____ gelato, addio seminato.
2. _____ ortolano, molta paglia e poco grano.
3. _____ vezzoso, inverno capriccioso.
4. _____ polveraio, empie il granaio.
5. _____ lucciolaio, bel grano.
6. _____ la falce in pugno.
7. _____ piovoso, campo prosperoso.
8. _____ febbraiuccio, corto corto e cattivuccio.
9. _____ matura il mosto.
10. _____ l'uva e il fico pende.
11. _____ ogni goccia un barile.
12. _____ pazzerello, guarda il sole e prendi l'ombrello.

(Gemignani, 1989, p. 77)

L'insegnante può anche optare per un esercizio di completamento a scelta multipla (Vedi capitolo 1, "L'abbinamento e l'incastro".)

Scegli tra i seguenti mesi proposti il corretto mese dell'anno per completare il proverbio.

1. _____ ogni goccia un barile.
   ☐ A. gennaio ☐ B. aprile ☐ C. agosto ☐ D. novembre
2. _____ la falce in pugno.
   ☐ A. aprile ☐ B. maggio ☐ C. giugno ☐ D. luglio
3. _____ vezzoso, inverno capriccioso.
   ☐ A. febbraio ☐ B. luglio ☐ C. agosto ☐ D. dicembre
4. _____ l'uva e il fico pende.
   ☐ A. marzo ☐ B. aprile ☐ C. settembre ☐ D. ottobre
5. _____ matura il mosto.
   ☐ A. aprile ☐ B. maggio ☐ C. agosto ☐ D. novembre

ecc.

Stagioni dell'anno

I primi fiori non fanno la primavera.
(Lapucci, 2006, p. 944)

Estate calda, vino buono.
(Lapucci, 2006, p. 379)

L'autunno spoglia le piante e veste gli uomini.
(Lapucci, 2006, p. 88)

L'inverno è l'inferno dei poveri.
(Selene 1990: 148)

6. **Contrari**

   Oltre al rafforzamento del lessico, i proverbi offrono una fonte contestualizzata per sinonimi e contrari; si tratta di un altro modo di arricchire il vocabolario (vedi Nuessel e Cicogna, 1994a per una presentazione critica e relativi riferimenti; vedi anche Aichison, 1994).

   I poveri hanno la salute e i ricchi le medicine.
   (Selene, 1990, p. 260)

   Se vuoi pace prepara la guerra.
   (Selene, 1990, p. 130)

7. **Lettura-comprensione**

   Honeck, Voegtle, Dorfmueller, e Hoffman (1980, p. 143) citano la prova empirica che

   La capacità di capire i proverbi non appare fino agli 11 anni, più o meno.

   A questo punto l'unica affermazione certa sulla comprensione dei proverbi è che

   La comprensione ricettiva precede l'interpretazione e la spiegazione e che quest'ultima aumenta con l'età (Honeck, Voegtle, Dorfmuller e Hoffman, 1980, p. 144).

   Poiché la maggior parte degli studenti iscritti nelle istituzioni post-secondarie ha l'età giusta per comprendere i proverbi, ne deriva che la loro introduzione nel curriculum è appropriata.

   I proverbi e la lingua ad essi correlata hanno importanti implicazioni nell'insegnamento delle lingue straniere e seconde. Seitel (1976, p. 137) afferma che tali espressioni devono essere insegnate deliberatamente ai bambini attraverso

   l'applicazione di una situazione immaginaria (il proverbio) ad una situazione reale (il contesto) tramite un processo di correlazione.

   In questo modo le espressioni proverbiali e la loro comprensione possono essere analizzate, formalizzate e insegnate agli studenti nella lezione di lingua straniera (Seitel, 1976, p. 141).

   L'interpretazione di un proverbio comprende la tipica relazione semiotica "qualcosa che sta per". Questo tripartitico processo semiotico prevede che ci sia un oggetto *(il segno)*, qualcosa a cui esso si riferisce *(il referente)* e l'utente del segno, colui che codifica o decodifica (Sless, 1986, pp. 5-6).

Inoltre l'acquisizione di un repertorio di proverbi in lingua straniera aumenta l'abilità pragmatica dello studente in quanto fornisce molteplici atti indiretti quali ammonire, fare promesse, e così via; inoltre la familiarità con le espressioni proverbiali consente la conoscenza e comprensione di determinati aspetti culturali.

Questo approccio alla comprensione dei proverbi è orientato al processo, ed è determinante nell'insegnamento e nello sviluppo della competenza metaforica in quanto la lingua dei proverbi costituisce uno strumento autonomo per imparare a mettere in relazione una situazione con un'altra semplicemente suggerita. Questo modo di pensare può quindi essere insegnato in modo logico e ordinato.

È utile portare degli esempi, usando alcuni proverbi comuni, a dimostrazione del fatto che presentano un messaggio letterale che deve essere interpretato in maniera figurata per poterli poi ricollegare ad una particolare situazione o contesto. La classica espressione proverbiale anglofona

"Non puoi giudicare un libro dalla sua copertina"

o in italiano significa che le apparenze possono ingannare. Un altro esempio potrebbe essere

"Can che abbaia non morde",

il cui significato è che una persona rumorosa e dai comportamenti vistosi raramente è pericolosa.

Lettura (interpretazione)

I proverbi possono essere considerati come dei "mini testi" da leggere ed interpretare come entità autonome o in un contesto che ne fornisce il significato (Norrick, 1985, p. 5). In questo senso ci sono vari e interessanti esercizi che possono essere utili alla loro comprensione. Uno di questi consiste nel fornire un foglio in cui appare un proverbio e alcune domande che si riferiscono al suo significato.

Il ramo somiglia al tronco.
(Selene, p. 107)

Seguono alcune domande appropriate al proverbio citato:

1. Questo proverbio ha un senso letterale. Fai un disegno che ne illustri il significato.
2. Quale figura retorica si usa in esso?
3. Esiste una versione corrispondente in inglese (nella tua madrelingua)? Quale?

Il proverbio

Lettura (esercizio di accoppiamento)

In questo tipo di esercizio gli studenti dimostrano la loro conoscenza del linguaggio dei proverbi e la loro abilità di comprensione scritta unendo due segmenti di un proverbio per ricostruirne la forma originale.

Abbina la metà del proverbio che appare nella Colonna B con la prima metà che si trova nella Colonna A. Trascrivi tutto il proverbio.

Colonna A	Colonna B
1. Chi troppo comincia	a. compatisce.
2. Chi tardi si pente	b. traditore.
3. Traduttore	c. si pente invano
4. Chi patisce	d. poco finisce.

Esercizi che dimostrano il significato letterale e figurato

Al fine di illustrarne il senso, si possono utilizzare delle domande generiche.

1. Qual è il significato di questo proverbio?
2. Quali differenze ci sono in relazione alle allusioni presenti nel proverbio in lingua straniera e nell'equivalente in inglese (o nella lingua del discente)? Queste differenze rivelano qualcosa in relazione alle due culture?
3. In quali situazioni può essere usato questo proverbio?
4. Usare un proverbio equivale a utilizzare una comunicazione dal tono più cortese? Perché? In che modo?
5. Nelle conversazioni quotidiane usi i proverbi? Fornisci un esempio di proverbio da te utilizzato.

Nell'esercizio che segue collega il proverbio nella colonna B alla situazione che meglio lo descrive nella colonna A.

Colonna A	*Colonna B*
1. Giovanni si vanta sempre delle sue qualità. Però ultimamente è stato bocciato agli esami orali.	a. In bocca chiusa non entrano mosche. (Selene, 1990, p. 36)
2. Maria si lamenta spesso ma non fa nulla per le lamentele.	b. Chi è stato scottato dall'acqua calda, ha paura della fredda. (Selene, 1990, p. 8)
3. Carla è una ragazza che studia molto e ottiene ottimi voti.	c. Can che abbaia, non morde. (Selene, 1990, p. 42)
4. A Mario hanno giocato brutti tiri e adesso non si fida di nessuno.	d. Si raccoglie ciò che si semina. (Mertvago, 1997, p. 97)
5. Carlo parla troppo e spesso dice cose che offendono i suoi amici.	e. La superbia andò a cavallo e tornò a piedi. (Selene, 1990, p. 296)

Un altro esercizio, il cui scopo è insegnare l'uso insieme all'aspetto linguistico e metaforico dei proverbi, prevede la descrizione di una situazione, una specie di scena, in cui il proverbio può essere utilizzato. Quello che segue è un esempio di esercizio di accoppiamento.

Una utile variante all'attività sopra descritta può essere riassunta nel modo che segue.

1. Fornire a piccoli gruppi di studenti un elenco di proverbi italiani che non hanno mai visto prima.
2. Assegnare ad ogni gruppo uno dei proverbi presenti nella lista.
3. Dare ad ogni gruppo il compito di individuare il significato del proverbio e di pensare ad una situazione appropriata all'utilizzo del proverbio stesso.
4. Chiedere agli studenti di scrivere una sceneggiatura di una situazione tipo che dovranno poi rappresentare.
5. Sfidare gli altri gruppi a indovinare quale dei proverbi presenti nella lista corrisponde alla messa in scena.

Proverbi e umorismo

L'insegnante può dare agli studenti una serie di proverbi "spezzati" e chiedere loro di completarli con una conclusione umoristica. (Vedi Capitolo 1, "L'abbinamento e l'incastro").

Completa i seguenti proverbi.

1. Can che abbaia...
2. Chi dorme,...
3. Chi è stato scottato dall'acqua calda...
4. A buon intenditor...
5. Dimmi con chi vai...
6. Meglio solo...

In alternativa, l'insegnante può dare agli studenti una lista di proverbi con un incastro umoristico. Agli studenti il compito di "correggere" il proverbio dandone l'originale.

Correggi i proverbi seguenti dandone la forma originale.

1. Can che abbaia, ha fame.
2. Chi dorme, russa
3. Dimmi con chi vai e ti dirò se è un ragazzo (una ragazza) intelligente.
4. Meglio solo che da moglie accompagnato.
5. A buon intenditor non dire nulla; ha capito tutto.
6. Chi è stato scottato dall'acqua calda, fa una doccia con l'acqua fredda.

Conclusione

I proverbi costituiscono un'eccellente risorsa per i curricula. Essi sono esempio e testimonianza di saggezza, umorismo, cultura mentre si insegna o si ripassa il lessico di base.

Riferimenti bibliografici

Arewa E. Ojo e Dundes Alan, 1964, "Proverbs and the Ethnography of Speaking Folklore", *American Anthropologist,* 6 (part 2), pp. 70-85.

Arthaber A., 1989, *Dizionario comparato di proverbi e modi proverbiali,* Milano, Editore, Hoepli.

Cicogna Caterina, 1992a, *Un proverbio al giorno! Il libro per il docente,* Toronto, University of Toronto Press.

Cicogna Caterina, 1992b, *Un proverbio al giorno! Il libro per lo studente,* Toronto, University of Toronto Press.

Danesi Marcel, 1985, *A Guide to Puzzles and Games in Second Language Teaching.* Toronto, Ontario Institute for Studies in Education Press.

Danesi Marcel e Mollica Anthony, 1998, "Conceptual Fluency and Second-Language Teaching." *Mosaic* 5(2): 1, 3-12. Ristampa in Mollica Anthony, 2009 (a cura di), *Teaching and Learning Languages,* Perugia, Guerra-Soleil, pp. 229-250.

Gabrielli Aldo, 2008, *Grande Dizionario Hoepli Italiano,* Milano, Ulrico Hoepli Editore, Spa.

Garzanti, 2007, *Il Grande Dizionario Garzanti Italiano 2008*, Novara, De Agostini Scuola SpA, Garzanti linguistica.

Gemignani Nello M., 1989, *Umorismo e ginnastica mentale. Giochi, battute umoristiche, quiz, curiosità ricerche...,* Leumann, Torino, Elle Di Ci.

Honeck, Richard P., Voegtle Catherine, Dorfmueller Mark A., e Hoffman Robert A., 1980, "Proverbs, Meaning, and Group Structure," *Cognition and Figurative Language* (a cura di) Honeck R. P. e Hoffman R. R., Hillsdale, NJ, Lawrence Earlbaum Associates, pp. 127-161.

Lapucci Carlo, 2006, *Dizionario dei proverbi italiani con un saggio introduttivo sul proverbio e la sua storia,* Firenze, Le Monnier.

Maiguashca Raffaella Uslenghi, 1984, "Semantic Fields: Towards a Methodology for Teaching Vocabulary in the Second-Language Classroom", *The Canadian Modern Language Reviewe/La revue canadienne des langues vivantes,* 40, 2, pp. 274-297.

Mertvago Peter (a cura di), 1997, *Dictionary of 1000 Italian Proverbs,* New York: Hippocrene Books.

Mollica Anthony, 1979, "Games and Activities in the Italian High School Classroom", *Foreign Language Annals* 12, pp. 347-354.

Mollica Anthony, 1981, "Visual Puzzles in the Second Language Classroom", *The Canadian Modern Language Review/La revue canadienne des langues vivantes,* 37, pp. 583-622.

Morris William (a cura di), 1979, *The American Heritage Dictionary of the English Language,* Boston, MA, Houghton Mifflin.

Norrick Neal R., 1985, *How Proverbs Mean: Semantic Studies in English Proverbs,* Berlin, Mouton.

Nuessel Frank, 1982, "Incorporating Proverbial Language into the Spanish Classroom", *The Canadian Modern Language Review/La revue canadienne des langues vivantes,* 39, pp. 83-90.

Nuessel Frank, 1995, "Proverbs and Metaphoric Language in Second-Language Acquisition",

Studies in Applied Psychosemiotics (a cura di) SLAMA-CAZACU T, TITONE R. E DANESI M., Toronto, Toronto Semiotic Circle Monograph Series Vol. 16. Toronto: Toronto Semiotic Circle, pp. 157-178.

NUESSEL FRANK, 1999, "The Depiction of Women in Italian Proverbs", *Romance Languages Annual,* 11, pp. 235-241.

NUESSEL FRANK E CICOGNA CATERINA, 1991, "Proverbial Language in the Italian Curriculum", *AATI Newsletter,* (Fall), pp. 9-13.

NUESSEL FRANK E CICOGNA CATERINA, 1993a. "Proverbs and Metaphoric Language in Second Language Acquisition." *Italiana V,* (a cura di) A. N. MANCINI A. N., GIORDANO P. A. E BALDINI P. R., West Lafayette, IN, Bordighera Inc., pp. 259-73.

NUESSEL FRANK E CICOGNA CATERINA, 1993b, "Teaching Writing in Elementary and Intermediate Classes: Suggestions and Activities", *Mosaic* 1, 2, pp. 9-11.

NUESSEL FRANK E CICOGNA CATERINA, 1994a, "Strategies for Teaching Vocabulary in the Elementary and Intermediate Italian Classroom", *Italica,* 71, pp. 521-47.

NUESSEL FRANK E CICOGNA CATERINA, 1994b, "Writing in the Elementary and Intermediate Italian Class: Theory, Practice, and Assessment", *Romance Languages Annual,* Volume V. (a cura di) BEER J, GANELIN C. E LAWTON B., West Lafayette, IN, Purdue U Foundation, 265-71.

NUESSEL FRANK E CICOGNA CATERINA, 1995, "Incorporating Metaphoric Competence in the Elementary and Intermediate Italian Curriculum through Proverbial Language", *Romance Languages Annual 1994,* Volume VI, (a cura di) BEER J., LAWTON B. E HART P., West Lafayette, IN, Purdue University Foundation, pp. 313-20.

SELENE ANNAROSA, 1990, *Dizionario dei proverbi,* Milano, Orsa Maggiore Editrice.

TOMMASEO NICOLÒ E BELLINI BERNARDO, 2004, *Il Tommaseo. Dizionario della lingua italiana,* Bologna, Zanichelli.

VIZMULLER-ZOCCO JANA, 1987, "Derivation, Creativity and Second Language Learning", *The Canadian Modern Language Review/La revue canadienne des langues vivantes,* 43, pp. 718-30.

ZINGARELLI NICOLA, 2004, *Vocabolario della lingua italiana* (cd-rom), Bologna, Zanichelli.

Nota dell'Autore: Questo saggio è una versione ridotta e aggiornata dall'Autore, basata su, Anthony Mollica and Frank Nuessel, "Proverbial Language in the French, Italian, and Spanish Classroom: Pedagogical Application", *Mosaic*, 9, 4, pp. 10-22.

Capitolo 20

Il rebus

La parola *rebus* deriva dal latino. È l'ablativo plurale di *res, rei*, s.f., *cosa, con le cose, per mezzo di oggetti* perché il messaggio è espresso tramite la rappresentazione iconografica di oggetti. Si tratta infatti di un gioco enigmistico molto popolare nel quale determinate lettere su figure di persone, animali o cose, in una scenetta disegnata permettono di comporre una parola o una frase. La parola "rebus" è anche metafora di una situazione intricata e di difficile interpretazione.

Immagine 1
un b ELMO MENTO ROMA nti CODA ri CORDA RE =
un bel momento romantico da ricordare

(Tanzini, 2001, p.32)

Immagine 2

d EST a TE FATA nt OCA l DO = D'estate fa tanto caldo

(Enigmistica. Cruciverba, Rebus e Rompicapo, 2005, p. 120)

Per aiutare il solutore a scoprire la frase, si dà spesso il numero delle lettere di ogni parola, separando queste con una virgola.

(Immagine 1: 2, 3, 7, 9, 2, 9; Immagine 2: 1, 6, 2, 5,5)

In una recente pubblicazione, Bartezzaghi (2009) preferisce *descrivere* la scena e il solutore dovrà leggere, immaginare la scena e trovare la risposta. Questa attività diventa molto più complessa poiché il solutore deve o immaginare la scena o addirittura disegnarla.

La parola, una frase o un modo di dire si possono anche formare secondo la posizione di una lettera o di una parola. Utili nella composizione di questi rebus sono:

le preposizioni:
- *prima di*
- *tra*
- *sotto*
- *dietro di*
- *in mezzo a*
- *dopo di*
- *fra*
- *sopra*
- *su*
- *di fronte a*
- *in*

o gli avverbi
- *prima,*
- *poi*
- *dopo*

ecc.

Ecco alcuni esempi:

$$\frac{voce}{parlare}$$

Immagine 4: 7,9

LEI   SIGNORA

Immagine 3: 2,7,4,2,3 • 4, 2, 3, 7

carro buoi

Immagine 5: 2,5,7,2,4

$$\frac{parlare}{serio}$$

Immagine 6: 7,3,5

$$\frac{valutata}{persona}$$

Immagine 7: 3,7,13

$$\frac{sopra}{tutto}$$

Immagine 8: 11 • 5,10

no DETTO i

Immagine 9: 5,3,3

matti INCONTRO nata

Immagine 10: 8,2,9

pome INCONTRO riggio

Immagine 11: 8,3,10

$$\frac{cittadino}{sospetto}$$

pranzo   2

Immagine 12: 2,3,4,6

$$\frac{cittadino}{sospetto} \quad \frac{cittadino}{sospetto}$$

$$\frac{saper}{vivere}$$

Immagine 13: 5,12

$$\frac{cittadino}{sospetto} \quad \frac{cittadino}{sospetto}$$

signore   me

Immagine 14: 2,9,2,2,5,2,4,8

Immagine 15: 2,7,7,1,2 • 2,7,5,2,2

pensa parla
Immagine **16**: 5,5.5,3

ma MANI no
Immagine **17**: 2,4,2,4

stare
Immagine **18**: 5,3,1',8,1,2,8

La posizione, il formato o il disegno della parola spesso aiutano il solutore a trovare la soluzione:

amore vista
vista
vista
vista
Immagine **19**: 5,1,5,5

comuni cazione
Immagine **20**: 3,13,10

parlare _{voce}
Immagine **21**: 7,1,5,4

successo
Immagine **22**: 2,6,8

successo
Immagine **23**: 2,6,8

be   ni
Immagine **24**: 4,6

parlare voce
Immagine **25**: 7,2,4,4

conversazione
Immagine **26**: 3,5,13

Il "numero" delle parole spesso aiuta il solutore a trovare la soluzione:

fatto fatto fatto fatto fatto fatto fatto fatto fatto FATTO
Immagine **27**: 5,5,5,6

parola parola PAROLA

passo passo
Immagine **28**: 3,5

C6 ?

Immagine **29**: 2,3

parola parola

Immagine **30**: 3,6

passo

fare passo

passo

passo

passo

Immagine **32**: 4,7,5

parola parola
parola parola   chiacchiere
parola parola   chiacchiere
parola parola   CHIACCHIERE
parola parola
PAROLA

Immagine **31**: 5,6,5,11

Come si crea un rebus?

Ecco alcuni suggerimenti per creare un rebus:

1. Lo studente può scegliere una parola che si può disegnare e dividere in sillabe. In questo caso, "tigre" → "ti gre" (L'esempio è di Alessandra Risoleo.)

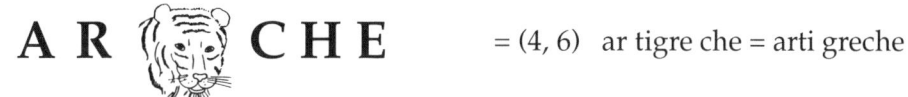

    A R 🐯 C H E   = (4, 6)   ar tigre che = arti greche

    Si chiede allo studente quindi di aggiungere una lettera, una sillaba o una parola prima e dopo l'immagine. In questo caso, lo studente potrebbe aggiungere, AR davanti a *tigre* e CHE dopo *tigre,* ottenendo il rebus, AR tigre CHE = arti greche.

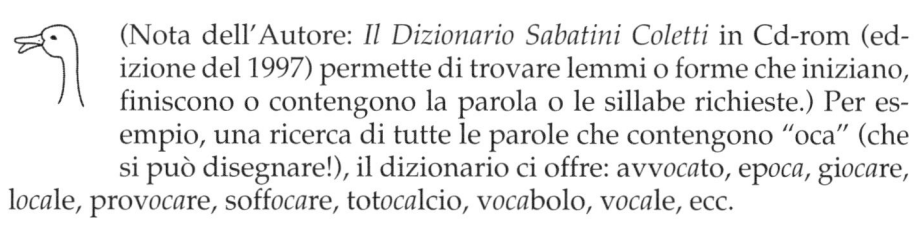

    (Nota dell'Autore: *Il Dizionario Sabatini Coletti* in Cd-rom (edizione del 1997) permette di trovare lemmi o forme che iniziano, finiscono o contengono la parola o le sillabe richieste.) Per esempio, una ricerca di tutte le parole che contengono "oca" (che si può disegnare!), il dizionario ci offre: avv*oca*to, ep*oca*, gi*oca*re, l*oca*le, prov*oca*re, soff*oca*re, tot*oca*lcio, v*oca*bolo, v*oca*le, ecc.

2. Le lettere dell'alfabeto sono utili per creare delle sillabe singole o doppie da inserire prima o dopo l'immagine e vanno considerate secondo il suono alfabetico: b = (b)bi, c = (c)ci, d = (d)di, g = (g)gi, h = acca; l = elle, m = emme; n = enne; p = (p)pi, r = erre, s = esse, (t)t = ti, v = vu.

    Per esempio: **D G 1**   = (7) digiuno

    Ma le lettere possono essere usate in combinazione con disegni di oggetti:

    G   H   N 🥚   GI ACCA N UOVA = (6,5) giacca nuova

G 🦢 👑 = GI OCA RE = (7) giocare

3. La grafia di alcuni numeri può anche essere utile nella creazione dei rebus:
   2 = due, 3 = tre, 7 = sette, 8 = otto, 9 = nove

   Per esempio: D C 8 = diciotto; 3 D C = tredici; 8 BRE = ottobre

4. Una freccia può anche indicare la parte (la parola) da accentuare.

   IL 👤 →👤 DI 👤 = (2,10,2,8,5)
   il testamento di Giuseppe Verdi

3. Le note musicali *(do, re, mi, fa, sol, la, ti, do)* offrono un aiuto sillabico.

Applicazioni glottodidattiche

L'insegnante può chiedere agli studenti di:

1. creare rebus per
   a) sostantivi,
   b) verbi o
   c) aggettivi,
2. illustrare
   - una frase
   - un proverbio
   - un modo di dire o
   - una massima
3. creare un rebus per proverbi o modi di dire: es. "Non svegliare il cane che dorme"
4. creare un concorso di rebus
5. esporre in bacheca i rebus da loro creati.

I rebus sono un'ottima attività che permette allo studente di giocare con le parole.

Riferimenti bibliografici

AA.VV. 2005, *Enigmistica. Cruciverba, Rebus & Rompicapo*, Milano, Giunti Editore, S.p.A.

Bartezzaghi Stefano, 2009, *Il libro dei giochi per le vacanze. Anagrammi, rebus, cruciverba, refusi, indovinelli*. Milano, Arnoldo Mondadori Editore, S.p.A.

Sabatini Francesco e Coletti Vittorio, 1997, *Il Sabatini-Coletti. Dizionario della lingua italiana.* con CDrom, Firenze, Giunti editore.

Tanzini Antonella, 2001, *Giochiamo in italiano. Cruciverba, rebus e giochi vari per imparare l'italiano divertendosi*, Firenze, Progetto Lingua.

Capitolo 21

Gli scioglilingua

Il termine *scioglilingua* si riferisce ad una sequenza di termini in cui sono presenti suoni, spesso ripetuti, che ne rendono difficile la pronuncia. Si presume che gli scioglilingua abbiano origine nella tendenza all'allitterazione, ovvero nel mettere insieme frasi che hanno suoni simili all'inizio di ogni parola. L'allitterazione è un'espressione naturale e l'arte allitterativa, che addirittura anticipa l'uso della rima, si ritrova in frasi familiari quali "o volere o volare", "volere è potere", e così via. Gli scioglilingua, quindi, consistono in frasi allitterative, in forma di domanda o in versi che, quando declamati, rappresentano una notevole sfida per la pronuncia.

Oggi gli scioglilingua sono considerati un divertimento adatto ai bambini, ma al di là di questa percezione condivisa, nel passato sono stati usati con tutt'altro scopo. Logopedisti e docenti di dizione li usavano per insegnare e/o migliorare la pronuncia del paziente o del cliente.

Come dimenticare il famoso verso, *"The rain in Spain falls mainly on the plain!"* (*"La rana in Spagna gracida in campagna!"* che nei sottotitoli del Dvd dello stesso musical si trova tradotto come *"La pioggia in Spagna bagna tutta la campagna."*), che in My Fair Lady, la versione musical del *Pigmalione* di George Bernard Shaw (1856-1950), consente infine all'incontentabile ed esigente Professor Higgins di insegnare a Eliza Doolittle una pronuncia impeccabile?

Gli scioglilingua sono costruiti tenendo conto del fatto che la pronuncia corretta deve essere resa difficile dalla sequenza delle lettere, delle sillabe o delle parole; essi sono costruiti affinché chi li recita commetta errori di pronuncia. Nei celeberrimi scioglilingua *"Sopra la panca la capra campa, sotto la panca la capra crepa"* e *"Tigre contro tigre"*, non c'è da stupirsi di sentire *"crapa"* invece di *"capra"* e *"trigre"* invece di *"tigre"*.

Il termine *scioglilingua* ha il suo equivalente nell'inglese *tonguetwisters*, nello spagnolo *trabalenguas* e nel tedesco *Zungenbrecher*, ma per ragioni che non ci è dato sapere, non ha un equivalente in francese che ne parafrasa il significato in *"mots ou phrases difficiles à prononcer"*. Nel francese parlato nella provincia del Québec, in Canada, è comune il termine *virelangue*.

Gli scioglilingua possono variare per lunghezza e formato. Alcuni sono composti da poche e semplici parole, altri possono essere lunghi e complessi. Si ritiene che quello che segue sia lo scioglilingua italiano più lungo e forse più complesso, scioglilingua risalente alla fine del diciottesimo secolo:

> Se l'arcivescovo di Costantinopoli
> si disarcivesconstantinopolizzasse
> Voi, vi disarcivescostantinopolizzereste
> come si è disarcivescostantinopolizzato lui?

Esistono delle varianti che sono altrettanto difficili da pronunciare:

> Se l'arcivescovo di Costantinopoli
> si volesse disarcivescovocostantinopolizzare,
> vi arcivescovocostantinopolizzereste voi
> per disarcivescovoscostantinopolizzare lui?
> (http://digilander.libero.it/tatone2001/bambini/sciglilingua.html?)

> Se l'arcivescovo di Costantinopoli
> si disarcivescoviscostantinopolizzasse
> tu ti disarcivescoviscostantinopolizzeresti
> come si è disarcivescoviscostantinopolizzato
> l'arcivescovo di Costantinopoli?
> (www.uebersetzung.at/twister/it.htm)

Tracce di questo scioglilingua si sono trovate anche in Spagna,

> El arzobispo de Constantinopla
> se quiere desarzobispoconstantinopolizar.
> El desarzobispoconstantinopolizador
> que lo desarzobispoconstantinopolice
> buen desarzobispoconstantinopolizador será.
> (www.filastrocche.it)

paese in cui subisce una svolta regale oltre che una variazione:

> El Rey de Constantinopla está constantinoplizado
> Consta que constanza, no lo pudo desconstantinoplizar.
> El desconstantinoplizador
> que desconstantinoplizare al Rey de Constantinopla,
> buen desconstantinoplizador será.
> (www.acertijos.net/trabalenguas.htm)

Gli scioglilingua appaiono sotto varie forme.

1. ***Possono apparire in versi:***

   Una vecchietta del Colle di Lana

filava di lena al lume di luna
filava fili di lino e di lana
una vecchietta del Colle di Lana
filava fili di lana e di lino
fili di lino filava dapprima
quella vecchietta del Colle di Lana.
(I librotti, 1989, p. 33)

Pel ritratto del trattore
tratteggiando in trattoria
non ho chiesto, in fede mia,
per compenso soldi assai.
Ché dal conto gli ho detratto
(ciò parendomi corretto)
I tortelli, trote e torte
che goloso mi sbafai.
(www.filastrocche.it)

2. *Possono apparire in forma di dialogo:*

– Buona sera. Buona sera.
– Ha il *Corriere della sera* di ieri sera?
– No. Il *Corriere della sera* di ieri sera non ce l'ho. Ho il *Corriere della sera* di stasera.
– Buona sera. Buona sera.
(I librotti, 1989, p. 24; http://digilander.libero.it/tatone2001/bambini/sciglilingua.html?)

– C'è il questore in questura a quest'ora?
– Il questore in questura a quest'ora non c'è.
(I librotti, 1989, p. 87)

e la variante:

– C'è il questore in questura a quest'ora?
– No. Non c'è il questore in questura a quest'ora. Perché se il questore fosse in questura a quest'ora sarebbe questa la questura!
(www.multimediadidattica.it/dm2/scioglilingua.htm; http://junior.virgilio.it/passatempi/sciogli-lingua /s5.htm)

– O schiavo con lo schiaccianoci che cosa schiacci?
– Schiaccio sei noci del vecchio noce con lo schiaccianoci.
(http://digilander.libero.it/tatone2001/bambini/sciglilingua.html?)

3. *Possono esprimere o descrivere l'ovvio:*

La capra che crepa a Capri
non è più una capra di Capri.
(www.filastrocche.it)

Ciò che è, è;
ciò che non è, non è;
ciò che è, non è ciò che non è;
ciò che non è, non è ciò che è.
(I librotti, 1989, p. 41; www.locuta.com/gli_scio-glilingua.htm;

Chi sa che non sa, sa.
Non sa, chi non sa, che non sa.
(Lironi, 1994, p. 138)

Sono solo
e so solo
di non essere solo
ad essere solo.
(www.viandante.com)

Sotto le frasche del capanno
quattro gatti grossi stanno;
sotto quattro grossi sassi
quattro gatti grossi e grassi.
(www.filastrocche.it)

Invan si pesca
se l'amo non ha l'esca,
se l'amo non ha l'esca,
invan si pesca.
(I librotti, 1989, p. 43)

Sopra la panca
la capra campa,
sotto la panca
la capra crepa.
(I librotti, 1989, p. 71)

Sul mare ci sono
nove navi nuove
una delle nove
non vuole navigare.
(http://digilander.libero.it/tatone2001/bambini/sciglilingua.html?)

4. *Possono narrare un avvenimento "storico" o fittizio:*

Paolo Pier Pancio
pittore poco pratico
promise pinger Padova
per pure poco prezzo.

Poi pentitosi
perché poco pagato
partì per Parma,
propria patria,
poi perì.
(www.uebersetzung.at/twister/it.htm; www.filastrocche.it)

Povero pittore padovano
pitturava
per papa Pio primo
però pentitosi
per poca paga
partì
per Porta Pia.
(I librotti, 1989, p. 82)

Pietro Perrone,
pregiato pittor perugino,
pinse pittura per poco prezzo.
Poi, pentitosi
pel poco prezzo percepito,
partì per Perugia,
proseguì per Palestina,
perì per perfidia pagana.
Pregategli perpetua pace.
(www.multimediadidattica.it/dm2/scioglilingua.htm

http:/junior.virgilio.it/passatempi/scioglilingua/s5.htm)

Pietro Paolo Prensi,
povero pittore padovano,
pingeva per papa Pio Primo.
Pentitosi poi
per poco prezzo pattuito,
partì per Padova propria patria.
Passando per Pisa,
pugnalato, poco patì,
presto perì:
passeggeri pietosi,
prego piccola prece
per Pietro Paolo Prensi,
povero pittore padovano.
(www.filastrocche.it)

Un empio imperator
di un ampio impero
scoppiar fece una guerra
per un pero.
Credeva conquistar
il mondo intero
l'imperator
ma perse l'ampio impero.

(I librotti, 1989, p. 40; www.locuta.com/gli_scioglilingua.htm; www.filastrocche.it)

e la variante:

L'empio imperator
di un ampio impero
scoppiar fece un giorno grave guerra
per un pero.
Credeva così di conquistare
il mondo intero,
ma per un pero,
perse in realtà
l'Imperator l'impero!

Trentatré trentini
trotterellando
entrarono a Trento.

con le sue molteplici varianti:

Trentatré trentini
entrarono a Trento
tutti e trentatré
trotterellando.
(www.ac-poitiers.fr/italien/peda/sciogli.htm)

Trentatré trentini
andavan verso Trento
tutti e trentatré
trotterellando.
(www.ac-poitiers.fr/italien/peda/sciogli.htm)

Trentatré trentini,
tutti e trentatré da Trento,
venivano trottando
per le valli del Trentino.
(www.ac-poitiers.fr/italien/peda/sciogli.htm)

Trentatré trentini
transitavano per Trento,
e tutti e trentatré
trainando trattori.
(www.filastrocche.it)

Esiste anche una variante in cui il numero dei trentini sale a *trecentotrentatré* e in cui anziché *trottando* gli stessi stanno *trotterellando* rendendo così la pronuncia ancora più ardua!

Trecentotrentatré trentini,
tutti e trecentotrentatré da Trento,
venivano trotterellando
per le valli del Trentino.

5. *Possono apparire in forma di domanda:*

   Se disconosciamo
   chi conosciamo
   ci riconosceranno
   i disconosciuti?
   (I librotti, 1989, p. 39)

   Se tu non ti ritiri
   dai tre tiranni
   chi si ritirerà?
   (Gianduzzo, 1991, p. 84)

   Quanti rami di rovere
   roderebbe un roditore
   se un roditore potesse rodere
   rami di rovere?
   (http://digilander.libero.it/tatone2001/bambini/sciglilingua.html?)

   Triste la tigre gratta
   della grotta il serraglio.
   Fu grettezza o fu sbaglio
   asseragliarla lì?
   (www.filastrocche.it)

   Sei tu quel barbaro barbiere
   che barbaramente barbasti
   la barba a quel povero
   barbaro barbone?
   (http://digilander.libero.it/tatone2001/bambini/sciglilingua.html?, (http://junior.virgilio.it/passatempi/scioglilingua/s5.htm)

   Ti ritiri tu?
   (www.filastrocche.it)

   È la mamma che ti sveglia
   o la sveglia che ti sveglia?
   E chi è che sveglia
   la mamma che ti sveglia?
   (www.filastrocche.it)

   Se la serva che ti serve
   non ti serve come serva
   a che serve che ti serva
   di una serva che non serve?
   (www.uebersetzung.at/twister/it.htm)

   o la sua variante, in cui permane la domanda:

   Se la serva non ti serve,
   a che serve che ti serva
   di una serva che non serve?
   Serviti di una serva che serve,
   e se questa non serve,
   serviti dei miei servi.
   (www.aquino.it/scioglilingua.htm)

   o una variante, in cui non appare la domanda:

   Se la serva che ti serve non ti serve,
   serviti di un serva che ti serve
   e lascia che la serva che non serve
   serva chi si serve di una serva che non serve.
   (www.filastrocche.it)

6. *Possono essere di carattere proverbiale o di natura filosofica:*

   Pensa prima
   parla poi
   Perché parole
   poco pensate
   portano pena.
   (I librotti, 1989, p. 69)

7. *Possono descrivere un avvenimento:*

   Apelle, figlio di Apollo
   fece una palla di pelle di pollo.
   Tutti i pesci vennero a galla
   per vedere la palla
   di pelle di pollo,
   fatta da Apelle,
   figlio di Apollo.
   (I librotti, 1989, p. 12; Lirone, 1998, p. 137)

   Ho in tasca l'esca
   ed esco per la pesca,
   ma il pesce non s'adesca,
   c'è l'acqua troppo fresca.
   Convien che la finisca,
   non prenderò una lisca!
   Mi metto in tasca l'esca
   e torno dalla pesca.
   (I librotti, 1989, p. 44; www.locuta.com/gli_scioglilingua.htm)

8. *Possono affermare un fatto:*

   Pasquale pescatore
   è uno sprecone
   che pesca bene
   e poi la pesca spreca.
   (I librotti,1989, p. 74)

Barbaro barbiere
sbarbò barbaramente
la barba
al Barbarossa.
(I librotti, 1989, p. 17).

9. *Possono apparire sotto forma di favola:*

    C'era una volta una cincibiriciaccola, che aveva centocinquanta cincibiriciaccolini.
    Un giorno la cincibiriciaccola disse ai suoi centocinquanta cincibiri-ciaccolini:
    "Smettetela di cinciberiaccolare sempre, altrimenti un giorno non cincibiriciaccolerete più."
    (http://digilander.libero.it/tatone2001/bambini/sciglilingua.html?; http://junior.virgilio.it/passatempi/scioglilingua/s5.htm)

10. *Possono coinvolgere persone illustri o persone famose:*

    Torquato Tasso,
    andando a spasso,
    cadde in un fosso
    e si fece male all'osso
    del dito grosso!
    (http://digilander.libero.it/tatone2001/bambini/sciglilingua.html?; www.filastrocche.it)

    Per Robespierre,
    instauratore del Terrore,
    era un terribile errore
    irrorare col verderame
    un raro ramarro marrone.
    (www.ac-poitiers.fr/italien/peda/sciogli.htm)

11. *Alcuni scioglilingua sono costruiti in maniera tale che, recitati velocemente, danno luogo a parolacce:*

    Andavo a Lione
    cogliendo cotone
    tornavo correndo
    cotone cogliendo.
    (www.ac-poitiers.fr/italien/peda/sciogli.htm;
    www.ac-poitiers.fr/italien/peda/sciogli.htm)

    Stiamo bocconi
    cogliendo cotoni,
    stiamo sedendo
    cotoni cogliendo.
    (www.locuta.com/gli_scioglilingua.htm; www.ac-poitiers.fr/italien/peda/sciogli.htm)

12. *Ma soprattutto, gli scioglilingua spesso non hanno nessun significato:*

    Fra le fresche frasche al fresco
    fra freschi frati francescani.

    Poiché si tratta di affermazioni prive di senso, lo scopo principale legato all'uso di scioglilingua nella classe di lingua straniera, come abbiamo già accentuato, è dare enfasi alla pronuncia.

    Guglielmina sul tagliere
    l'aglio taglia.
    Non tagliare la tovaglia.
    La tovaglia non è aglio
    se la tagli fai uno sbaglio.
    (I librotti, 1989, p. 44)

    Si sbaglia il coniglio
    se sceglie un giaciglio
    di foglie di tiglio.
    Va meglio la paglia.
    (I librotti, 1989, p. 35)

Applicazioni glottodidattiche

Suggeriamo, qui di seguito, alcune attività legate all'uso di scioglilingua.

1. Su bacheche di classe incollare dei cartellini su cui si saranno scritti degli scioglilingua; di tanto in tanto chiedere agli studenti di leggerli.

2. Si possono organizzare gare tra due studenti o due gruppi di studenti (divedendo la classe). Questa attività può essere utilizzata all'inizio della

lezione, durante il periodo di riscaldamento (il cosiddetto "warm-up period"), su base quotidiana o saltuaria. In ogni caso, tale attività favorisce il rilassamento e diminuisce l'ansia all'inizio della lezione.

3. Si può dividere la classe in due gruppi. A ciascun gruppo si affidano alcuni scioglilingua completi e alcuni in cui mancano delle parole opportunamente scelte. Alternativamente, uno studente di un gruppo recita uno scioglilingua mentre gli studenti dell'altro completano la forma di alcuni scioglilingua in cui mancano delle parole opportunamente scelte. Alternativamente, uno studente di un gruppo recita uno scioglilingua mentre gli studenti dell'altro completano la forma scritta che è stata loro consegnata. In questo modo lo scioglilingua è utile anche per il controllo ortografico (e così si passa dall'attività orale all'attività scritta).

4. Gli insegnanti possono invitare gli studenti a documentarsi sui riferimenti culturali contenuti negli scioglilingua che narrano fatti o descrivono persone. Ad esempio:
   - i trentini
   - Trento e la regione Trentino
   - Capri
   - Barbarossa
   - Tasso,
   - Apollo
   - ecc.

5. Si può chiedere agli studenti di illustrare qualcuno di questi scioglilingua. Gli studenti potrebbero poi utilizzare i loro disegni in un secondo momento per controllare se riescono a ricordarli.

6. Gli insegnanti possono selezionare gli scioglilingua allo scopo di evidenziare suoni diversi, come nella pronuncia del suono 'z': [dz] vs. [tz] nell'esempio che segue:
   Una zolletta di zucchero nella tazza di zia Zita.
   (www.filastrocche.it)

7. Per coinvolgere ulteriormente gli studenti in questa attività linguistica, gli insegnanti possono fornire un elenco di termini contenenti suoni simili che gli studenti possono utilizzare per creare degli scioglilingua.
   sciatore, sciacquare, sciagura, scialle, sciame, scienza, scienziato, scilinguare, scimmia, scintilla, sciocco, scioglilingua, scioperare, scivolare.

   Un esempio di utilizzo dei termini nella lista presentata può essere:
   Lo sciocco sciatore sciava scilinguando scioglilingua.

8. Un'attività alternativa o integrativa può essere quella di chiedere agli studenti di suggerire sia il lessico che gli scioglilingua. Il gruppo di lettere desiderato è facilmente reperibile. Basta consultare un dizionario "navigabile" in cd-rom quale il Disc *(Dizionario italiano Sabatini Coletti)*

In ogni caso, qualsiasi sia l'attività, l'uso di scioglilingua in classe comporta momenti di divertimento e relax, oltre che di apprendimento.[1]

Riferimenti bibliografici

GIANDUZZO SILVANO,1991, *Lieti passatempi,* Leumann (TO), Editrice Elle Ci Di.

I LIBROTTI, *Scioglilingua,* 1989, Disegni di Walter Casiraghi, Milano, Vita e Pensiero.

LIRONI MARTINO, 1994, *Filastrocche, scioglilingua, canzoncine da leggere, recitare, imparare, cantare e ballare,* Milano, De Vecchi editore.

Siti web

www.filastrocche.it (In questo sito si trovano scioglilingua, aneddoti, barzellette, indovinelli, poesie, ricette, ecc.)

http://digilander.libero.it/tatone2001/bambini/sciglilingua.html?

http://junior.virgilio.it/passatempi/scioglilingua/s5.htm

www.ac-poitiers.fr/italien/peda/sciogli.htm

---

[1] Un mio studente, Francesco Maria, durante un corso sulla "Didattica delle lingue straniere" (nel Corso di laurea specialistica in "Lingue e letterature moderne. Filologia, linguistica, traduzione," della Facoltà di Lettere e Filosofia), tenuto nel maggio del 2005, presso l'Università della Calabria ad Arcavacata (CS), ha preparato come progetto una serie di scioglilingua in inglese musicandoli con la chitarra. Incisi su cd, una colonna sonora accompagna gli scioglilingua recitati dall'autore; nella seconda colonna, è incisa solo la musica, dando quindi allo studente l'opportunità di declamarli. L'opera è inedita.

Capitolo 22

Il titolo camuffato

Come suggerisce Paolo di Stefano in un articolo pubblicato sul *Corriere della Sera*, "*Commedia*, che titolo è questo?",

> La questione dei titoli in letteratura non è sempre pacifica. Capita che il titolo di un libro si trasformi strada facendo: è il caso del romanzo di Manzoni, che prima della sua forma definitiva, *I promessi sposi*, era *Fermo e Lucia* e, nella sua fase intermedia, *Gli sposi promessi*. Son tutte soluzioni testimoniate dagli autografi. Le cose si complicano, ovviamente, se gli autografi non ci sono e per ricostruire un'opera dobbiamo fondarci soltanto su copie successive, non d'autore (1 luglio 2009).

Wallechinsky e Wallace (2004) elencano 32 libri famosi e i titoli con cui gli autori pensarono inizialmente di pubblicarli. Lewis Carrol aveva pensato a *Alice's Adventures Underground (Le avventure di Alice nel sottosuolo)* prima del titolo definitivo di *Alice nel Paese delle Meraviglie* (1965); Lev Tolstoj aveva pensato a *Tutto è bene quel che finisce bene* prima di *Guerra e pace* (1866); Margaret Mitchell a *Tomorrow is Another Day (Domani è un altro giorno,* la battuta finale di Scarlett O'Hara nel film del 1939 interpretato da Vivien Leigh, Clark Gable, Olivia De Havilland e Leslie Howard, con la regia dello statunitense Victor Fleming) prima di *Via col vento* (1937); ed Ernest Hemigway aveva considerato almeno tre titoli iniziali: *Fiesta; The Lost Generation; The Old Leaven (Fiesta; La generazione perduta; Il lievito vecchio)* prima del titolo definitivo, *The Sun also Rises (Il sole sorge ancora,* 1926.)

E se l'autore avesse scelto un altro titolo?

L'attività che stiamo per suggerire è l'arricchimento del lessico in maniera umoristica e creativa. Coinvolge l'uso di sinonimi e/o definizioni per poter trovare la risposta "corretta". Si tratta di camuffare, di mascherare, di nascondere, il vero titolo di un'opera attraverso sinonimi o definizioni. La fonte d'ispirazione di questo capitolo viene da una domanda posta da Pietro Gorini (1991, p. 277).

Applicazioni glottodidattiche

L'insegnante può dare allo studente una serie di definizioni e questi dovrebbero dare il titolo di:

a) *opere letterarie*
   Opera comica degna degli dèi.
   (La Divina Commedia)
   Mezza dozzina di interpreti in cerca di uno scrittore.
   (Sei personaggi in cerca d'autore)

b) *canzoni*
   Risulto avere un numero minore di anni di quanto richiesto.
   (Non ho l'età)
   Arrivederci, arrivederci, ragazzina!
   (Ciao, ciao, bambina!)

c) *film*
   Il portalettere.
   (Il postino)
   L'esistenza è attraente.
   (La vita è bella)

d) *poesie*
   La calma dopo il temporale.
   (La quiete dopo la tempesta)
   Il senza fine.
   (L'Infinito)

e) *opere liriche*
   Una danza col viso coperto.
   (Un ballo in maschera)
   Il potere della sorte, della fatalità.
   (La forza del destino)

e) *proverbi*
   Quando il micio non è presente, (o, Quando il micio è assente,) i piccoli mammiferi roditori danzano.
   (Quando il gatto non c'è, i topi ballano.)
   (Per una serie di proverbi utili per questa attività, vedi Capitolo 21, "I proverbi".)

f) *modi di dire*
   Trarre fuori pericolo un mammifero ruminante domestico e una pianta erbacea coltivata per uso alimentare.
   (salvare capra e cavoli)

g) *favole*
   Felino con calzatura di cuoio o di gomma che arriva sino al ginocchio.
   (Il gatto con gli stivali)
   La carina dormigliona della foresta.
   (La bella addormentata nel bosco)

Il compito dello studente è di "trovare" il titolo o l'espressione originale che l'autore ha dato definitivamente alla sua opera o l'espressione originale.

1. Il seguente esercizio può servire come attività illustrativa di quanto detto.

   Trova la versione definitiva e autentica dei seguenti titoli di opere letterarie, canzoni, film, poesie opere, proverbi o modi di dire:

   1. Il portalettere.
   2. La città del medio oriente restituita alla libertà.
   3. Il capitombolo degli esseri divini.
   4. Impegnati a unirsi al matrimonio.
   5. Primavera, estate, autunno, inverno.
   6. Compito irrealizzabile.
   7. La carina dormigliona della foresta.
   8. Quelli che non hanno nessuna colpa non parlano.
   9. L'uomo che combatte nell'arena a Roma contro uomini o belve.
   10. Rapinatori di veicoli a due ruote.
   11. Non è sempre un metallo prezioso quello che brilla.
   12. Il paese del bel sesso.
   13. La gestrice di una locanda.
   14. È difficile per un mammifero carnivoro selvatico simile al cane lasciar da parte le cattive abitudini.
   15. O stella che mi appartieni attorno a cui girano i pianeti!
   16. Verifica del complesso musicale.
   17. Tradizionale codice d'onore vigente tra popolazioni contadine dell'Italia meridionale.
   18. Il parrucchiere di una città meridionale spagnola.
   19. Vita coniugale secondo il costume degli italiani.
   20. La città eterna.
   21. Il giorno che precede, il giorno in corso, il giorno seguente del giorno in corso.
   22. Felino con calzatura di cuoio o di gomma che arriva sino al ginocchio.
   23. Donna che si è allontanata dalla retta via.
   24. Trarre fuori pericolo un mammifero ruminante domestico e una pianta erbacea coltivata per uso alimentare.
   25. E il piroscafo parte.

Per facilitare le risposte ed aiutare gli studenti a trovare la versione definitiva e autentitca del titolo di un'opera o di un'espressione, l'insegnante può "dividere" il titolo con una serie di domande. Per esempio,

"Trarre fuori pericolo un mammifero ruminante domestico e una pianta erbacea coltivata per uso alimentare."

Domanda: Un sinonimo per "trarre fuori pericolo"?
Risposta: Salvare.
Domanda: Identifica un mammifero ruminante domestico.
Risposta: Una capra.
Domanda: Qual è una pianta erbacea coltivata per uso alimentare?
Risposta: Un cavolo.
Domanda: Qual è l'espressione originale per "Trarre fuori pericolo un mammifero ruminante domestico e una pianta erbacea coltivata per uso alimentare."
Risposta: "Salvare capra e cavoli".

2.. Ma si può anche chiedere allo studente di "inventare" il titolo che avrebbe potuto precedere quello attuale.

   Inventa il "titolo" che l'autore avrebbe potuto dare a queste opere letterarie.
   1. Cuore
   2. Il nome della rosa
   3 Il conformista
   4. Il canzoniere
   5. Il Gattopardo

3. L'insegnante può anche dare una lista di "titoli" che l'autore non ha scelto e dire allo studente di dare vero titolo.

   Trova la versione definitiva e autentica del titolo attuale delle seguenti opere letterarie:
   1. La sede degli affetti.
   2. L'appellativo di un fiore rosso.
   3. La persona che si uniforma passivamente alla mentalità, alle opinioni, ai modi di vita prevalenti in un determinato gruppo o periodo.
   4. Raccolta di poesie liriche di uno o più autori; raccolta di canzoni o canzonette musicali
   5. Il mammifero dei carnivori con forme eleganti e mantello giallastro macchiato di nero.

4. Per facilitare il compito dello studente e allo stesso tempo introdurlo alla conoscenza di nomi degli autori di opere letterarie, l'insegnante potrebbe dare la seguente consegna:

   Trova la versione definitiva e autentica del titolo attuale delle seguenti opere letterarie. Per facilitarti il compito, ti diamo tra parentesi il nome dell'autore dell'opera.
   1. (Edmondo De Amicis)
      La sede degli affetti.
   2. (Umberto Eco)
      L'appellativo di un fiore rosso.

3. (Giuseppe Tomasi di Lampedusa)

   Il mammifero dei carnivori con forme eleganti e mantello giallastro macchiato di nero.

4. (Alberto Moravia)

   La persona che si uniforma passivamente alla mentalità, alle opinioni e ai modi di vita prevalenti in un determinato gruppo o periodo.

5. (Francesco Petrarca)

   Raccolta di poesie liriche di uno o più autori; raccolta di canzoni o canzonette musicali.

5. L'insegnante può dare un esercio simile con enfasi su opere liriche o composizioni musicali.

   Trova la versione definitiva e autentica del titolo attuale delle seguenti opere liriche, composizioni musicali.

   1. (Giuseppe Verdi) Una danza col viso coperto.
   2. (Giuseppe Verdi) Il potere della sorte, della fatalità.
   3. (Giacomo Puccini) Vita povera e disordinata, ma libera e anticonformista.
   4. (Ruggero Leoncavallo) Buffoni da circo.
   5. (Antonio Vivaldi) Primavera, estate, autunno, inverno

6. Se l'insegnante vuole introdurre l'elemento competitivo in classe, può dividere la classe in due gruppi: il primo gruppo prepara il titolo di un'opera che un autore avrebbe potuto dare, il secondo gruppo deve indovinare il titolo dell'opera attuale.

7. Proponiamo una lista di autori di opere letterarie che potrebbe servire all'insegnante per creare, a suo piacimento, delle attività in classe, secondo le abilità linguistiche dello studente.

   1. Edmondo De Amicis, *Cuore*
   2. Giuseppe Tomasi di Lampedusa, *Il Gattopardo*
   3. Umberto Eco, *Il nome della rosa*
   4. Alberto Moravia, *Il conformista*
   5. Francesco Petrarca, *Il Canzoniere*
   6. Leonardo Sciascia, *Il giorno della civetta*
   7. Salvatore Quasimodo, *Ed è subito sera*
   8. Oriana Fallaci, *Un uomo*
   9. Ippolito Nievo, *Le confessioni di un italiano*
   10. Alberto Moravia, *Gli indifferenti*
   11. Vasco Pratolini, *Cronache di poveri amanti*
   12. Dante Alighieri, *Convivio*
   13. Gabriele D'Annunzio, *Il trionfo della morte*
   14. Italo Calvino, *Il cavaliere inesistente*
   15. Antonio Gramsci, *Lettere dal carcere*
   16. Giosuè Carducci, *Rime nuove*

17. Italo Calvino, *Il sentiero dei nidi di ragno*
18. Natalia Ginzburg, *Lessico famigliare*
19. Alessandro Manzoni, *Storia della colonna infame*
20. Niccolò Machiavelli, *Il Principe*
21. Dino Buzzati, *Il deserto dei Tartari*
22. Piero Chiara, *Il piatto piange*
23. Niccolò Machiavelli, *La mandragola*
24. Gabriele d'Annunzio, *L'innocente*
25. Elsa Morante, *Menzogna e sortilegio*
26. Carlo Goldoni, *La bottega del caffè*
27. Giovanni Verga, *Vita dei campi*
28. Carlo Goldoni, *Il ventaglio*
29. Giovanni Papini, *Il tragico quotidiano*
30. Luca Goldoni, *Di' che ti mando io*
31. Achille Campanile, *Manuale di conversazione*
32. Giovanni Verga, *I Malavoglia*
33. Ugo Foscolo, *I sepolcri*
34. Riccardo Bacchelli, *Il mulino del Po*
35. Dante Alighieri, *Vita nuova*
36. Elsa Morante, *La Storia*
37. Antonio Fogazzaro, *Piccolo mondo antico*
38. Gabriele D'Annunzio, *Il piacere*
39. Italo Calvino, *Il barone rampante*
40. Giosuè Carducci, *Odi barbare*
41. Niccolò Tommaseo, *Fede e bellezza*
42. Emilio Salgari, *Il corsaro nero*
43. Salvatore Gotta, *Il piccolo alpino*
44. Angelo Poliziano, *Stanze per la giostra*
45. Pier Paolo Pasolini, *Ragazzi di vita*
46. Achille Campanile, *Gli asparagi e l'immortalità dell'anima*
47. Giacomo Leopardi, *Canto notturno di un pastore errante dell'Asia*
48. Giuseppe Marotta, *L'oro di Napoli*
49. Giuseppe Parini, *Il giorno*
50. Eugenio Montale, *Ossi di seppia*
51. Ugo Betti, *Corruzione al palazzo di giustizia*
52. Diego Fabbri, *Processo a Gesù*
53. Luigi Pirandello, *I giganti della montagna*
54. Leonardo Sciascia, *Gli zii di Sicilia*
55. Silvio Pellico, *Le mie prigioni*
56. Libero Bigiaretti, *L'uomo che mangia il leone*
57. Francesco Jovine, *Ladri di galline*

Il titolo camuffato

58. Corrado Alvaro, *L'uomo nel labirinto*
59. Giovanni Verga, *Novelle rusticane*
60. Dacia Maraini, *L'età del malessere*
61. Alba de Céspedes, *Invito a pranzo*
62. Giovanni Verga, *La lupa*
63. Giovanni Guareschi, *Il marito in collegio*
64. Carlo Goldoni, *Il ventagio*
65. Giuseppe Marotta, *A Milano non fa freddo*

8. L'insegnante, volendo, potrebbe anche usare un "approccio tematico" e, in questo caso, dare una serie di titoli di film, di opere letterarie, di espressioni idiomatiche, ecc.

   Nel seguente esercizio, lo studente dovrebbe dare il titolo "finale" che il grande regista Federico Fellini (1920-1993) ha dato ai suoi fim (Immagine 1)

Abbina il titolo definitivo con "l'altro titolo" che Fellini avrebbe potuto dare ad ognuno di questi film.

1 ☐ *Roma*		A I fannulloni, figli di papà
2 ☐ *La strada*		B La zuccherosa esistenza
3 ☐ *Lo sceicco bianco*		C Il cammino
4 ☐ *Intervista*		D Il suono del satellite della Terra
5 ☐ *I clowns*		E I buffoni
6 ☐ *La dolce vita*		F Il candido capo arabo
7 ☐ *Luci del varietà*		G Splendori di riviste o di musical
8 ☐ *I vitelloni*		H La città eterna
9 ☐ *La voce della luna*		I Serie di domande

Immagine 1
Da: Anthony Mollica, *Attività lessicali 2. Intermedio-Avanzato*, Recanati, ELI, 2004.
Per gentile concessione dell'Editore.

9. L'attività potrebbe essere un punto di partenza per ulteriori ricerche su Fellini. (Immagine 2)

Conosci il regista Federico Fellini? Scrivi, accanto alle date, i momenti più importanti della sua carriera.

☐ Diventa famoso all'estero con il film *La strada*.
☐ Dirige *Luci del varietà*, il suo primo film.
☐ Riceve il Premio Oscar alla carriera.
☐ Vince il Premio Oscar per il film *Otto e mezzo*.

1 1951

2 1954

3 1964

4 1993

Federico Fellini
(Rimini, 1920 – Roma, 1993),
maestro del cinema italiano.

Immagine 2
Da: Anthony Mollica, *Attività lessicali 2. Intermedio-Avanzato*, Recanati, ELI, 2004.
Per gentile concessione dell'Editore.

Vogliamo sperare che il discente voglia fare ulteriori ricerche sull'autore e preferibilmente legga anche le sue opere!

Riferimenti bibliografici

Di Stefano Paolo, 2009, "*Commedia,* che titolo è questo?", *Corriere della Sera,* 1 luglio.

Gorini Pietro, 1991, *Giochi con la lingua italiana. Un divertente pronto soccorso linguistico per imparare giocando,* Milano, Arnoldo Mondadori Editore.

Mollica Anthony, 2004, *Attività lessicali 2. Intermedio-Avanzato,* Recanati, ELI.

Wallechinsky David e Wallace Amy, 2004, *Il libro delle liste, il manuale indispensabile per una cultura pazzesca,* Milano, Sperling & Kupfer Editori.

Capitolo 23

Il tris

Il tris – *tic-tac-toe*, in inglese – è un gioco popolare con carta e matita che si può adattare all'insegnamento della lingua. Si tratta di creare uno schema con nove quadretti e in ogni quadretto – nel gioco originale i quadretti sono in bianco (Immagine 1) – si può inserire un numero, una domanda, una risposta o una immagine. Per facilitare il compito del giocatore per "chiamare il quadretto" si possono inserire nei quadretti o un numero o una lettera d'alfabeto che identifica il quadretto richiesto dal giocatore.

Nell'Immagine 2, il primo giocatore può chiamare "E: cinque." Se la risposta è corretta, mette una crocetta [X] nel quadretto del "5", se è sbagliata, l'avversario inserisce uno zero [O] nella casella. Il secondo giocatore potrebbe chiamare "A: quattro". Se la risposta è esatta, il secondo giocatore inserisce [X] nella casella numero 4, e così via. Vince quindi il giocatore che ha tre risposte corrette in diagonale, in verticale o in orizzontale. Il gioco generalmente si effettua senza parole.

Immagine 1

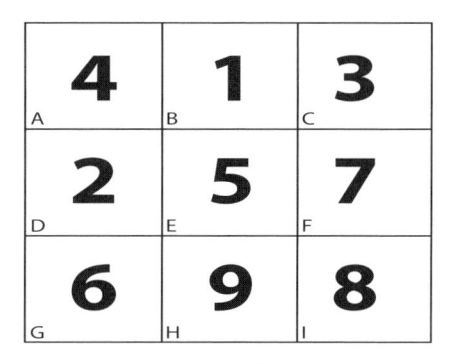

Immagine 2

Applicazioni glottodidattiche

1. Nei quadretti si possono inserire domande (Immagine 3), per esempio di opere e autori. Il giocatore deve leggere la domanda e poi dare una risposta esatta:

Chi è l'autore della *Divina Commedia*? A	Chi scrisse *Il Decameron*? B	Chi compose *La Traviata*? C
Chi scrisse *La Locandiera*? D	Chi è l'autore dei *Promessi Sposi*? E	Chi scrisse *I Malavoglia*? F
Chi compose la poesia "A Silvia"? G	Chi è l'autore di *Il fu Mattia Pascal*? H	Chi scrisse *Il nome della rosa*? I

Immagine 3

- A. Chi è l'autore della *Divina Commedia*?
  Per la risposta esatta, il giocatore dirà: "Dante Alighieri".
- B. Chi scrisse *Il Decameron*?
  Per la risposta esatta, il giocatore dirà: "Giovanni Boccaccio".
- C. Chi compose *La Traviata*?
  Per la risposta esatta, il giocatore dirà: "Giuseppe Verdi".
- D. Chi scrisse *La Locandiera*?
  Per la risposta esatta, il giocatore dirà: "Carlo Goldoni".
- E. Chi è l'autore dei *Promessi Sposi*?
  Per la risposta esatta, il giocatore dirà: "Alessandro Manzoni".
- F. Chi scrisse *I Malavoglia*?
  Per la risposta esatta, il giocatore dirà: "Giovanni Verga".
- G. Chi compose la poesia "A Silvia"?
  Per la risposta esatta, il giocatore dirà: "Giacomo Leopardi".
- H. Chi è l'autore di *Il fu Mattia Pascal*?
  Per la risposta esatta, il giocatore dirà: "Luigi Pirandello".
- I. Chi scrisse *Il nome della rosa*?
  Per la risposta esatta, il giocatore dirà: "Umberto Eco".

2. Ma si può fare il contrario; cioè, inserire nei quadretti la risposta e il giocatore deve indovinare la domanda (Immagine 4). Questa attività sarà utile per una revisione dei pronomi, aggettivi e avverbi interrogativi.

Nel 1492.	Il 2 giugno.	Enrico De Nicola
A	B	C
Firenze	Michelangelo	Regista
D	E	F
Il Chianti	La Sicilia	Il Po
G	H	I

Immagine 4

A. Nel 1492.
   (Domanda possibile: "Quando fu scoperta l'America?")
B. Il 2 giugno.
   (Domanda possibile: "Quando si festeggia la Festa della Repubblica?")
C. Enrico De Nicola.
   (Domanda possibile: "Chi fu il primo presidente della Repubblica italiana?")
D. Firenze.
   (Domande possibili: "Quale città viene chiamata 'la culla delle belle arti'?", oppure "Qual è il capoluogo della Toscana?", o ancora, "Dove si trova la Galleria degli Uffizi?")
E. Michelangelo
   (Domanda possibile: "Chi scolpì il 'Davide'?")
F. Regista
   (Qui una pletora di possibili domande: "Che professione esercitò Federico Fellini?", oppure "Vittorio De Sica", "Luchino Visconti", Michelangelo Antonioni". "Dino Risi", "Ettore Scola"), ecc.
G. Il Chianti.
   (Domanda possibile: "Qual è uno dei vini prodotti in Toscana?")
H. La Sicilia
   (Domanda possibile: "Qual è la regione più grande d'Italia?")
I. Il Po.
   (Domanda possibile: "Qual è il fiume più lungo d'Italia?")

3. L'attività si può usare per una revisione grammaticale.

   a) Si possono inserire nei quadretti degli aggettivi e chiedere agli studenti di dare l'avverbio corrispondente (Immagine 5).

difficile	migliore	tale
A	B	C
libero	particolare	triste
D	E	F
tranquillo	chiaro	veloce
G	H	I

   Immagine 5

   b) Si possono dare dei verbi irregolari. Lo studente dovrà coniugare correttamente il verbo al tempo o modo indicato dall'insegnante (presente, passato prossimo, imperfetto, futuro, passato remoto, ecc; indicativo, imperativo, congiuntivo) (Immagine 6)

fare	dire	sapere
A	B	C
essere	avere	volere
D	E	F
dovere	potere	tenere
G	H	I

   Immagine 6

In questa attività l'enfasi è posta su alcuni verbi irregolari al presente. Ma le caselle potrebbero anche contenere dei verbi che sono irregolari al passato remoto, ecc.

c) L'attività del tris è anche utile per una revisione del lessico:

L'insegnante può inserire una serie di sostantivi, verbi o aggettivi e lo studente dovrà dare il contrario o il sinonimo.

Dai il contrario degli aggettivi inseriti nelle caselle.

freddo	noioso	corto
A	B	C
orgoglioso	calmo	sconosciuto
D	E	F
facile	buono	essenziale
G	H	I

Immagine 7

Caldo, interessante, lungo, modesto, agitato, famoso, difficile, cattivo, superfluo, sono le risposte che lo studente potrebbe dare. Nel preparare questa attività, l'insegnante inserisce nelle caselle il lessico adeguato alla conoscenza linguistica degli studenti e al loro livello di studio: elementare, intermedio, avanzato.

Al livello principianti, l'insegnante può inserire delle immagini nei quadretti (Immagine 5). Le regole del gioco sono le stesse.

Per facilitare la "chiamata" dei quadretti e per non creare confusione nel "chiamarli", il giocatore potrebbe abbinare la lettera con il nome della città:

"A" come "Ancona",
"B" come "Bologna",
"C" come "Como",
"D" come "Domodossola",
"E" come "Empoli" ecc.

Ma si può anche inserire un numero da 1 a 9 nelle caselle. L'insegnante può anche decidere di scegliere 9 numeri da 1 a 1000, ecc.

Tutte le attività suggerite nel Capitolo 1, "L'abbinamento e l; incastro" si possono trasferire al gioco del tris (Immagine 8).

Dare il nome dell'amata del personaggio nelle caselle.

Dante Alighieri	Giovanni Boccaccio	Giulio Cesare
A	B	C
Mario Cavaradossi	Renzo Tramaglino	Enea
D	E	F
Ulisse	Francesco Petrarca	Paride
G	H	I

Immagine 8

Il tris è anche utile per la revisione del lessico attraverso le immagini (Immagine 9).

Identifica le immagini dell'abbigliamento nelle caselle del tris.

Immagine 9

Il tris — Identifica i mezzi di trasporto

263

Identifica gli animali nelle caselle.

Immagine 10

Ma l"insegnante può anche dare su un foglio di carta vari schemi di tris basati sullo stesso tema (Immagine 10, p. 263).

Siamo sicuri che l'insegnante saprà scegliere esempi di domande e/o risposte e delle illustrazioni per rendere questo gioco piacevole e interessante.

Capitolo 24

L'umorismo

L'umorismo nella glottodidattica

In un ben noto articolo sull'insegnamento della cultura nell'apprendimento delle lingue, Nelson Brooks (1968) propone una lista di dieci argomenti fondamentali nel momento in cui si analizza una cultura:

- *Simbolismo:* informa non solo sulla lingua di una nazione, ma anche sulla letteratura, sull'arte, la politica e la religione.
- *Valori:* le scelte e i rifiuti morali di una persona, le questioni di coscienza e filosofiche.
- *Autorità:* a quale tipo di persona, e a quale età, si presta ascolto e attenzione e a quale persona si obbedisce nelle diverse situazioni.
- *Ordine:* tendenza ad una disposizione chiara, armoniosa e metodica del pensiero e delle cose nella vita, sia individuale sia della comunità.
- *Formalismo:* focalizza la passione, spesso eccessiva, degli esseri umani per vestiti elaborati, rituali complicati, riunioni di vario tipo, nelle occasioni liete e solenni.
- *Amore:* è un dato essenziale ed include il rapporto genitori/figli, la dedizione verso se stessi, la famiglia, gli amici, la patria.
- *Onore*: i livelli di condotta personale ritenuti "alti" che comprovano un atteggiamento di rispetto verso se stessi, la famiglia, gli amici, la patria.

- *Umorismo:* include non solo l'analisi di ciò che è considerato spiritoso, arguto, ma anche di ciò che è ritenuto comico e del modo in cui questo varia a seconda dell'età e dei gruppi socio-culturali.

- *Bellezza:* i prodotti della mente e i manufatti che non sono solo pratici e utili ma tendono all'innovazione o alla perfezione, danno informazioni sul senso estetico di una cultura.

- *Spirito*: la consapevolezza che un uomo ha di sé come essere umano, la capacità puramente umana di allargare i propri pensieri nel tempo e nello spazio, di osservare ciò che è reale e ciò che trascende la realtà, di chiedersi chi è.

Brooks dunque attribuisce grande importanza all'insegnamento della cultura; alcuni anni dopo, Mollica (1974) riprende un aspetto di quell'idea studiando in maniera approfondita la presenza di elementi culturali nelle vignette umoristiche e quindi il loro potenziale uso didattico sia per focalizzare che per verificare la comprensione linguistica e culturale. Da questo contributo pionieristico, come indica la ricerca di Vizmuller-Zocco (1992, p.135), la presenza delle vignette nei materiali didattici non ha fatto che crescere (vedi Maiguashca, Frescura, Karumanchiri, Vizmuller-Zocco, 1985; Speroni e Golino, 1989; Danesi, 1992; Pease, 1993; Lazzarino, 1995).

L'umorismo in classe

Perché ricorrere all'umorismo in classe? Le ragioni sono molte e ne elenchiamo, qui di seguito, alcune.

L'umorismo
- attira l'attenzione,
- rafforza apprendimento e creatività,
- aiuta a superare gli ostacoli e i conflitti,
- crea amicizie,
- allenta la tensione,
- bilancia la cupezza, il pessimismo e il nichilismo dei nostri giorni con l'ottimismo o almeno con la speranza offerta dall'umorismo che il mondo non sia tutto nero,
- aiuta ad acuire le abilità di *problem-solving* perché si vede la situazione da un'angolatura non prevista e non prevedibile,
- aiuta a sentirsi più liberi dai vincoli, pur contribuendo a creare un senso di gruppo
- e poi fa venir voglia all'insegnante di continuare la sua professione.

Lo scopo di questo capitolo è di proporre una riflessione sull'umorismo contenuto nelle vignette e sull'umorismo verbale, e presentare il modo in cui l'umorismo può essere usato nelle lezioni di lingua straniera.

Le vignette consistono in:
- vignette, con o senza battute,
- strisce,
- vignette politiche,
- caricature,

mentre l'umorismo verbale consiste in:
- barzellette,
- aneddoti,
- giochi di parole,
- indovinelli,
- satire,
- parodie,
- ironie,
- arguzie.

Le vignette

Un primo approccio all'umorismo da parte degli studenti può avvenire attraverso l'osservazione delle vignette, delle barzellette, degli aneddoti, ecc., che l'insegnante avrà esposto nella bacheca di classe, o su una parete dell'aula, procedendo ad incollarli, per evidenziarli meglio, su un foglio colorato che funga da cornice. Si possono anche coinvolgere gli studenti nella ricerca di battute umoristiche adatte, in modo da poterle cambiare spesso in una sezione stabile della bacheca di classe chiamata

- "La battuta del giorno" o
- "Sorridiamo", o
- "Ridiamo insieme", o
- "Un po' d'umorismo".

Così come le trame di base per romanzi e racconti sono poche, sebbene con molte varianti, le idee che stanno alla base delle vignette umoristiche sono poche e, secondo Nelson (1962, pp. 76-77), sono precisamente otto:

1. *il cliché:* si basa su un'espressione ben nota, che viene presa alla lettera, portata alle sue conclusioni estreme
2. *così è la vita:* le vignette che costringono il lettore ad identificarsi con un realismo esagerato
3. *situazioni disperate o comiche:* si descrivono situazioni reali, ma l'umorismo sta nel fatto che capitano "a quel tipo lì"...
4. *Se non vedo non ci credo:* si tratta di far compiere a un tipo di personaggio cose che non si sarebbero mai immaginate come adatte a lui

5. *c'era da aspettarselo:* si ride vedendo che un tipo fa esattamente l'azione che ci si aspetta da lui
6. *stupidità:* il personaggio non coglie ciò che dovrebbe capire e il lettore è soddisfatto perché lui, invece, capisce
7. *inventiva:* spesso è una vignetta senza parole in cui si vede una maniera originale o assurda di risolvere un problema
8. *understatement:* si tratta di un livello di umorismo alto, spesso associato con l'umorismo britannico – e infatti non abbiamo una parola italiana per indicare l'*understatement*... – e si basa sulla scelta imperfetta delle parole.

Un insegnante può usare le vignette in molti modi e sempre in maniera proficua; la principale variabile di cui tener conto è la presenza o l'assenza di battute verbali. Per un quadro globale si veda l'Immagine 1.

Vignette con parole

Questo tipo di vignette rispecchiano l'umorismo e le caratteristiche culturali di un popolo e possono essere usate per evidenziare aspetti linguistici e per verificare la comprensione.

Panton (2001) suggerisce che si può imparare una lingua anche attraverso lo studio delle vignette usando come personaggi Paperino e Topolino.

A. Cultura

1. *Le vignette possono esprimere il senso dell'umorismo di un popolo:* basta sfogliare tra varie riviste per sapere che ciò che fa ridere in una nazione può non essere comico in un'altra cultura. I vignettisti si basano su una serie di argomenti:

    - il matrimonio
    - le donne
    - i ristoranti e gli alberghi
    - le diverse professioni
    - vita coniugale
    - la suocera
    - il sesso
    - l'adulterio
    - gente all'ospedale
    - ecc. (vedi vignette 1-13, pp. 270-271).

Ma l'umorismo cambia anche da un decennio all'altro. Per esempio la Vignetta 5 (p. 270) accettabile negli anni Sessanta e Settanta, oggi sarebbe considerata "sessista". Ma l'insegnante può usarla come punto di partenza per una discussione sul "sessismo nelle vignette", sulla "presentazione delle donne nelle vignette" (presentate con seni esagerati!), ecc. La Vignetta 12 (p. 271) è crudele: è ovvio che una vignetta che faceva ridere in un decennio non fa ridere in un altro! E questo fa parte della cultura di un paese, di atteggiamenti che cambiano col passare del tempo e della lingua che è costantemente in evoluzione. Alcune battute oggi non sarebbero considerate comiche perché non sono "politicamente corrette".

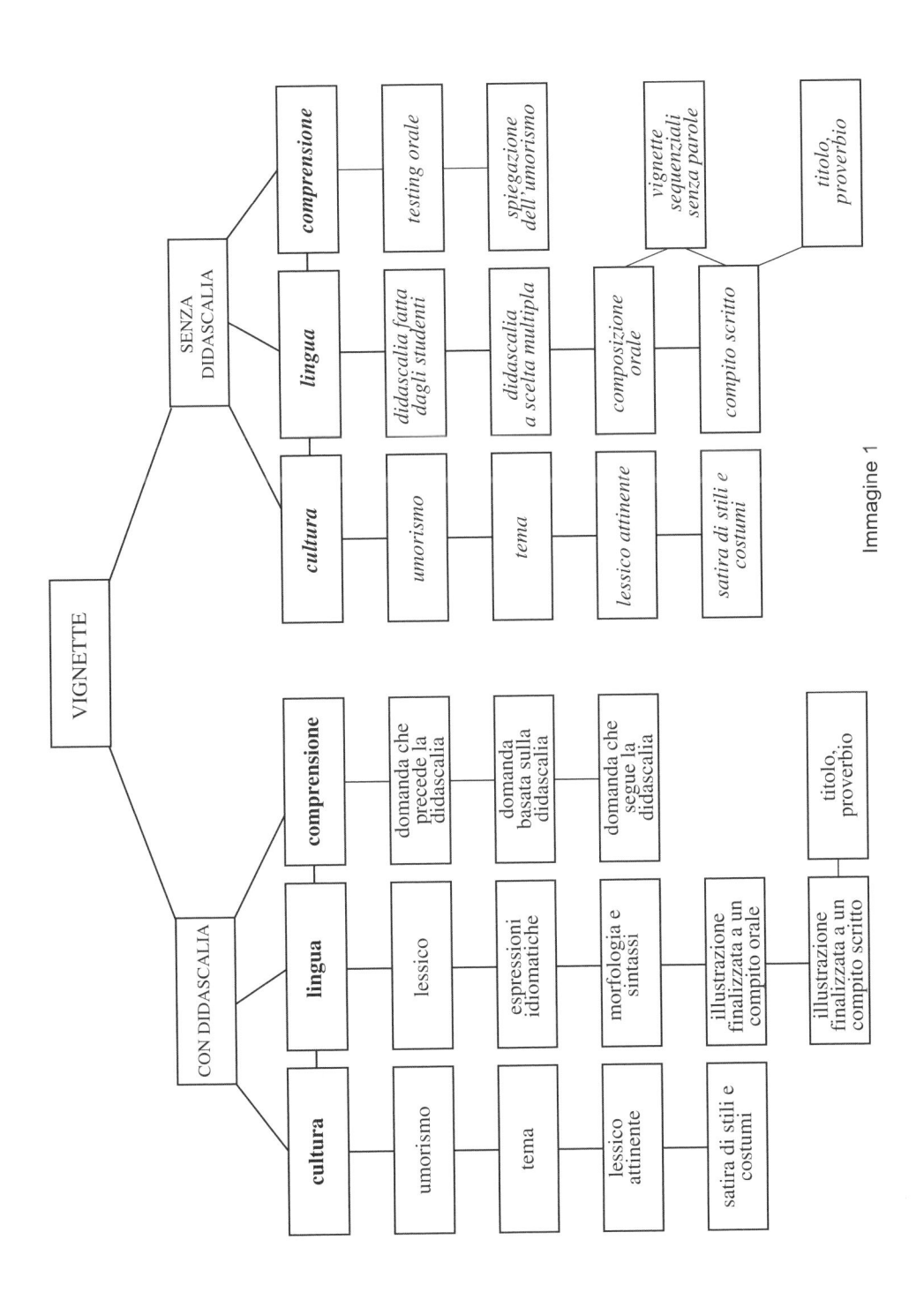

L'umorismo

VIGNETTE

SENZA DIDASCALIA

cultura
- umorismo
- tema
- lessico attinente
- satira di stili e costumi

lingua
- didascalia fatta dagli studenti
- didascalia a scelta multipla
- composizione orale
- compito scritto

comprensione
- testing orale
- spiegazione dell'umorismo
- vignette sequenziali senza parole
- titolo, proverbio

CON DIDASCALIA

cultura
- umorismo
- tema
- lessico attinente
- satira di stili e costumi

lingua
- lessico
- espressioni idiomatiche
- morfologia e sintassi
- illustrazione finalizzata a un compito orale
- illustrazione finalizzata a un compito scritto

comprensione
- domanda che precede la didascalia
- domanda basata sulla didascalia
- domanda che segue la didascalia
- titolo, proverbio

Immagine 1

1
– Miao
– Miao Tse Tung!

2
– Qual è la specialità di questo ristorante?
– Il conto!

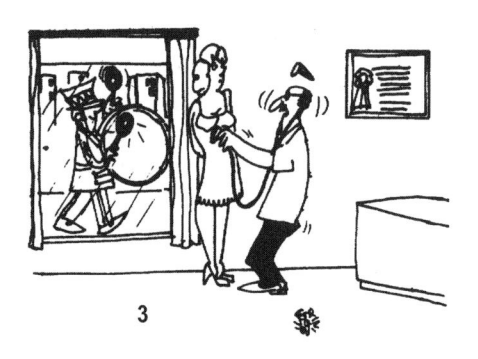

3
– Come le batte forte il cuore!

4
– Tutte bugie! L'alcool non ha mai fatto male a nessuno!

5
– Non riesco a camminare eretta!

6
– Tu che numero hai di regginiente?

L'umorismo 271

– Sono stato fortunato, cara: ho trovato un cameriere!

COMMENTA LA TRISTE FINE DI *NAPOLEONE*!
PER LA COMMOZIONE NON RIESCO A TROVARE LE PAROLE!...

– Le avevo detto di stare parecchi giorni senza bere!
– Io infatti ho bevuto solo di notte!

PSICHIATRA

– Infermiera, faccia passare il prossimo imbecille!

PSICANALISTA

– Ma il resto dell'anno nessuno mi guarda in faccia!

– E hai il coraggio di guardarmi in faccia!
– Che vuoi, col tempo ci si abitua a tutto!

— Battista, aggiungi un po' di selz.

— Sarebbe stato un viaggio di nozze delizioso, se lo avessi fatto da solo!

2. *Le vignette possono evidenziare caratteristiche culturali* che sono condivise da vignettista e pubblico destinatario (vedi vignetta 14); il numero 2 sul vagone indica che gli sposini hanno viaggiato in seconda classe. I treni nordamericani, per esempio, non hanno questa distinzione.

3. *Le vignette possono evidenziare un dato tema:* l'insegnante può quindi raccoglierle per argomento, per personaggio, per tipo di "vittima" della battuta.

Nelle Vignette 15-16 abbiamo scelto il tema "automobile". Usando le parti della macchina come punto di partenza (Immagine 2), si può dare agli studenti un esercizio nel quale si chiede di completare il verbo con

— Mi sembra un rumore da duecento euro...

— Il motore è una novità: ha dieci cavalli e una cavalla...

Scrivi le parole al posto giusto.

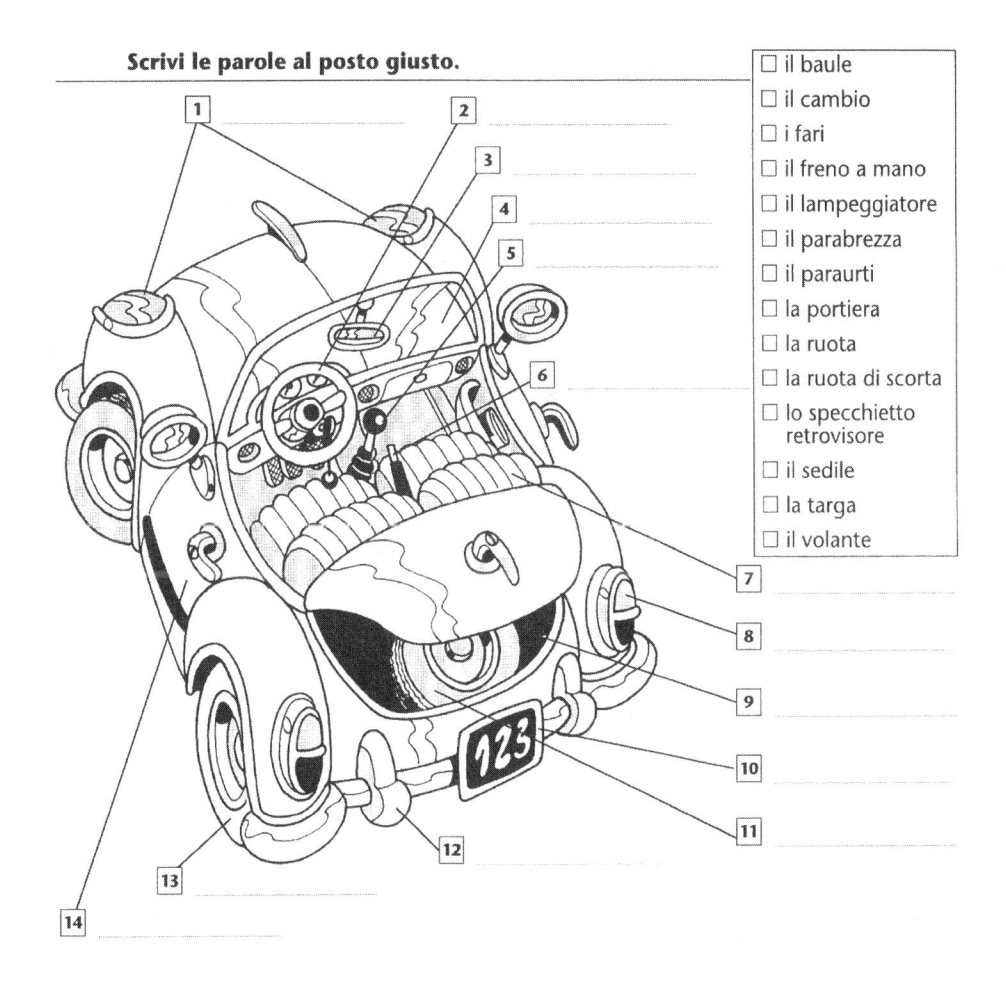

☐ il baule
☐ il cambio
☐ i fari
☐ il freno a mano
☐ il lampeggiatore
☐ il parabrezza
☐ il paraurti
☐ la portiera
☐ la ruota
☐ la ruota di scorta
☐ lo specchietto retrovisore
☐ il sedile
☐ la targa
☐ il volante

Immagine 2
Da: Anthony Mollica, *Attività lessicali 2. Intermedio-Avanzato*, Recanati, ELI, 2004.
Per gentile concessione dell'Editore.

un sostantivo adeguato (Immagine 3, p. 274). Un gruppo di vignette su questo tema può servire per

- insegnare il lessico attinente ai segnali stradali (Immagine 4, p. 275)
- creare dialoghi ed episodi tipici di una stazione di servizio,
- descrivere incidenti stradali,
- inventare dialoghi (umoristici) tra automobilisti e pedoni o poliziotti,

e così via.

È ovvio che molte di queste suddette scenette possono essere illustrate dagli studenti.

Scegli le parole giuste dal riquadro e completa le espressioni.

1 bucare una _____
2 il distributore di _____
3 fare il pieno di _____
4 il motore si è _____
5 noleggiare una _____
6 ottenere la _____
7 riempire il _____
8 rimanere senza _____
9 rimorchiare l' _____
10 sorpassare un _____

☐ auto
☐ benzina
☐ benzina
☐ benzina
☐ camion
☐ gomma
☐ macchina
☐ patente
☐ serbatoio
☐ surriscaldato

Immagine 3
Da: Anthony Mollica, *Attività lessicali 2. Intermedio-Avanzato*, Recanati, ELI, 2004.
Per gentile concessione dell'Editore.

L'insegnante può anche decidere di proporre delle variazioni sul tema.

Ad esempio, i vignettisti spesso prendono in giro la moglie che minaccia di lasciare il marito e di tornare da sua madre, come questi esempi:

a. *(La moglie al marito:)*

   Ho riflettuto: saresti troppo contento se tornassi dalla mamma! Farò venire lei qui!

b. *(Il marito alla moglie:)*

   Torna pure a casa di tua madre: tuo padre l'ha lasciata e sta venendo qui.

c. *(Il marito alla moglie:)*
   Devi rivedere i tuoi piani: tua madre ha litigato con tuo padre ed è
   è andata da sua madre.

Anche in questa attività si può chiedere agli studenti di illustrare le varie battute.

4. *Le vignette possono prendere in giro modi di vestire, stili, eventi storici o attuali.*

   Mentre le vignette politiche richiedono una certa conoscenza della situazione politica di una nazione, quelle su argomenti generali o eventi storici ben noti possono essere molto efficaci, come illustrano le Vignette 17-26, pp. 276-277).

L'umorismo

In Italia i segnali stradali si distinguono in segnali di pericolo, segnali di prescrizione e segnali di indicazione. I segnali di pericolo hanno la forma triangolare con un vertice verso l'alto. I segnali di prescrizione hanno forma circolare e si suddividono in segnali di divieto e segnali d'obbligo. I segnali di indicazione hanno forma quadrangolare. Identifica la didascalia che descrive i segnali seguenti.

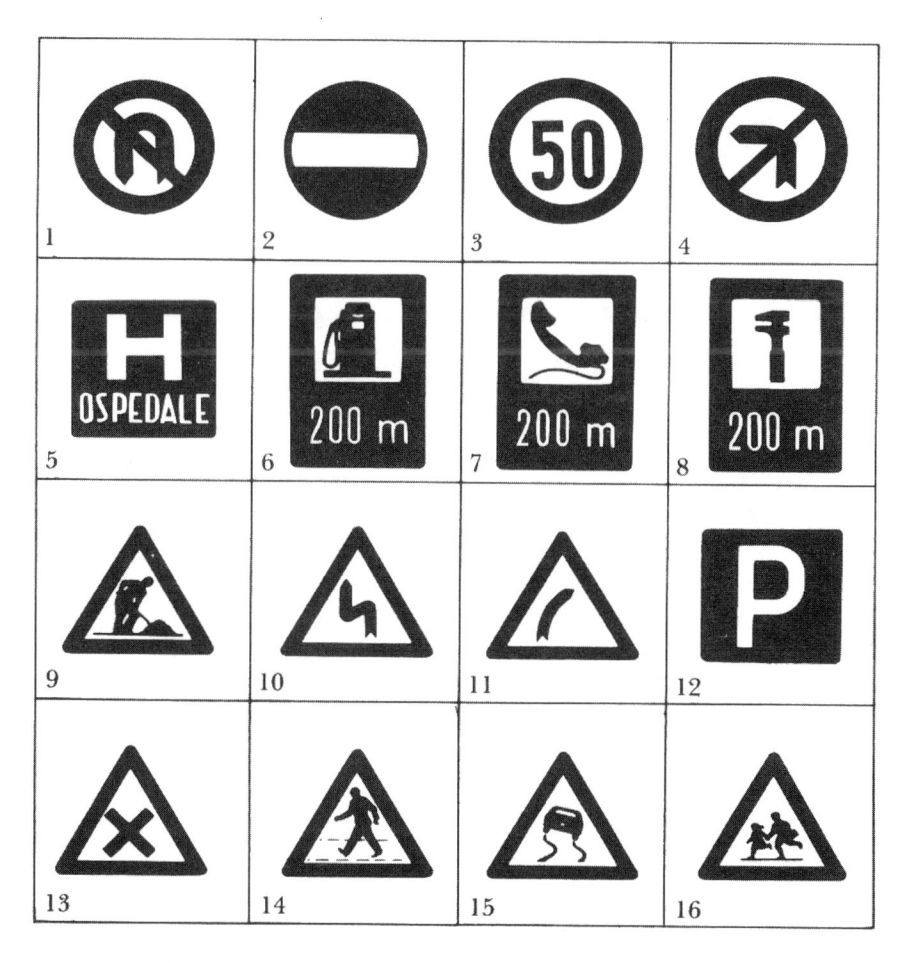

a. curva a destra
b. doppia curva
c. passaggio per pedoni
d. incrocio
e. strada sdrucciolevole
f. divieto di svolta a sinistra
g. divieto di inversione ad "U"
h. limitazione di velocità
i. parcheggio
j. ospedale
k. telefono
l. rifornimento
m. assistenza meccanica
n. lavori
o. divieto di accesso
p. bambini

Immagine 4
Da: Anthony Mollica e Angela Convertini, (a cura di), *L'Italia racconta... Antologia di racconti e novelle*. Toronto: Copp Clark Publishing, 1979. Per gentile concessione dell'Editore.

17 — Sono venuto per un preventivo...

18 — Ho comperato le scarpe all'ultima moda...

19 — Scusami, ma la casa dei miei è vergognosamente pulita!

20 — Ma tu me lo hai chiesto il permesso per andare a questa manifestazione?

21 — Papà, i nostri problemi di rifornimento di gasolio sono finiti: ti presento il mio fidanzato!

22 — BELLA QUELLA CINTURA! — MA, CARO È LA MINIGONNA!

L'umorismo 277

23

— Cosa ti succede, Icaro? Mi sembra che tu non abbia una buona cera!...

24

— No, grazie! Preferisco un grappolo d'uva...

25

— È la terza volta che succede! Bisogna assolutamente cambiare il nome al nostro club...

26

— Vi avevo ordinato il ratto delle Sabine, non il ratto delle cabine!

B. Lingua

1. *Le vignette sono utili per insegnare il lessico,* perché l'oggetto di cui si parla è spesso disegnato e quindi lo studente non ha problemi di comprensione, e in questo caso può facilmente associare l'immagine con la battuta della didascalia, come nelle Vignette 27-30 (p. 278).

2. *Le vignette sono ottime per illustrare espressioni idiomatiche o modi di dire,* come nei casi in cui il vignettista le prende alla lettera (vedi Vignette 31-40, pp. 278-280). È un modo piacevole per memorizzare le espressioni, anche se è necessario ricordarne il valore traslato.

   Eccone alcuni esempi:
   - *il cielo a pecorelle:* cielo percorso da nubi d'aspetto e colore simili alla lana delle pecore (Vignetta 32, p. 278).

27

– Perché, cara, mi sfuggi? Non sono mica il diavolo!...

28

– Ci siamo modernizzati: ora abbiamo i termosifoni.

29

– Comincia a far freddo: mettiti le scaglie pesanti...

30

– Il suo vestito è troppo chiassoso!

31

– Come mai al momento dell'arresto avete dato un nome falso?
– Ero molto arrabbiato e quando sono in quello stato divento un altro!

32

– Mi piace molto il cielo a pecorelle...

L'umorismo 279

- *cantare ad orecchio:* cantare senza leggere uno spartito (Vignetta 34)
- *cadere dalle nuvole:* essere fortemente meravigliato (Vignetta 35)
- *occhio per occhio, dente per dente:* la legge del taglione, pena che consiste nell'infliggere al colpevole il danno stesso da lui recato alla vittima (Vignetta 36)
- *fare il diavolo a quattro:* fare gran confusione (Vignetta 37, p. 280)
- *capovolgere una situazione:* trasformare radicalmente una situazione (Vignetta 38, p. 280)
- *mettersi le gambe in spalla:* fuggire a gran velocità (Vignetta 39, p. 280)
- *costare un occhio:* pagare moltissimo (Vignetta 40).

Si possono accompagnare queste vignette con delle scelte multiple. Ad esempio, per la Vignetta 40 si potrebbe chiedere di scegliere:

☐ A. Il signore ha venduto un occhio per comprare la pelliccia.
☐ B. La pelliccia è costata molto cara.
☐ C. Il signore ha dato un occhio in cambio della pelliccia.

33
– Quando penso alla nostra situazione sento un groppo qui alla gola.

34
– Canta a orecchio...

35
– Qualunque cosa gli si chieda cade sempre dalle nuvole...

36
– Occhio per occhio!
– Dente per dente!

37

— Mentre lei non c'era, i chierichetti hanno fatto il diavolo a quattro.

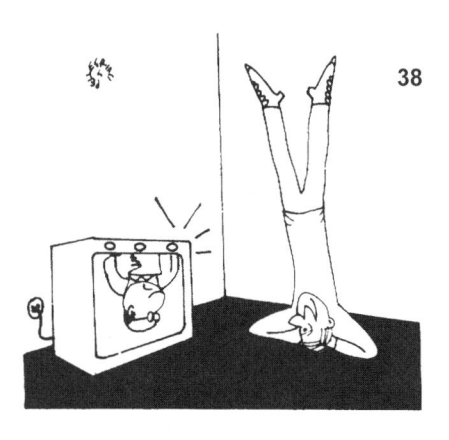

38

— Rispetto a pochi giorni fa, la situazione politica sembra essersi capovolta...

39

— Mi hanno detto di mettermi le gambe in spalla e andarmene...

40

— Questa pelliccia mi è costata un occhio!

Si può svolgere anche un'altra attività: dare agli studenti una serie di espressioni idiomatiche e chiedere loro di illustrarle: si pensi ad esempio a:

a. fare d'una mosca un elefante
b. a volo d'uccello
c. metter il bastone fra le ruote
d. menar il can per l'aia
e. aver un diavolo per capello
f. essere tutt'orecchi
g. topo di biblioteca
h. c'erano quattro gatti
i. essere tutt'occhi
j. finire in bocca al lupo
k. avere la mano leggera
l. mordersi la mano

Sarebbe anche interessante paragonare la traduzione di alcuni modi di dire in altre lingue. Per esempio, per gli italiani un oggetto che costa caro

L'umorismo 281

costa un occhio" (lo stesso per gli spagnoli "costar un ojo"), ma per i francesi tutti e due gli occhi, "les yeux de la tête", per i greci "i capelli", per gli anglofoni, "un braccio e una gamba", ("an arm and a leg"), ecc.

3. **Le vignette possono essere usate per rinforzare la competenza morfo-sintattica** in una maniera più piacevole di uno schema grammaticale, anche se alcune non sono "politicamente corrette"!

La Vignetta 41 può illustrare *volere* + il congiuntivo;
la Vignetta 42, una frase ipotetica;
la Vignetta 43, l'imperativo;
la Vignetta 44, l'uso di *da* seguito/preceduto dal presente dell'indicativo.

– E, bada, non voglio nemmeno che tu dica che non ti lascio mai dir niente!

– Se non fosse per la Società Protettrice degli Animali, ti picchierei a sangue!

– Per favore, signorina, brontoli, m'insulti, mi strapazzi, mi rompa in testa qualcosa. Ho tanta nostalgia di casa mia...

– Da qualche tempo cominciano a piacermi i programmi televisivi...

4. **Le vignette sono ottime per la pratica della produzione orale,** in quanto si può chiedere allo studente di descrivere la vignetta e raccontarne la storia. Questa attività richiede l'uso di pronomi di terza persona al posto di quelli di prima e presuppone l'uso di tutti i tempi verbali in quanto dal discorso diretto effettuato al presente si passa all'indiretto e, volendo, al passato; inoltre serve a fissare tutti i verbi che introducono i discorsi:

affermare,	comandare,	domandare,	ribattere,
ammettere,	comunicare,	esclamare,	riferire,
annunciare,	confermare,	insinuare,	ripetere,
assicurare,	confessare,	mormorare,	rispondere,
attestare,	confidare,	negare,	rivelare,
avvertire,	consentire,	notare,	sottolineare,
balbettare,	declamare,	ordinare,	suggerire,
bisbigliare,	dichiarare,	raccontare,	sussurrare, ecc.

Se prendiamo come esempio la Vignetta 45, il risultato della trasposizione potrebbe essere di questo tipo:

Di ritorno dal viaggio di nozze, il marito, ovviamente deluso, confida agli amici che sarebbe stato un viaggio di nozze delizioso se lo avesse fatto da solo.

— Sarebbe stato un viaggio di nozze delizioso, se lo avessi fatto da solo!

Si può chiedere allo studente di cogliere l'umore della persona che parla o di descrivere l'espressione dei visi di chi parla e di chi ascolta, il che significa usare aggettivi quali:

allegro,	confuso,	malinconico,	soddisfatto,
annoiato,	contento,	meravigliato,	sorpreso,
arrabbiato,	desolato,	sbalordito,	sorridente,
arrogante,	estatico,	severo,	stupefatto,
burbero,	gioviale,	sgarbato,	*stupito*, ecc

Allo stesso modo le azioni di chi parla o di chi ascolta possono essere modificate da un avverbio o da una locuzione avverbiale come:

attentamente,	con calma,	lentamente,
bruscamente,	delicatamente,	*tristemente*, ecc.
con cura,	diligentemente,	
con cattiveria,	gentilmente,	

C. Comprensione

La comprensione può essere verificata attraverso una domanda che può riferirsi a qualcosa avvenuta prima dell'azione della vignetta, oppure posta sullo stesso piano temporale o da una che la segue (cfr. le Vignette 46-50).

L'umorismo

46

– Spiritoso!

Perché il signore chiama "spiritoso" l'altro?

47

– In lui c'è qualcosa di diverso che mi affascina...

Che cosa di diverso affascina il fantasma?

48

– È l'ultima volta che ad un incontro di boxe prendo posto vicino al ring!

Perché il signore non prenderà posto vicino al ring la prossima volta?

49

– Scusate il ritardo...

Perché si scusa Babbo Natale?
Con quanti mesi di ritardo arriva?
Quale sarà la causa del suo ritardo?

50

– Quanto costa un bisbiglio?

a. Perché lo scozzese è andato a comprare dei fiori?

b. La domanda dello scozzese dimostra che è:

   (a) generoso (b) avaro.

c. *Secondo te, comprerà i fiori? Giustifica la risposta.*

Vignette senza parole

A. Cultura

Le caratteristiche di queste vignette sono le stesse di quelle delle vignette con le battute (cfr. Immagine 1, p. 279).

B. Lingua

1 *Le battute possono essere aggiunte dagli studenti* dopo che l'insegnante ha cancellato quelle originali: sarà la vignetta stessa a suggerire il lessico necessario. Alla fine dell'attività si può confrontare la versione dello studente con quella originale; l'insegnante, per aggiungere un tocco di agonismo, può affidare ad alcuni "giudici" la scelta della battuta migliore, che va poi esposta nella bacheca di classe.

Se consideriamo la Vignetta 51, si può pensare ad una battuta quale:

– *Che cosa rappresenta per Lei la televisione?*
– *Un'evasione....*

Se consideriamo la Vignetta 52, si può pensare a:

– *Guarda. Arriva Colombo. Ci ha scoperti!*

Si può anche dare agli studenti una vignetta accompagnata da più battute tra le quali scegliere – scelta che non sarà difficile se gli studenti capiscono l'umorismo della vignetta.

1. *Le vignette possono essere usate per composizioni scritte o attività di monologo:* se consideriamo la Vignetta 53, l'insegnante – che funge da moderatore – chiede agli studenti di condividere tutto il lessico situazionale che conoscono e lo scrive sulla lavagna in categorie grammaticali:

Sostantivi: la boxe, il pugilato, il pugile, il pubblico, gli spettatori, l'azione, l'arena, i tifosi, ecc.

Aggettivi: aggressivo, sorpreso, sorridente, ecc.

Verbi e locuzioni: finire a pugni, guardare, boxare, aver luogo, spostarsi, non essere d'accordo, litigare, sferrare un pugno, ecc.

Avverbi e locuzioni avverbiali: con calma, con soddisfazione, ecc.

Dopo che l'insegnante ha trascritto le parole sulla lavagna (e dopo che gli studenti le hanno copiate sul quaderno) gli studenti devono procedere ad un riassunto orale o scritto, con l'aiuto delle liste e sotto la guida di eventuali domande poste dall'insegnante:

a. Dove ha luogo questa scena?

b. Che fanno i due spettatori mentre i pugili si mettono a boxare?

c. Perché si fermano i pugili?

d. Descrivi la scena finale.

e. Sono delusi gli spettatori? Motiva la tua risposta.

53

C. Comprensione

1. *Le vignette si possono usare per il testing orale*, purché nel caso delle vignette con parole le battute vengano tolte. Si prenda ad esempio la Vignetta 54, p. 286.

    a. Dove ha luogo questa scena?

    b. Perché sono sorpresi i signori?

Si considerino le seguenti domande per la Vignetta 55.
  a. Chi guarda dalla finestra?
  b. Perché sorride il signore?
  c. Descrivi la moglie dell'ubriaco.

2. *Si può chiedere di spiegare l'umorismo di una vignetta*, cosa che ogni studente compie secondo il suo bagaglio culturale e linguistico. Ecco alcune domande che si possono porre per le Vignette 56-59:
   1. Perché è buffa questa vignetta?
   2. Che c'è di buffo in questa vignetta?
   3. Perché ti fa (sor)ridere questa vignetta?
   4. Spiega l'umorismo di questa vignetta.

   e si vedrà che le risposte possono essere molteplici.

L'umorismo verbale

A differenza delle vignette, dove l'elemento visivo gioca un ruolo importante nella comprensione, l'umorismo verbale si basa fortemente sulla capacità di comprendere la polisemia delle parole, delle espressioni idiomatiche e delle metafore, di scoprire l'ambiguità, di cogliere e comprendere l'incongruenza e di accorgersi di un inatteso cambiamento di prospettive.

L'umorismo verbale si trova nelle barzellette, negli aneddoti, nei racconti umoristici.

La barzelletta

Ma come "nascono" le barzellette? La migliore spiegazione della genesi delle barzellette la dà Mirko Amadeo (2002, pp. 5-6):

> La barzelletta nasce sempre da un fatto reale, veramente accaduto, e poi rielaborato attraverso successivi passaggi, sino ad assumere le caratteristiche di una breve storiella autonoma, sino ad acquisire tutti i requisiti posti alla base di qualsiasi forma di umorismo.
>
> Esemplifichiamo. A Milano (ma anche a Parigi o a Palermo) un ragazzino arriva con qualche secondo di ritardo alla partenza dell'autobus che deve portarlo a scuola e quindi – disperato e ansimante – rincorre il mezzo sino ad arrivare a scuola quasi contemporaneamente. Poi, tornato a casa, racconta "Sono arrivato in orario e ho pure risparmiato mille lire".
>
> Suo padre, come battuta di spirito, annota: "Già. E allora, se correvi dietro a un taxi, quanto risparmiavi? Quindicimila lire?" Capisce che la battuta è divertente e l'indomani, al bar o in ufficio, opera la prima modifica: "Ieri mio figlio, per risparmiare le mille lire dell'autobus, lo ha inseguito di corsa fino a scuola e io gli ho detto: 'Bravo, allenati, così, se riesci a correre dietro a un taxi, risparmi di più." Uno degli amici o colleghi ascolta e ripete il racconto a un altro, modificandolo: "A Genova un bambino ha perso l'autobus e va a scuola inseguendolo di corsa. Poi lo dice a suo padre. 'Sei contento, papà ? Ho risparmiato mille lire.' E suo padre gli dà uno schiaffo: 'Bestione! Non potevi correre dietro a un taxi che così avresti risparmiato ventimila lire?!'

Ormai il fatto ha acquisito le caratteristiche di una barzelletta. È diventato un fatto assurdo ma credibile ed ambientato là dove il luogo comune vuole che abiti la parsimonia.

Secondo Amadeo, se esaminiamo sotto questa angolatura le barzellette vediamo che

> sono tutte riconducibili a un fatto vero o a una considerazione, a una battuta di spirito. Elementi che si sono poi tramutati in vicenda dialogata e ambientata.

Vezio Melegari (1999) definisce la barzelletta come un racconto che si comporta come la diligenza del vecchio West:

> Essa lascia un punto di partenza che che chiameremo Serious City, ovvero Città Seriosa e si avvia allorché il direttore di posta dà il segnale di partenza. Eccola correre ora sulla Pista della Logica o Logic Trail, che porta direttamente a Tran-Tran o Città del Comelavalà. Un tratto della pista attraversa il canyon, ovvero una gola rocciosa, detta Crook Valley, cioè valle dell'Aggancio. [...] Allo sbocco del canyon ci sono, in agguato, certi brutti ceffi che vogliono svaligiare la diligenza! Ma essa non cadrà nelle loro manacce! Il canyon ha una sua valletta segreta, che il conducente conosce bene. E quando un indiano amico segnala con nuvolette di fumo la presenza dei banditi, la diligenza svicola nella valletta e, senza rallentare, ripara sana e salva ad Happy City o Città della Gioconda.
>
> Tutti i tipi di barzelletta, pur diversi tra di loro, hanno una struttura comune, che è quella qui esemplificata con il viaggio della diligenza. Infatti i termini [...] sono identificabili con i vari momenti del viaggio stesso. Sono espressioni che chiediamo in prestito alla semiologia e che sono di facile comprensione. Il *locutore,* ad esempio, è il personaggio che, di solito, in ogni barzelletta prende la parola per primo e imposta il racconto: più o meno come fa, a Serious City il capostazione [...], il quale agitando il cappello dà il via alla diligenza e a tutta la storia. L'*Interlocutore* è, invece, il conducente della diligenza stessa. Questi – visto il segnale di fumo compie l'*aggancio*, ovvero provoca il cambiamento del percorso della diligenza. Insomma, la logica è salva grazie alla scorciatoia, ma il punto d'arrivo, ossia il finale della storia, è nuovo e, soprattutto, inatteso. Proprio come una barzelletta, insomma!

Mentre nelle vignette c'è l'elemento visivo che aiuta il lettore alla comprensione, nelle barzellette e negli aneddoti questo non esiste e quindi il lettore deve capire tutto dalla lettura o l'ascoltatore dall'ascolto (se la barzelletta o l'aneddoto vengono trasmessi oralmente).

La barzelletta, quindi, è una storiella spiritosa, faceta; un breve racconto [o dialogo] con finale umoristico. Essa rassomiglia ad una scena di teatro: generalmente la barzelletta ha una "introduzione", una frase o una serie di frasi che presentano la scenetta (come in una scena di una commedia, l'autore dà l'ambientazione dell'azione che sta per seguire e descrive la scena in cui agiranno i personaggi). Per esempio,

> *"Una sposina appena tornata dal viaggio di nozze, telefona alla madre e con voce raggiante le dice..."*

o un titolo

> *"Salubrità".*

Una sposina appena tornata dal viaggio di nozze, telefona alla madre e con voce raggiante le dice:
– Oh, mamma sono terribilmente felice!
– Raccontami tutto!
– Pensa. Ieri sera ho preparato la cena per il mio maritino...
– È stato un successo?
– Oh, sì. Eccezionale: ha assunto una cuoca. Comincerà domani.
(Barzellette, 2002, p.42)

Salubrità
L'impiegato di un'agenzia immobiliare esalta il clima particolarmente salubre del paesino in cui un signore intende acquistare una villa.
– Si figuri – gli dice – che qui non muore mai nessuno.
In quel momento passa un funerale. L'impiegato, dopo un attimo di smarrimento spiega:
– Si tratta dell'impresario delle pompe funebri. È morto di fame!
(Relax, No.995, 19/6/2001, p. 28)

Ma non sempre, le barzellette "dialogate" hanno una "introduzione" o "un titolo". Spesso le battute vengono introdotte con o senza i nomi degli interlocutori e in questo caso esse rassomigliano alle vignette senza disegni (anche se le vignette generalmente hanno solo due battute al massimo):

– La prego, avvocato, assuma la mia difesa.
– Può pagare?
– No. Però ho un'automobile.
– Va bene. Di che cosa è accusato?
– Di averla rubata.
(Barzellette, 2004, p.74)

Rare, ma esistono, sono le barzellette in forma di "monologo":

– Ho commesso un grosso errore, Simona; ho accettato di sposarlo perché pensavo che fosse un banchiere. Invece era un bancario!
(Bramieri, 2002, p. 40)

– Ho deciso di lasciare Roberto, è veramente un mostro, avaro per giunta. Figurati che l'altro giorno l'ho pregato di accompagnarmi a una sfilata di pellicce rare e lui mi ha portato allo zoo!
(Bramieri, 2002, p. 38)

In questo caso non è necessaria una introduzione o l'identità dell'ascoltatore o del lettore. Questi capisce immediatamente dal contesto che nella prima barzelletta si tratta di una nubile che si lamenta; nella seconda si tratta della moglie/fidanzata che si confida con un'amica.

Ma non tutte le barzellette contengono un "dialogo" come dimostra la seguente di Bramieri (2002, p. 17) paragonabile a una notizia giornalistica:

In un paese dittatoriale un cittadino ha commesso la grave imprudenza di dichiarare a voce alta, per la strada, che il ministro degli Interni era un imbecille; è stato condannato a vent'anni di prigione: cinque per diffamazione e quindici per aver divulgato un segreto di stato.

Quasi tutte le barzellette possono essere presentate come vignette,

Pierino: Oggi ho visto due pittori che litigavano giù in strada.
Marco: Come fai a sapere che erano pittori?
Pierino: Se ne dicevano di tutti i colori!*

dirsene di tutti i colori = insultarsi a vicenda

Immagine 5
Da: Anthony Mollica, *Attività lessicali 1, Elementare/Pre-intermedio,* Recanati, ELI, 2003.
Per gentile concessione dell'Editore

L'insegnante: "Il gatto ruggisce, il leone abbaia e il cane miagola." Come si spiega?
Pierino: Il gatto, il leone e il cane studiano le lingue straniere!

Immagine 6
Da: Anthony Mollica, *Attività lessicali 2. Intermedio-Avanzato,* Recanati, ELI, 2004. Per gentile concessione dell'Editore

Il maestro al padre di Marco:
– Suo figlio è molto svogliato; studia poco. Immagini che ieri gli ho chiesto chi ha scritto la *Divina Commedia* e lui mi ha risposto: "Non sono stato io!".
Il padre apre le braccia in segno di rassegnazione.

Rientrati a casa figlio e padre, quest'ultimo dice al figlio in tono affettuoso:
– Io ti ho sempre insegnato a non mentire, a dire sempre la verità. Dimmi, figliolo, sei stato tu o non sei stato tu a scrivere la *Divina Commedia*?

Immagine 7
Da: Anthony Mollica, *Attività lessicali 2. Intermedio-Avanzato,* Recanati, ELI, 2004
Per gentile concessione dell'Editore

aggiungendo al testo l'elemento visivo, cioè il disegno, per abbellire la barzelletta o per aiutare il lettore alla comprensione (Immagini 5-7).

Altre barzellette "dialogate" possono anche essere presentatate in forma di fumetto (Immagine 8).

Immagine 8
Da: Anthony Mollica, *Attività lessicali 2. Intermedio-Avanzato*, Recanati, ELI, 2004
Per gentile concessione dell'Editore.

Le domande del "Perché...?"

Come abbiamo identificato nel Capitolo 10, "L'enigma e l'indovinello", Lapucci elenca "le domande del perché" e spiega che in realtà anch'esse sono forme particolari di indovinelli ma, secondo noi, oltre ad essere indovinelli, sono anche freddure e giochi di parole e, in questo caso, fanno parte anche dell'umorismo.

Le "differenze"

Gianduzzo (1991) elenca una serie di domande basate sulle differenze che esistono tra due cose, due oggetti, due persone, ecc. La risposta spinge il lettore al sorriso e questo, secondo noi, rientra nell'umorismo, visto che la risposta si basa su giochi di parole.

Che differenza c'è tra...
– una gallina e una pulce?
– Nessuna. Tutte e due fanno i... pulcini.
(Gianduzzo, 1991, p. 42)

Che differenza c'è tra...
– calamita e calamità?
– L'accento.
(Gianduzzo, 1991, p.42)

Che differenza c'è tra...
– la lettera "q" e il nuotatore?
– Nessuna. Ambedue si trovano in mezzo all'acqua.
(Gianduzzo, 1991, p. 42)

Che differenza c'è tra..
– il boia e il pauroso?
– Il boia taglia la testa, il pauroso taglia la corda.
(Gianduzzo, 1991, p. 42)

Che differenza c'è tra...
– la carezza e lo schiaffo?
– Nessuna: cambia solo la velocità.
(Gianduzzo, 1991, p. 43)

Che differenza c'è tra...
-- la barzelletta e la cipolla?
– la barzelletta fa ridere, la cipolla fa piangere.
(Gianduzzo, 1991, p. 43)

I personaggi delle barzellette

Chi sono i personaggi delle barzellette? Achille Campanile nel suo *Trattato delle barzellette* (2001) ne identifica molti, ma i più popolari si trovano nelle barzellette che prendono di mira gli scozzesi, i carabinieri e in quelle che coinvolgono Pierino.

Le barzellette di Pierino

Pierino ci fa ricordare le sottilissime astuzie di Bertoldo, personaggio creato da Giulio Cesare Croce (1550-1609). Ma, contrariamente a Bertoldo, il rozzo e insensibile ma furbo e saggio contadino, protagonista di una narrativa grottesca che prendeva in giro papi, re e gente perbene, Pierino, il protagonista di molte barzellette, è un ragazzo impertinente e pasticcione, un vero e proprio monello. Le situazioni del suo agire sono soprattutto legate alla scuola, dove Pierino si diverte a "dissacrare l'ordine costituito e le buone maniere, oltre a provocare la classica, apparentemente castigata, maestrina di turno" (Wikipedia). È un personaggio che esiste in quasi tutti i paesi con nomi diversi: *Toto* in Francia, *Jaimito* in Spagna, *Pepito* in Messico, *(Little) Johnny*, negli Stati Uniti e Canada (ma anche *"Dirty Ernie"* in Canada), *Jasio* in Polonia, *Bulā* in Romania, *Wowotschka* in Russia, ecc. Numerose sono le barzellette e le collezioni di barzellette su di lui. Ed anche il cinema si è interessato a lui con una serie di film classici della commedia erotica italiana interpretati da Alvaro Vitali. Ecco alcuni esempi di barzellette con il protagonista:

Al telefono
Pierino è in casa solo con la sorellina. Squilla il telefono e Pierino corre a rispondere:
– Pronto... chi parla?
– Sono il maestro e vorrei parlare con tua madre.

– Mi dispiace ma c'è solo mia sorella.
– Va bene: passamela!
– Mi dispiace, ma non sono riuscito a far venire mia sorella. Appena mi sono avvicinato per farla scendere dalla culla si è messa a piangere!
(Gianduzzo, 1991, p. 196)

A scuola
La maestra, dopo aver spiegato la lezione, domanda:
– Pierino, sai dirmi qual è la stagione che dà maggiori frutti?
– Dipende, signora maestra.
– Dipende da che cosa?
– Per esempio, per mio padre che è baritono, è la stagione lirica!
(Gianduzzo, 1991, p. 195)

Al supermercato
L'altoparlante di un supermarket avverte: "Attenzione! Il bambino Pierino Giuggiolini si porti alla cassa n. 7 dove troverà la sua mamma"
All'udire ciò Pierino brontola:
– Per la miseria, si è persa un'altra volta!
(Gianduzzo, 1991, p. 202)

Gianduzzo (1991) ci informa anche

a) *delle "credenze" di Pierino:*

Pierino crede che...

- Michelangelo Buonarroti facesse l'infermiere perché è sempre stato al servizio dei Medici...
- la coreografia sia la descrizione della Corea...
- il simbolo chimico del calcio sia il pallone...

b) *dei proverbi di Pierino:*

- L'uomo avvisato... fiato sprecato.
- Meglio una ciambella senza buco, che un buco senza ciambella.

c) *delle riflessioni*

- "Mi piace il lavoro: posso stare seduto ore intere a veder lavorare la gente!"
- "Tutto passa! Passa l'acqua sotto i ponti, passa l'anno scolastico, passa la primavera, passa l'estate... Solo io non passo mai."

d) *dei pensierini dal diario:*

- "I miei professori sono sempre incontentabili: oggi quello di storia si è lamentato perché alle sue domande rimanevo a bocca aperta, quello di scienze si è lamentato perché rimanevo a bocca chiusa!"
- "Oggi mamma mi ha detto che gli Stati Uniti sono un Paese libero. Questo mi ha fatto pensare molto, perché papà dice che non è libero da quando mamma e papà sono stati uniti."

Le barzellette degli scozzesi

Nella letteratura umoristica italiana, gli scozzesi sono spesso identificati con l'avarizia. Numerose sono le vignette e le barzellette che attribuiscono questa caratteristica al popolo della Scozia.

Un tale racconta a un amico scozzese come sia andato al bar per una consumazione, poi sia passato dalla cassiera e le abbia raccontato una barzelletta. Quella si era messa a ridere e si era dimenticata di fargli pagare il conto. Lo scozzese, tutto contento, decide di fare lo stesso. Prende un grappino. Poi passa alla cassa e racconta una barzelletta alla cassiera. Quella ride divertita. Lo scozzese aspetta qualche secondo poi le dice:
– Scusi signorina, e il resto non me lo dà?
(Bramieri, 2002, p. 94)

Primo scozzese: Dove vai?
Secondo scozzese: A Edimburgo, in viaggio di nozze.
Primo scozzese: Ma... e tua moglie?
Secondo scozzese: Lei è rimasta a casa; lei a Edimburgo c'era già stata!
(Bramieri, 2002, p. 42)

Le barzellette dei carabinieri

Ma gli scozzesi non sono i soli a essere lo zimbello delle barzellette. Come in altri paesi dove un certo gruppo è il bersaglio, in Italia i destinatari degli insulti umoristici sono i carabinieri, presentati come ignoranti e incompetenti.

Il maresciallo fa all'appuntato Antonio:
– Antonio, eccoti un euro, vammi a comprare un bel sigaro! Ah... già che ci sei, eccotene un altro, comprami pure il giornale!
L'appuntato esce ma ritorna dopo cinque minuti...
– Allora... me l'hai portati il sigaro e il giornale?
– Veramente Maresciallo... non mi ricordo più quale è l'euro del sigaro e quale quello del giornale!
– E che vieni da me? Adesso che li hai scambiati come faccio a ricordarmelo?
(Altorio, 2006, pp. 10-11)

Subito dopo le elezioni due carabinieri stanno discutendo:
– Sai... non farò più l'errore di andare a votare da solo, mi porterò tre amici in cabina!
– E perché?
– Perché l'ultima volta non se ne sono accorti e mi hanno lasciato andare, però sulla scheda c'è scritto: *piegare in quattro*!
(Altorio, 2006, p. 28)

Un carabiniere deve appendere un quadro ma, avendo messo il chiodo al contrario, non riesce a conficcarlo nel muro. Il maresciallo passa di là e vede la scena:
– Impedito, non vedi che quel chiodo è per il muro opposto?
(Bonistalli, 2006, p. 89)

Numerose anche le "Domande del *Perché...?*" sui carabinieri anche se le domande sono spesso intercambiabili con altri "personaggi":

– Perché a Venezia i Carabinieri hanno i pantaloni bagnati dal ginocchio in giù?
– Perché buttano i mozziconi di sigaretta nei canali e li spengono con il piede.
(Altorio, 2006, p.90)

– Perché i carabinieri portano sempre un paio di manette in testa?
– Per arrestare la caduta dei capelli.
(Altorio, 2006, p.91).

– Perché i Carabinieri hanno la riga rossa sui pantaloni?
– Per distinguerli dalla giacca.
(Altorio, 2006, p.91)

e le differenze:

– Qual è la differenza fra un teologo ed un Carabiniere?
– Il teologo è uno studioso di Dio... Il Carabiniere è un cretino della Madonna!
(Altorio, 2006, p.91; vedi l'ultima barzelletta su Totti a p. 296)

– Qual è la differenza tra una donna incinta ed un Carabiniere?
– La donna incinta è in stato interessante, il Carabiniere è in uno stato pietoso!
(Altorio, 2006, p.91)

Le barzellette sui personaggi famosi

Non sfuggono personaggi politici o sportivi. Si tratta in effetti di raccolte di barzellette, già in circolazione, spesso boccaccesche ma anche "crudeli", ben note, "adattate" al personaggio del giorno. Nelle librerie sono facilmente reperibili barzellette su Silvio Berlusconi (1936-), imprenditore e uomo politico:

La segretaria di Berlusconi:
– Cavaliere: per fare un po' di spazio, posso bruciare le pratiche vecchie?
– Splendida idea, ma prima ne faccia una fotocopia.
(Cascioli, 2003, p. 9)

Berlusconi va dal dentista per una normale pulizia di denti.
Terminato il lavoro prega il dentista di mandare l'onorario al suo ufficio e se ne va. Il giorno dopo gli giunge la fattura: 3.300 Euro! Che – per un'operazione così breve – anche per il Berlusca non sono poche!
  Invia comunque l'assegno richiesto accompagnato da questo biglietto:
"Le invio la somma richiesta, anche se mi permetto far presente che sono soldi rubati!"
  Il giorno dopo il dentista risponde:
"Lo so, Presidente, non si preoccupi: non lo dirò a nessuno!
(Cascioli, 2003, p. 34)

o su Francesco Totti (1976-), calciatore italiano della Roma.

Il puzzle
Totti cerca di finire un puzzle. Ci mette quasi quattro mesi. Poi gira la scatola e legge: "Dai due ai tre anni". Commenta: "Ah , ma allora so' un genio!!!"
(Totti, 2003, p. 30).

Le barzellette su Totti
La fidanzata, imbestialita per la miriade di barzellette su Totti, gli dice urlando: "Perché non reagisci... Ma ce l'hai un cervello?"
Totti: " Zitta!... Ciò altro pe' la testa!"
(Totti, 203, p. 65)

Shakespeare
La fidanzata non ne può più di quello che dicono di Totti e della sua mancanza di cultura. "Amore, è gravissimo. Ci sono in giro un sacco di barzellette su di te, fai vedere quello che vali, perché non inizi a leggere qualche libro? Non so... per

esempio, hai mai letto Shakespeare?!"
E Totti: "Certo!!! Solo che nun me ricordo chi l'ha scritto..."
(Totti, 203, p. 71)

Ma molte barzellette su Totti si basano sulle incomprensioni lessicali:

Totti al bar
Totti entra in un bar: "Che me dà 'n pacchetto di caramelle?"
Il barista: "Alemagna?"
Totti: "E che le butto?"
(Totti, 203, p. 73)

Il pesce surgelato
Un giornalista chiede a Totti: "Le piace il pesce surgelato?"
E Totti risponde: "Ma che mi prendi in giro? Io sur gelato preferisco 'a panna!"
(Totti, 203, p. 81)

Ma non sfuggono le "differenze"(come la seguente che richiama quella dei carabinieri):

– Che differenza c'è fra Totti e un teologo?
– Che il teologo è uno studioso di Dio. Invece Totti è un ignorante della Madonna.
(Totti, 203, p. 108)

Gli aneddoti

Gli aneddoti sono episodi poco noti, spesso curiosi e caratteristici, che si riferiscono a un determinato periodo storico, a un personaggio o a un evento importante. Sono in effetti storielle brevi e curiose, talvolta salaci.

1. *Gli aneddoti sono particolarmente utili per introdurre in classe sia l'umorismo sia personaggi storici o letterari.*

    Raccontano che Dante avesse una formidabile memoria. Un giorno incontrò un tale che gli domandò a bruciapelo:
    – Qual è il miglior cibo?
    – Un uovo – rispose il poeta.
    Un anno dopo, lo stesso viandante lo incontrò, pressapoco nello stesso luogo, e gli domandò:
    – Con che?
    – Col sale, rispose pronto il poeta.
    (Palazzi, 1989, pag. 125)

    Un giorno una signora si presentò con la figlia nello studio del noto compositore Giuseppe Verdi.
    – Mi faccia la cortesia, maestro, – chiese la signora – ascolti la voce di mia figlia e mi dia un Suo parere.
    Verdi, benché occupatissimo, acconsentì e la fanciulla si mise a cantare "Sempre libera" dalla *Traviata*...
    Purtroppo, la ragazza aveva la voce di una serratura arrugginita... Alla fine dell'aria, la madre tutta contenta chiese al maestro:
    – Che ne dice, maestro? Dicono che mia figlia canta come la Malibran.
    Ora, tutti sanno che Maria Felicia Malibran (1808-1836) era dotata di eccellenti

doti canore ed era una delle più importanti interpreti dell'Ottocento. Verdi guardò le due donne e con un sorrisetto malizioso disse:
– Signora, Le assicuro che la Malibran non ha mai cantato come sua figlia...
 Mamma e figlia lasciarono lo studio di Verdi contentissime del giudizio del Maestro...

2. *Esistono aneddoti che hanno poi portato ad espressioni idiomatiche,* come ad esempio:

Il grande navigatore genovese Cristoforo Colombo è una persona molto modesta. Parla con molta semplicità della sua scoperta. Un giorno, trovandosi a pranzo con alcuni amici, che parlano dei suoi viaggi, dicono che la scoperta è stata una cosa molto facile. Colombo si infastidisce e, prendendo un uovo, dice loro:
– Se credete che la cosa sia così facile, cercate di far restare ritto quest'uovo sulla tavola. Provate, se siete capaci.
 Gli invitati si mettono subito a provare ma, purtroppo, i loro tentativi sono inutili. Colombo allora prende l'uovo tra le mani, schiaccia un po' la punta e riesce a tenerlo diritto. Tutti protestano:
– A quel modo lo avremmo saputo fare anche noi.
– Appunto, risponde Colombo. Voi trovate facile quando avete visto come si fa.
(Cagno,1984, p. 37)

Oggi l'espressione *"uovo di Colombo"* significa "soluzione facilissima a cui nessuno ha pensato prima".

3. *Aneddoti di questo tipo possono essere seguiti da prove a scelta multipla:*

Dopo aver letto il seguente aneddoto, scegli la risposta appropriata fra le quattro proposte, facendo un cerchietto intorno alla lettera corrispondente a destra.

Michelangelo, come voi sapete, fece la famosa statua di Mosè. Quando l'ebbe finita, la guardò a lungo, ed era così soddisfatto della sua opera che, preso un martello, diede un colpo alle ginocchia della statua. Poi esclamò :
– Perché non parli?
 Ciò voleva dire che alla statua non mancava altro che la parola per essere viva.
(Cagno,1984, p.9)

Perché Michelangelo non era completamente contento?
A. Perché la statua era di marmo.
B. Perché la statua non parlava.
C. Perché non aveva finito di fare la statua.
D. Perché diede un colpo di martello alla statua.   A B C D

L'insegnante può scegliere un aneddoto più lungo e fare più di una domanda:

Petrarca raccontava, ridendo, al suo amico Gaspare Verona, che aveva incontrato un pazzo, il quale, vedendo uscire un esercito dalla città, gli chiese:
– Dove vanno quei soldati?
– Alla guerra – rispose Petrarca. – Non sai che siamo in guerra?
– Ma – osservò il pazzo – un bel giorno questa guerra dovrà terminare con la pace, non è vero?

– Certo. Ma come puoi pensare alla pace ora che le truppe partono per la guerra?
– Ma alla fine bisogna fare la pace – insistè il pazzo. – Perché non fanno la pace subito, prima di incominciare la guerra?
E Petrarca, sorridendo, malinconicamente, disse all'amico:
– Ed io, vedi, penso un po' come questo pazzo.
(Cagno, 1984, p. 29)

L'aneddoto può essere seguito da un esercizio dove sia le domande che le possibili risposte appaiono sul foglio dello studente. In questo caso, l'insegnante privilegia una attività di lettura.

Dopo aver ascoltato l'aneddoto, scegli la risposta appropriata fra le quattro proposte, facendo un cerchietto intorno alla lettera corrispondente a destra.

1. I soldati andavano...
    A. a incontrare il pazzo.
    B. a incontrare Petrarca.
    C. a combattere.
    D. a riposarsi.   1. A B C D

2. Il pazzo disse che era cosa stupida fare la guerra perché...
    A. poi deve venire la pace.
    B. soldati uccidono soldati.
    C. le guerre costano troppo.
    D. nessuno vince una guerra.   2. A B C D

3. Quando il pazzo vide i soldati essi...
    A. cantavano.
    B. parlavano con Petrarca.
    C. dormivano.
    D. camminavano.   3. A B C D

4. Il pazzo disse che era meglio...
    A. fare la guerra senza fare la pace.
    B. fare la pace senza fare la guerra.
    C. fare prima la guerra e poi la pace.
    D. fare la pace e poi fare la guerra.   4. A B C D

5. Petrarca aveva...
    A. desiderio di fare la guerra.
    B. desiderio di fare la pace.
    C. le stesse idee del pazzo.
    D. le stesse idee del suo amico.   5. A B C D

Ma l'attività può anche essere una attività d'ascolto. In questo caso, l'insegnante legge ad alta voce la frase da completare. Il foglio dello studente ha solo le risposte proposte.

1. ...
    A. a incontrare il pazzo.
    B. a incontrare Petrarca.
    C. a combattere.
    D. a riposarsi.   1. A B C D

2. ...
   A. poi deve venire la pace.
   B. soldati uccidono soldati.
   C. le guerre costano troppo.
   D. nessuno vince una guerra.   2. A B C D

3. ...
   A. cantavano.
   B. parlavano con Petrarca.
   C. dormivano.
   D. camminavano.   3. A B C D

4. ...
   A. fare la guerra senza fare la pace.
   B. fare la pace senza fare la guerra.
   C. fare prima la guerra e poi la pace.
   D. fare la pace e poi fare la guerra.   4. A B C D

5. ...
   A. desiderio di fare la guerra.
   B. desiderio di fare la pace.
   C. le stesse idee del pazzo.
   D. le stesse idee del suo amico.   5. A B C D

mentre il foglio dell'insegnante ha i seguenti stimoli:
1. I soldati andavano...
2. Il pazzo disse che era cosa stupida fare la guerra perché...
3. Quando il pazzo vide i soldati essi...
4. Il pazzo disse che era meglio...
5. Petrarca aveva...

4. *Gli aneddoti possono essere anche dialoghi* con le stesse caratteristiche della barzelletta. Il seguente aneddoto accoppia cultura e umorismo:

Il barista pignolo
Un signore entra in un bar e chiede al barista:
Cliente: Vorrei un bicchiere di vino, per favore
Barista: Bianco o rosso?
Cliente: Rosso.
Barista: Dolce o secco?
Cliente: Secco.
Barista: Locale o di marca?
Cliente: Locale.
Barista: Di fiasco o di bottiglia?
Cliente: Non importa. Se sapevo che ci voleva tanto tempo avrei ordinato un caffè.
Barista: Allora vuole un caffè?
Cliente: Ma sì, mi dia un caffè.
Barista: Nero o macchiato?
Cliente: Nero!
Barista: Ristretto o lungo?
Cliente: Ristretto.

Barista: Corretto o semplice?
A questo punto il signore scappa disperato.

Il suddetto aneddoto è ideale per l'introduzione della cultura per sottolineare le differenze tra:
- vino *rosso* e vino *bianco*
- vino *secco* e vino *dolce*
- vino *di fiasco* e vino *di bottiglia*
- vino *locale* e vino *di marca*

e la differenza dei vari caffè:
- caffè *nero* e caffè *macchiato* (caffè con un po' di latte)
- caffè *ristretto* (caffè con poca acqua) e caffè *lungo* (caffè con più acqua)
- caffè *corretto* (caffè con un po' di liquore; non esiste un caffè "sbagliato"!)

Visto il gran numero di battute in questi aneddoti, l'insegnante può chiedere agli studenti di interpretarli in scenette e, volendo, anche registrarli con una videocamera e poi fare una presentazione in classe.

Racconti umoristici

Sono numerosi gli umoristi italiani i cui racconti si potrebbero leggere in classe. Basta pensare ai "grandi" della letteratura umoristica italiana: Giovanni Guareschi, Carlo Manzoni, Achille Campanile, ecc. Ma anche ad altri eminenti scrittori meno conosciuti come umoristi: Alberto Moravia, Dino Buzzati, Giuseppe Marotta (vedi Mollica, in preparazione). A questa lista aggiungeremo anche Andrea Camilleri che vorrebbe che la gente ridesse di meno e pensasse di più.

In questi racconti, l'umorista, come lo definisce Tron (2001, p. 11),

> è la persona capace di sorridere e far sorridere, capace cioè di comunicare con le parole le arguzie nascoste della vita – quelle che vede, quelle che intuisce e quelle che... inventa.

Applicazioni pedagogiche

L'umorismo verbale si basa soprattutto sulla fonologia delle parole e sulla polisemia.

1. ***L'umorismo si può usare per insegnare la pronuncia, chiedendo agli studenti di pronunciare degli scioglilingua*** (Vedi Capitolo 23, "Gli scioglilingua") quali

   Sopra la panca, la capra campa.
   Sotto la panca, la capra crepa.
   (www.filastrocche.it)

   – C'è il questore in questura a quest'ora?

- Il questore in questura a quest'ora non c'è.
(I librotti, 1989, p.87)

2. *L'umorismo può insegnare la geografia*

    - Perché a Como non si può dormire?
    - Perché vicino c'è Chiasso.

    - Qual è il colmo per un agricoltore toscano?
    - Avere un terreno a Firenze e coltivarlo a... Prato.
    (Paoletti, 1993, p. 216)

3. *L'umorismo può sottolineare il significato di un'espressione idiomatica*

    Buona fortuna!
    Cappuccetto Rosso sta per uscire. La mamma le chiede:
    - Dove vai di bello?
    - A trovare la nonna...
    - In bocca al lupo!
    (Medail, 1997, p. 216)

    Dall'impresario.
    - Come cantante lei è perfetto per cantare nei concerti di beneficienza.
    - Perché?
    - Perché... fa pietà!
    (Barzellette, 2004, p.101)

4. *L'umorismo può sbeffeggiare una regola grammaticale*

    L'interrogazione d'italiano.
    - Dimmi il futuro del verbo *rubare*.
    - *Io andrò in prigione, tu andrai in prigione...*
    (Paoletti, 1985, p. 12)

    L'interrogazione d'italiano.
    - "I ragazzi giocano al pallone". Che tempo è?
    - Può essere il primo quanto il secondo tempo.
    (Paoletti, 1985, p. 12)

    L'interrogazione d'italiano.
    - "Io studio, tu studi, egli studia..." Che tempo è?
    - Tempo perso, con quel che valgono i titoli di studio!
    (Paoletti, 1985, p. 12)

    Interrogazione d'italiano.
    - "Uovo" è maschile o femminile?
    - Non si può sapere finché non è nato il pulcino!
    (Paoletti, 1985, p. 12)

    L'interrogazione d'italiano.
    - Carletto, dimmi l'imperfetto del verbo *camminare*.
    - *Zoppicare*, signora maestra!
    (Paoletti, 1985, p. 12)

    L'interrogazione d'italiano.
    - Qual è l'ausiliare del verbo *mangiare*?

– *Bere* !
(Paoletti, 1985, p. 13; Medail, 1997, p. 245)

L'interrogazione d'italiano.
– Dimmi il futuro del verbo *mangiare*.
– *Digerire*.

Al ristorante.
– Cameriere, com'è il passato di verdura?
Il cameriere ci pensa un po' e poi risponde:
– Io verdurai... Tu verdurasti... Egli verdurò ...

Maestra: Dimmi "L'infinito" di Leopardi.
Studente: Leopardare...

Superlativo
– Riccardo, dimmi il superlativo di "ammalato"
– Morto, signora maestra!
(Paoletti, 1993, p. 73)

La maestra scrive sulla lavagna: "Il vagabondo è morto di fame."
Poi chiede a Marcellino: "Dov'è il soggetto?"
E l'alunno: Al cimitero.
(Paoletti, 1993, p. 76)

– Che cosa c'è di assurdo nel verbo "divorziare"?
– Il fatto che si può coniugare.
(Gianduzzo,1991, p. 12)

L'interrogazione d'italiano.
– Se dico "Io sono bella". Che tempo è?
– Passato remoto, signora maestra!

5. ***L'umorismo può richiamare alla memoria eventi storici.***

– Che cosa disse Garibaldi quando sbarcò a Marsala?
– Grazie Mille!
(Medail, 1997, p.116)

6. ***L'umorismo può insegnare i nomi di alcuni stilisti italiani.***

– Mia madre ha la giacca di Armani, la gonna di Missoni e le scarpe di Valentino...
– Ah, sì? E di suo non ha niente?

7. ***L'insegnante può dare agli studenti un aneddoto le cui battute sono "mescolate" e chiedere loro di metterle in ordine per formare una barzelletta.***

– Di averla rubata.
– No. Però ho un'automobile.
Un cliente si presenta da un avvocato.
– Può pagare?
– La prego, avvocato, assuma la mia difesa.
– Va bene. Di che cosa è accusato?
(Barzellette, 2004, p.74)

L'umorismo

8. **L'attività diventa più complessa se invece di una, si "mescolano" due o anche tre barzellette.**

   Per aiutare gli studenti a mettere insieme le tre barzellette (possono lavorare in gruppo o individualmente), si può dire che si tratta di tre persone:
   a) una donna,
   b) un cattivo scrittore, e
   c) un poliziotto.

   1. Vorrebbe scrivere dei romanzi.
   2. Arrivato alla "Conclusione dell'etilotest" scrive coscienziosamente:
   3. Un cattivo scrittore confida a un amico:
   4. Poi il poliziotto redige il suo rapporto.
   5. – Da sinistra a destra, signora!
   6. – Ma va! Sa già leggere!
   7. Un poliziotto ferma un automobilista in stato di ubriachezza e lo conduce al commissariato.
   8. – Che catastrofe!
   9. – Barolo 2001!
   10. – Qual è – chiede la donna – il miglior modo di scrivere?
   11. Lo sottopone a vari esami incluso l'etilotest che permette di stabilire il tasso alcolico dell'organismo.
   12. La risposta gli viene come un lampo.
   13. Una signora si reca da un famoso scrittore.
   14. Mio figlio di quattro anni ha buttato il manoscritto nel fuoco del camino.

   Per risolvere la sequenza delle battute, gli studenti dovrebbero dividere un foglio in tre sezioni:
   a) una donna,
   b) un cattivo scrittore, e
   c) un poliziotto

   e inserire in ciascuna di queste le battute corrispondenti. Dopo aver scelto le battute possono metterle in ordine all'interno di ogni sezione.

   13. Una signora si reca da un famoso scrittore. **1.** Vorrebbe scrivere dei romanzi.
   10. – Qual è – chiede la donna – il miglior modo di scrivere?
   12. La risposta gli viene come un lampo.
   5. – Da sinistra a destra, signora!

   8. – Che catastrofe! **14.** Mio figlio di quattro anni ha buttato il manoscritto nel fuoco del camino.
   6. – Ma va! Sa già leggere!

   7. Un poliziotto ferma un automobilista in stato di ubriachezza e lo conduce al commissariato. **11.** Lo sottopone a vari esami incluso l'etilotest che permette di stabilire il tasso alcolico dell'organismo. **2.** Arrivato alla "Conclusione dell'etilotest" scrive coscienziosamente:
   9. – Barolo 2001!

9. **L'umorismo si può usare per la formazione degli avverbi.** *L'insegnante può dare allo studente una serie di frasi incomplete chiedendo loro di completarle con un avverbio che ne indichi il contrario.*

   Inserisci l'avverbio che corrisponde all'opposto della situazione descritta.

   ☐ dolcemente   ☐ freddamente   ☐ lentamente   ☐ tristemente

   a. "Fa troppo caldo qui", disse...
   b. "Sorridi, malgrado tutto", gli consiglia...
   c. "Affrettatevi o perdiamo il treno", suggerì ... il padre ai suoi figli.
   d. "Ragazzi, non fate baccano", chiese .... il professore.

10. **In alternativa, l'insegnante può dare una serie di avverbi e dire agli studenti di creare delle frasi imitando l'attività precedente.**

11. **L'insegnante può chiedere agli studenti di raccontare un aneddoto o delle barzellette che fanno ridere nel loro Paese** e quindi fare seguire questa presentazione da una conversazione sulla cultura.

12. **L'umorismo si può usare per insegnare i contrari.**

    Alla reception di un albergo.
    Cliente: Vorrei una camera silenziosa.
    Receptionist: Tutte le nostre camere sono silenziose. Sono i clienti che sono rumorosi!

    La mamma:
    – Pierino, ti vedo contento. Mi sembra che ti faccia piacere andare a scuola!
    – Ti prego, mamma, non confondere l'andata con il ritorno!
    (Zanoncelli, 2002, p. 110)

    Giudice: Dopo il furto, Lei è stato arrestato perché guidava troppo veloce?
    Ladro: No, signor giudice, perché andavo troppo lento!

    Immagine 8
    Da: Anthony Mollica, *Attività lessicali 1, Elementare/Pre-intermedio*, Recanati, ELI, 2003.
    Per gentile concessione dell'Editore.

13. **L'insegnante può dare agli studenti una serie di battute e chiedere di identificare l'interlocutore.**

Gianduzzo (p. 54) suggerisce diversi "chi disse" che si possono trasformare in attività di abbinamento (Vedi Capitolo 1, "L'abbinamento e l'incastro").

Chi l'ha detto?...
Identifica l'interlocutore delle frasi seguenti scegliendo tra quelli proposti:

Interlocutori:

1. _____   a. Il visitatore al pittore:
   – Prego, dopo di lei.

2. _____   b. L'arrosto alla pasta asciutta:
   – Non farmi gli occhi dolci.

3. _____   c. Il dromedario all'altro, incontrando un cammello:
   – Ho visto la sua natura morta. Condoglianze.

4. _____   d. Il pasticciere:
   – Toh, un gobbo!

In alternativa, si può dare la battuta e chiedere agli studenti, di identificare l'interlocutore senza proporne alcuno.

14. Si può chiedere agli studenti di *creare delle definizioni umoristiche* per alcuni vocaboli:

    bigamo: una persona che lava i piatti in due case; una persona che ha due suocere
    poliglotta: persona che dice e ripete le stesse cose in varie lingue.

Le ricerche sull'umorismo dimostrano che ridere aumenta la soglia di sopportazione del dolore, abbassa la pressione sanguigna, riduce gli ormoni dello stress, aiuta nella guarigione e scatena la produzione di endorfina – l'analgesico naturale presente nel nostro corpo. Una bella risata può anche essere contagiosa, sollevare il morale delle persone che ci stanno intorno e migliorare i nostri rapporti sociali.

L'umorismo può costituire una fonte di stimolo e motivazione nell'acquisizione di una lingua, purché sia usato in maniera consapevole, senza eccedere e curando l'efficacia delle attività proposte.*

Riferimenti bibliografici

ALTORIO A., 2006. *Le migliori barzellette sui carabinieri,* Roma, Editrice l'Arione.
AMADEO MIRKO, 2002, *Irresistibili barzellette.* Milano, DVE, S.p.A.
BARZELLETTE, 2002, *Ridere insieme,* La Spezia, Libritalia.
BARZELLETTE, 2004, *Veramente forti,* La Spezia, Libritalia
BONISTALLI R., 2006, *Ultime barzellet sui carabinieri,* Firenze, Giunti Demetra.
BRAMIERI GINO, 2002, *Le più belle barzellette di Gino Bramieri,* Milano, DVD Italia, S.P.A.
BROOKS NELSON, 1968, "Teaching Culture in the Foreign Language Classroom", *Foreign language Annals,* 1, 3 (marzo), pp. 204-217, (ristampa in) MOLLICA ANTHONY (a cura di), *Teaching and Learning Languages,* Perugia, Guerra edizioni, pp. 475-502.

CAGNO MICHAEL, 1984, *Exercise Book for Italian, Level 2,* New York, S.F. Vanni.

CAMPANILE ACHILLE, 2001, *Trattato delle barzellette,* Postfazione di Stefano Bartezzaghi, Milano, R.C.S. Libri, S.p.A.

CASCIOLI F. (a cura di), 2003, *Barzellette sul Cavalier Berlusconi con frasi di Bossi e di Berlusconi stesso da ridere per non piangere!,* Roma, Malatempora.

DANESI MARCEL, 1992, *Adesso!* Boston, MA, Heinle and Heinle.

LAZZARINO GRAZIANA, 1995. *Prego!,* 4ª edizione, New York, McGraw-Hill.

MAIGUASHCA RAFFAELLA, FRESCURA MARINA, KARUMANCHIRI LUISA, VIZMULLER-ZOCCO JANA, 1985, *Schede di lavoro,* vols. I e II, Toronto, University of Toronto Press.

MEDAIL ENRICO, 1997, *Barzellette per ragazzi, ragazzini, ragazzoni,* Milano, De Vecchi editore.

MELEGARI VEZIO, 1999, *Manuale della Barzelletta,* Milano, Mondadori.

MOLLICA ANTHONY., 1976, "Cartoons in the Language Classroom", *The Canadian Modern Language Review/La Revue canadienne des langues vivantes,* 32, 4, pp. 424-444. Ristampato in MOLLICA ANYHONY, 1976 (a cura di), *A Handbook for Teachers of Italian,* Don Mills, Ontario, American Association of Tecahers of Italian, pp. 116-137.

MOLLICA ANTHONY 1992, *A te la scelta! Attività, giochi, passatempi,* Welland, Ontario: éditions Soleil publishing inc.

MOLLICA ANTHONY, 2001, "L'umorismo figurativo e l'umorismo verbale nella glottodidattica", in DIADORI PIERANGELA (a cura di), *Insegnare italiano a stranieri,* Firenze, Le Monnier, pp. 288-297.

MOLLICA ANTHONY, 2003, *Attività lessicali 1, Elementare/Pre-intermedio,* Recanati, Eli.

MOLLICA ANTHONY, 2004, *Attività lessicali 2, Intermedio-Avanzato,* Recanati, Eli.

MOLLICA ANTHONY, (in preparazione) (a cura di), *L'Italia sorride... Antologia di racconti umoristici,* Welland, Ontario, éditions Soleil publishing inc.

MOLLICA ANTHONY, e CONVERTINI ANGELA, (a cura di), 1979, *L'Italia racconta... Antologia di novelle e racconti,* Toronto: Copp Clark.

NELSON R. P., 1962, *Fell's Guide to the Art of Cartooning,* New York, Frederick Fell inc.

PALAZZI F., 1989, *Il libro degli aneddoti,* Milano, A. Vallardi, Garzanti Editore.

PAOLETTI S., 1985, *Almanacco della risata,* Milano, Arnoldo Mondadori Editore.

PANTON PETER (a cura di), 2001. *Pocket English. Imparare l'inglese divertendosi con Paperino e Topolino,* Milano, Mondadori.

PEASE A., BINI D., 1993, *Italiano in diretta,* 2nd edition, New York, Mc-Graw-Hill.

SPERONI C. E GOLINO C. L., 1989, *Basic Italian.* New York, Holt, Rinehart and Winston.

TOTTI F., 2003, *Tutte le barzellette su Totti raccontate da me,* Milano, Mondadori, p. 30.

TRON I., 2001. *Manuale dell'umorismo,* Milano, Arnoldo Mondadori Editore.

VIZMULLER-ZOCCO, J. 1992. "Critical Thinking and Verbal Humour", in CICOGNA CATERINA, DANESI MARCEL, MOLLICA ANTHONY, *Problem Solving in Second-Language Teaching,* Welland, éditions Soleil publishing. inc.

ZANONCELLI A., 2002, *E io rido. Barzellette per bambini.*Cavallermaggiore, Gribaudo.

ZANONI R., 2001, *1001 indovinelli per giocare e imparare in allegria*, Firenze, Giunti Gruppo Editoriale su licenza di Demetra, S.r.l.

---

*Per la gentile concessione di riprodurre le vignette si ringraziano Corrado Tedeschi Tedeschi Editore, *Nuova Enigmistica Tascabile, Giochi e Curiosità, Facili Cruciverba, Nuova Antologia Enigmistica.* I disegni sono di G. Pellegrini.

Capitolo 25

Faccio la valigia…

Questo è principalmente un gioco popolare di memoria che si concentra sulla ripetizione.

Allo studente viene chiesto di indicare una destinazione e un oggetto:

Parto per… e sto facendo la valigia. Ci ho messo…

Ogni studente deve ripetere l'oggetto identificato e aggiungerne un altro. Ogni studente ripete tutta la lista degli oggetti precedenti, in ordine sequenziale, e aggiungerne un altro alla lista.

Disegni di Ed Telenko

Applicazioni glottodidattiche

Questa attività è valida se utilizzata con termini relativi all'abbigliamento, ma può essere utilizzata anche per altri campi semantici, quali:

- *frutta e verdura:* Sono stato al mercato e ho comprato...
- *alimentari:* Sono stato al supermercato e ho comprato...
- *mezzi di trasporto:* Ho fatto il giro del mondo e ho viaggiato in...
- *animali domestici:* Sono stato alla fattoria di mio zio e ho visto...
- *animali allo zoo:* La settimana scorsa sono stato allo zoo con i miei e ho visto...
- *sport:* Mi piace giocare al.. /guardare...
- *oggetti di cucina:* Sono stato in cucina e ho visto...
- *città:* Ho fatto una gita a...
- *attrazioni turistiche:* Ho fatto una gita a... e ho visto...
- *ristorante:* Sono stato a cena "Al gambero rosso" e ho ordinato...
- *paesi europei:* Durante un viaggio in Europa abbiamo visitato...
- *paesi sudamericani:* Durante il mio soggiorno in Sud America, sono andato in...
- *lingue straniere:* Mio zio è poliglotta. Parla perfettamente...
- *materie:* A scuola ho studiato...
- e così via

Questo gioco è utile per apprendere lessico usando un approccio tematico. È inoltre utile per ripassare vocaboli e per esercitare la memoria.

Capitolo 26

Venti domande

In questa attività un giocatore sceglie un oggetto e si limita a comunicare al gruppo solo se ciò che ha selezionato è:
   a. un animale
   b. un minerale
   c. un vegetale

Gli altri giocatori hanno a disposizione venti domande per identificare l'oggetto nascosto. Non tutte le domande valgono un punto su venti: se la risposta ad una domanda è "sì", la domanda viene scontata e il giocatore che ha posto la domanda può formularne un'altra fino a quando ottiene in risposta un "no", facendo così passare il turno ad un altro giocatore. Sono concesse solo domande che prevedono come risposta sì e no. Qualche eccezione può essere concessa e occasionalmente si può accettare un "forse".

Il gioco funziona se vede la partecipazione di più persone, non si esclude la possibilità che ci siano due soli giocatori, uno che fa le domande e l'altro che risponde, e viceversa. Se i giocatori volessero farne un'attività per totalizzare punti, colui che chiama, ovvero il giocatore che descrive l'oggetto (animale, minerale o vegetale), totalizza un punto per ogni risposta negativa; colui che fa le domande guadagna un punto per ogni risposta positiva. Il giocatore che indovina con il minor numero di domande vince.

Applicazioni glottodidattiche

Questa attività è utile per il ripasso delle forme interrogative del verbo. Un giocatore dichiara:

"È un animale."

E il gioco ha inizio.

Domanda 1:	È un animale selvaggio?	*Domanda 4:*	È un cane?
Risposta:	No.	*Risposta:*	No.
Domanda 2:	È un animale domestico?	*Domanda 5:*	È un animale che miagola?
Risposta:	Sì.		
Domanda 3:	È un animale che si può te- nere in casa?	*Risposta:*	Sì.
		Domanda 6:	È un gatto!
Risposta:	Sì.		

Si può chiedere agli studenti di utilizzare le domande che hanno avuto una risposta affermativa per creare un riassunto.

Ad esempio:

Il gatto è un animale domestico che miagola e che si può tenere in casa.

Ma il gioco non si limita a descrivere animali, minerali o vegetali. L'attività può rifarsi ad informazioni riferite a un personaggio storico, o ad una località geografica (un paese, una regione o una città). Ad esempio:

"È un personaggio."

Domanda 1:	È un personaggio del secolo scorso?	*Domanda 8:*	Ha esercitato altri mestieri?
		Risposta:	Sì.
Risposta:	No.	*Domanda 9:*	È stato pittore?
Domanda 2:	È un personaggio del secolo precedente?	*Risposta:*	Sì.
		Domanda 10:	Oltre ad essere pittore e poeta, ha esercitato qualche altro mestiere?
Risposta:	No.		
Domanda 3:	È un personaggio dell'Ottocento?		
		Risposta:	Sì.
Risposta:	No.	*Domanda 11:*	Fu scultore?
Domanda 4:	È uno scrittore?	*Risposta:*	Sì.
Risposta:	Sì.	*Domanda 12:*	Visse nel Rinascimento?
Domanda 5:	Ha scritto commedie?	*Risposta:*	Sì.
Risposta:	No.	*Domanda 13:*	Nacque nel Quattrocento?
Domanda 6:	Ha scritto romanzi?	*Risposta:*	Sì.
Risposta:	No.	*Risposta:*	Michelangelo!
Domanda 7:	Ha scritto poesie?		
Risposta:	Sì.		

Lo studente viene quindi invitato a riassumere:

Michelangelo, pittore, poeta e scultore, nacque nel Quattrocento e visse nel Rinascimento.

Il gioco delle *Venti domande* è un gioco di *problem-solving* di alto livello che gli insegnanti possono utilizzare per lo sviluppo delle abilità deduttive.

Capitolo 27

I veri amici

Come giustamente afferma Robert Galisson,

> Jusqu'à preuve du contraire, les mots restent bien utiles pour communiquer. (Fino a prova contraria, le parole rimangono utili per comunicare.)

e Jana Vizmuller-Zocco (1985, p. 13) correttamente sottolinea:

> Molti insegnanti sono tacitamente d'accordo sul fatto che per studenti di livello avanzato la lettura di opere letterarie sia uno dei modi migliori di acquisire nuovo vocabolario

e osserva che

> poiché gli studenti di livello avanzato possiedono una buona competenza grammaticale, uno degli obiettivi più importanti in questi corsi viene a essere il miglioramento della loro competenza lessicale.

Anche Stephen Krashen (1989, p. 440) afferma che

> [...] l'ipotesi più accreditata è che la competenza lessicale si possa incrementare e migliorare attraverso un input comprensibile derivante dalla lettura, una posizione difesa da molti altri.

Mollica ha da sempre sostenuto questo punto di vista – e questo emerge dalle sue pubblicazioni (Mollica 1973, 1976; Mollica e Convertini, 1979) – ovvero che:

> L'obiettivo del programma di lettura, sia esso svolto nella scuola elementare o superiore, è un ulteriore sviluppo delle competenze linguistiche attraverso lo studio della letteratura. Una lettura accurata è indispensabile per una buona comprensione; tuttavia si suggerisce di evitare un'eccessiva analisi grammaticale, traduzione o studio del lessico. [...] Lo studio del lessico deve essere attuato come coadiuvante alla comprensione e all'espansione del vocabolario di base, non come un obiettivo a sé (Mollica, 1971, p. 522. Vedi Capitolo 30, "La lettura".)

Quindi anche da un rapido sguardo sulla letteratura esistente, possiamo concludere affermando che più si legge più lessico si acquisisce.

Tuttavia esiste una miniera d'oro inesplorata: l'introduzione di *"cognates"*, o parole imparentate – veri amici – che possono anche essere usate in lezioni di lingua per scopi diversi, quali

- l'insegnamento della pronuncia,
- la dimostrazione di affinità esistenti tra l'italiano e altre lingue straniere,
- l'espansione del vocabolario della lingua in apprendimento dello studente.

Gli studenti di madrelingua francese, inglese, portoghese e spagnola possono acquisire una gran quantità di lessico se fin dalla prima lezione si rendono edotti della stretta relazione che esiste tra la loro madrelingua e l'italiano. Infatti, le finali di alcune parole francesi, inglesi, portoghesi e spagnole possono essere sostituite da finali italiane, dando luogo all'immediata formazione di parole nella lingua in apprendimento. È interessante sottolineare che anche nel caso in cui lo studente, partendo dalla madrelingua, crei un termine sbagliato nella lingua target (in questo caso, l'italiano), l'ascoltatore, a dispetto dell'errore, riconoscerà il significato semantico, favorendo così la comprensione e la comunicazione.

A dispetto di questo importante aspetto utilizzabile da parte degli studenti per l'acquisizione e l'arricchimento del lessico di base, pochi autori nordamericani si sono interessati alla cosa:

- per il francese: Péchon e Howlett (1977),
- per l'italiano: Mollica (1971, 2001) e Russo (2003),
- per lo spagnolo: Madrigal (1951), Garrison (1990), e Richmond (1992),
- per il tedesco: Banta (1981).

Di recente, Means ha compilato tre volumi sui termini che hanno la stessa origine in francese (2003a), in italiano (2003b,) e in spagnolo (2003c).

Mentre grande attenzione ed enfasi sono state poste sui *cognates* o "veri amici", anche quei termini che hanno la stessa etimologia ma significati diversi (i cosiddetti *faux amis* in francese, *deceptive cognates*, ma più comunemente, *false friends* in inglese, *falsi amici* in italiano, *falsos cognatos* in portoghese e *falsos amigos* in spagnolo) sono stati oggetto di interesse. Diego Marín ha curato un'ampia compilazione per lo spagnolo (1980), Marina Frescura per l'italiano (1984) e, dieci anni dopo, Ronnie Ferguson (1994). In Italia almeno due editori hanno pubblicato opere su questo aspetto linguistico: De Vecchi (Bonini, Caroselli, Laverone, 2004, per l'inglese e Qunziano, Meler 2005 per lo spagnolo) e Zanichelli (Boch 1988, 2009 per il francese, Browne, Mendes, Natali, 1995, Browne, 2009 per l'inglese e Sané, Schepisi,1992, 2009 per lo spagnolo.)

Ma chi sono i "veri amici"?

I "veri amici", secondo una definiziuone offerta da Banta (1981, p. 129) sono coppie di parole che corrispondono sia al *suono* che al *significato* e che indicano un rapporto storico. Le corrispondenze non devono necessariamente essere perfette, ma devono essere presenti sia nel suono che nel significato.

Prendiamo, per esempio, la parola inglese "library". La voce corrisponde a "libreria" nel suono italiano, ma non nel significato, "biblioteca". Quindi, si tratta di un "falso amico" invece di un "vero amico".

Banta (1981, p. 129) lamenta il fatto che nell'insegnamento del tedesco sia posta dai docenti poca enfasi sulle parole imparentate, o *veri amici,* e chiede:

> Rendiamo abbastanza esplicito ai nostri studenti che tedesco e inglese sono parenti stretti? Li rendiamo utilmente edotti del fatto che esiste una comunità linguistica dell'Europa occidentale e delle ex-colonie? Li prepariamo a formulare ipotesi intelligenti nel momento in cui si trovano di fronte a parole nuove? Non mi sembra proprio.

Il problema che Banta solleva per il tedesco è applicabile anche a tutte le lingue romanze.

Garrison (1990, pp. 509-510) afferma che un elenco di "veri amici" può essere molto utile nel primo giorno di una lezione introduttiva perché

> incoraggia gli studenti timidi dimostrando loro che conoscono già molti termini in spagnolo e che possono facilmente impararne molti altri. I veri amici forniscono un'ottima lezione introduttiva in quanto a pronuncia, poiché le differenze tra i due sistemi fonetici diventano evidenti quando vengono paragonati...

E Roseanne Runte (1995, p. 9) afferma:

> La lingua supera la grammatica: è più di un modo di strutturare il pensiero. È il modo in cui esprimiamo i nostri sentimenti più intimi, i nostri credo più profondi. Ogni volta che imparo una parola che non ha traduzione in un'altra lingua sento di aver scoperto un dono raro, una nuova idea, una nuova introspezione.

Gli elenchi che seguono riportano parole con desinenze in francese, inglese, portoghese e spagnolo, che, se sostituite con le relative desinenze italiane danno luogo a termini in questa lingua. È ovvio che questi termini derivano dal latino e dal greco e che si trovano nelle lingue romanze ma va tuttavia sottolineato che molte si trovano anche in lingue non romanze. Poiché questi termini derivano dal latino e dal greco sono spesso indicati come "europeismi".

Per ragioni di spazio porteremo solo alcuni esempi per ogni lingua e per ogni desinenza. Tuttavia abbiamo profuso uno sforzo particolare per fornire veri amici diversi per la stessa desinenza nelle varie lingue in modo da evitare ripetizioni e allungare l'elenco degli esempi. Per ragioni di spazio abbiamo limitato la selezione ai suffissi più comuni.

I suffissi sono elencati in ordine alfabetico – nella madrelingua – per una più facile consultazione. Un asterisco [*] all'inizio della parola indica un lieve cambiamento nella grafia italiana:

- doppie consonanti – assimilazione progressiva o retrogressiva (ma più frequentemente, assimilazione retrogressiva):
  (inglese → italiano): *acceptable* → *accettabile*

- assenza di accento:
  (francese → italiano) *démocratie* → *democrazia,*

- cambio di consonante:
  (francese → italiano) *journaliste* → *giornalista, exact* → *esatto*

- cambio di vocale:
  (francese → italiano) *naturellement* → *naturalmente*
  ecc.

Dal francese all'italiano

Suffissi in francese   Suffissi in italiano

-able = -abile

*acceptable, curable, formidable, impeccable, improbable, indispensable, inimitable, invariable, probable, responsable, *vénérable

-aire = -ario

*auxiliaire, *bréviaire, calvaire, contraire, *émissaire, *honoraire, interdisciplinaire, *itinéraire, *missionnaire, *nécessaire, primaire, salaire, secondaire, *secrétaire

Eccezione: militaire = militare

-al = -ale

animal, commercial, digital, fatal, immoral, infernal, *initial, local, matrimonial, mental, musical, naval, *national, oral, original, principal, total

Questo elenco può essere suddiviso in uno in cui appaiono con accento in francese ma senza accento in italiano:

décimal, électoral, fédéral, général, *hôpital, idéal, légal, libéral, pénal, spécial

Va sottolineato che alcune parole francesi che terminano in *–el* finiscono in *–ale* in italiano

-el = -ale

accidentel, annuel, artificiel, *essentiel, *exceptionnel, formel, naturel, *officiel, professionnel, *ponctuel, *sensationnel, *traditionnel, universel

Ancora una volta i docenti possono decidere di separare quei termini che in francese hanno l'accento (che è assente nelle parole italiane), anche se sono pochi:

éventuel, matériel, véniel

-ant = -ante

*abondant, *constant, distant, *participant, protestant, *restaurant, ruminant, vacant

-ant = -ente

assitastant *délinquant, *désobéissant, *étudiant, *exposant, inconsistant, *indépendant, *insuffisant, *obéissant, suffisant

-atie = azia

aristocratie, autocratie, *bureaucratie, *démocratie, diplomatie, *ploutocratie, *suprématie, *technocratie, *théocratie

-ct = -to, -tto

distinct, *exact, *extinct, impact, indirect, *instinct, *respect, succinct

-ent = -ente

apparent, *absent, agent, apparent, continent, convalescent, diligent, dissident, évident, excellent, imminent, impatient, impertinent, impudent, imprudent, innocent, insolent, patient, talent

-er = -are

*activer, agiter, animer, associer, *compliquer, consolider, *coordonner, *dicter, formuler, illuminer, imiter, inaugurer, narrer, insinuer, terminer

I docenti possono decidere di separare (in una lista diversa) quei termini che in francese hanno l'accento (che è assente nelle parole italiane).

aliéner, atténuer, célébrer, coopérer, déléguer, délibérer, élaborer, énumérer, exagérer, hésiter, méditer

-ible = -ibile

accessible, compatible, *horrible, impossible, *incompréhensible, incorrigible, irascible, possible, terrible

-ie = -ia*

*preceduta da una consonante eccetto la "t"

*académie, *amnistie, allergie, analogie, anarchie, autopsie, catégorie, économie, parodie, *polygamie, *théorie

-if = -ivo

ablatif, *actif, *adjectif, *adoptif, *agressif, *attractif, *communicatif, contemplatif, *créatif, *explosif, *fugitif, lucratif, *négatif, offensif, positif, *prohibitif, *sédatif

-ifier = -ificare

amplifier, clarifier, classifier, codifier, exemplifier, fortifier, identifier, intensifier, *justifier, modifier, purifier, *rectifier, solidifier, *vérifier

Eccezione: crucifier = crucifiggere

-ine = -ina

adrénaline, discipline, *héroïne, insuline, marine, *médicine, *mine, sardine, vaccine, vaseline

Eccezione: migraine = emicrania

-ique = -co

*académique, allergique, *analytique, aristocratique, astronomique, capitalistique, *catholique, civique, classique, clinique, critique, diabolique, *didactique, *économique, *égocentrique, *énergique, excentrique, fanatique, laconique, logique, magique, numérique, pacifique, panique, politique, *rhétorique, romantique, *sceptique, *typique

-iser = -izzare

agoniser, angliciser, capitaliser, centraliser, civiliser, coloniser, commercialiser, criminaliser, finaliser, formaliser, *généraliser, *humaniser, *maximiser, organiser, *pénaliser, *synchroniser, *terroriser

-lement = -lmente

*accidentellement, *admirablement, *annuellement, *cordialement, *cruellement, *exceptionnellement, fondamentalement, *généralement, *honorablement, *horriblement, mentalement, *mortellement, *naturellement, probablement

Eccezioni: amicalement = amichevolmente, absolument = assolutamente, complètement = completamente

-iste = -ista

antagoniste, dentiste, *féministe, finaliste, *journaliste, opportuniste, pianiste, radiologiste, socialiste, spécialiste

-ité = -ità

*activité, *adversité, *antiquité, *célébrité, *communauté, diversité, facilité, formalité, localité, *obscurité, priorité

-nce = -nza

*absence, *alliance, *assistance, clémence, confidence, déficiance, *différence, éloquence, *existence, émergence, fréquence, indécence, *patience, *présence, présidence, régence, *résidence, urgence, violence

-eur = ore

*acteur, aviateur, collaborateur, *dictateur, *horreur, *inférieur, *intérieur, liqueur, moteur, orateur, *postérieur, *prédécesseur, professeur, projecteur, p r o t e c t e u r, sénateur, supérieur, *tracteur, ultérieur, *visiteur

-eux = -oso

*anxieux, *avantageux, curieux, *délicieux, *fabuleux, fameux, généreux, *harmonieux, industrieux, *ingénieux, lumineux, *merveilleux, méticuleux, *mystérieux, nerveux, odieux, *précieux, prodigieux, religieux, *vertueux

-oire = -orio

accessoire, accusatoire, auditoire, circulatoire, conciliatoire, conservatoire, *contradictoire, *déclamatoire, *dérogatoire, diffamatoire, *exploratoire, oratoire, territoire

Eccezione: victoire = vittoria

-sion = -sione

*agression, compassion, concession, confession, confusion, décision, division, expulsion, illusion, occasion, permission, persuasion, précision, profession, télévision, tension, transgression, version

-tion = -zione

action, admiration, attention, aviation, circulation, citation, condition, connotation, conversation, convention, correction, création, éducation, motivation, observation, ovation

-ure = -ura

capture, culture, cure, figure, fracture, investiture, législature, littérature, miniature, nature, température

Dall'inglese all'italiano

Suffissi in inglese   Suffissi in italiano

-able = -abile

acceptable, impeccable, improbable, incalculable, incomparable, inestimable, insatiable, variable

Ma il suffisso *-able* diventa anche *-evole* in italiano.

-able = -evole

amicable, admirable, charitable, comfortable, considerable, deplorable, durable, favo(u)rable, notable, hono(u)rable, reasonable, sociable

-acy = -zia

aristocracy, autocracy, bureaucracy, democracy, plutocracy, *theocracy

-al = -ale

animal, capital, commercial, digital, fatal, *fundamental, general, *hospital, *national, oral

-ant = -ante

*abundant, *constant, distant, incessant, *participant, protestant, *reluctant, restaurant, vacant

Eccezione: assistant = assistente

-ary = -ario

contrary, diary, itinerary, necessary, ordinary, *revolutionary, salary, sanitary, secondary, *secretary, *voluntary

-ate = -are

*activate, agitate, alienate, alternate, animate, arbitrate, assassinate, associate, celebrate, *dictate, *hesitate, generate, imitate, inaugurate, narrate

-cal = -co

*alphabetical, comical, typical, *analytical, biblical, botanical, classical, critical, cynical, economical, identical, ironical, magical, political, *rhetorical

-ct = -to, -tto

contract, dialect, distinct, effect, *exact, *extinct, indirect, *instinct, *object, *project, *respect, succinct

-ent = -ente

*absent, agent, apparent, *conscient, continent, contingent, convalescent, delinquent, diligent, *excellent, imminent, *impatient, inconsistent, indipendent, innocent, insolent, insufficient, intelligent, *obedient, prudent, *quotient, resistent, student, sufficient, *transparent

-ible = -ibile

accessible, compatible, *horrible, impossible, inaccessible, incorrigible, inimitable, irascible, possible, terrible

Eccezione: sensible = ragionevole, saggio, assennato

-ic = -ico

allergic, arsenic, automatic, *catholic, *didactic, domestic, eccentric, fantastic, erotic, lunatic, magic, panic, romantic

-ify = -ificare

amplify, codify, deify, dolcify, *exemplify, identify, intensify, modify, *simplify, solidify

Eccezione: magnify = ingrandire, stupify = istupidire

-ine = -ina

aspirine, caffeine, cocaine, concubine, discipline, *doctrine, heroine, *guillotine, insuline, medicine, mine, nicotine

Eccezioni: airline = aerolinea, chlorine = cloro, feminine = femminile, iodine = iodo, masculine = maschile, mine = miniera, sanguine = sanguigno

Alcune parole con la desinenza in -*ine* in inglese terminano in -*ino* in italiano.

-ine = -ino

alpine, aquiline, bovine, canine, decline, divine, equine, feline, *florentine, genuine, libertine, marine, supine, trampoline, vaccine

-ist = -ista

antagonist, *communist, conformist, dentist, *feminist, finalist, journalist, opportunist, socialist

-ity = -ità

*activity, *antiquity, *anxiety, *cruelty, *difficulty, dignity, facility, extremity, eternity, inferiority, morality, *honesty, *obscenity, *hostility, *reality, vanity, variety

-ive = -ivo

*affirmative, *aggressive, *adjecttive, *activo, *collective, comparative, compulsive, decisive, definitive, excessive, evasive, negative, offensive, *objective, passive, primitive, relative

-ize (-ise) = -izzare

alphabetize, analize, brutalize, civilize, economize, familiarize, generalize, idealize, legalize, sterilize, terrorize, visualize

Eccezioni: acclimatize = acclimare, apostrophize = apostrofare, baptize = battezzare, criticize = criticare, eulogize = elogiare, immortalize = immortalare, recognize = riconoscere, satirize = satireggiare

-ly = -mente

generally, *intelligently, mentally, naturally, *probably, *ufficially

-nce = -nza

*absence, *allegiance, *consequence, *existence, *experience, influence, innocence, *patience, presence, prudence, residence

-ncy = -nza

clemency, demenza??, deficiency,

efficiency, emergency, frequency, indecency, presidency, sufficiency, urgency

Eccezioni: agency = agenzia, fluency = fluidità, solvency = solvibilità

-o(u)r = -ore

*actor, collaborator, colore, *dictator, *director, favo(u)r, inferior, *inspector, liquor, minor, motor, odo(u)r, orator, posterior

-ory = -orio

accessory, conservatory, declamatory, derogatory, dormitory, illusory, laboratory, predatory, territory

Nota: introductory = introduttivo, investigatory = investigativo

-ous = -oso

*anxious, curious, *delicious, *fabulous, generous, armonus, *mysterious, nervous, numerous, odious, *precious, prestigious, religious

-sion = -sione

*adhesion, *admission, confession, decision, dimension, discussion, elision, *exclusion, *explosion, *expulsion, *extension, illusion, pension, tension, version

-tion = -zione

*action, *administration, *attention, benediction, celebration, circulation, conclusion, correction, definition, discretion, exception

-ure = -ura

*capture, culture, cure, figure, *fracture,* investiture, legislature, *literature, miniature, nature, temperature

-y = -ia*

*preceduta da una consonante eccetto la 't'.

Nota: la *-i* di *-ia* è accentuata in italiano.

agency, allergy, amnisty, *apathy, astrology, autopsy, autonomy, category, *jalousy, melody, poligamy, sympathy, terminology, *theology, *theory

Nota: La *-i* negli esempi seguenti che terminano in *-ia* non è accentuata in italiano.

academy, cerimony, efficacy, memory, modesty

Dal portoghese all'italiano

Poiché sussistino delle varianti nella grafia di alcuni termini in portoghese e in brasiliano, quando sussi-stono due esempi questi sono separati da una [/]. Il primo termine è in portoghese, il secondo in brasiliano.

Suffissi in portoghese   *Suffissi in italiano*

-ável = abile

*aceitável, favorável, incalculável, incomparável, inevitável, inseparável, invariável, provável, memorável, *respeitável, responsável, sociável, variável

-acia = -azia

aristocracia, autocracia, burocracia, democracia, teocracia

-al = -ale

animal, capital, comercial, digital, editorial, federal, fundamental, *geral, hospital, *nacional, oficial, oral, original, provincial, sensual, sentimental

-ante = -ante

abundante, constante, distante, elefante, elegante, incessante, participante, protestante, *relutante

-ar = -are
agitar, activar/*ativar, alienar, alternar, animar, arbitrar, assassinar, associar, celebrar, *ditar, *gerar, iluminar, imitar, inaugurar, narrar

-ário = -ario
contrário, diário, dromedário, itinerário, necessário, ordinário, revolucionário, secretário, voluntário

-(c)ção = -zione
*acção/ação, *admiração, atenção, atracção/atração, *comunicação, destinação, edição, fracção/fração, inflação, *injecção/injeção, *objecção/objeção, promoção, secção/seção, tradição, tradução

-co = -co
acústico, analítico, bíblico, biográfico, idêntico, clássico, místico, numérico, político, *prático, satírico, *teórico, típico, econômico

-ente = -ente
agente, ausente, competente, continente, convalescente, delinquente/delinqüente, diferente, diligente, dissidente, eloquente/eloqüente, excelente, *iminente, *paciente, presente

-ico = -ico
acadêmico, alérgico, arsénico/arsênico, católico, doméstico, elástico, excêntrico, fantástico, erótico, mágico, pânico/pánico, romântico

-idade = ità
actividade/*atividade, adversidade, agilidade, *ansiedade, atrocidade, brevidade, cidade, *criatividade, facilidade, identidade, infinidade, peculiaridade, possibilidade

-ificar = -ificare
codificar, exemplificar, identificar, intensificar, modificar, simplificar, solidificar

-ina = -ina
concubina, *doutrina, *guilhotina, medicina, mina

-ina = -ína
*cafeína, cocaína, *heroína

-ista = ista
antagonista, conformista, dentista, feminista, oportunista, jornalista radiologista

-ível = -ibile
admissível, compatível, horrível, inacessível, *incrível, infalível, irascível, legível, *possível, tangível

ivo = -ivo
activo/*ativo, adjectivo/*adjetivo, adoptivo/*adotivo, *afirmativo, *coletivo, *comunicativo, *descritivo, *destrutivo, emotivo, evasivo, passivo, sedativo

-izar = -izzare
agonizar, baptizar, capitalizar, civilizar, cononizar, *comercializar, economizar, finalizar, formalizar, generalizar, humanizar, legalizar, visualizar

Nota: analisar = analizzare

-mente = -mente
*calmamente, culturalmente, *fisicamente, *logicamente, normalmente, *obviamente, oficialmente, *ralmente, *rapidamente, *raramente, regularmente, *relativamente, *simplesmente, *tecnicamente, *tipicamente, *tradicionalmente

-ncia = nza
assistência, ausência, ciência, circunstância, clemência, continência, correspondência, decência, deficiência, desobediência, distância, eficiência, eloquência/eloqüência, emergência, exigência, existência, experiência, freqüência, in-

consistência, indecência, infância, presidência, residência, tolerância, violência

-or = -ore

actor/*ator, colaborador, director/*diretor, *doutor, favor, horror, humor, inspector/*inspetor, investigador, *licor, menor, motor, *orador, posterior

-ório = -orio

acessório, conservatório, declamatório, *derrogatório, dormitório, ilusório, laboratório, predatório, purgatório, território

-oso = -oso

*ansioso, curioso, delicioso, generoso, harmonioso, luminoso, meticuloso, misterioso, nervoso, precioso, religioso, virtuoso

-são = -sione

adesão, admissão, confissão, conversão, decisão, dimensão, elisão, exclusão, explosão, expulsão, extensão, ilusão

-to = -tto

contrato, dialecto/dialeto, *efeito, exacto/exato, *imperfeito, indirecto/indireto, instinto, *objecto/objeto, *respeito

ure = ura

captura, cultura, cura, figura, fractura/*fratura, *investidura, legislatura, literatura, miniatura

y* = ia

*preceduta da una consonante eccetto la "t"

academia, alergia, *amnistia, autobiografia, caterogia, ceremônia, diplomacia, eficácia, memória, paródia, poligamia, simpatia, *teoria

Dallo spagnolo all'italiano

Suffissi in spagnolo *Suffissi in italiano*

-able = -abile

aceptable, favorable improbable, incalculable, incomparable inevitable, inseparable, invariable, memorable, respectable, responsable, sociable, variable

-acia = -azia

aristocracia, autocracia, burocracia, democracia, plutocracia, teocracia

-al = -ale

animal, capital, comercial, editorial, digital, *excepcional, fatal, federal, fundamental, general, hospital, *nacional, oral, original, provincial, sentimental, total

-ante = -ante

abndante, constante, distante, elegante, incesante, participante, protestante, reluctante, restaurante, vacante

-ario = -ario

contrario, diario, dromedario, itinenario, necesario, ordinario, *rivolucionario, salario, *secundario, secretario, voluntario

-ar = -are

activar, agitar, alienar, alternar, animar, arbitrar, *asesinar, asociar, celebrar, dictar, hesitar, generar, imitar, iluminar, inaugurar, narrar

-co = -co

acústico, analítico, bíblico, biográfico, clásico, idéntico, místico, numérico, práctico, satírico, *teórico, típico

-ción = -zione

*acción, admiración, atención, atracción, comunicación, conver- sación, destinación, edición, excepción,

fracción, inflación, *inyección, objeción, pensión, promoción, sección, tradición

-(c)to = -tto
contrato, dialecto, efecto, exacto, imperfecto, indirecto, instinto, objeto, proyecto, respeto

-dad = -tà
actividad, adversidad, agilidad, *ansiedad, atrocidad, *brevedad, *ciudad, claridad, creatividad, curiosidad, dificultad, facilidad, identidad, infinidad, posibilidad

-ent = -ente
agente, ausente, competente, continente, convaleciente, diferente, diligente, disidente, elocuente, excelente, inminente, *paciente, presente

-ible = -ibile
admisible, compatible, horrible, imposible, inaccesible, *increíble, infalible, irascible, legible, posible, tangible, terrible

-ico = -ico
académico, alérgico, arsénico, católico, doméstico, económico, elástico, erótico, excéntrico, fantástico, mágico, pánico, román-tico

-ificar = -ificare
codificar, ejemplificar, identificar, intensificar, modificar, simplificar, solidificar

-ina = -ina
cafeina, cocaina, concubina, disciplina, doctrina, eroina, guillotina, medicina, mina, nicotina

-ista = -ista
antagonista, conformista, dentista, feminista, finalista, oportunista, socialista

Nota: periodista = giornalista

-ivo = -ivo
activo, adjectivo, adoptivo, afirmativo, colectivo, comunicativo, conclusivo, descriptivo, destructivo, emotivo, esplosivo, evasivo, pasivo, sedativo

-izar = -izzare
agonizar, analizar, bautizar, capitalizar, civilizar, conolizar, *comercializar, economizar, finalizar, fomalizar, generalizar, humanizar, legalizar, visualizar

-mente = -mente
*afirmativamente, anualmente, artificialmente, automaticámente, ávidamente, *claramente, eficientemente, enteramente, especialmente, *eternamente, finalmente, *fisicamente, probablemente, regularmente

-ncia = -nza
*abstinencia, ambulancia, arrogancia, *ausencia, *ciencia, clemencia, coincidencia, contingencia, decencia, deficiencia, *eficiencia, *elocuencia, emergencia, *existencia, *exigencia, *frecuencia, importancia, *independencia, indiferencia, obediencia, *observancia, presidencia, provincia, prudencia, *tolerancia

-or = -ore
*actor, *colaborador, *director, favor, *horror, *humor, impostor, interior, *inspector, interlocutor, *investigador, *licor, menor, motor, odor, *orador, posterior

-orio = -orio
accessorio, *acusatorio, conservatorio, declamatorio, definitorio, derogatorio, dormitorio, *exploratorio, *ofertorio, oratorio, purgatorio, territorio,

-oso = -oso
ansioso, armonioso, *celoso, curioso,

*delicioso, generoso, luminoso, *meticuloso, misterioso, *nervioso, odioso, *precioso, prodigioso, religioso, virtuoso

-sión = -sione

adesión, *admisión,* *confesión, decisión, dimensión, elisión, *exclusión, *explosión, *expulsión, *extensión, ilusión

-ure = -ura

*captura, cultura, cura, figura, *fractura, investitura, legislatura, *literatura, miniatura, natura, temperatura

-y* = -ia

*preceduto da una consonante eccetto la "t".

*academia, *alergia, *aristocracia, *ceremonia, *diplomacia, *eficacia, memoria, modestia, parodia, poligamia

-y = -ía

amnistía, analogía, *anarquía, *apatía, artillería, astrología, autobiografía, autonomía, categoría, ecología, armonía, ironía, fotografía, simpatía, teoría

Applicazioni pedagogiche

1. Gli insegnanti possono decidere di evidenziare questi suffissi nei cartelloni e metterli in bacheca. Gli studenti aggiungono quotidianamente nuovi termini. Una settimana possono essere parole che terminano in –*bile* in italiano, la settimana successiva quelle che terminano in –*ale*, e così via.

2. Gli insegnanti possono indicare con un asterisco i termini che nella lingua italiana hanno una grafia leggermente diversa dalla madrelingua dello studente e attirare l'attenzione su di essi. L'attenzione può anche essere attirata evideziando quei termini in un altro colore.

3. Gli insegnanti possono chiedere agli studenti di creare brevi frasi sin dalla prima lezione, dando così agli studenti un senso di forza (nella conoscenza della lingua straniera) e di soddisfazione:

   Francese: un animal intelligent
   Italiano: un professore competente
   Portoghese: um animal inteligente
   Spagnolo: un restaurante famoso

4. Se i suffissi sono presentati visivamente come una tabella (vedi Immagine 1), la tabella può essere usata da madrelingua francese, italiani, portoghesi o spagnoli e essere utilizzata per arricchire il loro vocabolario in inglese. Ad esempio gli studenti madrelingua portoghese possono costruire parole in inglese partendo dal portoghese. Allo stesso modo gli spagnoli possono usare la tabella per espandere il loro vocabolario in francese, gli italiani il loro portoghese, e così via. Il compito degli studenti si riduce così al semplice riconoscimento dei termini nella loro madrelingua, possono quindi facilmente riprodurli in una o più lingue.

5. Alcuni docenti scopriranno che qualche studente potrebbe non conoscere il significato di alcune parole nella propria lingua: "ruminante, indelebile,

I veri amici

Inglese	Francese	Italiano	Portoghese	Spagnolo
-able	-able	-abile	-ável	-able
		-evole		
-acy	-atie	-zia	-acia	-acia
-al	-al	-ale	-al	-al
	-el			
-ant	-ant	-ante	-ante	-ante
-ary	-aire	-ario	-ário	-ario
-ate	-er	-are	-ar	-ar
-cal	-que	-co	-co	-co
-ct	-(c)t	-to, -tto	-to	-(c)to
-ent	-cnt	-ente	-ente	-ente
-ent	-ant			
-ible	-ible	-ibile	-ível	-ible
-ic	-ique	-ico	-ico	-ico
-ify	-ifier	-ificare	-ificar	-ificar
-ine	-ine	-ina	-ina	-ina
		-ino	-ína	
-ist	-iste	-ista	-ista	-ista
-ity	-ité	-ità	-idade	-idad
-ive	-if	-ivo	-ivo	-ivo
-ize	-iser	-izzare	-izar	-izar
-ly	-lement	-mente	-mente	-mente
-nce	-nce	-nza	-ncia	-ncia
-ncy	-nce	-nza	-ncia	-ncia
-o(u)r	-eur	-ore	-or	-or
-ory	-oire	-orio	-ório	-orio
-ous	-eux	-oso	-oso	-oso
-sion	-sion	-sione	-são	-sión
-tion	-tion	-zione	-ção	-ción
-ure	-ure	-ura	-ura	-ura
-y	-ie	-ia	-ia	-ia
		-ía		

Immagine 1

mendicante", ecc. Questa attività sarà quindi anche utile ad arricchire il vocabolario nella propria lingua.

6. Gli insegnanti possono chiedere di abbinare le parole imparate a quelle che sono di uso più diffuso, come nell'inglese "beggar" al posto di "mendicant", "speed" al posto di "velocity".

7. I docenti possono spiegare agli studenti che i nomi possono diventare aggettivi, verbi e anche avverbi cambiando il suffisso nella lingua straniera. Questa attività sarà di arricchimento per il vocabolario dello studente. Ad esempio:

Francese
   sostantivo: décision
   aggettivo: décidé, décisif
   verbo: décider
   avverbio: décidément

Portoghese
   sostantivo: criação
   aggettivo: criador, criativo
   verbo: criar
   avverbio: criativamente

Inglese
   sostantivo: decision
   aggettivo: decided, decisive
   verbo: to decide
   avverbio: decidedly

Spagnolo
   sostantivo: confusión
   aggettivo: confuso
   verbo: confundir
   avverbio: confusamente

Italiano
   sostantivo: facilità
   aggettivo: facile
   verbo: facilitare
   avverbio: facilmente

8. Per arricchire il vocabolario degli studenti, e per coinvolgerli nell'uso del vocabolario al fine di creare nuove parole, gli insegnanti possono dar loro una tabella e chiedere che sia completata.

   Completa la tabella seguente.

Sostantivo	Aggettivo	Verbo	Avverbio
decisione	_____	_____	_____
_____	_____	creare	_____
_____	descrittivo	_____	_____
confusione	_____	_____	_____
ecc.			

9. Gli insegnanti che desiderassero espandere gli elenchi presentati in questo saggio possono utilizzare i Cd-rom qui di seguito elencati. Questi dizionari elettronici consentono all'utente di effettuare una ricerca a partire dal suffisso delle parole (nomi, aggettivi, verbi).

Per il francese: *Le Nouveau Petit Robert de la Langue Française* 2008.

Per l'italiano: *Dizionario Italiano Sabatini Coletti* (CD-rom).

Per il portoghese: *Dicionário Editora da Língua Portuguesa.* Porto Editor Multimedia. Per il portoghese brasiliano:*Novo Dicionário Aurélio da Língua Portuguesa*. 2ª edição revista e ampliada. Rio de Janeiro: Editora Nova Frontera, 1986.

Per lo spagnolo: María Moliner *Diccionario de uso del español.* Madrid: Editorial Gredos, 1998. Disponibile sia in Cd-rom sia in libro.

Conclusione

Nelle prime lezioni di lingua straniera, ma anche ad un livello intermedio o avanzato, questa introduzione ai "veri amici" darà agli studenti un senso di "potere lessicale" e renderà un'esperienza divertente e coinvolgente l'arricchimento del vocabolario dall'inglese in francese, italiano, portoghese e spagnolo.

Riferimenti bibliografici

Banta Frank G., 1981, "Teaching German Vocabulary: The Use of English Cognates and Common Loan Words," *The Modern Language Journal,* 65 (Summer 1981),pp. 129-136.

Boch Raoul, 1988, *Les faux amis aux aguets. Dizionario di false analogie e ambigue affinità tra francese e italiano,* Bologna, Zanichelli.

Boch Raoul, 2009, *Les faux amis aux aguets. Dizionario dei falsi amici di francese,* Bologna Zanichelli.

Browne Virginia, Mendes Elena, Natali Gabriele, 1995, *More and more false friends. Bugs & bugbears. Dizionario di ambigue affinità e tranelli nella traduzione fra inglese e italiano. Con word games,* Bologna, Zanichelli.

Browne Virginia, 2009, *Odd pairs & false friends. Dizionario dei falsi amici di inglese,* Bologna, Zanichelli.

Ferguson Ronnie, 1994, *Italian False Friends,* Toronto, University of Toronto Press.

Garrison David, 1990, "Inductive Strategies for Teaching Spanish-English Cognates." *Hispania,* 73, pp. 508-512.

Howlett Fred and Péchon Alain, 1997, "French in Disguise," *Mosaic. The Journal for Language Teachers,* 3, 3, pp. 20-23. Reprinted in Mollica Anthony (ed.), *Teaching and Learning Languages,* Welland, ON, éditions Soleil publishing inc., 1998, pp. 295-302.

Krashen Stephen, 1989, "We Acquire Vocabulary and Spelling by Reading: Additional Evidence for the Input Hypothesis," *The Modern Language Journal,*73, iv, pp. 440-464.

Madrigal Margarita, 1951, *Madrigal's Magic Key to Spanish. A Creative and Proven Approach,* New York, Doubleday, 1951. Paperback edition published by New York: Broadway Books, 2001.

Marín Diego, 1980. "Los 'falsos amigos' en español/inglés." *The Canadian Modern Language Review/La Revue canadienne des langues vivantes,* 37, 1: 65-98.

Means Tom, 2003a, *Instant French Vocabulary Builder,* New York,Hippocrene Books, Inc.

Means Tom, 2003b, *Instant Italian Vocabulary Builder,* New York, Hippocrene Books, Inc.

Means Tom, 2003c, *Instant Spanish Vocabulary Builder,* New York, Hippocrene Books, Inc.

Mollica Anthony, 2001,*"Parole per parlare:* Teaching/Expanding the Student's Basic Vocabulary", *Italica,* vol. 78, no. 4, pp. 464-485.

Mollica Anthony, 1971, "The Reading Program and Oral Practice" *Italica,* 48, 4 , pp. 522-5411. Il saggio è stato ristampato in *The Canadian Modern Language Review,* 29. 1(1972), pp. 14-21 e 29. 2 (1973), pp. 14-21. Una versione riveduta e aggiornata appare in Mollica Anthony (ed.), *A Handbook for Teachers of Italian,* Don Mills, Livingstone Printing, 1976, pp. 75-96.

Richmond Dorothy, 1992, *Guide to Spanish Suffixes. How to Substantially Increase Your Vocabulary with Common Spanish Endings,* Lincolnwood, IL, Passport Books.

Runte Roseann, 2005, "Learning Languages in the Context of Canada's Many Cultures", *Mosaic. The Journal for Language Teachers,* 2, 4, pp. 8-11.

Russo Antonio, 2003, *The English-Italian Lexical Converter. An Easy way to Learn Italian Vocabulary,* Ottawa, Legas.

Sané Secundì, Schepisi Giovanna, 1992, *Falsos amigos al acecho. Dizionario di false analogie e ambigue affinità fra spagnolo e italiano,* Bologna, Zanichelli.

Sané Secundì, Schepisi Giovanna, 2009, *Falsos amigos al acecho. Dizionario dei falsi amici di spagnolo,* Bologna, Zanichelli.

Vizmuller-Zocco Jana, 1985, "Derivation in the Advance Course of Italian", *International Review of Applied Linguistics in Language Teaching,* 23, 1, pp. 13-31.

Ringraziamenti: Ringrazio Fernanda Adams, St. John the Baptist School, Hamilton, e Irene Blayer, Brock University per la lettura degli esempi in portoghese e in brasiliano; Frank Nuessel, Louisville University e Jana Vizmuller-Zocco, York University, per la lettura critica del manoscritto.

Capitolo 28

Una immagine vale... 1 000 parole

James Brown e Anthony Mollica nella loro introduzione a *Essays in Visual Semiotics* (1988-1988, p. 1) hanno sottolineato che

> fin dai tempi preistorici, l'immagine è stata usata per comunicare un certo contenuto linguistico. Dalle pitture e dai disegni fatti sulle pareti delle caverne, ai geroglifici egiziani e ideogrammi cinesi fino all'uso dei moderni sussidi audiovisivi, l'uomo si è sempre consistentemente basato sulla rappresentazione iconica della realtà. Ciò non ci deve sorprendere affatto poiché la vista è il più forte dei cinque sensi.

È grazie alla vista che noi immagazziniamo la maggior parte dell'informazione sul mondo circostante. Partendo proprio dalla considerazione che la vista è il più potente di tutti i sensi, noi abbiamo deciso di puntare su questo elemento e di sfruttare al massimo le immagini nell'insegnamento/apprendimento di una lingua straniera.

Clifford T. Morgan e Richard A. King (1966, p. 167) hanno inoltre affermato, in maniera concisa ed efficace, che

> la maggior parte della gente – se non tutta – vive le immagini e le immagini aiutano spesso a pensare. Alcune persone hanno una immaginazione così lucida che sono in grado di ricordare tutto quasi perfettamente. E tale processo si definisce immaginazione eidetica.

Come spesso ci ricordano gli psicolinguisti, l'uso dell'immagine nell'apprendimento/insegnamento è di una importanza capitale per richiamare le varie strutture e per lo sviluppo della memoria eidetica. E questo naturalmente offre molti vantaggi nel processo di apprendimento linguistico. Spesso gli studenti sono riluttanti o addirittura contrari a parlare durante la lezione di lingua proprio perché lo stimolo è assai difficile e richiede una competenza linguistica e una considerevole ricerca sull'argomento. Come ha affermato Mollica altrove (1985b, p. 39)): linguistica e una considerevole ricerca sull'argomento. Come ha affermato Mollica altrove (1985b, p. 39)):

> la discussione su argomenti come l'aborto, la pena capitale, il ruolo della donna e simili non produrrà nel discente la capacità meccanica di usare la lingua in apprendimento nei vari contesti e situazioni di comunicazione che costituiscono l'interazione verbale. Per di più, la natura di questi argomenti è tale che richiede una sofisticata padronanza delle modalità lessicali e strutturali nella lingua in apprendimento. Non è quindi una sorpresa che gli studenti principianti manifestino riluttanza o siano incapaci di parlare di questi argomenti.

Non ci sono dubbi che lo scopo finale del nostro insegnamento dovrebbe essere quello di preparare lo studente a parlare di questi e altri temi di suo interesse. E infatti questi ed altri argomenti di forte attualità dovrebbero essere introdotti e discussi in una fase più avanzata una volta che lo studente

- ha raggiunto una buona padronanza della lingua,
- ha letto parecchio sugli argomenti proposti, e
- ha un forte interesse personale di questi argomenti che lo spinge non solo a parlare, ma anche a tentare di imporre il suo punto di vista o le sue opinioni su altri interlocutori.

Le ricerche più approfondite dell'ultimo decennio sullo sviluppo della competenza comunicativa hanno dimostrato in maniera inconfutabile che l'uso spontaneo della lingua in apprendimento dovrà essere guidato e dovrà essere insegnato – come del resto le strutture grammaticali – in maniera sistematica. Relegare lo sviluppo delle abilità audio-orali o scritte all'ultima lezione della settimana è un'attività inutile e come tale è una completa perdita di tempo (Mollica, 1985a).

Esiste attualmente una vasta letteratura sullo sviluppo delle strategie didattiche che mirano ad incoraggiare l'uso autonomo e autentico della lingua in classe ed in situazioni comunicative di senso compiuto. Lo scopo di questa nostra attività è, in effetti, di descrivere una delle tante strategie focalizzate sulla comunicazione che noi abbiamo sviluppato e sperimentato negli ultimi anni. Le definiamo *stimoli visivi,* perché la loro focalizzazione psicopedagogica evidenzia parole, frasi, proposizioni e unità discorsive nella lingua in apprendimento.

Questo lavoro riassume e approfondisce ciò che abbiamo presentato in precedenti ricerche (Mollica, 1976, 1978, 1979a, 1979b, 1981, 1985a, 1985b, 1988).

Lo stimolo

Dal punto di vista psicolinguistico, si definisce stimolo qualsiasi fenomeno fisiologico o sensoriale a cui un organismo reagisce secondo un modello di comportamento prevedibile. Lo stimolo visivo è stato deliberatamente scelto per suscitare reazioni orali o scritte secondo l'abilità linguistica che l'insegnante vuole sviluppare. È importante rilevare che certi stimoli si adattano meglio alla interazione orale, altri sono più efficaci per l'interazione scritta. Ovviamente, ce ne sono molti altri che possono essere proficuamente usati sia per le abilità orali che per le attività scritte. Lo stimolo visivo, nel nostro caso, consiste in una serie di fotografie che possono essere catalogate come segue:

- umoristiche
- descrittive
- drammatiche
- tragiche
- culturali.

Ogni fotografia può essere utilizzata come stimolo di discussione e di composizione a vari livelli linguistici:

- iniziale
- medio
- avanzato.

Questo significa che l'insegnante può scegliere la stessa immagine e sfruttarla in classi di vario livello in base alla preparazione linguistica degli studenti. Ai tre livelli linguistici sopra menzionati corrispondono, in maniera gerarchica, per ciascuna foto, le seguenti fasi:

- comprensione visiva
- interpretazione personale
- libera creatività.

Usando la prima foto come esempio possiamo illustrare le tre fasi di cui sopra. (Vedi Foto 1, p. 330).

A livello di *comprensione visiva*, si faranno allo studente domande direttamente collegate a ciò che si vede nella foto. Gli elementi lessicali da fare emergere saranno semplici e per conversare si useranno solo le prime strutture di base.

1. Individualmente o in gruppo trova il maggior numero possibile di parole o espressioni collegate alla foto.
2. Scrivi una didascalia per la foto.
3. Quante persone vedi nella foto?
4. Che cosa stanno facendo?
5. Elenca alcuni degli attrezzi che si usano per piantare un albero.

E così via.

A livello di *interpretazione personale*, si chiederà allo studente di esprimere le proprie opinioni sulle azioni/scene ritratte nella foto.

1. Perché, secondo te, stanno piantando un albero?
2. Chi, secondo te, dovrebbe essere coinvolto in queste cerimonie?

E così via.

1. Scrivi un paragrafo a commento di questa foto (Foto 1) ponendo in rilievo:

Foto 1 *Foto:* Cec Mitchell

   (a) l'identificazione dell'uomo e dei giovani,
   (b) l'occasione per la messa a dimora di un albero,

A livello di libera creatività, l'immaginazione e l'inventiva degli studenti dovrebbero essere stimolate. In alcuni casi, l'insegnante guiderà il processo presentando alcuni possibili argomenti che potrebbero essere approfonditi:

1. Scrivi un paragrafo a commento di questa foto mettendo in risalto:
   a) l'identificazione dell'uomo e dei giovani
   b) l'occasione per la piantagione di un albero
   c) la localizzazione della scena, ecc.
2. Facendo una ricerca, trova il maggior numero possibile di informazioni sulle cerimonie della piantagione degli alberi.
3. Immagina di essere il presentatore di una emittente televisiva locale. Descrivi la foto mentre viene mostrata sullo schermo.
4. L'uomo sulla sinistra sta per fare uno scherzo: farà qualcosa che sorprenderà tutti. Spiega ciò che farà.

La cosa importante da sottolineare è che lo stimolo visivo può essere sfruttato per innescare una conversazione spontanea nella lingua in apprendimento senza far ricorso a qualcosa di preparato in anticipo sul tema specifico. Quando l'occasione lo permette – l'insegnante conosce la realtà linguistica della sua classe – le tre fasi possono essere attivate simultaneamente promuovendo attività che coinvolgono

- *comprensione visiva,*
- *interpretazione personale e*
- *libera creatività.*

Le attività che stiamo per suggerire per lo sfruttamento di ogni foto non sono esaustive, ma intendono piuttosto fornire all'insegnante stimoli contestualizzati e mirati per la produzione orale e scritta. Queste attività costituiscono il punto di partenza, l'inizio immediato di una conversazione su un tema specifico e in modo autonomo.

Applicazioni glottodidattiche

Presentiamo, qui di seguito, un certo numero di strategie che l'insegnante può attivare secondo i bisogni particolari della classe. Non sono presentate secondo un prestabilito ordine gerarchico, ma siamo convinti che l'insegnante prima porrà l'enfasi sulle attività orali e poi le rafforzerà con attività scritte. Parlare dello stimolo visivo prima dello scritto permette allo studente di acquisire il vocabolario necessario, di rinforzare le strutture, e di organizzare il tutto in sequenza logica. E questo non farà che arricchire la produzione scritta.

La foto e il vocabolario

Lo studente dovrà dapprima acquisire un certo vocabolario relativo alla foto. Per raggiungere questo scopo la classe, divisa in piccoli gruppi o a coppie, dovrà mettere per iscritto il maggior numero possibile di parole o frasi suscitate dall'esame della fotografia. È ovvio che ogni studente darà il suo contributo secondo il suo livello linguistico e il risultato finale sarà un ampio, se non esaustivo, elenco di elementi lessicali vari e interessanti. Si può consultare il vocabolario, si può fare riferimento a uno studente di madrelingua presente in classe o anche all'insegnante. Il tutto per ampliare il più possibile il vocabolario, arricchendo così la produzione orale e scritta.

Domande e risposte

In alcuni casi ci si limiterà a fare l'analisi della foto. L'insegnante sceglierà solo le domande basate sulla foto le cui risposte possono essere date guardando l'immagine. Poiché l'insegnante conosce la realtà linguistica della sua classe, sceglierà naturalmente le domande a cui lo studente saprà rispondere correttamente. L'attività di domande e risposte, se strutturata in maniera logica, permetterà agli studenti di fare una breve composizione sulla foto. L'insegnante dovrebbe costantemente fare in modo che lo studente risponda a domande poste con i seguenti pronomi o avverbi interrogativi:

- Chi ... ?
- Che cosa ... ?
- Quando ... ?
- Perché ... ?
- Dove... ?

Le risposte a queste o a simili domande sono molto appropriate nella fase della comprensione visiva e, se reiterate, svilupperanno nello studente un senso di curiosità e aguzzeranno la percezione visiva.

Didascalia a livello di parola, di frase o di paragrafo

Allo studente si chiederà di scrivere una didascalia adeguata alla foto. Lo studente ovviamente esaminerà la foto e proporrà la sua didascalia. È questo un eccellente esercizio perché lo studente dovrà cogliere lo spirito della scena ed esprimerlo in una breve frase o in due o tre parole. Lo studente sarà incoraggiato a produrre didascalie dal tono serio e/o umoristico, prese

- o dalla lingua di tutti i giorni
- o da proverbi
- o da modi di dire,
  ecc.

Per esempio, per la Foto 2, la didascalia originale inglese era "Two hot" invece di "Too hot" ("Troppo caldo"). L'umorismo si basa sul gioco di parole "two" ("due") e "too" ("troppo") che vengono pronunciate allo stesso modo.

La didascalia originale della Foto 3 (p. 334) era "A situation well in hand." ("Una situazione in mano") si basa sul doppio significato del modo di dire. La foto è anche utile per lo spunto di una discussione sull'etica.

Una immagine vale... 1000 parole 333

Foto 2 *Foto:* Zoran Milic

Foto 3 *Foto:* Anthony Bruculere

Annunci radiofonici o televisivi

Per lo sviluppo della produzione orale, un ottimo esercizio consiste nel chiedere allo studente di immaginare di essere un cronista e di descrivere oralimente le attività ritratte nella foto.

Causa/effetto

Alcune foto mostreranno un effetto che corrisponde ad una determinata causa, altre possono mostrare una causa che produce vari effetti. Agli studenti viene chiesto di identificare sia la causa, sia l'effetto o entrambi (Foto 4).

Gioco di memoria

Si tratta di un gioco di memoria molto noto: agli studenti viene mostrata una foto (Foto 5) per un certo numero di secondi (generalmente sessanta) e poi vengono fatte loro domande su ciò che hanno visto. Per questa attività si dovrebbe dare allo studente una copia della foto in visione per un certo numero di secondi. Poi si chiederà allo studente di coprire la foto e a questo punto l'insegnante porrà una serie di domande. Per questa abilità sono preferibili foto piene di dettagli, scene drammatiche, scene di gente che protesta, scene di gente in corteo per dimostrazioni, scene di incidenti stradali. Praticamente

Una immagine vale... 1000 parole 335

Foto 4 — *Foto:* Carl Turton

Foto 5 — *Foto:* John Hrniuk

il gioco può essere fatto con tutte le foto e tutte le domande punteranno sulla memoria visiva.

Il prima e il dopo della scena

In uno studio sulle vignette, Roger Tremblay (1980) ha sottolineato che le vignette sono spesso immagini in una posizione di "squilibrio statico" cioè c'è qualcosa che precede la foto e qualcosa che la segue. Poiché la foto in questione può essere considerata intermedia, gli studenti dovrebbero essere incoraggiati a immaginare gli eventi accaduti prima e dopo. Il risultato finale di questa attività consisterà nell'inventare un inizio, uno sviluppo e una fine. (Immagine 1)

Descrizione degli elementi che **precedono** *la scena impressa*		*Descrizione degli elementi che* **seguono** *la scena impressa*
"Prima"	Immagine in posizione di "squilibrio statico"	"Dopo"

(Immagine 1)

Risoluzione di un problema o *"problem solving"*

Poiché le foto sono in una situazione di "squilibrio statico" l'insegnante potrà porre agli studenti quesiti la cui soluzione è mostrata nella foto stessa. La Foto 6 è un buon esempio. Qui ovviamente la bambina non può raggiungere il rubinetto della fontana e si rivolge alla sorellina per avere un aiuto.

Articoli di giornale

L'insegnante può chiedere allo studente di scrivere un articolo per un giornale locale o per il giornalino scolastico basato sulle attività mostrate nella foto. Per aiutarsi a vicenda, gli studenti potrebbero essere raggruppati insieme e preparare gli elementi lessicali, sviluppare le idee o le descrizioni che a loro piacerebbe includere nell'articolo stesso. E ciò con l'aiuto dell'insegnante o di un vocabolario.

Una immagine vale... 1000 parole

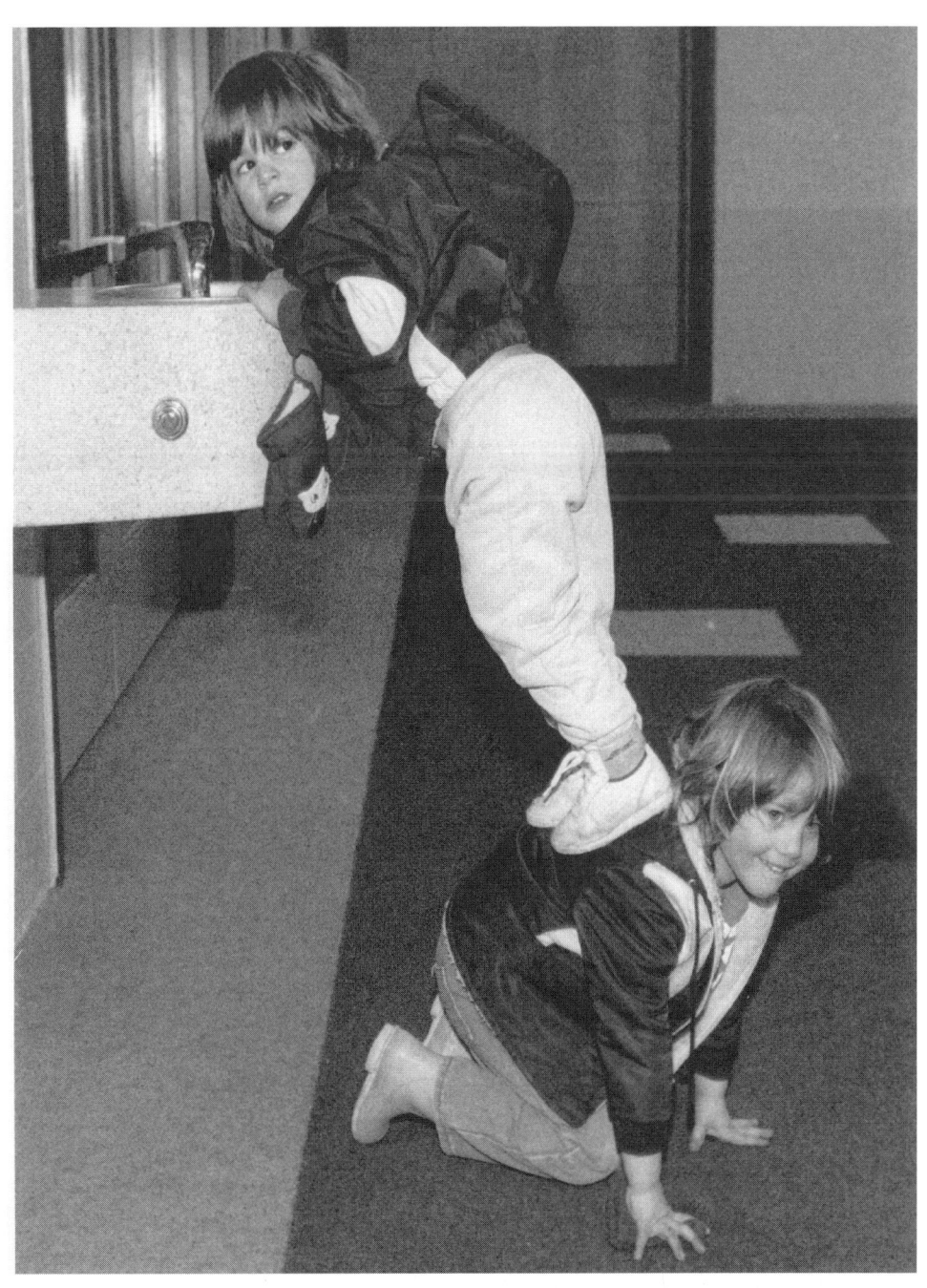

Foto 6 Staff, *The Kitchener Waterloo Record*

Foto 7 *Foto:* Staff, The *Kitchener Waterloo Record*

Editoriali/articoli di fondo

Alcune foto si prestano benissimo come stimoli per editoriali. Per esempio la foto di una bambina che beve ad un rubinetto di una pubblica fontana potrebbe introdurre il tema dell'importanza dell'acqua nelle varie culture (Foto 7). La gente nel Nord America la usa per annaffiare i prati o per lavare le macchine, ecc. In molte altre parti del mondo, c'è carenza di acqua, la gente beve acqua in bottiglia, ecc.

Scrivere poesia

La fotografia è altresì un efficace stimolo per comporre poesia. Molti colleghi sono riluttanti ad introdurre o ad insegnare poesia in classe, eppure molti studenti sono "cripto-poeti" La poesia è in effetti qualcosa di personale, intimo e a molti non piace rivelare i propri sentimenti. Con la foto lo spunto è visivo, quindi lo studente concentra la sua attenzione sull'immagine piuttosto che sui propri sentimenti personali e come tali privati, che non desidera partecipare ad altri. I suggerimenti che ci permettiamo di dare sono "ricette" che gli studenti possono seguire e mettere in pratica facilmente. Nella fase iniziale di questa attività di avviamento alla poesia, si consiglia di fare lavorare gli studenti a coppie o in gruppo. Perché la poesia? Scrivere poesia richiede precisione. La parola precisione incorpora i concetti di delineazione e limite. Scrivere in maniera poetica aiuta lo studente a sviluppare questa abilità linguistica. Suggeriamo alcuni esempi che ci sembrano adeguati, ma ovviamente la scelta è molto più ampia. L'attività è utile per la Foto 3, p. 334.

a) *Poesia di cinque versi*

Dopo aver studiato il presente del verbo e la struttura semplice di frase al singolare, plurale, maschile e femminile, lo studente può "diventare" poeta. Seguendo le seguenti regole, scrivi:

1. nel primo verso, un nome: persona, cosa o luogo;

    per esempio: *"Amore"*

2. nel secondo verso, due aggettivi (o due participi passati o presenti) separati da una virgola;

    ardente, caldo, caritatevole, doloroso, erotico, familiare, fragile, fraterno, gentile, ideale, incostante, intenso, irascibile, leale, materno, passionale, paterno, penoso, platonico, romantico, sensibile, sensuale, tenero, volubile, ecc.

3. nel terzo verso, tre verbi (separati da virgola) che si riferiscono al nome del primo verso;

    cambia, cresce, dà, distrugge, divide, eccita, ferisce, fiorisce, germoglia, protegge, separa, sopporta, stimola, unisce, ecc.

4. nel quarto verso, una breve frase di riflessione sul nome del primo verso; la riflessione può essere:

    a) *un pensierino*

    Non si può vivere senza amore.

    L'amore non è bello se non è litigarello.

    b) *un proverbio*

    "L'amore è cieco."

    "Il primo amore non si scorda mai."

    c) *una frase da una poesia/poema*

    "Amor, ch'ha nullo amato amar perdona." (*Inferno*, V, Dante Alighieri)

    "In quanti modi ti amo? Fammeli contare." (Sonetto 43, Elisabeth Barrett Browning)

d) *una frase da un film*

"L'amore è non dover mai dire mi dispiace." *(Love Story)*

e) *il titolo di un film*

"L'amore è una cosa meravigliosa"

"Love Story"

f) *una massima o un aforisma*

"C'è sempre un grano di pazzia nell'amore, così come c'è sempre un grano di logica nella follia." (Friedrich W. Nietzsche)

"Veramente ricco è soltanto colui che possiede il cuore di una persona amata." (Greta Garbo)

"Tutti amano un innamorato." (Ralph Waldo Emerson)

"In guerra e in amore sono le ritirate che scatenano le avanzate." (Antonio Fogazzaro)

"Amore e tosse non si possono nascondere." (Ovidio)

"È impossibile amare ed essere saggi." (Erich Fromm)

"Nella vendetta e nell'amore la donna è più barbarica dell'uomo." (Friedrich Nietzsche)

"Un amore non ricambiato infiamma la passione." (Massima medievale)

"Er bacio è er più ber fiore che nasce ner giardino dell'amore." (Trilussa)

"L'amore è la poesia dei sensi." (Honoré de Balzac)

"Un vero amore non sa parlare." (William Shakespeare)

"L'amore è composto da un'unica anima che abita due corpi." (Aristotele)

g) *un verso di una canzone*

"Amarti è l'immenso per me." (Eros Ramazzotti)

"Quando tu mi parlavi d'amor fin lassù s'involava il mio cuor." (Canzoni lontane, Eros Ramazzotti)

5. nel quinto verso, scrivi

a) *la stessa parola del primo verso,*

amore

b) o un sinonimo

adorazione, affetto, affezione, attaccamento, attrazione, avventura, desiderio, flirt, passione, simpatia, solidarietà, tenerezza, ecc.

c) o un contrario

animosità, antipatia, astio, avversione, disprezzo, distacco, freddezza, indifferenza, intolleranza, odio, ostilità, rancore, repulsione, ecc.

d) o qualche altra parola collegata al primo verso.

Uno studente ha deciso di inserire il nome della sua ragazza...

b) *Poesia di sette versi*

Seguendo i seguenti suggerimenti, scrivi:

1. nel primo verso, un nome;
2. nel secondo verso, due aggettivi (separati da virgola) che descrivano il nome;

3. nel terzo verso, tre participi;
4. nel quarto verso, quattro nomi relativi al soggetto (gli ultimi due possono avere significato contrario rispetto al soggetto);
5. nel quinto verso, tre participi che indicano cambiamento o sviluppo del soggetto;
6. nel sesto verso, due aggettivi che enfatizzano l'idea del cambio e dello sviluppo;
7. nel settimo verso, un nome che rappresenta il contrario del soggetto.

c) Haiku

Haiku è una poesia giapponese che ha per argomento la contemplazione individuale della natura e delle stagioni dell'anno. Molte domande contenute nel volume *Un'immagine vale... 1000 parole* (Mollica, 1998) si riferiscono alla natura e alle stagioni e pertanto sembra appropriato invitare lo studente a scrivere un poema Haiku, composto di tre versi e 17 sillabe. Gli studenti non devono attenersi rigidamente al numero delle sillabe quanto piuttosto sforzarsi di usare parole che si riferiscono alla natura e alle stagioni. Un poema Haiku ha 17 sillabe divise in versi di 5, 7 e 5 sillabe. Lo studente deve tuttavia tenere presente che il conteggio delle sillabe serve da guida, ma non è una regola inflessibile e inderogabile.

Mostra in bacheca

Le poesie o qualsiasi altro lavoro degli studenti può essere messo in bachecha.

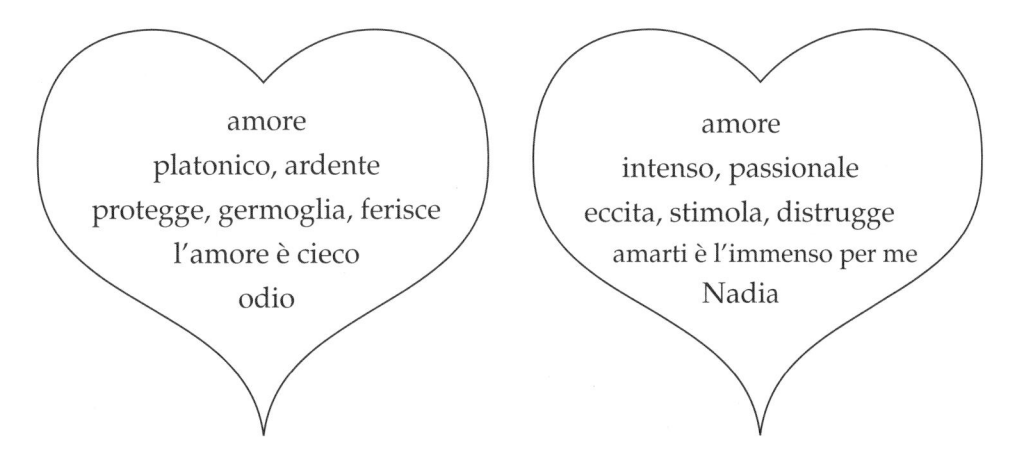

amore
platonico, ardente
protegge, germoglia, ferisce
l'amore è cieco
odio

amore
intenso, passionale
eccita, stimola, distrugge
amarti è l'immenso per me
Nadia

Sequenze di foto

L'insegnante potrebbe sfogliare il libro e trovare delle foto che, poste una dopo l'altra, potrebbero costituire una sequenza. Una sequenza di foto può essere la trama di una storia. Per esempio:

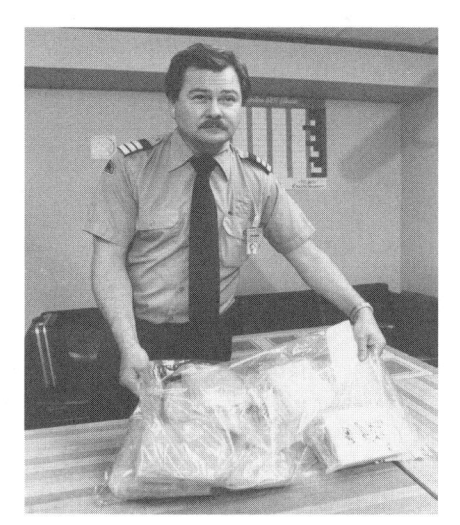

Foto 8

Foto 9

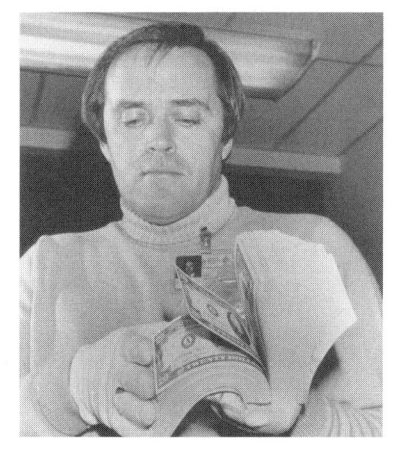

Foto 10

Foto 11

Foto 12

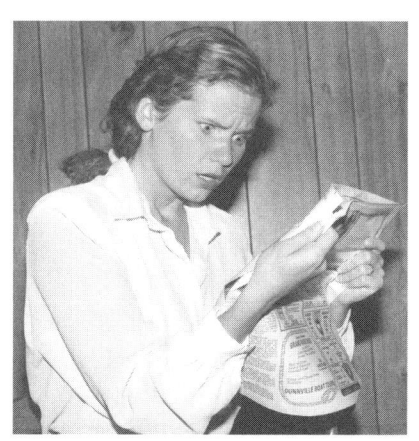

Foto 13

Foto 8:   Confisca di droga
Foto 9:   Presunti colpevoli arrestati
Foto 10   Denaro recuperato
Foto 11: Denaro confiscato
Foto 12: Telefonata del giornalista al giornale
Foto 13: Resoconto giornalistico

L'elemento visivo è, secondo noi, uno stimolo molto efficace per "innescare" una conversazione in classe. Certamente non è la sola soluzione che contribuirà alla produzione di messaggi orali e scritti contestualizzati e di senso compiuto. Usato a differenti livelli, lo stimolo visivo soddisferà i bisogni linguistici del discente e fornirà ore di gioioso apprendimento.

Riferimenti bibliografici

BROWN JAMES W. E ANTHONY MOLLICA (a cura di), 1988-1989, *Essays on Visual Semiotics.* Toronto: University of Victoria Semiotic Circle.

MOLLICA ANTHONY,1976, "Cartoons in the Language Classroom," *The Canadian Modern Language Review/La Revue canadienne des langues vivantes,* 32, 4 (marzo): 424-444.

MOLLICA ANTHONY, 1978, "The Film Advertisement: A Source for Language Activities," *The Canadian Modem Language Review/La Revue canadienne des langues vivantes,* 34, 2 (gennaio): 22 1 -243.

MOLLICA ANTHONY, 1979a, "*A Tiger in Your Tank:* Advertisements in the Language Classroom," *The Canadian Modern Language Review/La Revue canadienne des langues vivantes,* 35, 4 (maggio), pp. 697-743.

MOLLICA ANTHONY, 1979b, "Print and Non-Print Materials: Adapting for Classroom Use" in June K. Phillips (a cura di), *Building on Experience–Building /or Success. ACTFL Foreign Language Education Series,* Volume 10, Skokie, IL, National Textbook Company, 1979, pp. 157-198.

MOLLICA ANTHONY, 1981, "Visual Puzzles in the Second-Language Classrooms," *The Canadian Modern Language Review/La Revue canadienne des langues vivantes,* 37, 3 (marzo), pp. 583-628.

MOLLICA ANTHONY, 1985a, "Not for Friday Aftenoons Only! The Calendar of Memorable Events as a Stimulus for Comunicative Activities," *The Canadian Modern Language Review/La Revue canadienne des langues vivantes*, 42, 2 (novembre), pp. 487-5 1 1.

MOLLICA ANTHONY, 1985b, "Oral Stimuli for the Language Classroom," in Pia Kleber and Marcel Danesi (a cura di). *Language Teaching Strategies*, Vol. 1. Toronto: The Faculty of Arts and Science, 1985. Pp. 39-53.

MOLLICA ANTHONY,1988, "Verbal Duelling in the Classroom: Audio and Visual Stimuli for Creative Comunicative Activities," in LEE VALERIA SESTIERI (a cura di), *Language Teaching and Learning: Canada and Italy. Insegnare ed imparare lingue: Canada e Italia*, Ottawa, Canadian Mediterranean Institute/Roma, Centro Accademico Canadese in Italia, 1988, pp. 101-122.

MORGAN CLIFFORD T. E KING RICHARD A., 1966. *Introduction to Psychology,*. 3ª edizione, New York, MacGraw-Hill.

TREMBLAY ROGER, 1980, "La bande dessinée: Une typologie," *The Canadian Modern Language Review/La Revue canadienne des langues vivantes,* 36, 3 (marzo), pp. 504-513.

[N.d.A.] Tutte le foto che appaiono in questo capitolo sono tratte da

MOLLICA ANTHONY, 1998, *Una immagine vale... 1000 parole. Libro 1.* Welland, Ontario, éditions Soleil publishing inc. e

MOLLICA ANTHONY, 1998, *Una immagine vale... 1000 parole. Libro 2.* Welland, Ontario, éditions Soleil publishing inc.

Capitolo 29

Il calendario storico

Durante la lezione di francese, Lucy ha parlato in classe senza chiedere permesso e, per punizione, l'insegnante le ha assegnato la trascrizione di una frase. Diligentemente, Lucy svolge il suo compito (Vignetta 1, p. 346):

Je ne parlerai plus en classe... (Non parlerò più in classe...)
Je ne parlerai plus en classe... (Non parlerò più in classe...)
Je ne parlerai plus en classe... (Non parlerò più in classe...)

Ma, sveglia com'è, nell'ultima vignetta si chiede: *"Si je ne parle plus, pourquoi aller en classe?"* ("Ma se non parlo più, perché andare in classe?")

Se c'è qualcosa che immediatamente va sottolineato e che distingue una lezione di lingua straniera da quella di un'altra materia, è che nella classe di lingua la conversazione si svolge in una lingua "altra"; quegli "strani" suoni, suoni che qualcuno vede come un elemento di disturbo in classe, proprio quelli sono, di fatto, un segnale che sta avendo luogo un processo di acquisizione in un ambiente rilassato e allegro.

Ma, effettivamente, le domande da fare sono:
- Quanta comunicazione c'è in una lezione?
- Quanto spesso consideriamo "comunicazione" l'esercizio su un aspetto grammaticale o lessicale?
- Quanto spesso continuiamo a separare lingua e cultura?
- Quanto stimoliamo i nostri studenti a iniziare o a prendere parte in attività comunicative?

L'approccio comunicativo prevede che gli studenti siano, e debbano essere, coinvolti e che le attività li spingano a comunicare. Anche gli esercizi grammaticali possono essere comunicativi, ma per alcuni insegnanti sembra

© 1985 United Feature Syndicate, Inc.

Vignetta 1

che continui ad esistere una vera e propria ossessione per la grammatica (Vignetta 2). Una adeguata conoscenza della grammatica è effettivamente importante al fine della correttezza espressiva degli studenti; tuttavia è nostra responsabilità metterli in grado di passare da *esercizi formali* (dove l'enfasi è sulla forma) a *attività comunicative*. Come sottolinea Rivers (1973), gli esercizi che si utilizzano per far pratica dovrebbero sempre essere pseudo-comunicazione, in un processo che va dalla dimostrazione manipolata dal docente all'applicazione diretta dallo studente, teso a stimolare la produzione autonoma dello studente e la conseguente interazione spontanea.

Esercizi comunicativi grammaticali

Ogniqualvolta sia possibile dobbiamo tentare di trasformare gli esercizi grammaticali in attività comunicative o almeno cercare di fare in modo che le attività grammaticali prevedano aspetti comunicativi. Ad esempio, dopo aver presentato l'imperativo, invece di chiedere agli studenti di produrre

— Mio caro, a nonno non dovresti fare queste domande. Io ho vissuto tranquillamente per oltre ottant'anni senza mai sapere l'imperfetto del congiuntivo di quel verbo!...

Vignetta 2

la forma imperativa di una serie di verbi (un compito che spesso in fase di verifica viene utilizzato per la sua caratteristica di fornire punteggi oggettivi), possiamo chiedere che producano l'imperativo di una serie di verbi presenti in situazioni dal contesto a loro noto:

- Elenca una serie di ordini che sono tipici di uno dei tuoi genitori.
- Fai un elenco degli ordini che sei solito impartire al tuo fratellino o alla tua sorellina.
- Scrivi gli ordini che il tuo professore impartisce durante la lezione di italiano.
- Elenca gli ordini che vorresti impartire a una persona antipatica.
- Fai un elenco degli imperativi che trovi negli annunci pubblicitari.

Dopo aver insegnato il lessico relativo agli alimenti, possiamo chiedere agli studenti di fare un sondaggio tra i loro compagni:

- Quali sono le verdure che ami? Quali sono quelle che invece non ti piacciono?
- Che cosa si mangia alla mensa della scuola?
- In che cosa consiste la dieta giornaliera di uno studente?
- Fai una lista di generi alimentari simile a quella che avrebbe fatto un membro della tua famiglia.

Questa attività può essere utilizzata come un sondaggio e i risultati, tradotti in percentuale, si possono presentare a tutta la classe. Il sondaggio indicherà quali sono i cibi preferiti e le abitudini alimentari della classe, che possono successivamente essere paragonate a quelle di altri paesi.

Dopo aver insegnato gli aggettivi qualificativi possiamo chiedere ad uno studente:
- Descrivi uno dei tuoi compagni o una delle tue compagne.
- Descrivi un ragazzo ideale.
- Descrivi una ragazza ideale.
- Descrivi una persona che viene ricercata dalla polizia.

L'elenco di attività di questo tipo può continuare all'infinito e Birckbichler (1982) ne fornisce un numero considerevole.

Lingua madre o lingua in apprendimento in classe?

Ma, in classe, stiamo davvero raggiungendo lo scopo di insegnare agli studenti a comunicare? Stiamo creando un ambiente che sia di supporto e incoraggiamento alla comunicazione? Quanta lingua madre si parla davvero durante la lezione di italiano? In aule nordamericane, per esempio, spesso si usa l'inglese per insegnare l'italiano come dimostrano i numerosi manuali sul mercato che usano l'inglese per spiegare le regole grammaticali italiane.

Abbiamo mai pensato di portarci un registratore in classe e registrare le nostre lezioni? Perché non farlo? Ascoltiamoci nella tranquillità di casa per verificare:
- Quanto tempo impieghiamo nel cercare di richiamare l'attenzione della classe?
- Per quanto tempo parliamo inglese? (la madrelingua o la lingua ufficiale del paese)?
- Per quanto tempo parliamo italiano? (la lingua straniera oggetto della lezione)
- Quanto tempo resta per gli studenti per parlare italiano? (la lingua straniera oggetto della lezione)

In verità, abbiamo tentato di introdurre temi "controversi" che possono essere di qualche interesse per gli studenti (Vignetta 3) e, di conseguenza, stimolarli a conversare in classe, ma come abbiamo già menzionato:

> la discussione su argomenti come "l'aborto", "la pena capitale", "il ruolo della donna" e simili, non produrrà nel discente la capacità meccanica di usare la lingua in apprendimento nei vari contesti e situazioni di comunicazione che costituiscono l'interazione verbale. Per di più, la natura di questi argomenti è tale che richiede una sofisticata padronanza delle modalità lessicali e strutturali nella lingua in apprendimento. Non è quindi una sorpresa che gli studenti principianti manifestino riluttanza o siano incapaci di parlare di questi argomenti (Mollica 1985a, p. 39).

Ad esempio, gli studenti potrebbero riuscire a parlare di questi argomenti e ci potrebbe essere un interessante scambio di opinioni
- se precedentemente il docente fornisce loro delle letture relative a tali temi;

Il calendario storico 349

I JUST SIGNED UP FOR A GREAT NEW COURSE...

IT'S CALLED CONTROVERSIAL FRENCH

Mi sono iscritta ad un nuovo corso molto interessante!

Si chiama "francese controverso".

THAT'S CONVERSATIONAL FRENCH

FORGET IT!

© 1984 United Feature Syndicate, Inc.

È "francese conversazionale".

Lascia perdere!

Vignetta 3

- se prima della discussione vengono presentati e chiariti eventuali aspetti lessicali particolarmente difficili;
- e se agli studenti viene dato abbastanza tempo, prima della discussione in classe, per prepararsi e condurre qualche ricerca,

Insegnare "comunicativamente" non è una cosa semplice. Siamo d'accordo con Grittner (1985, p. 14) quando afferma che:

> Gli insegnanti devono imparare a fare un miglior uso degli esercizi strutturali e delle sessioni di esercitazione. Questo si traduce con il mantenere gli studenti

sul compito: lavorare in gruppi allargati, a coppie, e in piccoli gruppi, ma sempre facendo attenzione al fatto che gli studenti siano consapevoli di come ogni esercizio li aiuti a comunicare, o a comprendere più efficacemente nella nuova lingua.

Il coinvolgimento degli studenti

In un saggio pubblicato in *Dialogue*, Stern sottolinea che l'insegnamento di una lingua [*si riferisce al francese*, N.d.A.] richiede un approccio diversificato e sottolinea che:

> Negli ultimi anni si è fatta strada una nuova visione relativamente all'acquisizione delle lingue, in parte grazie agli studi sull'apprendimento delle seconde lingue ed in parte grazie alle ricerche sulle esperienze di "immersione". Si è concordi nel sottolineare il fatto che una lingua non può essere appresa con la sola pratica formale; si impara di più e meglio fare qualcosa utilizzando la lingua (1983, p. 4).

In sostanza, Stern parafrasa il vecchio adagio:

Dimmi e dimentico,
mostrami e ricordo,
coinvolgimi e imparo.

Calvé (1985, p. 278) fa eco a queste affermazioni quando concorda che

> ce n'est qu'en communiquant qu'on peut apprendre à communiquer ("è solo comunicando che si impara a comunicare".)

La parola chiave nella citazione di Stern riportata sopra, nel motto e nell'affermazione di Calvé, è "coinvolgimento". E se siamo concordi nell'accettare il fatto che "si impara meglio facendo" e che parliamo quando abbiamo qualcosa da dire o quando vogliamo ottenere informazioni che ci interessano, lo stimolo che stiamo per proporre, dunque, soddisfarà entrambi i presupposti e le funzioni.

Il calendario storico: uno stimolo per la attività di comunicazione

Si tratta di una motivazione che prende il via da un calendario storico, in cui sono elencate date storiche o avvenimenti memorabili.

Perché il calendario "storico"?

Il calendario, agendo da stimolo all'evento, fissa la data in cui una determinata attività avrà luogo e gli studenti possono così esserne a conoscenza in anticipo. Un argomento particolare da presentare e discutere in una specifica data darà il tempo allo studente di condurre delle ricerche sul tema, oltre a consentirgli di preparare un'attività adeguata.

Gli insegnanti dovrebbero stilare un calendario mensile di attività, raccogliendo informazioni da varie fonti (come, ad esempio, l'agenda scolastica, il calendario con i fatti del paese, enciclopedie, il libro dei fatti), oppure assegnare agli studenti il compito di individuare date e avvenimenti storici particolarmente importanti, al fine di preparare un calendario mensile (Mollica e Trebian, in preparazione). Stilando un elenco di fatti avvenuti, gli studenti avranno modo di acquisire familiarità con termini che solitamente non appaiono nei libri di testo. Oltre a ciò l'evento agisce come stimolo e punto di partenza per lo sviluppo e l'acquisizione di vocaboli che si riferiscono alle arti, letteratura, scienze, storia, e così via.

La scelta degli eventi elencati nel calendario può apparire, a prima vista, arbitraria, quasi al gioco di *Trivial Pursuit*, ma ad una analisi più attenta emergeranno vari temi che possono essere sviluppati e utilizzati in conversazioni e discussioni, oltre al fatto che tali eventi possono diventare un mezzo utile all'introduzione di aspetti culturali. Gli esempi di seguito riportati si riferiscono ad avvenimenti relativi non solo all'Italia, ma anche ad altri paesi. (Vedi, Ottobre, pp. 352-353). Lo scopo di queste scelte è di stimolare lo studente a confrontarsi su un'ampia gamma di argomenti arrivando a fare collegamenti, ogniqualvolta fosse possibile, con temi simili studiati in altre materie. Si tratta di un deliberato tentativo di introdurre la lingua "trasversalmente al curriculum". Alcuni insegnanti potrebbero obiettare che certi componenti dell'elenco sono storicamente meno importanti di altri: il nostro scopo non è solo quello di individuare gli eventi "memorabili", ma anche avvenimenti che, se usati con giudizio, possono ugualmente far scattare l'attenzione e catturare l'interesse degli studenti e facilitare così l'acquisizione di nuovo lessico e di abilità comunicative.

Gli avvenimenti elencati dovrebbero, in primo luogo, rappresentare eventi relativi al paese, o ai paesi, di cui si studia la lingua, ma vanno considerati anche aspetti relativi al paese di appartenenza con cui gli studenti possono essere familiari e che possono stimolare la conversazione. Il calendario andrebbe poi affisso alla bacheca di classe qualche giorno prima dell'inizio del mese.

Agli studenti va chiesto di individuare un evento che vorrebbero discutere. L'obiettivo dell'attività è duplice:

- gli studenti sceglieranno un avvenimento a cui sono interessati e ne parleranno in un giorno predeterminato
- l'argomento sarà uno stimolo all'insegnamento di elementi che di solito non si trovano nelle "grammatiche".

L'attività proposta può essere svolta da uno studente, da uno studente e un compagno o in gruppo. Non è necessario che tutta la classe scelga un'attività in un dato mese; abusare dell'attività o proporla quotidianamente finirà col farle perdere freschezza e originalità. Potrebbe succedere che un dato mese solo sei o sette studenti si offrano volontari per svolgere il compito; gli altri lo potranno fare nel prosieguo dell'anno. Potrebbe anche succedere di avere due o più studenti che lavorano su uno stesso evento, a seconda dell'attività scelta per lo sviluppo successivo.

Una volta individuati gli avvenimenti storici, per assistere gli studenti, l'insegnante può preparare una serie di Schede Operative da utilizzare con il calendario.

OTTOBRE

- Ottobre è il decimo mese dell'anno secondo il calendario gregoriano.
- Esso ha 31 giorni.
- Ottobre era l'ottavo mese del calendario romano, infatti il suo nome deriva dal latino *octo*.

2

1869: Nasce Mohandas Karamchand "Mahatma" Gandhi, politico indiano. Si batte per il riconoscimento dei diritti civili della popolazione indiana e per l'indipendenza del suo paese.

8

1803: Muore a Firenze Vittorio Alfieri, poeta e drammaturgo italiano. Nelle sue opere è ricorrente il tema dello scontro tra il tiranno e l'uomo libero, che finisce per affermare la propria libertà con la morte. Il tema trattato, seppur in modo non palese, contribuisce a formare il sentimento nazionale italiano e a preparare la strada al Risorgimento.

10

1813: Nasce Giuseppe Verdi, compositore italiano. Verdi si affronta in modo estremamente personale al melodramma, arricchendolo di elementi innovativi per il panorama operistico dell'Ottocento. Tra le sue composizioni maggiori si ricordano *La Traviata*, *Il Trovatore*, *La forza del destino*, l'*Aida* e *Rigoletto*, quest'ultima ispirata alla tragedia di Victor Hugo *Le roi s'amuse*.

12

1492: Cristoforo Colombo scopre l'America. La sua flotta, composta di 90 uomini a bordo delle tre caravelle la Niña, la Pinta e la Santa María, sbarca a Guanahaní, un'isola delle Bahama. Convinto di essere approdato nelle Indie, prende possesso dell'isola, dichiarando che essa appartiene alla Spagna e la battezza San Salvador.

13

1822: Muore Antonio Canova, grande scultore italiano, uno dei maggiori esponenti del neoclassicismo. Le sue meravigliose opere realizzate in marmo, tra cui *Apollo e Dafne*, rispondono all'ideale di grazia ed armonia ritenuto alla base dell'arte greca.

17

1849: Muore a Parigi Fryderyk Chopin, noto pianista e compositore polacco. Inizia a studiare pianoforte da bambino e a soli otto anni fa la sua prima esibizione.

18

1849: Antonio Meucci scopre la trasmissione della voce per via elettrica;

questa scoperta porterà all'invenzione del telefono.

1859: Nasce a Parigi Henri Bergson, filosofo francese.

19

2003: Si conclude la beatificazione di madre Teresa di Calcutta, suora cattolica che dedica la sua vita ad aiutare le persone malate e bisognose. Religiosa albanese, è la fondatrice della congregazione religiosa delle Missionarie della Carità.

21

1833: Nasce a Stoccolma Alfred Nobel, chimico svedese, inventore della dinamite. Prima di morire egli lascia un testamento in cui dispone che la parte più cospicua del suo patrimonio venga destinata all'istituzione di premi annuali da assegnare a chi si distingue nei campi della fisica, della medicina, della chimica, della letteratura, della fisiologia e chi si adopera particolarmente per la pace.

25

1881: Nasce il pittore spagnolo Pablo Picasso, uno dei più grandi artisti del '900. Egli abbandona presto la prospettiva rinascimentale e la visione tipica dell'anatomia umana, e diventa il fondatore del cubismo assieme a Georges Braque. Oltre ai famosi ritratti, le opere sicuramente più note sono *La Guernica* e *I tre musicanti*.

28

1922: Benito Mussolini attua la marcia su Roma; questo evento contribuisce a trasformare il fascismo italiano da movimento a regime politico.

1963: Nasce Eros Ramazzotti, cantante italiano di musica leggera.

30

1960: Nasce Diego Armando Maradona, calciatore argentino, considerato uno tra i pi grandi nel suo sport.

31

Halloween. Festa celebrata nei paesi anglosassoni la sera del 31 ottobre, vigilia della festa di Ognissanti. Anticamente si pensava che in questa notte le anime dei defunti uscissero dalle loro tombe e vagassero per la città. Oggi è molto diffusa, soprattutto tra i giovani, la pratica di travestirsi da fantasmi, da streghe o da altri personaggi che incutono paura.

1512: Viene mostrata per la prima volta al pubblico la *volta della Cappella Sistina* dipinta da Michelangelo, pittore, scultore ed architetto italiano tardo rinascimentale. L'opera, in cui tutto è studiato nei minimi particolari e composta in soli quarantaquattro giorni, mostra l'impareggiabile genio artistico dell'autore.

1993: Muore a Roma il regista Federico Fellini.

Da: Anthony Mollica e Simona Trebian, *Il calendario,* in preparazione.

Le Schede Operative possono contenere:

- un elenco di domande, che spingono alla ricerca di informazioni,
- un certo numero di attività e di progetti,
- un testo scritto che può essere utilizzato per attività di comprensione ma che può anche essere il punto di partenza per discussioni e conversazione.

Ad esempio, nella Scheda Operativa del "31 ottobre 1997: Muore a Roma, il regista Federico Fellini", l'insegnante può espandere la parola chiave "Fellini" chiedendo allo studente di scegliere tra le attività di seguito proposte (Scheda 1). L'attività può essere usata a livelli differenti, a seconda delle abilità linguistiche degli studenti. Uno studente di livello avanzato potrebbe scegliere uno dei progetti/attività mentre uno studente con un lessico limitato può sentirsi a suo agio nel trovare le risposte alle domande proposte nella prima sezione.

Scheda operativa
"Federico Fellini"

Domande generali:

1. Quando è nato Federico Fellini? Dove?
2. Parla brevemente della sua attività artistica giovanile.
3. Oltre ad essere regista quali altre professioni ha esercitato?
4. Con quali altri registi ha collaborato?
5. Quali sono i suoi film?
6. Quali onorificenze ha ricevuto? Perché?

Progetti/Attività:

1. Inventa un'intervista tra un giornalista e Fellini (Vedi Capitolo 11, "L'intervista impossibile".)
2. Federico Fellini: la sua biografia (una composizione orale di 150 parole).
3. Scegli un titolo dei film di Fellini e raccontane la trama.
4. Qual è il personaggio felliniano da te preferito? Spiegane la ragione.

Scheda 1

Le attività proposte consentono allo studente di lavorare da solo, con un compagno o in gruppo.

Proponiamo qui di seguito un elenco che l'insegnante può inserire nella Scheda Operativa. Questo elenco è utile per gli studenti che fanno ricerche su un personaggio: le risposte possono essere utilizzate nella loro relazione.

- Luogo e data di nascita
- Luogo e data del decesso
- Infanzia e adolescenza
- Istruzione
- Contributi (in campo artistico, politico, letterario, altro)

- Influenzato da...
- Ha influenzato...

Ad esempio, nel trattare l'avvenimento del 31 ottobre "Muore a Roma Federico Fellini", l'insegnante può anche suggerire delle letture appropriate come, per esempio, la poesia di Roberto Benigni (1996) scritta in occasione della morte del regista (Scheda 2).

L'intera classe può anche guardare il video con Benigni che legge la poesia sul sito

http://www.mollica.rai.it/celluloide/speciale_fellini/poesia.htm#

Improvvisazione in morte di Fellini

Quando muore Fellini il grido è forte
spacca la terra che improvvisa piange
lacrime dal Marecchia[1] fino al Gange[2]
alluvionano il mondo alla sua morte.

Quel giorno dimmi chi non lacrimava
nemmeno la persona troppo frigida.
Pianse Rondi,[3] co' Akira Kurosawa[4]
pianse la Loren[5] con la Lollobrigida[6]

pianse Anita,[7] e Marcello[8] pianse il Sole
pianse Mollica[9] lacrime a bizzeffe
pianse anche i vermi, e tutte le parole
quel giorno cominciarono per effe.

Quando muore il maestro di Amarcorde[10]
anche i poeti abbassano le teste
era più bello di Harrison Forde[11]
era più sessy lui di Mae Weste.[12]

Era leggero come Cavalcanti[13]
saggio come i filosofi tedeschi
umano come sanno esserlo i santi
profondo come Fjodor Dostoeveskij.[14]

Elegante, narciso, mai avaro
lui era insieme Topolino[15] e Pippo.[16]
Lugubre come Antonio Fogazzaro[17]
buffo come Peppino de Filippo.[18]

Quando dava l'azione, come un rombo
il set s'illuminava d'alabastro:
era come Cristoforo Colombo[19]
un condottiero come Fidel Castro.[20]

Lo studiavan le psicanaliste
ma a lui nessuno mai tolse le brache
Fellini avea piú forza di Maciste[21]
e piú immaginazione di Mandrake.[22]

Dolce come Verlaine,[23] come Beatrice[24]
e maledetto come James Dean[25]
casto della purezza di Euridice[26]
e intelligente come Rin-Tin-Tin.[27]

M'han detto ch'era morto: ebbi uno sciocche
come se fosser morte le albicocche

Fellini:
m'hai avviluppato con le tue passioni
e per saluto estremo ti dirò
citando un bel refrain di Little Tony[28]
che t'amo, t'amo, t'amo, e t'amerò.

> Da: Roberto Benigni, *E l'alluce fu... monologhi e gag*
> a cura di Marco Giusti, Torino, Einaudi, 1996.
> Per gentile concessione dell'Editore.

Scheda 2

L'insegnante può inserire alcune note nella scheda o le ricerche possono essere fatte dallo studente che ha scelto di parlare del regista.

Per facilitare il compito dello studente, le seguenti note possono essere aggiunte al testo di Benigni o chiedere allo studente di fare le ricerche e di spiegare i vari riferimenti che il poeta fa nella sua poesia.

---

1. *Marecchia:* è un fiume dell'Emilia-Romagna che nasce in Toscana.
2. *il Gange*: fiume dell'India e del Bangladesh, il maggiore del subcontinente indiano; nasce nell'Himalaya meridionale.
3. *Rondi:* Gian Luigi Rondi (1921-) è un critico cinematografico italiano. Decano dei critici italiani, è l'attuale presidente dell'Ente David di Donatello e presidente del Festival Internazionale del Film di Roma (Fondazione Cinema per Roma).
4. *Akira Kurosawa:* (1910-1998), regista e sceneggiatore cinematografico giapponese. Il suo *Dersu Uzala, il piccolo uomo delle grandi pianure* vinse un Oscar come miglior film straniero nel 1975. Nel 1986, Hollywood gli dà un Oscar alla carriera.
5. *Loren:* Sophia Loren (1934-), nome d'arte di Sofia Sciocolone. Il suo ruolo drammatico in *La ciociara,* con la regia di Vittorio De Sica, le valse un Oscar come migliore attrice nel 1960. Nel 1991, Hollywood le assegnò l'Oscar alla carriera. Il 21 maggio 2009 entrò nel Guinness dei Primati come l'attrice italiana più premiata al mondo.
6. *Lollobrigida:* Gina Lollobrigida (1927-), attrice e fotografa. Vinse il David di Donatello come migliore attrice protagonista nel 1956 per il ruolo nel film, *La*

donna più bella del mondo, nel 1963 per *Venere imperiale* e nel 1969 per *Buona Sera, Mrs. Campbell*.

7. *Anita:* Anita Ekberg (1931-) interpreta il ruolo di Sylvia nel film che l'ha resa una icona, *La dolce vita* (1960). La scena del bagno nella Fontana di Trevi nella *Dolce vita* con Marcello Mastroianni diventerà un classico che entrerà per sempre nella storia del cinema mondiale. Fellini la dirige nell'episodio "Le tentazioni del dottor Antonio" in *Boccaccio '70* (1962), in *I clowns* (1971) e *Intervista* (1987).
8. *Marcello:* Marcello Mastroianni (1924-1996) interpretò vari film di Fellini *La dolce vita* (1960), *8½* (1963), *La città delle donne* (1981), *Ginger e Fred* (1986) e *Intervista* (1987).. Ottenne anche importanti ruoli nei suoi lavori teatrali: *Un tram che si chiama desiderio* (1949), *Morte di un commesso viaggiatore* (1951), *La locandiera* (1952), *Le tre sorelle* (1952), con la regia di Luchino Visconti. Vinse il David di Donatello per il miglior attore protagonista nel 1964 per *Ieri, oggi e domani*, nel 1965 per *Matrimonio all'italiana*, nel 1986 per *Ginger e Fred*, nel 1987 per *Oci ciornie* e nel 1995 per *Sostiene Pereira*.
9. *Mollica:* Vincenzo Mollica (1953-) corrispondente speciale al TG1, grande amico di Federico Fellini. Da anni è inviato speciale della RAI alla cerimonia del Premio Oscar di Hollywood, ai festival del cinema di Venezia, Berlino e Cannes.
10. *Amarcorde:* Amarcord è il titolo del film di Fellini girato nel 1973. Il film è tra i suoi più famosi e certamente il più autobiografico. Il titolo deriva dalla voce in dialetto romagnolo "a m'arcord", ossia "io mi ricordo".
11. *Harrison Forde:* Harrison Ford (1942-), attore statunitense, ha interpretato il ruolo di Han Solo nella trilogia *Guerre Stellari* di George Lucas e con grande successo il ruolo di *Indiana Jones* in una serie di quattro film d'avventura scritti da Lucas e diretti da Steven Spielberg.
12. *Mae Weste:* Mae West (1893-1980), attrice statunitense, star del musical e primo sex symbol del cinema. È ricordata anche per le sue battute a doppio senso.
13. *Calvalcanti:* Guido Cavalcanti (1255 ca.-1300) celebre poeta stilnovista amico e compagno di parte di Dante Alighieri.
14. *Fjodor Dostoeveskij:* Fëdor Michailovic Dostoevskij (1821-1881), romanziere russo. È l'autore di *Delitto e castigo* e *I fratelli Karamazov*.
15. *Topolino:* Topolino (in originale, *Mickey Mouse),* personaggio dei cartoni animati e poi dei fumetti, creato da Walt Disney. Ricordiamo che anche Fellini era un grande disegnatore di fumetti.
16. *Pippo:* Pippo *(Goofy)* è un cane, personaggio dei film d'animazione e fumetti di Walt Disney creato negli anni Trenta. È il migliore amico di Topolino.
17. *Antonio Fogazzaro:* Antonio Fogazzaro (1842-1911), romanziere, ha scritto *Piccolo mondo antico*.
18. *Peppino de Filippo:* Peppino de Filippo (1903–1980), attore, comico e drammaturgo italiano. È uno dei più famosi attori comici italiani del Novecento. È stato interprete in *Luci del varietà*, e nell'episodio "Le tentazioni del dottor Antonio" in *Boccaccio '70* (1962).
19. *Cristoforo Colombo:* Cristoforo Colombo (1451-1506), esploratore e navigatore genovese, con le tre caravelle – la Niña, la Pinta e la Santa María – sbarcò su un'isola, chiamata *Guanahani* dagli indigeni, che egli battezzò San Salvador, il 12 ottobre 1492.
20. *Fidel Castro:* Fidel Castro (1926-), politico e rivoluzionario cubano, leader della rivoluzione cubana contro il regime di Fulgencio Batista, è stato primo ministro di Cuba dal 1959 all'abolizione della carica avvenuta nel 1976. Dal 1976 al 2008 è stato Presidente del Consiglio di Stato e Presidente del Consiglio dei Ministri.
21. *Maciste:* Maciste, personaggio cinematografico nato nel film storico *Cabiria* del

1914, interpretato da Bartolomeo Pagano, e diretto da Giovanni Pastrone. È un uomo mitologico di straordinaria forza e bontà.
22. *Mandrake:* Mandrake il mago *(Mandrake the Magician)*, è un personaggio dei fumetti ideato da Lee Falk.
23. *Verlaine:* Paul Verlaine (1844-1896) poeta francese, principale esponente del movimento simbolista.
24. *Beatrice:* Beatrice, donna amata da Dante Alighieri.
25. *James Dean:* James Dean (1931-1955), attore statunitense, è noto per la sua interpretazione in *Gioventù Bruciata* (in inglese *Rebel Without a Cause).*
26. *Euridice:* Nella mitologia greca, Euridice è una ninfa, sposa di Orfeo. Morì per il morso di un serpente e Orfeo, disperato, cantò canzoni così cariche di disperazione che tutte le ninfe e gli dei ne furono commossi. Convinse Ade e Persefone a far tornare in vita la sua amata. Ade e Persefone si lasciarono convincere a condizione che Orfeo camminasse davanti a lei e non si voltasse a guardarla finché non fossero usciti alla luce del sole; ma Orfeo si voltò a guardarla e l'anima di Euridice sprofondò nell'Ade per sempre (Wikipedia).
27. *Rin Tin Tin:* Rin Tin Tin o Rintintin, nome di un celebre cane pastore tedesco protagonista di numerose opere di fiction per ragazzi (fumetti, film, serial cinematografici, serie televisive) realizzate soprattutto negli Stati Uniti fra gli anni venti e gli anni cinquanta.
28. *Little Tony:* Little Tony, nome d'arte di Antonio Ciacci (1941-), cantante sammarinese, interprete di numerosi best e long seller come *Cuore matto* e *24mila baci*, quest'ultima cantata in coppia con Adriano Celentano. La canzone si classificò seconda al Festival di Sanremo del 1961. La canzone "T'amo e t'amerò" di Little Tony si può ascoltare su: www.youtube.com/watch?v=qq-FFb-Xmw4

Scheda 3

Un'altra Scheda (Scheda 4) potrebbe contenere citazioni o aforismi attribuiti a Federico Fellini. Alcune di (o tutte) queste riflessioni potrebbero essere scritte su strisce di carta a colori e affisse sulla bacheca. Gli studenti potrebbero scegliere uno o più di questi aforismi e discuterli in classe.

Aforismi e massime di Federico Fellini

- "Felliniano... Avevo sempre sognato, da grande, di fare l'aggettivo."
- "La più grande unità sociale del Paese è la famiglia. O due famiglie: quella regolare e quella irregolare."
- "Sono i soldi che fanno venire delle idee."
- "Non voglio dimostrare niente, voglio mostrare."
- "È la curiosità che mi fa svegliare alla mattina."
- "Nulla si sa, tutto s'immagina."
- "Se vivi nel tuo tempo, certi libri li respiri nell'aria."
- "Spesso le cose più interessanti sono le più folli."
- "Il cinema è il modo più diretto per entrare in competizione con Dio."
- "Le versioni dei fatti le modifichiamo continuamente, per non annoiarci."
- "L'unico vero realista è il visionario."

- "Adesso c'è soltanto il sentimento di un buio in cui stiamo sprofondando."
- "Un linguaggio diverso è una diversa visione della vita.."

Scheda 4

Testi, foto e altro materiale possono essere affissi in bacheca creando quindi un collage sull'evento discusso.

Se diamo uno sguardo agli avvenimenti memorabili identificati nel mese di ottobre ci rendiamo subito conto che alla fine del mese, gli studenti hanno avuto l'occasione di parlare di:

politica: Gandhi (2 ottobre)
                   Mussolini (28 ottobre)
letteratura: Alfieri (8 ottobre)
scultura: Canova (13 ottobre)
musica: Verdi (10 ottobre)
                   Chopin (17 ottobre)
                   Ramazzotti (28 ottobre)
filosofia: Bergson (18 ottobre)
religione: Madre Teresa (19 ottobre)
inventori: Meucci (18 ottobre)
                   Nobel (21 ottobre)
pittura: Picasso (25 ottobre
                   Michelangelo (31 ottobre)
sport: Maradona (30 ottobre)
feste: Halloween (31 ottobre)
cinema: Fellini (31 ottobre)
navigatori: Colombo (12 ottobre)

Ad esempio, se uno studente parla di Alfred Nobel e del Premio (21 ottobre), può identificare inoltre gli scrittori o gli scienziati italiani che hanno ricevuto il Premio Nobel.

Per la chimica:
         Giulio Natta nel 1963
Per l'economia:
         Franco Modigliani nel 1985
Per la fisica:
         Gugliemo Marconi nel 1909
         Enrico Fermi nel 1938
         Emilio Gino Segrè nel 1959
         Carlo Rubbia nel 1984
         Riccardo Giacconi nel 2002
Per la letteratura:
         Giosuè Carducci nel 1906
         Grazia Deledda nel 1926
         Luigi Pirandello nel 1934

>Salvatore Quasimodo nel 1959
>Eugenio Montale nel 1975
>Dario Fo nel 1997

Per la medicina:
>Camillo Golgi nel 1906
>Salvador Edward Luria nel 1965
>Renato Dulbecco nel 1975
>Rita Levi-Montalcini nel 1986
>Mario Renato Capecchi nel 2007.

Per la presentazione, infine, va richiesto agli studenti di utilizzare quante più fonti sia possibile. Andare in biblioteca può essere un'ottima fonte di informazioni, così come inviare una lettera di richiesta a un ufficio pubblico, o alla Camera di Commercio o navigare su internet; materiali autentici che sono stati conservati dopo un programma di scambio saranno utili strumenti di rinforzo per la presentazione degli studenti. Queste attività daranno loro la possibilità di esercitare le abilità di scrittura, in relazione alla stesura delle lettere di richiesta, e di ricerca. Ogniqualvolta possibile va inoltre chiesto di trovare illustrazioni utili (cartoline, fotografie, libri), diapositive, videoclip o registrazioni da utilizzare durante le presentazioni.

È importante ricordare che l'evento serve in qualità di stimolo che lo studente può mantenere come focus o dal quale può *deviare* per una successiva discussione.

Insegnanti e studenti hanno come unico limite la loro immaginazione. L'obiettivo è che gli studenti parlino di qualcosa che li interessa e di cui vogliono parlare: in questo modo avranno anche l'opportunità di imparare altre cose.

Molto spesso un avvenimento culturale, una festa, una celebrazione, possono essere utilizzati come molla per l'introduzione, o il paragone, tra la cultura dello studente e quella di un altro paese, come nel caso dell' "Halloween", che si festeggia principalmente in Nord America e in paesi anglosassoni ma che è entrata recentemente anche nel calendario italiano. Lo studente può paragonare questa festa con il Carnevale di Venezia. In questo modo lo studente avrà l'opportunità di riflettere anche su aspetti della propria cultura.

Ci risulta difficile non condividere l'osservazione di Anne Farid, in cui afferma che

>quasi tutti i docenti esternano rispetto e considerazione per il valore della pratica nella comunicazione reale in lingua straniera, ma pochi sostengono e realizzano le condizioni perché questo avvenga in pratica, anche ai livelli avanzati (1976:299).

Il calendario e le attività che esso fornisce è un chiaro esempio di come si possano promuovere la comunicazione e la discussione in classe. Questa attività aiuta a trascurare argomenti banali, quali il tempo, discussi in un nostro precedente saggio (Mollica 1985b).

Si dovrebbe, quindi, consentire agli studenti di selezionare:

- argomenti interessanti
- argomenti che non sono al di fuori della loro padronanza linguistica
- argomenti sui quali sono interessati a condurre ricerche
- argomenti sui quali desiderano confrontarsi e comunicare.

Errori degli studenti

Questo tipo di attività può indurre gli studenti a commettere errori di tipo semantico e grammaticale. Ricordiamo ai docenti che queste attività intendono incoraggiare, e non scoraggiare, la comunicazione, quindi gli errori vanno corretti in un secondo momento, evitando di interrompere il flusso comunicativo (Fraser, 1985). Nemni (1985) sottolinea che l'entusiasmo degli studenti non va cassato interrompendo pedantemente il loro discorso ogni volta che commettono un errore.

Chastain (1971, p. 316) sostiene che i docenti dovrebbero accettare gli errori commessi in quanto gli studenti si stanno concentrando sul messaggio piuttosto che sulla forma:

> Per imparare a usare una lingua gli studenti devono raggiungere un punto in cui si possono concentrare sul *cosa* dicono e non su *come* lo dicono, ma spesso non riescono a raggiungere questo punto perché vengono interrotti da correzioni che si riferiscono ad osservazioni grammaticali e fonetiche, incespicando così sui loro stessi pensieri. *Gli insegnanti di lingue tendono ad essere ossessionati dal raggiungimento della perfezione in classe, mentre dovrebbero ricordare che l'obiettivo primario non è creare dei parlanti nativi, bensì sviluppare la capacità di interagire con nativi* (corsivo dell'Autore).

Grittner concorda che

> Gli insegnanti dovrebbero adottare il vecchio motto "è con la pratica che si raggiunge la perfezione", cercando di contrastare l'idea diffusa nell'insegnamento delle lingue che "bisogna essere perfetti prima di far pratica". Questo significa che gli errori vanno accettati come parte del processo di apprendimento, evitando di sostenere che essi non devono esserci. Gli sbagli vanno utilizzati come diagnosi per determinare gli errori e prescrivere la pratica che rimedierà ad essi (1985, p. 14).

In ogni caso è ovvio che gli insegnanti dovrebbero correggere gli errori prima della loro fossilizzazione nelle menti degli studenti. È importante distinguere tra gli errori commessi durante una attività linguistica e quelli che emergono durante una attività comunicativa. Nel primo caso lo scopo è l'accuratezza grammaticale, nel secondo caso l'enfasi è sulla comunicazione, e se il messaggio viene recepito, allora in quel caso il docente non dovrebbe dimostrarsi troppo sensibile nei confronti di eventuali errori, che andrebbero comunque corretti.

Una vignetta (Vignetta 4, p. 362) che fa satira sull'ossessione degli insegnanti per l'accuratezza linguistica e la fluenza dei madrelingua è quella di Hagar che cerca di rapinare un ristorante. È ovvio che Hagar sa poco

Vignetta 4

Riquadro 1: Hägar The Horrible by Dik Browne

Riquadro 2: FRANCE IS ALL SO BEAUTIFUL — I CAN'T DECIDE WHAT TO PLUNDER FIRST!
La Francia è così bella – non so che cosa saccheggiare per prima!

Riquadro 3: A RESTAURANT IS ALWAYS A GOOD PLACE TO START!
Un ristorante va sempre bene per incominciare!

Riquadro 4: La Money or La Life! / NON! NON! C'EST INCORRECT!
La soldi o la vita! No! No! Vi sbagliate!

Riquadro 5: FAITES ATTENTION! "LA BOURSE OU LA VIE!"
Fate attenzione! "La borsa o la vita!

Riquadro 6: LE BARSE OU LA VIE? / NON! NON! "LA BOURSE!"
Lo barsa o la vita? No! No! "La borsa!"

Riquadro 7: LE... / LA!
Lo... La!...

Riquadro 8: AW, FORGET IT! NOBODY CAN TALK TO THE FRENCH! / BARBARE!!
Aw! Lasciamo perdere! Nessuno è capace di parlare con i francesi! / Barbaro!!

© 1985 United Feature Syndicate, Inc.

francese; tuttavia il proprietario del ristorante capisce benissimo quale sia l'obiettivo di Hagar. E non solo! Il proprietario addirittura fornisce la traduzione corretta della domanda che Hagar gli pone. Hagar cerca di imitare quanto gli viene suggerito, ma non riesce a produrre una perfetta forma grammaticale, e il proprietario non acconsente a essere rapinato a meno che l'ordine non gli sia dato in perfetto francese. Poiché Hagar sembra incapace, o forse solo spazientito, e non riesce a farlo, l'osservazione piuttosto rude del gestore che pretende una forma corretta, è così frustrante per Hagar che quest'ultimo sbotta ("Ah lascia perdere! Nessuno è capace di comunicare con i francesi!"). Il proprietario risponde con un "Barbaro"', e l'epiteto non si riferisce al fallito atto doloso di Hagar ma all'incapacità di svaligiarlo usando un francese corretto…

Anche se come insegnanti siamo consapevoli che il fine ultimo è una espressione accurata, non dobbiamo diventare prigionieri di quella accuratezza. Oggi la tendenza è senz'altro quella di abbandonare una situazione fortemente strutturata, centrata sul docente e fortemente grammaticalizzata in favore di un insegnamento orientato al compito, basato sulla comunicazione e centrato sull'apprendente.

Ricordiamo le parole di Oukada:

> La ricerca ha indicato come si debba, prima di tutto, liberarsi da quelle pratiche inibitorie come l'eccessivo uso di correzioni, l'ossessiva conformità con un programma di insegnamento predeterminato e l'indifferenza per il potenziale del discente e il suo input. In secondo luogo, vanno abbassate le barriere affettive rispettando e favorendo le opinioni degli studenti, i loro sentimenti e interessi (1985, p. 11).

Conclusione

Con questo capitolo non vogliamo presentare il calendario storico come una panacea e nemmeno ci aspettiamo che possa essere adottato ovunque, ma se viene usato con parsimonia e giudizio, siamo sicuri che le proposte presentate possano fornire agli studenti un buon numero di opportunità di comunicare in lingua straniera. Perché queste attività abbiano successo si richiede una attenta e scrupolosa preparazione sia da parte degli studenti che da parte degli insegnanti, ma confidiamo nel fatto che questo sforzo cooperativo porti una grande soddisfazione personale così come possa essere di stimolo per gli studenti alla voglia di parlare in lingua straniera.

Riferimenti bibliografici

BENIGNI ROBERTO, 1996, *E l'alluce fu... monologhi e gag*, a cura di GIUSTI MARCO, Torino, Einaudi.

BIRCKBICHLER DIANE W., 1982, *Creative Activities for the Second Language Classrom*. Washington, D. C., Center for Applied Linguistics.

CALVÉ PIERRE, 1985, "Les programmes de base: des principes à la réalité," *The Canadian Modern Language Review/La Revue canadienne des langues vivantes,"* 42, 2 (November), pp. 271-287.

CHASTAIN KENNETH, 1971, *The Development of Modern-Language Skills. Theory to Practice*, Philadelphia, PA, The Center for Curriculum Development, Inc.

FARID ANNE, 1976, "Communication in the Classroom: Student Improvised Dialogues", *TESOL Quarterly,* 10, 3(September), pp. 299-304.

FRASER NANCY WICKWIRE, 1985, "Help for the Beginning Teacher in FSL: A Consultant's Compendium," *The Canadian Modern Language Review/La Revue canadienne des langues vivantes,* 41, 6(May), pp. 1008-1013.

GRITTNER FRANK M., 1985, "What Language Teachers Should Do to Improve Instruction," in *Indiana Foreign Language Teachers Association News*, (Fall), pp. 14-15. Il saggio è stato antecedentemente pubblicato in *Information*, Wisconsin, 11, 3(April 1984), p. 19.

Mollica Anthony, 1985a, "Oral Stimuli for the Language Classroom", *Language Teaching Strategies, Vol. 1,* ed. Pia Kleber and Marcel Danesi, pp. 39-53. Toronto: The Faculty of Arts and Science.

Mollica Anthony, 1985b, "Communication in the Second Language Classroom", in Papalia Anthony (ed.), *A Communicative Syllabus. Teaching for Proficiency. A Practical Guide,* Schenectady, N. Y., New York State Association of Foreign Language Teachers, pp. 27-36.

Mollica Anthony e Trebian Simona (in preparazione), *Il calendario,* (attività fotocopiabili).

Nemni Monique, 1985, "Si communication savait... Si grammaire pouvait...", *The Canadian Modern Language Review/La Revue canadienne des langues vivantes",* 42, 2 (November), pp. 288-306.

Oukada Larbi, 1985, "Fostering Communicating Initiatives," *The Lasso,* The Wyoming Humanities Newsletter. (February), pp. 10-12. Pubblicato antecedentemente in *Iowa Foreign Language Bulletin,* 27, 1 (October 1984).

Rivers Wilga M., 1973, "From Linguistic Competence to Communicative Competence", *TESOL Quarterly,* 7, 1(March), pp. 5-34.

Stern H. H., 1983, "And Cinderella may yet go to the Ball: A Personal View of the Past, Present and Future of Core French", *Dialogue. A newsletter on the Teaching of English and French as Second Languages,* Toronto, Council of Ministers of Education, Canada. 2, 1(November), pp. 1-4.

Capitolo 30

La lettura

Obiettivi

L'obiettivo del programma di lettura, sia esso svolto nella scuola primaria o secondaria, è un ulteriore sviluppo delle competenze linguistiche attraverso lo studio della letteratura. Una lettura accurata è indispensabile per una buona comprensione; tuttavia si suggerisce di evitare un'eccessiva analisi grammaticale, traduzione o studio del lessico. Gli insegnanti possono rendere la lettura più propositiva assegnando agli studenti domande significative come preparazione alla lettura. Questa tecnica può stimolare quelle capacità di anticipazione che spronano gli studenti alla lettura. Possiamo paragonare questa tecnica a ciò che facciamo quando leggiamo il giornale: cerchiamo gli articoli *(risposte)* che ci interessano su cose che vogliamo sapere *(domande)*.

Può risultare utile preparare in classe gli studenti alle letture da effettuare a casa. Sinonimi, contrari, definizioni, diagrammi, gesti, possono preparare gli studenti a esercizi di lettura più piacevoli e proficui.

Lo studio del lessico deve essere attuato come coadiuvante alla comprensione e all'arricchimento del vocabolario di base, non come un obiettivo a sé. Come preparazione al compito gli studenti vanno incoraggiati all'ascolto di registrazioni audio del brano assegnato (vedi De Amicis, 2008). Devono inoltre preparare un elenco dei termini nuovi e segnare le parti in cui incontrano delle difficoltà.

Gli insegnanti devono dare agli studenti l'opportunità di chiedere chiarimenti su eventuali difficoltà incontrate e, attraverso domande, assicurarsi che gli studenti abbiano capito il brano assegnato.

È auspicabile, ove siano disponibili, l'uso di sussidi visivi alla comprensione della lettura, quali immagini, film, programmi televisivi, diapositive, lucidi, spezzoni di film.

Motivare e aiutare gli studenti è di primaria importanza in un programma di lettura sia estensivo che intensivo. La maggioranza degli studenti che impara una seconda lingua nella scuola primaria o secondaria non è linguisticamente pronta ad un valido apprezzamento letterario nella seconda o terza lingua. Ne consegue, quindi, che qualsiasi approccio letterario che si focalizzi sui particolari sia da evitare nei livelli elementari e intermedi. Tuttavia, il docente può decidere di mettere in risalto alcune caratteristiche del testo letterario, quali figure retoriche – iperboli, similitudini, metafore, allitterazioni – scelte lessicali, uso dei diminutivi, scelta di tempi verbali per ottenere particolari effetti, e così via.

L'obiettivo perseguito dall'autore nell'uso di tali strumenti può essere messo in luce attraverso adeguate domande. Gli studenti dovrebbero essere messi in grado di individuare il tono dominante del brano (ad esempio: patetico, umoristico, tragico). Pochi sono gli studenti che, anche alla secondaria, possono seguire un corso di letteratura in italiano come lingua seconda; questi meritano un'attenzione particolare, ma un intero corso di letteratura non è tuttavia attuabile. Nella maggior parte dei casi sarebbe foriero di esperienze frustranti con la lingua o potrebbe portare a discussioni letterarie in madrelingua. Va quindi ricordato che l'obiettivo principale di un programma di lettura non è di natura letteraria.

Per un corso di letteratura è importante anche la capacità di scrivere pur se al momento considerata subordinata all'arte della conversazione. Tra le attività che possono essere organizzate a qualsiasi livello segnaliamo le composizioni nella lingua target, il riassunto o l'analisi critica del brano assegnato, o frasi di cui l'insegnante abbia fornito le parole chiave.

Il riassunto

Tra le attività di maggior successo si segnala il riassunto del brano oggetto, che può essere sia un capitolo di romanzo che un racconto o novella. Per raggiungere la massima produttività da parte di ogni studente è importante che l'insegnante riassuma il capitolo o il racconto solo dopo una esaustiva discussione e solo dopo che le domande assegnate per verificare la comprensione degli studenti siano state esaurite. Si suggerisce anche che, per evidenziare nuovo lessico e particolari strutture, nel riassunto l'insegnante mantenga il più possibile il lessico originale; si rende evidente quanta pianificazione sia necessaria prima dell'intervento didattico. Gli insegnanti dovranno quindi preparare il loro riassunto con titoli e sottotitoli prima della presentazione agli studenti; quello che apparirà quale un riassunto fatto con gli studenti sarà in realtà un *résumé* attentamente preparato e strutturato. Il metodo di presentazione del riassunto potrà ovviamente cambiare da classe a classe. Prendiamo in considerazione quale esempio il riassunto de "Il rubino" di Corrado Alvaro (vedi Appendice A per il testo completo del racconto).

Riassunto: Il rubino

La perdita del rubino
- un rubino della grossezza d'una nocciola, di un valore spropositato era scomparso
- era stato portato da un principe indiano in visita in una metropoli dell'America del Nord
- l'aveva perduto durante un viaggio fatto in un'auto di piazza

Sogni di ricchezza
- molti s'illusero di trovare il famoso gioiello
- ottimismo e delirio perché il senso della ricchezza di uno fa più ricche le speranze di tutti

Il conduttore dell'auto
- attestò che aveva accompagnato l'indiano in compagnia di una donna
- non aveva trovato il rubino all'interno della macchina
- fece il calcolo delle persone che aveva accompagnato quella mattina

I passeggeri
- i. un uomo indaffarato
- ii. uno straniero che s'imbarcava per l'Europa
- iii. una donna

Lo straniero
- un italiano: portava dei pantaloni larghi come amano esagerare gli emigranti, delle scarpe gibbose e tozze e un cappello duro
- nell'auto di piazza, si era tenuto sempre accosto al finestrino davanti e osservava come fanno quelli che lasciano una città sapendo di lasciarla forse per sempre

Il ritorno dell'emigrante
- tornò a casa dopo cinque anni di assenza senza mai sapere nulla di questa storia del gioiello
- rimpatriò con una valigia di cuoio finto, la sua casacca turchina, dodici penne stilografiche, posate, un oggetto di metallo, tappeti di tela cerata, qualche oggetto per regalo ai suoi, una cassaforte
- aveva mille dollari

La scoperta del gioiello
- in un taschino del gilè portava un pezzo di cristallo rosa, trovato nella vettura che lo aveva accompagnato al porto
- questo pezzo di cristallo, gelido, lucente e limpido, gli fu caro perché quando uno lascia un paese tutte le cose acquistano prima della partenza un valore straordinario di ricordo

Valore del gioiello
- provava un piacere infantile a toccare nel taschino quel cristallo rosa e cominciava a crederlo un portafortuna
- quest'oggetto gli ricordava quella giornata di partenza

Il negozio
- mise un negozio di generi misti al pianterreno di una casupola in una parte del paese abitato dai contadini e dai mandriani
- su un lungo banco aveva messo i pacchi della pasta, la cotonina per le massaie, un barile di vino su due trespoli e un coppo d'olio
- accanto al banco era murata la cassaforte che conteneva il libro dei conti e lo scartafaccio delle merci vendute a credito
- il negozio acquistò l'aspetto di tutti i negozi, con l'odore delle merci, i segni fatti col gesso dalla moglie sulle pareti

La fine degli oggetti "americani"
- i. le scarpe americane: si erano aggrinzite ai piedi della moglie
- ii. la stoffa nuova: era andata a finire fra gli stracci
- iii. il cappello duro: era quasi nuovo nell'armadio
- iv. i tappeti: erano stati dati in regalo alle famiglie importanti
- v. le penne stilografiche: non le aveva volute nessuno; qualcuno le aveva rotte maneggiandole
- vi. i pennini: li teneva cari il padrone della bottega
- vii. il giornale inglese e le pagine di pubblicità: gli facevano rivedere la vita dei quartieri centrali dove talvolta si avventurava
- viii. la pallina di cristallo: la diede al figliuolo per giocare perché le noccioline più pesanti tirano bene contro i castelli e questa di cristallo colpiva nel segno;
  il figlio la teneva molto cara perché veniva dall'America e perché era rossa

"Filosofia" del padre
- il mondo gli pareva pieno di preziose cose perdute che i fortunati ritrovano
- aveva sempre frugato sotto i materassi del vapore, dietro i cuscini di cuoio degli autobus, ma senza trovare nulla
- una volta aveva trovato cinque dollari per strada; se lo ricordava sempre: quel giorno pioveva

Quale apertura di questa attività, l'insegnante può fornire i "titoli" o le "divisioni" e poi procederà al completamento di ciascuna sezione con una serie di domande orali, coinvolgendo il maggior numero di studenti possibile.

Qui di seguito, quale esempio, alcune domande che si possono fare:

La perdita del rubino
- *Che cosa era scomparso?*
- un rubino della grossezza d'una nocciola
- *Che valore aveva?*
- un valore spropositato
- *Chi portava il rubino?*
- un principe indiano in visita in una metropoli dell'America del Nord
- *Quando lo aveva perduto?*
- l'aveva perduto durante un viaggio fatto in un'auto di piazza

Sogni di ricchezza
- *Di che cosa s'illusero molti?*
- molti s'illusero di trovare il famoso gioiello
- *Quali sentimenti provava la gente?*

- ottimismo e delirio
- *Che cosa fa più ricche le speranze di tutti?*
- il senso della ricchezza di uno fa più ricche le speranze di tutti

Il conduttore dell'auto
- *Che cosa attestò il conduttore dell'auto?*
- attestò che aveva accompagnato l'indiano in compagnia di una donna
- *Che cosa non aveva trovato nell'interno della macchina?*
- non aveva trovato il rubino nell'interno della macchina
- *Che calcolo fece il conduttore dell'auto?*
- fece il calcolo delle persone che aveva accompagnato quella mattina

e così via.

Questo riassunto, fatto alla fine dell'attività di lettura assegnata, persegue quattro obiettivi:

1. richiama gli eventi principali del racconto
2. richiama il lessico con cui gli studenti dovrebbero avere familiarità;
3. fornisce un vocabolario di base che può essere usato in composizioni libere, ma in qualche modo controllate, dal punto di vista linguistico, che possono essere digressioni dal tema originario in cui il lessico appare; e
4. ovviamente, insegna agli studenti ad estrapolare le informazioni importanti da un testo e allo stesso tempo a prendere appunti.

Nella preparazione del riassunto i metodi vanno variati a seconda delle capacità degli studenti. Il riassunto può essere stampato su lucido e le risposte nascoste da un foglio di carta. Ne consegue che le risposte saranno presentate o "rivelate" gradualmente e saranno trascritte dagli studenti nei propri quaderni. Gli insegnanti possono sostituire l'uso della lavagna luminosa con la lavagna tradizionale, trascrivendo su di essa il riassunto, oppure con il computer e una presentazione in Power Point. Attraverso un certo numero di domande orali, adeguatamente strutturate e poste, gli insegnanti potranno elicitare dagli studenti quanto verrà via via presentato nei lucidi, alla lavagna o nel Power Point. Questa tecnica:

1. aiuta gli insegnanti alle prime armi a mantenere la disciplina in classe poiché è fisicamente "faccia a faccia" con gli studenti;
2. può essere riutilizzata con un'altra classe come un veloce ripasso prima di un esame o di una verifica;
3. può essere preparata in anticipo e l'insegnante non deve preoccuparsi di altre informazioni che già occupano spazio sulla lavagna.

Quando gli studenti avranno maturato un'adeguata consapevolezza a riguardo di come si realizza il riassunto di racconti o capitoli di un romanzo, con una classe di buon livello, gli insegnanti possono limitarsi ad assegnare i titoli principali e i relativi sottotitoli.

Scrivi un riassunto del racconto "Il rubino" di Corrado Alvaro servendoti di questi titoli.

La perdita del rubino
Sogni di ricchezza

Il conduttore dell'auto
I passeggeri
Lo straniero
Il ritorno dell'emigrante
La scoperta del gioiello
Valore del gioiello
Il negozio
La fine degli oggetti "americani"
"Filosofia" del padre

Si richiederà quindi agli studenti di completare il riassunto. Va puntualizzato che, quando il compito si svolge in classe, ci saranno delle differenze rispetto al riassunto preparato dall'insegnante. Gli studenti potranno negoziare i contenuti del riassunto col docente e infine decidere di aggiungere dettagli significativi o eliminarne altri di minor rilievo; in questo modo gli studenti potranno capire quali sono le informazioni importanti da considerare.

In una classe di buon livello, gli insegnanti possono ottenere dagli studenti dei titoli e dei sottotitoli. Una volta stilato l'elenco, gli studenti procederanno con la stesura del riassunto.

Gli insegnanti scopriranno che studenti recalcitranti a rileggere alcuni capitoli di un romanzo o racconti brevi prima di una verifica saranno invece ben disposti a rileggere le due o tre pagine di riassunto fatte in classe. Inoltre, a prescindere dal fatto che il riassunto sia stato eseguito utilizzando lucidi, lavagna o Power Point, l'insegnante noterà che gli studenti sono facilitati nel compito di riassumere oralmente gli eventi significativi semplicemente basandosi sulle linee guida presentate. Di conseguenza, gli insegnanti, in sede di verifica settimanale o finale, possono fare domande che richiedono risposte più complesse:

1. *Descrivi il gioiello scomparso.*
2. *Chi l'aveva portato?*
3. *Dov'era stato perduto?*
4. *Perché cadde sulla città una ventata di ottimismo e delirio?*
5. *Chi erano i passeggeri?*
6. *Descrivi lo straniero. Ecc.*

Le domande presentate sopra richiedono risposte che superano le due-tre parole; particolare attenzione va prestata alla formulazione di domande che non offrano la possibilità di ottenere risposte del tipo "sì/no", cosa che sfortunatamente non solo si riscontra ma anche prevale in molte delle antologie compilate per studenti anglofoni. In questo caso, bisognerebbe aggiungere delle disposizioni seguenti quale, "Giustifica la tua risposta" o "Rendi ragione della tua risposta."

Domanda mnemonica e domanda di riflessione

Gli insegnanti possono porre due tipi di domande:
1. la domanda che si rifà alla memoria (domanda mnemonica)
2. la domanda che provoca una riflessione nello studente.

La domanda mnemonica viene usata quando gli insegnanti vogliono che gli studenti
- richiamino/ricordino delle informazioni/dettagli
- enfatizzino dei fatti
- si concentrino per ricordare dei fatti
- riassumano i punti principali
- ottengano dei risultati tangibili del loro lavoro.

Questo è il tipo di domanda che lo studente è abituato a trovare negli esercizi che si trovano alla fine delle sezioni dedicate alla lettura e che si intitolano "Conversazione" o "Rispondi in italiano alle seguenti domande" nelle edizioni scolastiche dei testi.

La domanda di riflessione differisce da quella mnemonica nel senso che si rifà a conoscenze e comprensione. Il ruolo delle memoria gioca sempre la sua parte, ma agli studenti viene chiesto di spiegare, riflettere sull'argomento e fornire una risposta che sia corretta e logica. Le probabilità di fornire una risposta corretta tirando ad indovinare sono ridotte al minimo e il vero apprendimento, quello che è il frutto di concentrazione e di riflessione, ne è il risultato. E domande di riflessione si rifanno al *problem solving*: esse provocano un maggiore sforzo intellettuale negli studenti rispetto a domande mnemoniche e richiedono maggiore attenzione e riflessione. Esse stimolano inoltre altre attività rifacendosi a:

- giudizio
- analisi
- organizzazione
- confronto
- comprensione
- intuizione
- pensiero logico
- pensiero creativo.

Si esaminino le seguenti domande riferite rispettivamente ai capitoli 1, 2, 3 e 5 de *I Promessi Sposi* (Mollica, 1966) :

1. "Ma quel che più dispiacque a don Abbondio fu il dover accorgersi, per certi atti, che l'aspettato era lui." Quali sono gli atti?
2. "Dunque voi sapevate...?" Che cosa sapeva Lucia?
3. "Questa è l'ultima che fa quell'assassino." Che cosa intende fare Renzo? Perché? Come?
4. "Oh, lei non è come gli amici del mondo!" Che avrà suggerito ai suoi amici? Che avranno risposto questi?

Le frasi citate agiscono come una molla naturale per le domande che seguono; nei quattro esempi viene fornita agli studenti una frase significativa e viene loro chiesto di concentrarsi sulla risposta riferita ai fatti che precedono o seguono la frase citata.

Le domande basate su citazioni sono utili soprattutto per verificare la comprensione degli studenti, oltre alla loro organizzazione e capacità logiche. Si vedano le domande che seguono riferite a "La ragazzina" Alba de Céspedes' (vedi Appendice C per il testo completo del racconto).

Nelle citazioni seguenti dai il nome della persona che parla e della persona che ascolta. Spiega brevemente in italiano le circostanze nelle quali le frasi sono dette.

1. "Non è vero: sono tutte bugie, Armando non esiste, l'ho inventato per farti ingelosire."
2. "Conosco questo modo di presentarsi. Ho già due figlie maritate."
3. "Proprio stamani ho dato tutto quello che avevo da parte per comperare una macchina."

Un'ulteriore estensione alle domande basate su citazioni emerge dagli esempi che seguono tratti dal racconto di Carlo Cassola, "Il caporale Müller" (in Cantarella, 1967).

Spiega brevemente a chi o a che cosa si riferiscono i pronomi in corsivo.

1. "Vuoi che ci vada io a dirgli che sei qui? *Gli* dico che *ti* vengano a prendere *loro*."
2. "*Me l'*ha detto *lui*."
3. "Potrei andar*ci io*."

Allo stesso modo uno studente può ricordare con maggiore facilità la descrizione di un personaggio qualora siano fornite delle domande del tipo di quelle che seguono. In questo esercizio si richiede allo studente di abbinare la descrizione al nome del personaggio. L'esercizio si rifà a "Paese infido" di Italo Calvino (in Cantarella, 1967).

Scegli la descrizione della Colonna B che corrisponde col nome del personaggio della Colonna A.

Colonna A   Colonna B
1. il medico   a. era una donnetta con la faccia di faina.
2. la maestra   b. un ometto nerovestito con una gran croce rossa su una fascia bianca attorno al braccio.
3. il prete   c. lungo, allampanato, con un colorito bianco avorio.

Una variante a questo tipo di domande si può riscontrare nella proposta che segue

Dai il nome di ciascuno dei personaggi ai quali si riferiscono le descrizioni seguenti:

a. era una donnetta con la faccia di faina.
b. un ometto nerovestito con una gran croce rossa su una fascia bianca attorno al braccio.
c. lungo, allampanato, con un colorito bianco avorio.

o in un'altra più impegnativa.

Descrivi brevemente i personaggi seguenti.
1. il medico
2. la maestra
3. il prete

Le tre attività proposte sopra evolvono in un processo che va dall'identificazione alla descrizione.

La seguente tipologia di esercizio, tratta da "Il rubino", ha come obiettivo l'organizzazione e la comprensione oltre a stimolare la ricapitolazione e la fissazione degli eventi.

Metti le frasi seguenti in ordine cronologico.
1. Lo straniero era un italiano che ritornava al suo paese dopo cinque anni di assenza.
2. Un principe indiano aveva perduto un rubino durante un viaggio fatto in un'auto di piazza.
3. Il figlio la teneva molto cara perché veniva dall'America e perché era rossa.
4. Provava un piacere infantile a toccare nel taschino quel cristallo rosa e cominciava a crederlo un portafortuna.
5. Era un rubino della grossezza di una nocciuola, di un valore spropositato.
6. Lo diede al figliuolo per giocare perché le noccioline più pesanti tirano bene contro i castelli e questa di cristallo colpiva nel segno.
7. Oltre il principe, quella mattina, il conduttore aveva accompagnato tre passeggeri: un uomo indaffarato, uno straniero che s'imbarcava per l'Europa e una donna.
8. Rimpatriò con una valigia di cuoio, altri oggetti vari e un oggetto di cristallo rosa, trovato nella vettura che lo aveva accompagnato al porto.

L'esercizio completo – se adeguatamente preparato – darà il riassunto del brano assegnato per la lettura. Il riassunto potrà essere utilizzato quale dettato; va ricordato che, per non indurre lo studente in errore, le frasi devono essere collegate l'una all'altra

- secondo lo sviluppo naturale degli avvenimenti
- da riferimenti pronominali
- da altri connettori

che consentano il fluire naturale del racconto.

Per un rapido riscontro, nel brano che segue sono stati indicati in corsivo i connettori.

Un principe indiano aveva perduto *un rubino* durante un viaggio fatto in un'auto di piazza. Era *un rubino* della grossezza di una nocciuola, di un valore spropositato. Oltre il principe, quella mattina, il conduttore aveva accompagnato tre passeggeri: un uomo indaffarato, *uno straniero* che s'imbarcava per l'Europa e una donna. *Lo straniero* era un italiano che *ritornava al suo paese* dopo cinque anni di assenza. *Rimpatriò* con una valigia di cuoio, altri oggetti vari e un oggetto di *cristallo rosa*, trovato nella vettura che lo aveva accompagnato al porto. Provava un piacere infantile a toccare nel taschino quel *cristallo rosa* e cominciava a crederlo un portafortuna. *Lo* diede al *figliuolo* per giocare perché le noccioline più pesanti tirano bene contro i castelli e *questa di cristallo* colpiva nel segno. Il *figlio la* teneva molto cara perché veniva dall'America e perché era rossa.

I fatti possono anche essere evidenziati dal tipo di domande che seguono (Vedi Capitolo 1, "L'abbinamento e l'incastro"). In questo caso, si suggerisce che l'insegnante prepari un riassunto del racconto e poi lo trasformi in un'attività di abbinamento con incastro.

Il seguente riassunto de "La ragazzina" di Alba De Céspedes, preparato dal docente, potrebbe esserne un esempio.

> Avevo quindici anni, ero alta e grossa, ma a casa tutti dicevano che ero una ragazzina. Per ogni sciocchezza dicevano manda giù la ragazzina. Ogni volta che uscivo passavo davanti all'officina di Osvaldo. Un giorno Osvaldo disse che, se non ero una ragazzina, potevo uscire con lui dopo il lavoro. Nel trovarlo vestito così elegantemente mi resi conto che, per la prima volta, avevo appuntamento con un uomo. Io avevo rubato i soldi a mia madre per comprarmi le calze. Se mio padre mi avesse vista, mi avrebbe dato delle scoppole. Osvaldo voleva baciarmi ancora, ma lo respinsi ricordandogli che eravamo in strada. Per farlo ingelosire, inventai Armando, ma poi non sapevo come liberarmi di lui. Non potendone più, Osvaldo mi prese per il braccio e mi avviò verso casa mia. Mia madre disse che queste cose le capiva benissimo. Osvaldo le parlò della macchina che aveva comprato e dell'ottimo salario che percepiva.

L'esercizio di abbinamento potrebbe essere il seguente.

Scegli nella Colonna B la frase che completa logicamente quella della Colonna A.

Colonna A	Colonna B
1. Avevo quindici anni, ero alta e grossa,	a. se non ero una ragazzina, potevo uscire con lui dopo il lavoro.
2. Per ogni sciocchezza	b. ma lo respinsi ricordandogli che eravamo in strada.
3. Ogni volta che uscivo	c. ma a casa tutti dicevano che ero una ragazzina.
4. Un giorno Osvaldo disse che,	d. che aveva comprato e dell'ottimo salario che percepiva.
5. Nel trovarlo vestito così elegantemente	e. Osvaldo mi prese per il braccio e mi avviò verso casa mia.
6. Io avevo rubato i soldi a mia madre	f. passavo davanti all'officina di Osvaldo.
7. Se mio padre mi avesse vista,	g. inventai Armando, ma poi non sapevo come liberarmi di lui.
8. Osvaldo voleva baciarmi ancora,	h. queste cose le capiva benissimo.
9. Per farlo ingelosire,	i. mi avrebbe dato delle scoppole.
10. Non potendone più,	j. dicevano manda giù la ragazzina.
11. Mia madre disse che	k. per comprarmi le calze.
12. Osvaldo le parlò della macchina	l. mi resi conto che, per la prima volta, avevo appuntamento con un uomo.

Un buon compito che, ancora una volta, richiede agli studenti di utilizzare il lessico che posseggono dopo la lettura de "Il rubino", può essere il seguente, in cui si richiede la stesura guidata di un breve annuncio.

Scrivi un annuncio da inserire nella colonna "Oggetti smarriti" di un quotidiano italiano.

Dai una descrizione dettagliata del rubino, menziona chi lo ha perduto, dove e quando è stato perduto, il valore, la ricompensa promessa alla persona che lo trova.

Gioiello scomparso: ottimismo e delirio in città

In cerca di una donna misteriosa: tassista e viaggiatori indagati

Tenta suicidio: una donna si butta dalla finestra

Salva per miracolo: donna cade sulla testa di un fattorino

Marito disinvolto: moglie tenta suicidio

Il docente può assegnare dei ruoli a giornalisti che si trovano sul luogo e che devono preparare delle brevi relazioni sui fatti, da utilizzare al telegiornale o al giornale radio. Se l'insegnante desidera enfatizzare la produzione scritta, gli studenti possono assumere il ruolo di giornalisti che scrivono un articolo per un quotidiano italiano.

Gli studenti dovranno relazionare su fatti avvenuti nel passato, utilizzando così vari tempi verbali; cercando di imitare lo stile giornalistico italiano, riferiranno di uno sfortunato incidente, aggiungendo osservazioni e pareri personali. Questo tipo di esercizio può fornire spunti per riflessioni sulle differenze culturali presenti nella relazione di avvenimenti: in un quotidiano inglese la storia sarà più impersonale e oggettiva. I titoli per una attività di questo tipo potrebbero essere "Tentato suicidio", "Fattorino gravemente ferito", "Una donna sulla testa di un fattorino", ecc. per il racconto "Una donna sulla testa" di Moravia (vedi Appendice B); mentre per "Il rubino" di Alvaro (Appendice A) gli studenti potrebbero scegliere "Gioiello scomparso", oppure "In cerca di una donna misteriosa: tassita e viaggiatori indagati".

Un altro modo di coinvolgere direttamente gli studenti con gli avvenimenti del racconto possono essere domande del tipo che segue, le quali spingono i discenti all'identificazione con uno dei personaggi del racconto, in questo caso "Il rubino".

1. Se tu fossi il principe, cosa faresti all'accorgerti della perdita del rubino?
2. Secondo te, perché il principe non vuole che la donna la quale lo accompagnava sia ricercata?

Oppure gli insegnanti, usando il lessico contenuto ne "Il rubino" quale punto di partenza, possono decidere di "personalizzare" alcune domande.

1. Hai mai perduto qualcosa? Quando? Che valore aveva?
2. Se avessi mille dollari, cosa faresti al ritorno al tuo paese? Ecc.

È con questo tipo di domande che, a volte, lessico e contenuto assumono rilevanza nella mente dello studente e danno l'occasione di allontanarsi da domande strettamente legate ai dati del racconto appena letto, consentendo quindi l'uso dell'immaginazione e l'uso sia del lessico che delle strutture conosciute.

L'apprendimento/arricchimento della conoscenza lessicale

Per verificare l'avvenuta comprensione di espressioni da parte degli studenti, l'insegnante può utilizzare il seguente esercizio:

Usa ciascuna delle espressioni seguenti in una frase che ne dimostri chiaramente il significato.

1. di mala voglia
2. in fretta
3. trattarsi di
4. aver torto
   ecc.

È importante che le istruzioni vengano espresse in modo chiaro: dire "usa in frasi" o utilizzare altre espressioni generiche è insufficiente a definire il compito.

Agli studenti va spiegato che la frase da produrre, orale o scritta, deve rendere chiaro il significato dell'espressione indicata. Questo è l'unico criterio a disposizione degli insegnanti per verificare se gli studenti hanno acquisito la padronanza di una determinata espressione.

Nel caso l'insegnante desiderasse focalizzare la sua attenzione sul lessico, può farlo sostituendo parole o espressioni con i relativi sinonimi (Mollica, 1966; vedi Capitolo 15, "I modi di dire").

Sostituisci con altre espressioni le locuzioni in corsivo.

1. "Chi le *darà un parere?*..."
2. Perpetua s'avvide d'*aver toccato un tasto falso*.
3. Il nostro arcivescovo è un sant'uomo, è *un uomo di polso*...

In qualità di ulteriore variante della tecnica di sostituzione si può chiedere agli studenti di riscrivere o riformulare una frase, o un breve paragrafo, usando un'espressione più comune di quella utilizzata dall'autore. Questa tecnica fissa nella loro memoria l'espressione lessicale o la struttura grammaticale più difficile in quanto devono individuare da soli l'espressione e devono contestualizzarla in un ambito ben definito.

Esprimi diversamente il primo periodo de "Il rubino".

Le cronache dei giornali registravano uno di quei fatti che per una giornata sommuovono una città e fanno il giro del mondo: un rubino della grossezza di una nocciuola, un gioiello celebre che portava un nome famoso, che si diceva di un valore spropositato, era scomparso.

Una versione adeguata potrebbe essere la seguente:

Le cronache dei giornali raccontavano uno di quei fatti che per una giornata sconvolgono una città e si diffondono per tutto il mondo; un rubino grosso quanto una nocciuola, un gioiello rinomato che aveva un nome molto noto, il quale sarebbe stato di un valore straordinario, era stato perduto.

Anche il modello di esercizio che segue, basato sullo studio del lessico contenuto in "Una donna sulla testa", può essere trasformato in una specie di gioco.

Scrivi a fianco di ciascuna delle definizioni o dei sinonimi il vocabolo che corrisponde. Le iniziali di questi vocaboli formeranno il titolo di un romanzo di Alberto Moravia.

1. il nome del fattorino
2. rendere breve
3. neanche
4. pensiero fisso, incubo
5. comunicazione telefonica tra città e città
6. di età avanzata

Le iniziali delle risposte dell'acrostico (**L**uigi, **a**bbreviare, **n**eppure, **o**ssessione, **i**nterurbana, **a**nziano) danno luogo a *La noia*, il titolo di uno dei romanzi di Moravia (vedi Capitolo 3, "L'acrostico e il mesostico"). Un esercizio più elaborato, che si sviluppa sulla stessa linea, potrebbe essere il seguente:

Cancella da ogni riga le lettere formanti il vocabolo a cui corrisponde il sinonimo o la definizione. Le lettere rimaste, lette nell'ordine, daranno un proverbio.

1. animale
2. errore
3. disubbidiente, avverso
4. stringere con i denti
5. sala in cui si tengono lezioni, in qualsiasi scuola

1. i b l l e u s t p o i a
2. s c b a a m g b l i l a o
3. i l r i p e b e l l l e
4. m o o m r d a e n r o e
5. n i l a v i u z l i a o

Una volta cancellate le lettere giuste il proverbio è "il lupo perde il pelo ma non il vizio".

Sinonimi, contrari e espressioni dal significato simile sono davvero utili per esplicitare termini o espressioni difficili che si possono incontrare nelle attività di lettura. Le consegne per questo tipo di attività possono variare a seconda del livello linguistico della classe.

- *Trova nel testo il contrario di:*
- *Trova nel testo il sinonimo di:*

invece di

- *Trova nella Colonna B il sinonimo che corrisponde al vocabolo della Colonna A.*
  (Vedi Capitolo 1, "L'abbinamento e l'incastro").

Utilizzando sinonimi e contrari gli insegnanti possono realizzare un tipo di esercizio ancora più accattivante: il cruciverba. (Vedi Capitolo 9, "Il cruciverba"). Considerato che il tradizionale cruciverba "incorniciato" può essere difficile da preparare in breve tempo, gli insegnanti possono optare per un formato meno tradizionale e utilizzare parole chiave contenute nelle attività di lettura. Definizioni valide e chiare eliciteranno nello studente risposte corrette (Immagine 1). Sebbene questi esercizi siano piuttosto lontani da attività di stampo classico, il divertimento che attivano non va sottovalutato nel processo di acquisizione.

Completa il cruciverba secondo le definizioni. (Immagine 1)

Orizzontali
2. gli anni della signora Crostarosa
3. una delle lingue che parlava Crostarosa
5. via in cui era situata l'agenzia di viaggi di Crostarosa
8. Crostarosa dà questa a Luigi da consegnare a sua moglie
9. la signora Crostarosa voleva buttarsi da questo posto
14. era gentile quella che Crostarosa aveva per tutti
16. gli anni della bambina dei Crostarosa
17. il sentimento che fa orrore alla signora Crostarosa
18. venivano molti all'agenzia di Crostarosa
19. lo era la signora Crostarosa oltre ad essere alta ed elegante
20. uno dei paesi visitato da Crostarosa

Verticali
1. il cognome della segretaria di Crostarosa
4. lo erano come il carbone le sopracciglia di Crostarosa
6. erano molte quelle fatte dalla signora Crostarosa
7. lo era l'americano secondo Luigi
10. il colore dei capelli di Crostarosa
11. il "mestiere" di Luigi
12. via dove abitano i Crostarosa
13. l'americano aveva paura che glieli fregassero
15. lo era come un mulo lo scandinavo

Gli esercizi di completamento sono inestimabili quando si vuole lavorare sul lessico, ma in queste attività il docente deve fare delle scelte molto ponde-

Immagine 1

rate. La frase deve essere abbastanza chiara affinché i termini chiave contenuti possano elicitare nello studente la parola o l'espressione giusta.

Completa le seguenti frasi con vocaboli adatti.

Aveva una _____ gentile per tutti: per il tedesco _____ e _____ _____ che voleva tutto scritto, tutto annotato, tutto dettagliato; per l'americano _____ e diffidente che aveva paura che gli si _____ i dollari; per il francese padrone del mondo, _____ di sufficenza; per lo scandinavo di poche parole ma _____ come un mulo.

Per facilitare il compito dello studente l'insegnante può fornire un elenco alfabetico delle parole da inserire, dal quale lo studente potrà trarre il termine corretto.

☐ fregassero ☐ insultante ☐ ostinato ☐ ottuso ☐ paroletta
☐ pignolo ☐ rompiscatole

L'arricchimento del lessico

Per arricchire il lessico conosciuto dagli studenti, l'insegnante può individuare un tema e presentare i termini del campo semantico relativo. L'attività che segue – prendendo spunto dal tema "telefono" – può essere adatta a "Una donna sulla testa":

- fare una telefonata
- il gettone
- la scheda telefonica
- alzare il ricevitore
- digitare un numero
- comporre un numero
- Da parte di chi?
- Ha sbagliato numero.
- annullare la telefonata
- una telefonata interurbana
- una telefonata locale
- attenda in linea
- la cabina telefonica
- il segnale acustico

- Le passo il dottor...
- la tonalità
- La linea è occupata.
- il prefisso
- l'elenco telefonico
- le pagine bianche
- le pagine gialle
- È caduta la linea.
- interno numero ...
- la telefonista
- il centralino
- Pronto!
- Chi lo/la desidera?
- ecc.

Gli studenti possono consultare un buon dizionario e cercare la traduzione delle espressioni elencate sopra. L'insegnante può decidere di andare in loro aiuto fornendo le espressioni corrispondenti in italiano; in questo caso agli studenti verrà chiesto di accoppiare le espressioni elencate in inglese in una colonna con quelle elencate in italiano nell'altra. Possono essere fornite delle brevi spiegazioni culturali relativamente all'uso del telefono in Italia, quali l'acquisto di una scheda telefonica, l'uso e le caratteristiche delle schede telefoniche internazionali, i vari gestori di telefonia mobile e le particolarità dei diversi profili tariffari.

Nel riassunto si possono inserire nuove espressioni con lo scopo di descrivere un personaggio o una situazione. Anche nel caso di termini nuovi il significato della parola o dell'espressione sarà reso esplicito dalla spiegazione che illustra le caratteristiche del termine stesso. È sottinteso che l'insegnante deve prestare attenzione a che lo studente non sia sommerso da una quantità esagerata di nuovi termini oltre a quelli con cui viene in contatto lavorando sul racconto.

Stile

Con il seguente esercizio si può evidenziare l'uso o l'enfasi posta dall'autore sugli aggettivi qualificativi.

Completa il paragrafo seguente con aggettivi.

Addio, monti _____ dall'acque, ed _____ al cielo; cime _____, note a chi è cresciuto tra voi, e _____ nella sua mente, non meno che lo sia l'aspetto de' suoi più _____; torrenti de' quali distingue lo scroscio, come il suono delle voci _____; ville sparse e _____ sul pendio, come branchi di pecore _____; addio! Quanto è _____ il passo, di chi, cresciuto tra voi, se ne allontana!

Per rendere l'attività più semplice, l'insegnante può elencare in ordine alfabetico le risposte suggerite dalle quali lo studente può scegliere:

- ☐ biancheggianti   ☐ domestiche   ☐ elevati   ☐ familiari
- ☐ impresse   ☐ inuguali   ☐ pascenti   ☐ sorgenti   ☐ triste

L'insegnante può decidere di porre domande sulle caratteristiche stilistiche di un certo autore (Mollica, 1966).

Rifletti sulle seguenti domande relative a "I Promessi Sposi"
1. Perché è efficace la ripetizione di "nessuno"? (p. 6, l. 14, 15, 16)
2. A che cosa si paragona il nome di don Rodrigo? Perché è efficace questa similitudine?
3. Che impressione crea il Manzoni con le parole "visacci," "parolacce," "minaccia," "minacciare," "figuracce" nella mente del personaggio? (p. 9, ll. 7, 8, 21).
4. Come indica il Manzoni il passaggio del tempo in questo capitolo? (Capitolo 3).

Disegni/Illustrazioni

Un altro importante sussidio, adatto a stimolare la conversazione nelle attività di lettura, è l'uso delle illustrazioni. Un'immagine che sottolinea un momento cruciale del racconto può essere uno stimolo e un rinforzo visivo a situazioni particolari che in esso vengono rappresentate.

L'insegnante può decidere di utilizzare un'illustrazione come base per una discussione funzionale al riassunto degli avvenimenti del racconto, per un ripasso sistematico in previsione di un esame, o come materiale per verifiche orali. La presentazione delle immagini, che si possono trovare nel libro di testo o su lucidi a parte, deve essere seguita da una serie di domande che si rifanno ad avvenimenti futuri e passati, dando così allo studente l'opportunità di utilizzare vari tempi verbali. Illustrazioni adeguatamente selezionate sono un punto di partenza che motiva gli studenti a partecipare attivamente nelle discussioni in classe. L'autore/curatore e l'illustratore possono decidere di variare quanto appena descritto utilizzando le tecniche che ora presentiamo da affiancare alla tipologia illustrativa richiesta

- *Il disegnatore ha commesso cinque inversioni. Quali elementi ha scambiato fra loro?*
- *In questo disegno, l'artista ha dimenticato sei particolari. Quali sono?*
- *In questa vignetta il disegnatore ha commesso cinque errori. Quali sono?*

- *Inventa cinque domande da fare basate su questo disegno.*
- *Tenendo presenti le quattro vignette, dare una descrizione orale delle azioni qui disegnate.*

Drammatizzazione

Spesso i racconti contengono molti dialoghi; in questo caso la trasposizione da prosa a drammatizzazione è semplice. Si può chiedere agli studenti di lavorare in gruppi e di delineare una breve scenetta che si basi sui dialoghi e sui fatti contenuti nel racconto; in seguito essa viene presentata dal gruppo alla classe. In questo tipo di attività l'accento si pone ovviamente sulla produzione orale e la recitazione offre spunti migliori per la conversazione rispetto alla narrazione e alla prosa descrittiva. Per un'attività più creativa, l'insegnante può scegliere un racconto dove vi è poco dialogo e in questo caso è lo studente che deve immaginarlo, esercitando la sua creatività.

Si considerino le seguenti scene quali naturali attività da svolgere dopo la lettura di "Una donna sulla testa" di Moravia.

Crea il dialogo dei personaggi delle scenette seguenti:
1. L'agenzia di viaggi e turismo.
   (Personaggi: Crostarosa, Luigi, alcuni clienti)
2. La conversazione telefonica tra la signora Crostarosa e suo marito.
3. La telefonata tra la signora Crostarosa e Luigi.
4. L'incontro di Luigi con la signora Crostarosa.
5. L'ultima conversazione tra la signora Crostarosa e suo marito.
6. Luigi all'ospedale.

Gli studenti vanno sollecitati a usare il lessico contenuto nella conversazione presente nel racconto e a espanderlo inventando ulteriori scambi di battute; ai vari gruppi si può chiedere di scrivere scenette diverse, una volta pronte possono essere recitate in classe o in auditorium quali trasposizioni del racconto in atti unici.

Gli studenti potrebbero scegliere di registrare la scenetta e presentarla alla classe come se fosse uno sceneggiato radiofonico; in questo caso gli elementi da considerare sono una sigla musicale, effetti sonori (se richiesti), un narratore o una voce fuori campo per presentare o descrivere la scena. Data la diffusione nelle scuole di strumenti multimediali quali videocamere e videoregistratori, la rappresentazione può essere videoregistrata sotto la guida di un produttore, di un regista e con attori che, ovviamente, parlino italiano durante le riprese. Qui di seguito un esempio di quello che potrebbe essere un copione adeguato per il racconto "Una donna sulla testa".

Una donna sulla testa*

Personaggi

Crostarosa
La signora Crostarosa
Luigi
Un cliente tedesco
Un cliente americano
Una cameriera
Una suora

Scena I

Crostarosa, Luigi, il cliente tedesco; poi il cliente americano

Cliente tedesco: Buon giorno. Vorrei tornare a Francoforte domani. Mi può dire quando parte l'aereo?

Crostarosa: Subito, signore. *(Controllando i suoi libri.)* Dunque. Domani è mercoledì. Ci sono tre voli: uno alle nove e mezza, uno alle quattordici e dieci e uno alle diciannove in punto.

Cliente tedesco: Scusi! Lei ha detto le nove e "mezza"?

Crostarosa: Sì, signore. Vuole che Le prenoti quel volo?

Cliente tedesco: Ma non si dice "mezzo"; cioè con la "o"?

Crostarosa: Si può dire anche "mezza," signore.

Cliente tedesco: Ah, grazie. *(Tirando fuori una penna e un taccuino:)* Ne prendo nota.

Crostarosa: Certo, signore. Allora, a che ora vuol partire per Francoforte?

Cliente tedesco: Francoforte? Ma io non voglio mica partire!

Crostarosa: Come?!

Cliente tedesco: No. Volevo solo esercitare il mio italiano!

(Entra un cliente americano.)

Luigi *(tra sè:)* Ecco un altro rompiscatole! *(Ad alta voce:)* Desidera, signore?

Cliente americano: Fate uno sconto ai turisti che viaggiano in aereo?

Crostarosa: *(Interviene gentilmente, con un bel sorriso pieno di denti finti:)* Sono spiacente, ma non è proprio possibile. Mi permetta di suggerirle di noleggiare una macchina. È più conveniente, sa? Può fermarsi quando e dove vuole, e può usare i buoni-sconto per la benzina.

Cliente americano: Mi prepari un itinerario. Desidero partire da Roma

---

* Il copione per "Una donna sulla testa" è stato scritto da Celestino De Iuliis, Konrad Eisenbichler e Sebastiana Marino durante in seminario che ho tenuto presso l'Università di Toronto negli anni Settanta. (N.d.A.)

stasera per visitare il lago di Garda e le Dolomiti. Mi fermerò quindici giorni. Mi faccia un preventivo. *(Crostarosa si mette a fare i conti; il cliente lo segue con estrema attenzione, poi mormora a se stesso:)* These Italians cannot be trusted.

Scena II

Crostarosa e sua moglie, al telefono

(Squilla il telefono.)

Crostarosa: Pronto!... Sei tu, cara?

Signora: Mi annoio, mi annoio. Non ne posso più. Mi butto dalla finestra. Sì, mi butto, mi butto.

Crostarosa: *(con un tono di voce dolce e paterno)* Ma no, cara, angelo mio, no, tu non devi farlo, se mi vuoi veramente bene, come dici. E la bambina, non ci pensi alla bambina? Perché, invece, non vai a prendere un té in qualche albergo? Perché non telefoni ad Alice per una canasta?

Signora: Uffa! Che noia! È esattamente quello che ho fatto ieri... Oggi mi sento così giù che mi butto senz'altro.

Crostarosa: Ma no, ma no, ti prego, ti supplico, non farlo. Non devi neppure pensarlo... ci sono io che ti voglio tanto bene. C'è la bambina... ci vuoi lasciare soli?...

Signora: *(con una voce stridula e isterica)* Impazzisco dalla noia... Sei sempre occupato con quella maledetta agenzia!... Ho voglia di ammazzare tutti quegli imbecilli che vengono a chiedere informazioni sui viaggi. Ho voglia di ammazzare anche te, e di strangolare quella odiosa signorina Peverelli. Prenditi un'altra segretaria, altrimenti salgo al piano di sopra e mi butto dalla finestra!

Crostarosa: *(friggendo dall'impazienza)* Tesoro mio, ho un'idea brillante. Perché non vai a Cortina d'Ampezzo con la governante e con la bambina? Pensaci, vuoi? Dammi una risposta stasera... *(Pausa.)* Sì, cara, certamente, non mi sognerei neppure di mandarti in un albergo che non fosse di lusso... *(Abbassa il ricevitore, e suda freddo, pensando a quanto dovrà sborsare. Poi esclama tra sè:)* Boh, almeno negli alberghi di montagna le finestre sono alte!

Scena III

Luigi e la signora Crostarosa, al telefono

(Squilla il telefono.)

Luigi: Pronto!

Signora: C'è il signor Crostarosa?

Luigi: Non c'è... è andato all'agenzia della navigazione aerea... sarà qui tra un momento.

Signora: Ma io con chi parlo?

Luigi: Con il fattorino, Luigi... e lei, scusi, chi è? Il signor Crostarosa mi ha raccomandato di prendere tutti i nomi di quelli che telefonano.

Signora: Io sono la signora Crostarosa... Luigi, lei si annoia?

Luigi: Eh, signora, così, così...

Signora: Luigi, io mi annoio, soffoco, non ne poso più... Luigi, dica al signor Crostarosa, quando torna, che è inutile che mi telefoni perché io mi sono buttata dalla finestra.

Scena IV

La signora Crostarosa, la cameriera, Luigi

Cameriera: Signora, c'è un signore che chiede di vederla.

Signora: Lo faccia entrare, per piacere. *(La cameriera esce; entra Luigi.)* Buon giorno. Lei è Luigi, non è vero?

Luigi: Sì, signora.

Signora: Me l'ero immaginato. Allora, dov'è la lettera di mio marito?

Luigi: Eccola, signora. *(La consegna. La signora l'apre e incomincia a leggerla. Luigi indietreggia verso la porta.)*

Signora: Per piacere, Luigi, aspetti due minuti. Prego, si accomodi.

Scena V

Crostarosa e la moglie, al telefono

Crostarosa: Ma cara, non devi neppure pensarle certe cose.

Signora: Non ho altro da fare che pensare. Tutto il giorno mi annoio, ogni azione mi diventa insopportabile, ogni persona noiosa.

Crostarosa: Pensa alla piccola; potresti giocare con lei. Portala allo zoo, ai giardini pubblici. C'è così tanto da fare in città.

Signora: Non c'è niente da fare; sono sempre le stesse facce, gli stessi luoghi, la stessa monotonia e io mi annoio fino a morte.

Crostarosa: Insomma, anche questa dopotutto è la solita cantilena. Dichiari che ti annoi e minacci di gettarti dalla finestra ma in fin dei conti restiamo come siamo.

Signora: Tu ne dubiti, ma io sono sicura, sicurissima. Un giorno la faccio finita e mi butto dalla finestra, sì, sì, mi butto.

Crostarosa: E buttati, allora, così almeno anch'io avrò un po' di pace finalmente, buttati, buttati pure.

Signora: *(Silenzio).*

Scena VI

Una suora, Luigi

Luigi: Dove sono? Che cosa è successo? Uh, che mal di testa, uh.

Suora: Si calmi, signor Rossi. Lei è all'ospedale e...

Luigi: All'ospedale, e come?

Suora: Ha avuto un piccolo incidente, ma il Signore l'ha salvato e adesso tutto va bene.

Luigi: Ahi, oh, incidente? Tutto va bene? Ma io ho mal di testa e mi fa male tutto il corpo.

Suora: Veramente, lei ha due costole rotte e qualche contusione interna, ma niente di grave, la assicuro.

Luigi: Niente di grave? Ma scherza? Ahi! Mi sveglio all'ospedale più morto che vivo e lei... Ma almeno mi dica che cosa mi è capitato.

Suora: Le è capitato che la signora Crostarosa le è cascata addosso quando ha tentato di suicidarsi, la povera signora era...

Luigi: Oh mamma, quella si suicida e per poco non ammazza me. Ma dove andrà a finire il mondo di questo passo?

Suora: La signora, grazie a Dio, è rimasta incolume.

Luigi: Incolume?

Suora: Sì, sana e salva poiché lei le ha attenuato la caduta facendole da cuscino, per modo di dire. Il buon Dio opera...

Luigi: Da cuscino? Il signor Crostarosa mi paga per fare il fattorino e non per fare da cuscino a sua moglie, suicida mancata.

Suora: Si calmi, signor Rossi. Ecco che arriva il dottor Fabris...

Temi/Composizioni

Le composizioni guidate possono rivelarsi un'esperienza di scrittura significativa:

Svolgi in circa 150 parole uno dei temi seguenti.

1. La perdita del rubino
2. La perdita di un oggetto di valore

L'insegnante può

- dare agli studenti una serie di domande, le cui risposte danno la traccia per una composizione;
- chiedere agli studenti di finire una composizione in cui è stata data la frase di apertura;
- chiedere agli studenti di scrivere una composizione basata su di una traccia fornita dall'insegnante o delineata in classe; o

- Assegnare un saggio senza che in classe sia avvenuta alcuna discussione, presentazione o indicazione.

L'ultimo è, ovviamente, il compito più difficile.

Conclusione

Nella maggior parte degli esercizi nelle antologie pubblicate per gli studenti delle scuole superiori c'è poca fantasia; l'enfasi è tutta posta sull'analisi grammaticale, sulla traduzione e memorizzazione di frasi. Poiché non ci si aspetta che le antologie all'inizio di ciascun racconto abbiano un elenco di termini, così come invece avviene all'inizio delle lezioni in alcuni manuali di grammatica, abbiamo voluto suggerire una serie di tecniche varie e, nelle intenzioni dell'autore, di esercizi interessanti che aiutino lo studente a imparare o richiamare alla memoria il lessico di base. Si è trattato solo di alcuni suggerimenti, ogni docente dotato di fantasia può manipolare i vari materiali dedicati alla lettura e presentarli in molti altri modi interessanti.

Riferimenti bibliografici

CANTARELLA MICHELE, 1967 (a cura di), *Prosatori del Novecento*, New York, Holt, Rinheart and Winston.

DE AMICIS, EDMONDO, 2008, *Cuore. Tre racconti. ("Il piccolo scrivano fiorentino", "L'infermiere di Tata", "Sangue romagnolo")* (a cura di) LINDIA LUCREZIA G., Welland, Ontario, éditions Soleil publishing inc. (con CDrom). I racconti sono letti da ANNABRUNA EUGENI, EMANUELE GIACOIA E GIAMPIERO MAZZA.

MOLLICA ANTHONY S., 1966, *Review Exercises to Accompany Manzoni's* I Promessi Sposi, Toronto, Copp Clark Publishing.

Epilogo

Ludolinguistica e glottodidattica: "or bene, questo matrimonio *s'ha da fare, domani e sempre*"

Le nostre scuse ad Alessandro Manzoni...

In un'aula, l'insegnante d'italiano sfogliava lentamente un libro di grammatica tenendovi dentro, per segno, l'indice della mano destra, poi alzava il viso, e, girati oziosamente gli occhi all'intorno, li fissava alla parte d'un monte, dove la luce del sole era già scomparsa. Aperto poi di nuovo il manuale, e recitato un altro verbo irregolare della prima coniugazione, vide una cosa che non s'aspettava, e che non avrebbe voluto vedere. Due uomini entrarono in aula: dall'abito, dal portamento riconobbe immediatamente il preside e il capo del dipartimento d'italiano.

Che i due descritti di sopra volessero parlargli, era cosa troppo evidente; ma quel che più dispiacque all'insegnante fu il dover accorgersi, per certi atti, che l'interrogato sarebbe stato lui. Perché, al vederlo, coloro s'eran guardati in viso, alzando la testa, con un movimento dal quale si scorgeva che tutt'e due a un tratto avevan detto: è lui. L'insegnante, tenendosi sempre il libro di testo d'italiano aperto dinanzi, come se leggesse, spingeva lo sguardo in su, per ispiar le mosse di coloro; e, vedendoseli venir proprio incontro, fu assalito a un tratto da mille pensieri. Domandò subito in fretta a se stesso, se, tra i due amministratori e lui, ci fosse stato qualche malinteso. Fece un rapido esame di coscienza che lo rassicurò alquanto: arrivava in classe sempre in orario e non aveva mai fatto spreco del gesso. I due amministratori s'avvicinavano, guardandolo fisso. Mise l'indice e il medio della mano sinistra nel collare, come per raccomodarlo; e, girando le due dita intorno al collo, volgeva intanto la faccia all'indietro, torcendo insieme la bocca, e guardando con la coda dell'occhio, fin dove poteva, se qualche studente arrivasse; ma non vide nessuno. Recitò un altro verbo a voce più alta, compose la faccia a tutta quella quiete e ilarità che poté, fece ogni sforzo per preparare un sorriso; quando si trovò di fronte ai due galantuomini, disse mentalmente: ci siamo; e si fermò su due piedi.

– Signor insegnante, – tuonò un di que' due, piantandogli gli occhi in faccia.

– Comandino, illustrissimi – rispose subito l'insegnante, alzando i suoi dal libro, che gli restò spalancato nelle mani, come sur un leggìo.

– Lei ha intenzione, – proseguì l'altro, con l'atto minaccioso e iracondo di chi coglie un suo inferiore sull'intraprendere una ribalderia, – lei ha intenzione di introdurre la ludolinguistica nelle sue lezioni di glottodidattica?

– Cioè... – rispose, con voce tremolante, l'insegnante: – cioè. Lor signori son uomini di mondo, e sanno benissimo come vanno queste faccende. Il povero insegnante non c'entra: gli autori di manuali scrivono libri di testo e poi... e poi, noi dobbiamo adottarli e adattarli secondo i bisogni e gli stili di apprendimento dei discenti; e noi... noi siamo i servitori degli studenti... Lor signori sono uomini di grande cultura e sanno benissimo che oggigiorno bisogna motivare gli studenti affinché rimangano nei corsi e continuino a studiare l'italiano. Signori miei, – continuò l'insegnante, con la voce mansueta e gentile di chi vuol persuadere un impaziente, – ma, signori miei, si degnino di mettersi ne' miei panni. L'introduzione della ludolinguistica nel programma d'italiano permette agli studenti di *giocare con la lingua*, di *apprezzare una nuova cultura*, di *innamorarsi dell'idioma gentile*..., come avrebbe detto il grande Edmondo, di felice memoria. Lor signori son troppo giusti, troppo ragionevoli...

– Or bene, – gli disse il preside, all'orecchio, ma in tono solenne di comando, – Vedo che Lei è un insegnante che sa il viver del mondo; che conosce gli interessi degli studenti e noi siam galantuomini, che non vogliam farle del male, purché abbia giudizio. A quanto pare, il suo approccio motiva gli studenti. Lei ci ha, se non convinti, almeno persuasi. Continui pure: *"or bene, questo matrimonio tra ludolinguistica e glottodidattica s'ha da fare, domani e sempre"*.

Postfazione

Illusioni e giocattoli da dotti

Da Anthony Mollica mi divide un solco, non so quanto profondo: lui usa parole come «Ludolinguistica» e «Glottodidattica», io non le uso. Penso anzi che l'amore per il gioco (ludo-) con le parole (-linguistica) sia alternativo all'uso di «ludolinguistica» e l'insegnamento (-didattica) di una lingua (glotto-) dovrebbe trasmettere la diffidenza per parole come «glottodidattica».

Quello che sospetto è che Anthony Mollica abbia fatto un gioco di parole. Questo mio testo è destinato a comparire in fondo al libro, quindi la frase «Quello che sospetto è che Anthony Mollica abbia fatto un gioco di parole» è particolarmente idiota: Mollica ha fatto e ha insegnato a fare vagonate di giochi di parole, e quindi chi abbia anche solo sfogliato le pagine che precedono queste non può avere al proposito il minimo dubbio.

L'abbinamento e l'incastro (quest'ultimo non va confuso con l'omonima combinazione enigmistica) sono semplici esercizi di verifica sulla competenza linguistica (trovare un sinonimo) o più generalmente culturale (abbinare un personaggio a una sua frase).

L'acronimo è il meccanismo linguistico grazie a cui vengono composti i nomi di molte aziende o prodotti, ma ci si può anche giocare, per esempio reinterpretando «Kiss» come «Keep It Short, Stupid».

L'acrostico è il procedimento poetico da cui si è generato il gioco precedente, ed è un gioco a sua volta: invece che una sigla ne uscirà una parola o una chiave. Ha avuto varie applicazioni in poesia, ma anche come tecnica per la memoria.

Sugli aggettivi qualificativi si può giocare legandoli a una regola, per esempio quella dell'iniziale uguale (Anna è Altruista): era un gioco una volta in voga nei salotti.

L'anagramma è uno dei principi dell'enigmistica, difficile immaginare quanto riesca a essere duttile. L'esempio più sorprendente che conosco io: Marco Antonio = antico romano (potete controllare, le lettere sono le stesse da un lato all'altro dell'uguale).

Questi sono solo i giochi trattati (con molte delle loro varianti) nei primi cinque capitoli; i capitoli sono trenta. Si dovrebbe già avere idea del ventaglio di settori dell'esperienza umana (letteratura, religione, industria, infanzia, conversazione...) e dell'arco temporale (dai presocratici al World Wide Web) in cui giochi di questo tipo si sono sviluppati.

Essendo quasi un quarto di secolo che mi occupo professionalmente della materia (ovvero vengo pagato per giocare) ho avuto a mia volta il tempo di farmi un'idea. L'idea è questa: ci si sbaglia quando si pensa che l'uomo ha usato il linguaggio per tante cose utili e pratiche e poi, nel tempo libero, qualche uomo ci ha anche giocato. Aprite un libro di storia della scrittura: vi dice che fra i primi metodi per lasciare traccia visibile del proprio pensiero c'era la «scrittura-rebus». Leggete Platone: ricordava che secondo le leggende del passato (del suo passato) «Era» è la dea dell'aria, «*aer*», perché i due termini sono l'uno l'anagramma dell'altro. Prendete la *Commedia* di Dante: per la prima volta la rima veniva usata in modo tanto sistematico, in un poema tanto lungo. Prendete gli slogan, come il celebre «I like Ike» che Roman Jakobson analizzò come esempio di uso *poetico* (poetico, non ludico) del linguaggio. Prendete quelle famiglie in cui a tutti i figli si danno nomi che hanno la stessa iniziale del cognome.

Per me queste sono altrettante dimostrazione di una particolarità del linguaggio: ci si gioca anche quando non si gioca. Si può non esserne consapevoli, si può pensare che l'importante non è la forma ma è la sostanza, ci si può illudere che le parole siano al nostro servizio e che siamo noi a decidere quando lasciarle giocare e quando farle lavorare. La vita è piena di illusioni, e ci sta anche questa. La semplice verità è che le parole giocano sempre, anche quando lavorano, perché il loro modo di lavorare comprende anche il gioco. Voi potete scrivere un intero libro di grammatica e poi potete intitolarlo «Grammatica della lingua italiana» ovvero «Manuale per imparare a giocare con la lingua italiana», senza cambiare il testo. L'unica cosa che cambia è che se siete insegnanti non è la stessa cosa se entrate in classe e dite: oggi facciamo lezione sugli avverbi; oppure dite: oggi giochiamo con gli avverbi. La lezione è obbligatoria, il gioco non può esserlo, per sua natura. È qui che un libro di «ludolinguistica e glottodidattica» diventa prezioso, perché contiene giochi divertenti e collaudati: non c'è nulla di peggio di aver voglia di divertirsi e non sapere come farlo – come voler cucinare avendo la dispensa e il frigorifero vuoti. Ma non c'è nulla di peggio che avere la dispensa e il frigorifero pieni e non sapere cucinare: fuori dall'analogia, il gioco non si può assegnare come un compito, ma richiede al docente la capacità di trasmettere uno spirito, l'entusiasmo per la sfida, la laboriosità dell'applicazione, la tenacia con cui propiziare il momento in cui si accende una lampadina, si trova una soluzione, si produce l'incantevole fenomeno di una parola che si trasforma in un'altra.

Ecco, allora, che Mollica mettendo assieme trenta capitoli ognuno dei quali è colmo di giochi di parole ha fatto, nel complesso, un iper-gioco di parole: ha dimostrato che non ci sono parole brutte o parole belle, ma parole esistenti e parole inesistenti (a volte tornano utili anche queste ultime, naturalmente), e che dunque sotto nomi scostanti come «ludolinguistica» e «glottodidattica» si possono nascondere attività davvero divertenti e istruttive. Se la lingua fosse solo uno strumento funzionale a scopi pratici non potremmo amarla; se i giochi fossero solo una forma di didattica non potrebbero essere divertenti.

O ludolinguistica : gioca d'illusion, tu!

O glottodidattica: giocattol da dotti.

Basta dirlo con due anagrammi, e tutto risulta chiaro.

Stefano Bartezzaghi

Appendice A

Corrado Alvaro:

Il rubino

Le cronache dei giornali registravano uno di quei fatti che per una giornata sommuovono una città e fanno il giro del mondo: un rubino della grossezza d'una nocciuola, un gioiello celebre che portava un nome famoso, che si diceva di un valore spropositato, era scomparso. Lo portava come ornamento un principe indiano che si trovava in visita in una metropoli dell'America del Nord. Egli si era accorto di averlo perduto subito dopo un viaggio fatto in un'auto di piazza, che lo aveva depositato in incognito in un albergo suburbano, sfuggendo alla sorveglianza del suo seguito e della polizia. Furono mobilitati gli agenti investigativi, la città intera si destò la mattina seguente sotto l'impressione di quella perdita, e fino a mezzogiorno molti s'illusero di trovare sulla loro strada il famoso gioiello. Cadde sulla città una di quelle ventate di ottimismo e di delirio, quando il senso della ricchezza di uno fa più ricche le speranze di tutti. Il principe, nella deposizione che fece alla polizia, fu reticente, ma escluse che la persona con cui aveva viaggiato potesse essersi resa responsabile di quella perdita. Perciò non doveva essere ricercata. Il conduttore del veicolo si presentò per attestare che aveva accompagnato l'indiano col suo turbante prezioso in compagnia di una donna, affermando di averli lasciati davanti a un albergo suburbano. Egli affermava che la donna era una bianca, e che la sola cosa che la distingueva era un magnifico brillante, della grandezza di un pisello, che ella portava incastrato alla narice sinistra, secondo la consuetudine di alcune ricche indiane. Questo particolare sviò per un momento l'attenzione del pubblico dal rubino perduto, aggiungendo curiosità a curiosità.

Il conduttore del veicolo, dopo aver visitato accuratamente l'interno della vettura, fece il calcolo delle persone che aveva accompagnato durante le prime ore di quella mattina: un uomo indaffarato, uno straniero che aveva accompagnato fino al porto e che evidentemente s'imbarcava per l'Europa, una donna. Lo straniero, riconoscibile per un italiano, era uscito da una di quelle case dove si uniscono a vita comune gli emigranti; questa persona portava un paio di pantaloni larghi come amano esagerare gli emigranti, le scarpe gibbose e tozze che si usano ormai soltanto fra gente di quella condizione, un cappello duro su un viso sbarbato, magro, seminato di rughe. Come bagaglio aveva una valigia pesante la cui chiusura era assicurata da una grossa fune, e un altro involto pesantissimo che pareva una scatola di acciaio. Egli era partito il giorno stesso. Ma l'idea di quest'individuo si cancellò subito dalle ricerche, perché lo straniero aveva l'aria di viaggiare per la prima volta in un'auto di piazza, non sapeva neppure chiudere lo sportello, e si era tenuto sempre accosto al finestrino davanti, forse per non essere proiettato all'indietro dalla corsa, e osservava attentamente le strade, come fanno quelli che lasciano una città sapendo di lasciarla forse per sempre. L'attenzione del conduttore si fissò invece sull'uomo che, uscendo dall'alberghetto suburbano, aveva preso la vettura subito dopo il principe, e si era fatto portare nel quartiere dei lavoratori italiani, dove poi lo straniero aveva preso posto. Quel viaggiatore, di cui diede i connotati, e che doveva essere uno della città, fu cercato inutilmente. Del resto, il fatto che egli non si facesse vivo agli appelli dei giornali e alla promessa di una forte mancia, dimostrava a rigor di logica che era stato lui a impadronirsi del famoso gioiello. Ma trattandosi di un oggetto riconoscibilissimo, celebre in tutto il mondo, si sperava che un giorno o l'altro sarebbe riapparso.

L'emigrante che tornava a casa sua, in un paese dell'Italia meridionale, dopo cinque anni di assenza, non seppe mai nulla di questa storia. Egli rimpatriava con un bagaglio dei più singolari, per quanto gli emigranti ci abbiano abituati alle cose più strane. Una valigia di cuoio finto, che egli credeva vero, conteneva la sua casacca turchina da fatica, ben pulita e stirata, dodici penne stilografiche che egli si riprometteva di vendere alla gente del suo paese, dimenticando che si trattava di mandriani, e che non più di sei borghesi adoperavano penna e calamaio, inoltre alcune posate con uno stemma, una macchinetta per tosare di cui si era servito per tagliare i capelli ai suoi compagni di lavoro, un oggetto di metallo di cui non conosceva l'uso e lo scopo, che aveva forma di pistola e non sparava, dodici tappeti di tela cerata e qualche oggetto per far figura e per regalo alla moglie, al figlio, agli amici. Il bagaglio pesante era una cassaforte di acciaio, usata, che si apriva con un meccanismo in cui bisognava comporre una parola di sei lettere e la parola questa volta era: Annina. Quanto a contanti, portava mille dollari, di cui trecento doveva restituirli a chi glieli aveva prestati pel viaggio. In un taschino del gilè portava un pezzo di cristallo rosa, grande come una nocciuola, sfaccettato, trovato per caso nella vettura che lo aveva accompagnato al porto, e di cui non sapeva l'uso. Lo aveva trovato ficcando le mani dietro il cuscino della vettura. Lo prese per un amuleto della sua vita avvenire, e forse lo avrebbe fatto legare come ciondolo alla catena dell'orologio. Era strano che non fosse forato, e quindi non poteva essere neppure una delle tante pietre grosse che si adoperano per le collane delle signore nelle città. Quando uno lascia un paese, tutte le cose acquistano prima della partenza un valore straordinario di ricordo, e ci fanno pregustare la lontananza e la nostalgia. Così gli fu caro questo pezzo di cristallo, gelido a toccarlo, abbastanza lucente e limpido, come se fosse vuoto dentro, e vi fosse del rosolio, come nei confetti.

Quest'uomo, intorno agli elementi che possedeva, aveva stabilito il suo negozio. La cassaforte attaccata al muro, il banco per la vendita, le penne stilografiche in una scatola, le posate con lo stemma, i tappeti di tela cerata esposti, quelli dove è raffigurata la statua della Libertà e agli angoli portano i ritratti dei fondatori dell'indipendenza americana, il tutto a puntini bianchi e azzurri. Tutte queste cose le aveva radunate pazientemente in cinque anni, pensando al suo ritorno, e scegliendo le cose che sarebbero apparse più strane in un paese come il suo, per quanto potesse scegliere fra le occasioni di roba usata che gli offrivano, proveniente non si sa di dove, ma che fa un gran giro fra le mani degli emigranti.

Ora sarebbe divenuto negoziante di generi misti, dopo essere partito bracciante, e la prima idea del negozio gliel'aveva data la cassaforte. Si sarebbe detto che avesse scelto tale mestiere proprio perché possedeva una cassaforte. Si sentiva quasi ricco, poiché i denari che aveva in tasca erano denari forestieri che col cambio aumentavano. Calcolando mentalmente quanti erano, il suo pensiero si perdeva volentieri in cifre ad ogni minuto diverse. Provava un piacere infantile a toccare nel taschino quel cristallo rosa, e cominciava a crederlo un portafortuna. Era uno di quegli oggetti senza utilità, che rimangono tutta la vita con noi, di cui nessuno ha la forza di disfarsi, e che finiscono a diventare compagni di vite intere se non di intere generazioni. Molte cose importanti si perdono, tenute ben custodite e nascoste, ma questi oggetti non si perdono mai, e qualche volta vi pensiamo. Quest'oggetto ora, a pochi giorni di distanza, gli ricordava quella giornata di partenza, l'interno di quella vettura, le strade che si arrotolavano lentamente come scenari dopo una rappresentazione, e diventavano ricordi di cose lontane.

Egli mise il negozio in una parte del paese abitata dai contadini e dai mandriani, in alto. Quindici giorni dopo il suo arrivo, il pianterreno di una casupola era mobiliato con un lungo banco, uno scaffale dove avevano trovato posto i pacchi turchini della pasta, la cotonina turchina per le massaie, da un canto un barile di vino su due trespoli e un coppo d'olio. Accanto al banco era murata la cassaforte, ed egli provava un gran piacere ad aprirla in presenza alla gente. In questa cassaforte era il libro dei conti e lo scartafaccio delle merci vendute a credito, da pagarsi al tempo del raccolto o della vendita delle bestie. Il negozio acquistò lentamente l'aspetto di tutti i negozi, con l'odore delle merci, i segni fatti col gesso dalla moglie sulle pareti, per ricordarsi delle cose date a credito, perché non sapeva scrivere. Invece il figliolo, che andava a scuola, cominciò a tracciare sul registro i nomi dei clienti, e qualche volta faceva assennatamente la guardia alla bottega, nei pomeriggi caldi, quando non c'era altro traffico che quello della neve per i signori che si svegliavano dal sonno pomeridiano.

Lentamente le lunghe scarpe americane si erano aggrinzite ai piedi della moglie che aveva acquistata l'aria soddisfatta e meticolosa delle bottegaie, la stoffa nuova che il marito aveva portato era andata a finire fra gli stracci, e soltanto il cappello duro di lui era quasi nuovo nell'armadio, i tappeti di tela cerata erano stati dati in regalo alle famiglie importanti, e quanto alle penne stilografiche nessuno le aveva volute. Qualcuno le aveva rotte maneggiandole, e i pezzi stavano nella cassaforte. Il padrone della bottega aveva, in fondo, l'animo di un ragazzo, perché pensava spesso che i pennini di quelle stilografiche fossero d'oro, e li teneva cari come il ragazzo tien cara la stagnola delle cioccolate. Conservava anche un giornale scritto in inglese, lo aveva sempre risparmiato, anche quando ne aveva avuto bisogno per incartare le merci. Talvolta si metteva a osservarlo, e le figurine delle pagine di pubblicità gli facevano rivedere la gente che fumava le sigarette col bocchino d'oro, le ragazze, i grammofoni, la vita dei quartieri centrali dove talvolta si avventurava.

Quanto alla pallina di cristallo, se ne ricordò un giorno, e la diede al figliolo che ci giocasse coi compagni il giorno di Natale. In quest'epoca, serve ai ragazzi una nocciolina più pesante per tirare contro i castelli fatti di nocciuole e buttarli giù e vincerli; di solito se ne prende una un po' grossa, la si vuota pazientemente attraverso un forellino, poi la si carica con alcuni grani di piombo da caccia. Questa di cristallo andava bene, era pesante, e colpiva nel segno. Un altro giocava con una pallina di vetro di quelle che si trovano nelle boccette delle gazose, che sono tonde; ma il figlio del negoziante sosteneva che fosse più bella la sua perché veniva dall'America e perché era rossa. La teneva molto cara, come fanno i ragazzi, che non perdono mai queste cose. Il padre pensava spesso, vedendo quest'oggetto che serviva di giocattolo al suo ragazzo, alle sue illusioni di quando viaggiava pel mondo, e il mondo gli pareva pieno di preziose cose perdute che i fortunati ritrovano. Per questo aveva sempre frugato dove gli capitava, sotto i materassi dei lettucci nel vapore, dietro i cuscini di cuoio degli autobus; non aveva mai trovato nulla. Sì, una volta soltanto, aveva trovato cinque dollari per istrada, e, se lo ricordava sempre, quel giorno pioveva.

Da Gente in Aspromonte
Milano, Aldo Garzanti Editore

Appendice B

Alberto Moravia:

Una donna sulla testa

Deciso a tutto pur di lavorare, accettai finalmente di diventare fattorino al servizio di un certo Crostarosa che aveva un'agenzia di viaggi e turismo dalle parti di via Veneto. Questo Crostarosa era un bell'uomo, con la faccia rossa e i capelli d'argento; gli occhi li aveva neri sotto due cespuglietti di sopracciglia nere come il carbone. Crostarosa doveva averne passate tante; e questa dell'agenzia non era che l'ultima. Sapeva, per esempio, parlare molte lingue alla perfezione: il francese, l'inglese, il tedesco, lo spagnolo e perfino, come scoprii con stupore, una volta che venne all'agenzia un tizio scuro di pelle, con un fazzolettone in testa e un accappatoio addosso, anche l'arabo. Lui non parlava mai della sua vita, ma, come ho detto, doveva averne passate assai: a sprazzi, ogni tanto, veniva fuori che era stato in India o in Brasile, in Inghilterra o in Australia; ma, così, modestamente, come io direi: sono stato a Ladispoli, sono stato a Frascati. Ne aveva passate tante e non era più giovane, anzi quasi anziano, sebbene si vestisse sempre di chiaro, per lo più a quadrettini bianchi e neri, con cravatte e fazzoletti sgargianti. Crostarosa era gentile; ma gentile da non credersi: mai perdeva la pazienza, mai si urtava, mai diceva una parola di troppo, in nessuna lingua, mai smetteva quel suo tono di voce dolce, paterno, entrante, servizievole, affabile.

Aveva una paroletta gentile per tutti: per il tedesco ottuso e pignolo che voleva tutto scritto, tutto annotato, tutto dettagliato; per l'americano rompiscatole e diffidente che aveva paura che gli si fregassero i dollari; per il francese padrone del mondo, insultante di sufficienza; per lo scandinavo di poche parole ma ostinato come un mulo.

Crostarosa ci aveva sul bancone due o tre telefoni ai quali lui rispondeva pur prendendo tutto il tempo appunti e tenendo il ricevitore appicciato all'orecchio con la spalla. Queste telefonate erano tutte eguali: si parlava di viaggi, si rispondeva sui viaggi e tutto finiva lí. Però, quattro o cinque volte al giorno in media, capitava una certa telefonata differente, non di viaggi, per cui Crostarosa gettava via carta e matita e ascoltava serio e rispondeva serio e non si occupava più dell'agenzia né dei clienti. Queste telefonate erano lunghe e si vedeva che Crostarosa friggeva dall'impazienza, ma lui era gentile, come ho detto, e non diceva niente per farle finire o, quanto meno, abbreviare. Si limitava ad ascoltare, dicendo ogni poco qualche parola, guardando intanto alla porta a vetri e, se entrava qualche cliente, sorridendo come per dire cha avesse pazienza un momento, con un bel sorriso pieno di denti finti, perché ci aveva la dentiera, Crostarosa, bianca accecante, da giovanotto di vent'anni. Finalmente all'altro capo, la persona finiva di parlare; e allora Crostarosa deponeva il ricevitore, non senza però avergli prima lanciato un'occhiata quasi di rimprovero; e non senza sospirare, in maniera triste, senza rancore, però, gentilmente, dolcemente, come il solito suo.

Nell'ufficio che era una stanzetta stretta e lunga da metterci piuttosto una vendita di coni gelati che un'agenzia di viaggi, eravamo in tre: una signorina brutta, di mezza età, coi capelli crespi tinti, gli occhiali, e una punta di malignità sulla punta del nasino puntuto, che stava alla macchina da scrivere; Crostarosa che faceva tutto lui; ed io. La signorina che si chiamava Peverelli, doveva sapere benissimo chi fosse la persona che telefonava a Crostarosa, perché, ogni volta che quella telefonata incominciava, lei interrompeva di battere a macchina e si metteva là, dietro il suo tavolino, a godersi lo spettacolo della pazienza di Crostarosa con una certa aria tra la malignità e il compatimento che, a sua volta, era tutto uno spettacolo. Forse era innamorata di Crostarosa, la signorina Peverelli. Certo gli voleva bene; e ogni volta che lui deponeva il telefono, lei tirava un sospiro e scuoteva la testa, in una certa sua maniera, come per dire: «Poveretto, lo compatisco... ma esagera con la pazienza... se rispondessi io, sarebbe tutta un'altra cosa.» Eh, ci sono facce che sono parlanti e dicono tante cose, anche se tengono la bocca chiusa. La signorina Peverelli aveva una di queste facce.

Io non capivo niente; poi, finalmente, un giorno, capii tutto in una sola volta. Crostarosa era uscito per andare a fare certi biglietti presso un'agenzia di navigazione aerea; la signorina, siccome non erano ancora le quattro, non c'era; io, in quella calda giornata di giugno, me ne stavo intontito, dietro il banco, guardando alla poca gente che passava dietro i vetri. Squilla il telefono, stacco, una vocina dolce, proprio bella, una vocina d'angelo, domanda: «C'è il signor Crostarosa?» Risposi subito, come mi era stato raccomandato: «Non c'è... è andato all'agenzia della navigazione aerea... sarà qui tra un momento.» «Ma io con chi parlo?» «Con il fattorino, Luigi... e lei, scusi, chi è? Il signor Crostarosa mi ha raccomandato di prendere tutti i nomi di quelli che telefonano.» «Io sono la signora Crostarosa... Luigi, lei si annoia?» A questa domanda, dico la verità, rimasi a bocca aperta. Balbettai: «Eh, signora, cosí cosí...» E lei: «Luigi, io mi annoio, soffoco, non ne posso piú... Luigi, dica al signor Crostarosa, quando torna, che è inutile che mi telefoni perché io mi sono buttata dalla finestra.» E, click, giú il telefono. Io non ci ero ancora abituato; e cosí, dopo questa dichiarazione cosí decisa, rimasi proprio male. Quella si buttava dalla finestra e io non potevo farci niente, non potevo né telefonarle perché non conoscevo il numero di casa di Crostarosa, né andarci perché non conoscevo l'indirizzo. Passa mezz'ora; Crostarosa rientra nell'ufficio; io mi precipito: «Presto, signor Crostarosa, presto... sua moglie ha telefonato poco fa che si buttava dalla finestra.» Lui mi guardò senza turbarsi né dir parola; depose in ordine in un cassetto i biglietti aerei che teneva in mano; poi, con calma, prese il telefono, formò il numero. Subito lei gli rispose; e lui, dopo un poco, disse: «Cara, perché hai detto quella brutta cosa a Luigi? L'hai spaventato.» Una pausa, poi: «Ma no, cara, angelo mio, no, tu non devi farlo, se mi vuoi veramente bene, come dici. E la bambina, non ci pensi alla bambina? Perché, invece, non vai a prendere un té in qualche albergo? Perché non telefoni ad Alice per una canasta?» Nuova pausa. «Ma no, ma no, ti prego, ti supplico, non farlo, tu mi vuoi far morire di dolore... pensa alla nostra bambina... Un'idea: perché non vai a vedere quel film tanto bello, c'è l'aria condizionata, ti divertirai.» Ancora una pausa. «Ma no, no, no, tu questo, nonché dirlo, non devi neppure pensarlo... ci sono io che ti voglio tanto bene, c'è la bambina... ci vuoi lasciare soli?» E via di questo passo.

Poi, dopo tante altre telefonate, l'ho saputo quello che lei rispondeva alle suppliche e alle raccomandazioni di quell'uomo cosí gentile: «Mi butto dalla finestra, sí, mi butto, mi butto.» Era un'ossessione, questa della finestra. E lui, paziente, dolce, cercava di smontarla, di consolarla; e alla fine ci riusciva perché, insomma, lei dalla finestra non ci si buttava.

Basta, venne luglio e Crostarosa fece un sacrificio, perché non era ricco e mandò la moglie con la governante e la bambina a Cortina d'Ampezzo, in uno dei primi alberghi. Ci credereste? Lei continuò a telefonargli, nello stesso modo, soltanto che adesso, invece che da via Caroncini, a Roma, dove abitavano, le telefonate gliele faceva da Cortina, a tante centinaia di lire ogni tre minuti e lui, poveretto, che lo sapeva che il denaro correva, sudava e fremeva ma lo stesso, sempre per il timore che lei si buttasse davvero, non cercava di abbreviare le comunicazioni ma la consolava e la pregava. Da Cortina d'Ampezzo lei passò al Lido di Venezia e anche di lí, siccome anche lí si annoiava e le finestre erano alte, minacciava, con le interurbane, di buttarsi; e Crostarosa, dall'ufficio, a Roma, insisteva che non si buttasse e che pensasse a lui e alla bambina.

Passò l'estate, lei tornò a Roma; e ricominciò la stessa solfa; ma forse peggiorata, perché vedevo che Crostarosa era diventato nervoso e quando lei gli parlava al telefono persino si dimenticava di sorridere ai clienti che entravano.

Un giorno che lui sera sprofondato nello studio di un orario internazionale per conto di un americano che voleva andare in Persia, ecco che lei telefonò, al solito. Crostarosa prese il ricevitore, disse brevemente: «Guarda, angelo mio, non ho proprio tempo... ti mando Luigi con una lettera;» e tolta da un cassetto la lettera già pronta, me la diede raccomandandomi di portarla a sua moglie, a via Caroncini.

Ci andai. Trovai una bella casa moderna, salii con l'ascensore al secondo piano, entrai in un appartamento elegante, signorile, tanto che pensai: «Ce l'avessi io un appartamento come questo... certo non penserei di buttarmi dalla finestra.» La cameriera, giovine e bellina, con il grembiale di pizzo e la cuffia, mi introdusse in un salotto spazioso. Seduta sul pavimento, assorta a giocare con una bambola e un orso di pezza, c'era una bambina bionda di forse quattro anni, con un bel viso tondo, rosso di salute e due occhi azzurri che sembravano due fiori. In una poltrona, davanti la finestra aperta, c'era la signora Crostarosa.

Dico la verità, me l'ero immaginata tutta diversa nonostante la vocina dolce: scarmigliata, esaltata, una strega. Vidi invece una donna molto giovane, avrà avuto ventiquattr'anni, con un viso delicato, una bocca che pareva una rosa, e gli occhi grandi, scuri, belli, dall'espressione angosciata, però. Si alzò, come entrai, e notai che era alta, elegante, snella. Aveva la mano lunga e bianca, con un anello con un brillante al dito. Disse: «Lei è Luigi, non è vero?... me l'ero immaginato.» Quindi prese la lettera e tornò a sedersi nella poltrona, ingiungendomi di non andarmene: prima voleva leggerla. Mentre leggeva, io vedevo le sue pupille trascorrere da una parte all'altra del foglio, muovendosi rapide sotto le palpebre socchiuse e allora capii che lei non era normale perché quelle pupille scintillavano in una maniera strana. Infatti, finita la lettera, ebbe come una crisi di nervi: stracciò la lettera, la gettò a terra, poi si prese il viso tra le mani smaniando e dicendo non so che cosa. Tutto questo senza preoccuparsi affatto né di me che la guardavo, né della bambina che, lei, doveva esserci abituata, perché continuò, zitta zitta, a giocare con la sua bambola e il suo orso. Finalmente, lei cominciò a dire le stesse cose che diceva per telefono: «Mi annoio, mi annoio, non ne posso piú, mi butto dalla finestra, sí, mi butto, mi butto.» Non sapendo che fare, mi avvicinai, sedetti sopra una seggiola accanto a lei e le dissi: «Signora, non dica questo, lei non deve buttarsi.» «E perché no, Luigi?» domandò lei, pronta, togliendosi le mani dalla faccia e guardandomi con quei suoi magnifici occhi. Dissi: «Perché la vita è bella, signora... guardi me... dormo in un sottoscala, mangio lo sfilatino, ci ho le scarpe rotte... però non mi annoio e non penso a buttarmi dalla finestra.» «Ma voi siete diversi, voi del popolo... almeno avete la miseria a cui pensare... io non ci ho nulla, nulla, nulla.» «Ma signora, lei ha una bambina che è un amore, ha un marito che non vede che per gli occhi suoi, ha una bella casa, viaggia, si diverte... perché vuol buttarsi dalla finestra?» Intanto, pur cosí parlando, non so come, le avevo preso la mano e lei me l'abbandonò e, dico la verità, io mi sentii ad un tratto tutto turbato, perché era una gran bella donna e io di donne cosí sinora non ne avevo vedute che al cinema. Dunque, tenedole la mano, continuai, pieno di zelo: «Signora, lei dice che i poveri almeno hanno da pensare alla miseria... ma lo sa lei che è la miseria?... lo sa lei, per esempio, che è la disoccupazione?» E lei, tutto ad un tratto, con uno strillo: «Ma chi piú disoccupata di me? Io non faccio nulla tutto il giorno, non so che fare di me stessa, non so dove mettermi... ah, io non ce la faccio più, mi butto dalla finestra, sí, mi butto.» «Signora, provi a lavorare anche lei... vedrà che non si annoierà più.» Altro strillo: «Lavorare... ma ci ho provato a lavorare... mio marito mi aveva preso al suo ufficio... battevo a macchina, al posto di quell'odiosa signorina Peverelli... ma io impazzivo lo stesso dalla noia... avrei ammazzato tutti quegli imbecilli che venivano a chiedere informazioni sui viaggi... e lo dissi a mio marito: prenditi un'altra segretaria, altrimenti impazzisco e uno di questi giorni salgo al piano di sopra e mia butto dalla finestra.» Pensai: "e dàgli con questa finestra;" quindi, sempre tenedole la mano: «Ma l'amore, signora, l'amore lei l'ha mai provato?» e per un momento quasi sperai che lei mi gettasse le braccia al collo e mi dicesse: "Luigi, ti amo, non mi butto piú dalla finestra." Invece, non l'avessi mai fatto. Cacciò un urlo: «Per carità, l'amore... mi fa orrore, l'amore... tutti quegli uomini che vanno dietro le donne e dicono tutti le stesse cose... c'è da impazzire... meglio far la segretaria a mio marito, allora... ah, ah, l'amore... non mi parli dell'amore, Luigi.» A questo punto per fortuna, ecco, squillò il telefono, lei ci si avventò e disse subito: «Ah sei tu, Gaetano.» Era il marito; e io, pensando che adesso ci avrebbe pensato lui a convincerla, indietreggiai fino alla porta e poi uscii.

Discesi le scale pensando: "Che tipo... un tipo cosí, a pagarlo a peso d'oro, non se ne trova un secondo;" quindi passai per il portone d'ingresso del palazzo. Il portone era proprio sotto le finestre dei Crostarosa, due piani più giù. Come uscivo, tutto ad un tratto, udii un urlo, e quindi, patapunfete, un colpo terribile e un peso enorme che mi cascava addosso e poi capitombolai per terra e svenni e non sentii piú nulla.

Rinvenni all'ospedale, in un letto tra i tanti, allineati in due file ai due lati di un camerone bianco. Ero fasciato per tutto il corpo, mi sentivo male e, insomma, la buona suora che mi sedeva accanto, mi spiegò quello che era successo. Lei al telefono aveva detto, al solito: «Mi butto dalla finestra, sí, mi butto, mi butto;» e Crostarosa, o che avesse perduto finalmente la pazienza, o che fosse nervoso per via dello scirocco, le aveva risposto, per la prima volta: «E buttati.» Lei, allora, con la massima semplicità, aveva posato il ricevitore, era andata alla finestra e si era buttata. Per fortuna sua mi era cascata addosso proprio nel momento in cui uscivo dal palazzo. Morale: io ci avevo due o tre costole rotte e lei non si era fatta nulla, salvo la crisi di nervi, perché io le avevo fatto da cuscino. E adesso io ero all'ospedale e lei era a casa.

Poco dopo venne il professore seguito dagli assistenti e da un codazzo di infermieri. Come mi vide, forse perché ce n'erano tanti di malati, disse: «Andiamo bene, giovanotto... siete fortunato... ah, voialtri giovanotti, non ci avete che le donne per la testa.» Qualcuno allora gli fece osservare sottovoce che si sbagliava: il suicida per amore stava un letto più in là. Ed io: «Professore, non dica: le donne per la testa... dica piuttosto: una donna sulla testa.»

Da *Nuovi Racconti Romani*,
© 1959/2010 RCS Libri S.p.A./Bompiani
Per gentile concessione dell'editore

Appendice C

Alba de Céspedes:

La ragazzina

Ero ingenua, allora. Avevo quindici anni, ero già alta, grande e grossa, ma a casa tutti dicevano che ero una ragazzina. Mi faceva rabbia, e mi rivoltavo. Quelli scotevano la testa, ridendo, e ripetevano: "È pro-prio una ragazzina." Avrei dato qualsiasi cosa per avere qualche anno di più e poter dire, come i grandi: "Ti ricordi?" Lavoravo presso una sarta, da qualche tempo; mi mandavano a comperare rocchetti, a consegnare vestiti, per ogni sciocchezza dicevano "manda giù la ragazzina". Era d'estate; nel pomeriggio scendevo dal lattaio, tornavo col vassoio pesante, e svelta, acciocché le granite non si squagliassero. Mi piaceva essere servizievole con le ragazze; le ammiravo perché già conoscevano il mestiere ma, soprattutto, perché avevano il fidanzato. Il lunedì mattina Gisella, che era fidanzata con un ingegnere, appoggiava i piedi alla sedia di una compagna e raccontava sottovoce. Io, seduta su uno sgabello basso, cucivo l'orlo del vestito al quale lei lavorava e mi pareva di tenere la coda della regina. Poi d'improvviso taceva e mi mandava a prendere un bicchier d'acqua. Tornavo in un baleno, ma il discorso importante era finito.

Ogni volta che uscivo passavo davanti all'officina di Osvaldo. Appena mi accorsi che mi guardava, non volli più portare il vassoio: portavo i bicchieri incartati e quando Osvaldo per la prima volta mi parlò, il ghiaccio mi scottava le mani sicché dovetti scappare via facendo la figura della stupida che ha paura di fermarsi a discorrere. La notte ci piansi, ma il giorno dopo Osvaldo, scorgendomi, venne sulla porta della bottega. "Buongiorno, ragazzina" disse. "Non sono una ragazzina: ho diciassette anni" dichiarai mentendo, e Osvaldo scoppiò a ridere. Aveva bei denti bianchi che spiccavano sulla pelle bruna e portava la tuta da meccanico stretta alla vita sottile. Disse che, se non ero una ragazzina, potevo uscire con lui dopo il lavoro. Tutta rossa in viso dalla gioia, dissi che quella sera ero occupata e lui, canzonandomi, domandò se già c'erano i turni. Avrei voluto rispondere con uno schiaffo; invece, sullo stesso tono, risposi che era fortunato giacché era libero il turno della sera seguente.

Mi aspettava al cantone. Fino allora l'avevo visto sempre in tuta e nel trovarlo vestito di tutto punto mi resi conto che, per la prima volta, avevo un appuntamento con un uomo. Io avevo rubato i soldi a mia madre per comperarmi le calze che, sotto la gonna corta a fiorami, mi davano un'aria sfacciata. Pensavo che se mio padre mi avesse vista mi avrebbe preso a scoppole, ma, in ogni caso, ormai avrei avuto anch'io qualcosa da ricordare. Lui mi prese sottobraccio e poco dopo eravamo sul Lungotevere. Vi andavo raramente; sicché, guardando il fiume e gli alberi fioriti di piumini rosa e le ville con le spalliere di caprifoglio, mi pareva d'essere in villeggiatura. Ma non volevo farlo capire a Osvaldo il quale raccontava che, finora, aveva sempre frequentato donne mature, l'ultima era cassiera in un bar e aveva più di trent'anni. Lo stuzzicai domandandogli se gli piacessero le vecchie. Rispose che con le ragazzine non c'è gusto. "Tu mi piaci" soggiunse "ma se ti chiedessi un bacio saresti capace di dire di no". Io feci una risata e lui subito disse: "Scommetto che sarebbe il primo". Al cinema avevo visto che gli innamorati si baciavano sul mento; perciò, dopo aver guardato attorno, chiusi gli occhi e gli tesi il viso. Mi baciò e non capivo bene che facesse; avrei voluto divincolarmi, ma il pensiero della cassiera di trent'anni mi teneva ferma. "Lo sapevo che era il primo, ragazzina" egli disse trionfante. Pensai che fosse un uomo straordinario, se indovinava tutto, e mi vergognai di non essere alla sua altezza. Perciò dissi, spavalda: "Ci sei cascato". Lui domandò: "Che vuoi dire?" "Non ti sei accorto che ho fatto la commedia". Restò male e io risi dicendo che non doveva prendersela; accade a tutti, una volta, di essere presi in giro. Voleva baciarmi ancora, ma lo respinsi ricordandogli che eravamo in strada; quello che era arrivato prima di lui almeno aveva la macchina. Súbito, scuro in viso, Osvaldo s'informò: "Che macchina?" "La giardinetta." Fece una smorfia di sprezzo, ma era rimasto ferito e io godevo nel sentirmi più furba di lui che aveva venticinque anni. Per tutto il tempo mi domandò di quest'uomo, che io chiamavo Armando, finché si fece tardi e andammo ad aspettare la circolare. Quando arrivò avrei voluto dire tante cose, confessare che avevo mentito, ma gli altri salivano e lui mi salutò dicendo: "Scusami se ti ho disturbato". In piedi sulla piattaforma del tram schiacciavo il viso contro il finestrino: vedevo i viali della periferia neri come l'inchiostro e, riflessi nel vetro, i passeggeri, tutte persone adulte. Arrivata a casa corsi al piano di sopra da un'amica maggiore di me, già fidanzata. Gli chiesi come facevano l'uomo e la donna quando si baciavano. Lei prima esitò, vergognosa, poi disse che facevano così e così.

La notte, per quei discorsi, non dormii; e anche perché temevo di aver perduto Osvaldo. Il mattino seguente andando alla merceria lo vidi intento al suo lavoro. Per farmi notare chiamai la sarta, che s'affacciò, ma lui non si mosse. Durante tutta la giornata mi fu impossibile di raccapezzarmi. "Sei proprio una ragazzina" diceva la sarta "non ti si può far fare nulla". Mi misi a piangere e scappai in cucina; Gisella mi raggiunse per domandarmi che avessi. Risposi che tutti i giorni non sono eguali, che càpita di avere qualche grattacapo e di non riuscire a lavorare. "A chi lo dici..." sospirò Gisella che era stata lasciata dall'ingegnere. Sentirmi alla pari con lei mi lusingò; e la sera uscivo riconfortata quando, all'angolo, vidi Osvaldo che m'aspettava. "Non pensare che sia venuto per te, ragazzina" disse avvicinandosi: "sono venuto per dirti che non credo niente di quello che hai raccontato". Aggiunse che non poteva soffrire le bugie, perciò mi salutava. Intanto si dirigeva verso il Lungotevere tenendomi astiosamente per il braccio. Io avrei voluto dirgli che aveva ragione: ero una ragazzina e l'amavo. Ma, proprio per dimostrare la mia sincerità, dovevo seguitare a mentire. "Vuoi convincerti che non sono bugiarda?" gli dissi: "Dammi un bacio". Infatti, dopo, sembrò placato. "Dov'è questa giardinetta?" mi domandò diffidente: "Non l'ho mai vista ed è parecchio che ti tengo d'occhio". Gli dissi che Armando era a Napoli. Lui insisteva, chiedendo particolari, e io li inventavo tanto facilmente che, alla fine, mi pareva di dire la verità. Ormai ogni sera Osvaldo veniva a prendermi; mi baciava come un innamorato e poi m'interrogava come un questurino. Non sapevo più come liberarmi di Armando: raccontavo che era ancora a Napoli, che era un benestante e voleva sposarmi, ma lasciavo intendere che io, invece, ero incerta. Nonostante questi discorsi, eravamo felici. Rincasavo tardi, mia madre diceva che la sarta mi sfruttava e che il mattino seguente, scendendo per la spesa, le avrebbe telefonato. Ma poi, per fortuna, aveva tanto da fare e se ne dimenticava.

Così passarono due settimane. Osvaldo non aveva mai detto di volermi bene, sembrava che venisse solo per parlare di Armando. Eppure spesso confessava: "Sto bene con te" e una sera che discorrevamo, stretti contro il muro, poco lontano da casa mia, non riusciva a lasciarmi. "Se tu non fossi una ragazzina" disse "quasi quasi ti sposerei. Ma a me piacciono le donne che per provarmi il loro amore non hanno bisogno del curato. Peccato che Armando sia stato un cretino". A forza di parlarne m'ero affezionata ad Armando: mi dispiaceva di sentirlo disprezzare. "Perché?" chiesi risentita. "Perché così non posso esser sicuro che tu non sia a caccia di un merlo di marito. In fondo, sarà colpa di Armando se sposerò la cassiera". Non so che mi prese: ero disperata di lasciarmi battere da un vecchia di trent'anni. Attorno vedevo le luci al neon brillare allegramente, la gente passeggiare godendo l'aria dolce dell'estate. Pensai che nulla sarebbe più stato bello per me, senza Osvaldo. "Be', senti..." incominciai e il cuore mi batteva forte. "Che c'è?" disse lui con un mezzo sorriso. "C'è che Armando non è stato poi tanto cretino, come tu credi." Osvaldo si fece pallido: temevo che mi picchiasse perciò mi coprii il viso. Invece mi voltò le spalle e s'allontanò, rapido, con le mani in tasca. Subito lo rincorsi chiamando: "Osvaldo! Osvaldo!" Ero a due passi da lui, ma non riuscivo a raggiungerlo: "Fèrmati, Osvaldo!" imploravo. "Lo sapevo" diceva lui senza voltarsi: "volevo sentirtelo dire." Infine gli fui accanto, camminavamo a fianco, quasi di corsa, disordinatamente. "Non è vero" dicevo ansimando: "sono tutte bugie, Armando non esiste, l'ho inventato per farti ingelosire". Lui si fermò, di colpo: eravamo al portone di casa mia. "Ah" fece: "E chi mi prova che questa non è un'altra frottola?" Non sapevo che dire, non immaginavo l'amore se non dopo il matrimonio. "Sposami" dissi supplicante: "sposami e vedrai". Allora lui perse la testa e incominciò a gridare: "Ecco, questo volevi! Ma ti sbagli." Passava gente e io lo pregavo: "Parla piano." "No" diceva lui, sempre più infuriato: "Anzi, ti porto a casa, racconto tutto, ti svergogno di fronte a tua madre." E, prendendomi duramente per un braccio, entrò nell'androne. Passammo davanti alla portiera; lui mi trascinava e io sorridevo per far vedere che scherzava, era un uomo gioviale. Si avviò su per le scale intimandomi: "Fila!" Cercavo di convincerlo mentre salivo a spintoni: "Scherzavo, Osvaldo, tu dicevi che la cassiera..." Lui seguitava a salire, senza rispondere, e io ero disperata: lo colpivo coi pugni, gli tiravo calci, dicendo: "No, non mi rovinare..." Udii qualcuno scendere e dovetti ubbidire, in silenzio. Giunti sul pianerottolo non protestavo più: ero rassegnata. "Qual è la porta?" disse lui. Gliel'indicai. Osvaldo suonò il campanello, sempre stringendo il mio braccio. Mia madre venne ad aprire.

Non s'aspettava mia madre così: è alta un metro e ottanta e pesa più di un quintale. Ebbe un momento d'incertezza: una donna, al posto mio, avrebbe saputo approfittarne: io, invece, mi trovai perduta. "Parla" gli dissi furiosa: "Che aspetti?" "Credi che abbia paura?" ribatté lui e cominciò: "Vostra figlia..." Io protestai: "Non è vero!"

Mia madre, con un viso terribile, mi disse: "Zitta, tu" e a Osvaldo: "Conosco questo modo di presentarsi. Ho già due figlie maritate. Poche chiacchiere: avete un mestiere?" "Sono meccanico" Osvaldo disse: "ma questo non c'entra..." "Tutti sono meccanici" obiettò lei e, richiusa la porta, s'avvicinò alla tavola apparecchiata: "Sediamoci e discorriamo, prima che venga il padre". Vedere Osvaldo al posto segnato dal mio portasalviette mi fece scoppiare a piangere. "Va' di là, commediante" disse mia madre. Volevo replicare, ma lei mi fulminò con un'occhiata e io andai in cucina rimanendo in ascolto e pensando aiutami aiutami madonna mia. Osvaldo riprese: "Sono venuto per dirvi che vostra figlia..." "Ho capito" troncò mia madre: "Non sono sorda. Ma avete la faccia del bel giovane che ha poca voglia di lavorare. A me basta uno sguardo per conoscere gli uomini." Aveva ragione: Osvaldo era orgoglioso e si sentì sfidato. Disse che lui, all'officina, guadagnava cinquanta e, con gli incerti, anche sessantamila. "Uhm..." fece mia madre che tanto denaro insieme non l'aveva visto mai: "E se vi mandano via?" "Meglio" replicò lui spavaldo: "Proprio stamani ho dato tutto quello che avevo da parte per comperare una macchina. Mica una giardinetta" aggiunse a voce più alta: "Una millecento nuova d'occasione. Era per andarci a spasso, ma, se voglio, la trasformo in tassì." Non potei resistere e venni fuori dicendo: "Osvaldo!" "Ce l'hai fatta" brontolò mia madre: "tu che volevi camminare su quattro ruote." Avevo le mani giunte, gli occhi pieni di lacrime: mi pareva d'essere vestita di bianco e sentivo la musica che al cinema suonano quando entrano gli sposi. Mia madre si fece brusca, come sempre quando è commossa: "Avete un bel coraggio" disse a Osvaldo: "una ragazzina di quindici anni!..." "M'ha detto diciassette" mormorò lui. "Inventa tutto" rispose mia madre scrollando la testa. "Io ve l'avverto: è ancora una ragazzina. Una ragazzina stupida".

Osvaldo osservò: "Mica tanto".

Da Invito a pranzo. Racconti
Milano, Arnoldo Mondadori Editore

Soluzioni

Capitolo 1
L'abbinamento e l'incastro

p. 1: 1.
1. e; 2. a; 3. c; 4.4. c; 5. f; 6. d.

p. 2: 2.
1. g; 2. d; 3. k; 4. j; 5. f; 6. i; 7. c; 8. g; 9. b; 10. e; 11. h; 12. a.

p. 2: 3.
1. e; 2.a; 3.d; 4. c; 5. i; 6. b; 7. g; 8. j; 9. h; 10. f.

p. 2: 4.
1. c; 2. d; 3. h; 4. g; 5. f; 6. b; 7. e; 8. a.

p. 3: 5.
1. f; 2. d; 3. b; 4. e; 5. a; 6. c.

p. 3: 6.
1. i; 2. a; 3. h; 4. m; 5. n; 6. g; 7. f; 8. e; 9. l; 10. k; 11. j; 12. d; 13. a, b, c; 14. c.

p. 4: 7.
1. g; 2. b; 3.e; 4. a; 5. h; 6. f; 7. c; 8. d.

p. 4: 8.
1. la farfalla; 2. il cane; 3. l'asino; 4. il gallo; 5. il gatto; 6. la mucca; 7. il cavallo; 8. il pulcino; 9. il coniglio; 10. la gallina.

p. 5: 9.
1. D; 2. A; 3. B; 4. C.

p. 5: 11.
1. d; 2. e; 3. b; 4. f.; 5. c; 6. g; 7.a.

p. 6: 12.
1. M; 2. A, L, P; 3. Q; 4. H; 5. H; 6. L; 7. G; 8. N; 9. B, D, F; 10. E, I; 11. Q; 12. R; 13. O; 14. G; 15. Q; 16. H; 17. Q; 18. Q; 19. Q; 20. H.

p. 7: 13.
1. L; 2. Q; 3. F; 4. A; 5. E; 6. H.; 7.D; 8. N. 9. P; 10, G; 11. C; 12. I; 13. M; 14. O; 15. B.

p. 8: 14.
1. b; 2. f; 3. j; 4. c; 5. d; 6. a; 7. e; 8. g; 9. h; 10. i.

p. 8: 15.
1. e; 2. i; 3.f; 4. b; 5. h; 6. g; 7.j; 8. d; 9. a; 10. c.

p. 8: 16.
1. i; 2. j; 3. f; 4. b 5. a; 6. d; 7. c; 8. l.; 9. e; 10. k; 11. g; 12. h.

p. 9: 17.
1. g; 2. j; 3. h; 4. a; 5. d; 6. b; 7. i; 8. k; 9. e; 10. c; 11. l; 12. f.

p. 9: 18.
1. h; 2. g; 3. b; 4. j; 5. c; 6. i; 7. f; 8. d; 9. a; 10. e.

p. 10: 19.
1. h; 2. f; 3. a; 4. i; 5. c; 6. e; 7. g; 8. b; 9. j; 10. d.

p. 10: 20.
1. h; 2. c; 3. g; 4. j; 5. i; 6. a; 7. f; 9. b; 10. e.

p. 10: 21.
1. b; 2. c; 3. h; 4. i; 5. f; 6. d; 7. g; 8. a; 9. e; 10. h.

p. 11: 22.
1. c; 2. j; 3, f; 4. a; 5. l; 6. k; 7. i; 8. b; 9. g; 10. e; 11. h; 12. d.

pp. 11-12.
1. D; 2. A; 3. D; 4. D; 5. C; 6. A; 7. D; 8. D; 9. D; 10. A.

Capitolo 2
L'acronimo e la sigla

p. 21: *Immagine 1.*
1. Ancona; 2. Aosta; 3. L'Aquila; 4. Bari; 5. Bologna; 6. Cagliari; 7.

Campobasso; 8. Catanzaro; 9. Firenze; 10. Genova; 11. Milano; 12. Napoli; 13. Palermo; 14. Perugia; 15. Potenza; 16. Roma; 17. Trento; 18. Torino; 19. Trieste; 20. Venezia.

Capitolo 3
L'acrostico e il mesostico

p. 23: *Immagine 5:*

1. calzini; 2. camicia; 3. impermeabile; 4. stivali; 5. tuta; 6. cappello; 7. guanti; 8. maglione; 9. pantaloni; 10. pantofole; 11. cravatta; 12. biancheria intima; 13. sandali; 14. pigiama; 15. pantaloncini; 16. gonna; 17. sciarpa; 18. scarpe; 19. berretto.

p. 34: *Immagine 7.*

1. settembre; 2. novembre; 3. agosto; 4. febbraio; 5. dicembre; 6. ottobre; 7. aprile; 8. luglio; 9. maggio; 10. giugno; 11. gennaio; 12. marzo.

p. 35: *Immagine 8.*

1. domenica, 2. giovedì; 3. martedì; 4. sabato; 5. mercoledì; 6. lunedì; venerdì.

p. 37: *Immagine 11.*

1. *il* Piemonte; *la* Toscana; 3. *le* Marche; 4. *l'*Abruzzo; 5. *la* Calabria; 6. *il* Molise; 7. *l'*Emilia-Romagna; 8. *il* Friuli Venezia Giulia; 9. *la* Puglia; 10. *la* Basilicata; 11. *il* lazio; 12. *la* Campania; 13. *l'*Umbria; 14. *la* Lombardia; 15. *la* Liguria; 16. *il* Veneto; 17. *la* Sardegna; 18. *il* Trentino Alto Adige; 19. *la* Sicilia; 20. *la* Valle d'Aosta.

p. 38: *Immagine 12.*

1. Macbeth; 2. Simon Boccanegra; 3. Il Trovatore; 4. Aida; 5. Don Carlos; 6. Rigoletto; 7. Un ballo in maschera; 8. La Traviata; 9. Messa da requiem; 10. Nabucco; 11. La forza del destino; 12. Otello.

Capitolo 5
L'anagramma

p. 54: 1.

1. cabina; 2. Mollica; il calmo; 3. ciarlona; 4. incastri; 5. daina; 6. è tal bestia; 7. eretto; 8. garanzia; 9. antico romano; 10. animar; 11. ormai, aromi, amori; 12. daina; 13. tentacoli; 14. gola; 15. poteri, perito, ripeto; 16. salario; 17. fantasie; 18. estranei; 19. sommato; 20. noti.

p. 55: 3.

1. teatro; 2. arbitro; 3. locandiera; 4. reclamo; 5. incerto; 6. fermare; 7. tavola; 8. cielo; 9. ventaglio; 10. mensilità; 11. maschera; 12. padre; 13. esperto; 14. estraneo; 15. telato.

p. 55: 4

1. Toscana; 2. cugino; 3. camion; 4. nato; 5. amor; 6. piscina; 7. dente; 8. treno; 9. evento.

p. 57: 7.

1. Roma; 2. Siena; 3. Siracusa; 4. Macerata; 5. Crotone; 6. Piacenza; 7. Vercelli; 8. Terni; 9. Bergamo; 10. Milano; 11. Rimini; 12. Latina; 13. Genova; 14. Modena; 15. Avellino; 16. Cuneo; 17. Teramo; 18. Novara; 19. Pistoia; 20. Prato; 21. Imperia; 22. Parma; 23. Treviso; 24. Varese; 25. La Spezia; 26. Pisa; 27. Asti; 28. Taranto; 29. Torino; 30. Agrigento.

p. 58: 8.

1. Napoli; 2. Siena; 3. Vercelli; 4. Ber-

Soluzioni 415

gamo; 5. Latina; 6. Pistoia; 7. Prato; 8. Roma; 9. Parma; 10. Pesaro; 11. La Spezia; 12. Treviso; 13. Varese; 14. Terni; 15. Genova.

p. 59: 9.

1. ragionevole; 2. lungo; 3. indeciso; 4. sconosciuto; 5. debole; 6. caldo; 7. avaro; 8. piccolo; 9. 10. occupato; 11. grasso; 12. orrendo; 13. superfluo; 14. sereno; 15. presente; 16. trovato; 17. temporaneo; 18. spiacevole; 19. povero. 20. lontano.

p. 60: *Immagine 4.*

1. dividere, separare, disgiungere; 2. arrabbiarsi, infuriarsi, irritarsi; 3. abbandonare, lasciare, rinunciare; 4. iniziare: concludere, finire, terminare.

p. 63: *Immagine 7.*

1. avversario, rivale; 2. battimano, applauso; 3. caos, confusione.

CAVALLERIA RUSTICANA

Capitolo 6:
La pista cifrata

p. 66: *Immagine 1:*

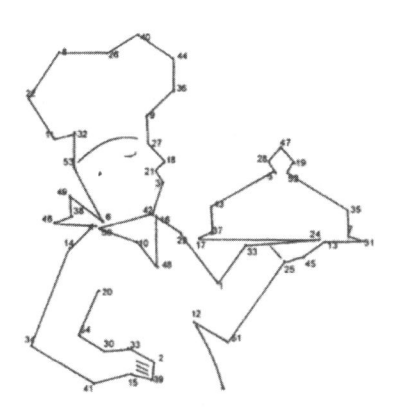

p. 67: *Immagine 2.*

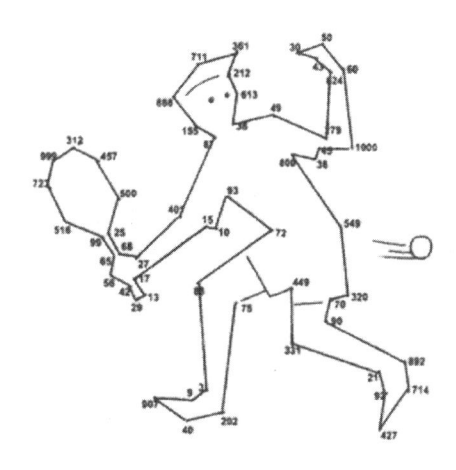

p. 68: *Immagine 3.*

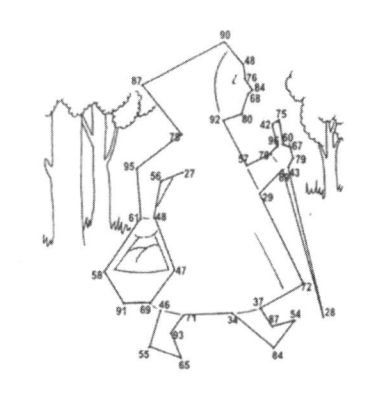

p. 69: *Immagine 4.*

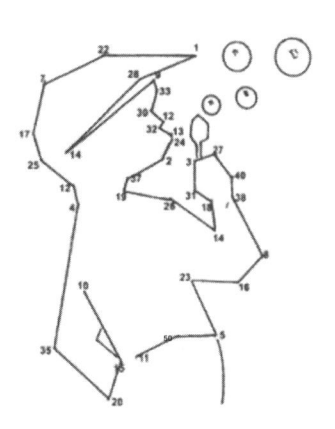

p. 71: *Immagine 5.*

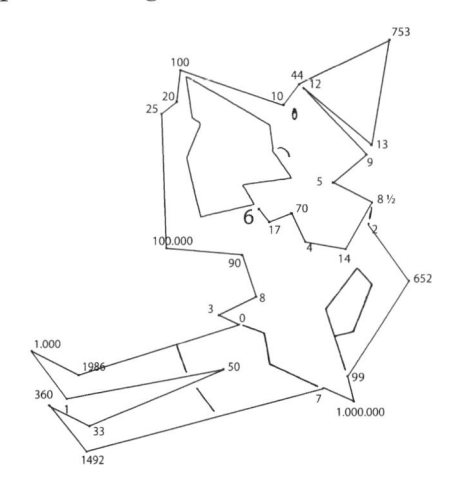

p. 72: *Immagine 6.*

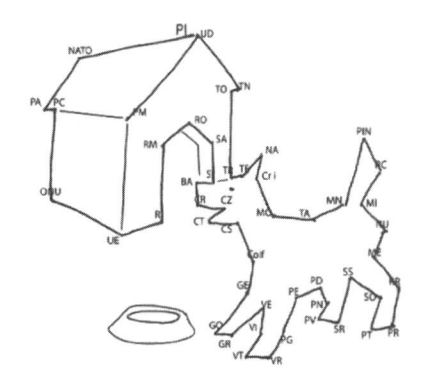

Capitolo 7:
"Il colmo"

p. 79:

2. 1. i; 2. j; 3. e; 4. g; 5. f; 6. b; 7. c; 8. h; 9. a; 10. d.

pp. 80-81:

5. 1. e; 2. d; 3. g; 4. k; 5. a; 6. h; 7. i; 8. b; 9. c; 10. l; 11. f; 12. j.

Capitolo 8:
"Il crucipuzzle"

p. 85

```
O T A N G O C O C M F O
I N A N Ò S L C H A I R
E I N D I L U I O D G E
Z H A O E G O O C R L C
O N G T N I U N C E I O
A T A N G O C C I E A U
F R S O R E L L A G R S
F I U A R O U N N T U A
O L G U N E I L G O M C
O M O L N N N P A D R E
E T O P I N O E O N S E
M A R I T O P N G A R I
```

CIÒ CHE DIO HA CONGIUNTO L'UOMO NON SEPARI.

p. 86

```
M M F A R Z V O I L G U L
A E A E R B M E V O N O È
G I R U B I D E N U L O L
G S E C T B O L O E I M E
I S V R O U R E D A R E E
O L A L B L N A N A N D L
N D M D O M E N I C A O I
O E I C H S E D O O E N R
S S R C A G E T I N I G P
M T P B E V S C T R R U A
I A A V O M A R T E D I E
C T R I O T B N C V S G I
O E G Z N Q T R U N E L E
T T A G O S T O E I E R E
```

MARZO. È IL SOLO MESE CHE SI CRIVE CON CINQUE LETTERE.

Soluzioni 417

p. 87

JOSÉ CARRERAS
PLÁCIDO DOMINGO
LUCIANO PAVAROTTI

p. 88

ROBERTO BENIGNI
LA VITA È BELLA

p. 89

Le REGIONI
1. *la* LIGURIA
2. *la* LOMBARDIA
3. *la* PUGLIA
4. *la* TOSCANA
5. *l'* UMBRIA

p. 90

IL LUPO CAMBIA IL PELO
MA NON IL VIZIO

p. 91

```
O L O T T A I O C S R A O
N U A C E E N A C I L I E
I C A C N L G C N L L L A
C C A H O N E O A G A N E
L E A R E O C F I I I B M
U L B L P E R N A L A U I
P L L O R A O M L N C A G
A O T O F C C A N C T I O
R N N O R U G N A C R E G
B T O L L A V A C A R A A
E S C I M M I A F G L M T
Z O O N I S A F I L R D T
P E C O R A A T O E G L O
```

CAN CHE ABBAIA NON MORDE.

Capitolo 8:
Il cruciverba

p. 106:

Orizzontali: 1. maglione; 7. cravatta; 8. gonna; 9. sandali; 10. berretto.

Verticali: 2. guanti; 3. pigiama; 4. sciarpa; 5. pantofole; 6. calzini.

p. 107:

Orizzontali: 2. scarpe; 4. pantofole; 8. tuta; 9. cappello; 10. guanti; 12. biancheria intima; 13. pigiama; 14. maglione.

Verticali: 1. camicia; 3. pantaloncini; 4. pantaloni; 5. stivali; 6. impermeabile; 7. muffole; 11. gonna.

p. 108:

Orizzontali: 4. camicia; 8. pantaloni; 14. pantaloncini; 15. impermeabile.

Verticali: 1. scarpe; 2. biancheria intima; 3. cravatta; 5. berretto; 6. calzini; 7. sandali; 9. tuta; 10. cappello; 11. muffole; 12. sciarpa; 13. stivali.

p. 109:

Orizzontali: 3. sandali; 4. scarpe; 6. tuta; 8. impermeabile; 10. cravatta; 11. berretto; 14. guanti; 15. gonna; 16. calzini; 17. maglione; 18. camicia.

Verticali: 1. pantofole; 2. biancheria intima; 3. sciarpa; 4. stivali; 5. pantaloncini; 7. cappello; 9. muffole; 12. pantaloni; 13. pigiama

p. 113:

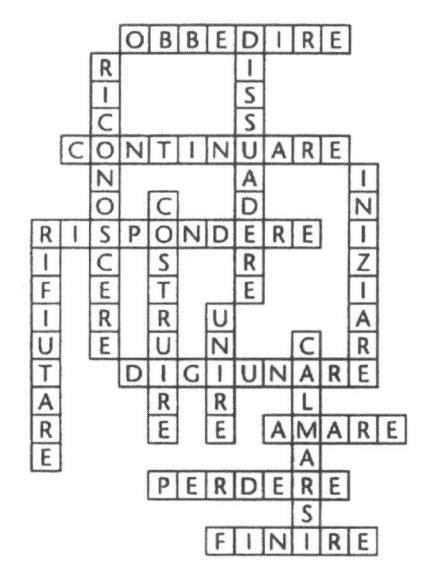

```
      O B B E D I R E
      R       I
      I       S
      C       S
      C O N T I N U A R E
      N       A       I
      O   C   D       N
    R I S P O N D E R E I
    I   C   S   R       Z
    F   E   T   E       I
    I   R   R   U       A
    U   E   U   N   C   R
    T       D I G I U N A R E
    A       R   R   L
    R       E   E   A M A R E
    E               A
            P E R D E R E
                    S
            F I N I R E
```

p. 114:

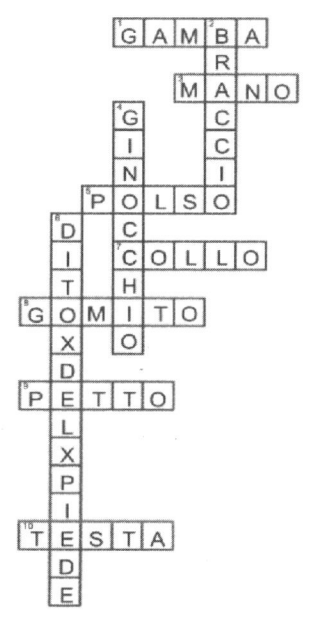

[crossword grid with answers: GAMBA, BRACCIO, MANO, GINOCCHIO, POLSO, DITO, COLLO, THX, GOMITO, PETTO, DX, ALLUCE, PIEDE, TESTA]

Capitolo 10:
L'enigma e l'indovinello

pp. 139-140: **1.** la pesca; **2.** l'uovo; **3.** la cipolla; **4.** l'ombrello; **5.** il formaggio.

Capitolo 11:
L'intervista impossibile

p. 151:

```
H P I P I S T R E L L O
M A S C H E R A O T E U
S T L T A A S R O O L S
I P C L G T E C R U L R
O A E E O N S T O A E A
T N R T O W E E I P M C
A T U T T L E A F S A O
S R T T E R D E A B R S
O A U H N L I T N U A T
G F C A A E N R U S C U
A S U C P A R N L T C M
N E L G F A P T A A U E
A N R E T N A L U R Z A
```

TUTTO SI CURA TRANNE LA PAURA.

p. 152:

[crossword with answers: FESTA, PAURA, MASCARA, STREGA, CARAMELLE, SCOPA, HALLOWEEN, SPETTRI, GUFO, LANTERNA, TRENTUNO, PIPISTRELLO, ZUCCA, SCHELETRO]

Capitolo 12:
L'intruso

p. 158:

[crossword with answers: OBBEDIRE, RISPONDERE, CONTINUARE, DIGIUNARE, AMARE, PERDERE, FINIRE, etc.]

p. 159:

1. complesso; 2. pacifico; 3. agitato; 4. triste; 5. avaro; 6. possibile; 7. sgradevole; 8. debole; 9. lungo; 10. buono; 11. facile; 12. ignoto; 13. provvisorio; 14. titubante; 15. superfluo; 16. piccolo; 17. presente; 18. generale; 19. logico; 20. orrendo.

p. 160:

1. inettitudine; 2. odio; 3. calma; 4. tristezza; 5. critica; 6. partenza; 7. presenza; 8. alleato; 9. verità; 10. organizzazione; 11. premio; 12. effetto; 13. indifferenza; 14. facilità; 15. principio; 16. tradimento; 17. depressione; 18. debolezza; 19. corruzione; 20. ribellione.

Capitolo 13:
Il labirinto

p. 166: due, uno, tre, uno, due, quattro, uno, uno, due, tre.

p. 167:

Sono possibili vari itinerari, per esempio:

A. la cugina, la madre, la zia, la sorella, il figlio, la nonna, lo zio, il nonno, il cugino, la figlia, il nipote, il fratello, il padre.

B. il padre, il fratello, lo zio, la nonna, il figlio, il nonno, il nipote, la sorella, il cugino, la figlia, la zia, la adre, la cugina.

p. 168:

Sono possibili vari itinerari, per esempio:

A. l'ippopotamo, la giraffa, la scimmia, il canguro, l'alce americano, l'orso, il rinoceronte, il panda, la tigre, il leone, la zebra, l'elefante.

B. l'alce americano, l'orso, il canguro, l'elefante, la zebra, il leone, la tigre, il panda, il rinoceronte, la scimmia, la giraffa, l'ippopotamo.

p. 169:

Michelangelo, pittore, architetto, poeta, scultore è considerato il più grande artista del rinascimento italiano.

p. 170:

Capitolo 14:
I modi di dire

p. 179:

2. 1. Che barba! 2. Parlava a braccio. 3. mi fa rizzare i capelli. 4. È un uomo di buon cuore. 5. se la diedero a gambe. 6. ho l'acqua alla gola. 7. stare con le mani in mano. 8. in un batter d'occhio. 9. hai agito senza testa. 10. una lavata di testa.

p. 180:

1. braccia; 2. capello; 3. spalle; 4. cuore; 5. collo; 6. baffi; 7. dita; 8. capelli; 9. denti; 10. occhi; 11. mani; 12. gomito; 13. gola; 14. gamba; 15. bocca.

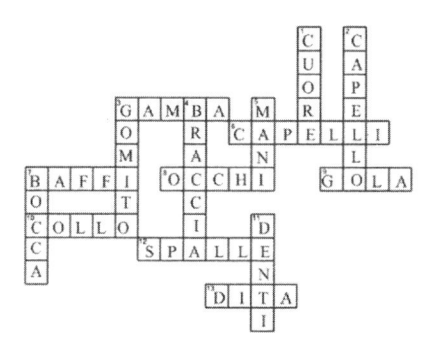

[Crossword solution with words: GAMBA, CUORE, CAPO, MRE, CAPELLI, BAFFI, OCCHI, GOLA, BOCCA, COLLO, SPALLE, CA, DITA, DENI, etc.]

p. 182:
1. D; 2. A; 3. E; 4. F; 5. C; 6. B.

Capitolo 16:
La parola nascosta

pp. 190-191:

1. Roma; 2. Pesaro; 3. Aosta; 4. Arezzo; 5. Pescara; 6. Asti; 7. Legnano; 8. Bergamo; 9. Brescia; 10. Orvieto; 11. Siena; 12. Cagliari; 13. Cesena; 14. Chieti; 15. Bari; 16. Como; 17. Assisi; 18. Cuneo; 19. Empoli; 20. Lodi; 21. Latina; 22. Lipari; 23. Macerata; 24. Torino; 25. Prato; 26. Nuoro; 27. Verona; 28. Matera; 29. Trieste; 30. Rieti; 31. Messina; 32. Foligno; 33. Milano; 34. Perugia; 35. Teramo; 36. Pescara; 37. Pisa; 38. Ragusa; 39. Rimini; 40. Savona; 41. Spoleto; 42. Novara; 43. Mestre; 44. Udine; 45. Venezia; 46. Messina; 47. Modena; 48. Genova; 49. Modena; 50. Napoli.

pp. 191-193:

1. Bari, 2. Napoli; 3. Pisa; 4. Rimini; 5. Torino.

p. 192:

1. Roma; 2. Siena; 3. Milano; 4. Torino; 5. Ragusa; 6. Chieti; 7. Bari; 8. Macerata; 9. Assisi; 10. Como; 11. Arezzo; 12. Pescara.

Capitolo 17:
I prefissi

pp. 195-196:

1. 1. accordo; 2. onestà; 3. logico; 4. moralità; 5. possibile; 6. capacità; 7. fedele; 8. regolare; 9. conosciuto; 10. fortunato.

Capitolo 18:
I problemi di logica

p. 202: 1. *Barca scarsa*

Partono i due figli. Uno di essi ritorna e porta dall'altra parte il cane. Torna di nuovo, scende e prende il padre. Torna l'altro figlio e partono entrambi i figli. Torna un figlio, scende e parte la madre. Torna l'altro figlio e insieme passano il fiume nell'ultimo viaggio.

p. 202: 1. *Padre e figli*

Perché sono solo in tre: il nonno che è il padre, il figlio che è contemporaneamente padre e figlio e il nipote che è figlio.

p. 202: 1. *Al ristorante*

Sono: nonno, padre e figlio.

p. 202: 2. *La signora misteriosa*

La moglie del capufficio.

p. 202: 3. *Immagine 1. A cena.*

1. Franco; 2. Paola; 3. Carlo; 4. Elena; 5. Marco; 6. Nadia.

Spiegazione: Paola deve essere al posto di **2.** perché parla con Franco, suo marito. Nadia deve essere allora il numero **6.** perché è accanto al marito di Paola, Franco. Il numero **5.** allora è Marco, il marito di Elena. Elena è al posto **4.** e sta parlando con Carlo, il marito di Nadia, al posto **3**.

p. 204: 4. *La foto di famiglia*

1. il fratello; 2. il cugino; 3. il nonno; 4. la nonna; 5. la nuora, 6. la moglie; 7. la zia; 8. la nipote; 9. lo zio; 10. la sorella; 11. la figlia; 12. il cognato; 13. la cognata, 14. il padre; 15. la cugina; 16. la mamma, 17. il suocero; 18. il nipote; 19. la suocera; 20. la pronipote; 21. la figlia; 22. il marito; 23. il genero.

p. 205: 6.

la figlia.

p. 206: 7.

1. Elena, Firenze, App. 1.
2. Gabriella, Perugia, App. 2.
3. Marianna, Reggio Calabria, App. 3.
4. Nadia, Messina, App. 4.
5. Maria Grazia, Napoli, App. 5.
6. Clara, Roma, App. 6.

p. 208: 9.

1. 24; 2. 18; 3. 18.

p. 209: 10. *La spia*

Naturalmente il motivo è che ha sbagliato la risposta. Doveva dire "Sette". La controparola non si trova dicendo la metà del numero, ma nel contare il numero delle lettere della parola d'ordine. Infatti "Dodici" è composta da sei lettere, "Dieci" da cinque, "Otto" da quattro, "Sei" da tre e "Quattro" da sette.

Capitolo 19:
I proverbi

p. 228:

1. novembre; 2. maggio; 3. dicembre; 4. gennaio; 5. luglio; 6. giugno; 7. ottobre; 8. febbraio; 9. agosto; 10, settembre; 11. aprile; 12. marzo.

p. 228: 1. B;

2. C; 3. D; 4. C; 5. C.

p. 231:

1. d; 2. c; 3. b; 4. a.

p. 231:

1. e; 2. c; 3. d; 4. b; 5. a.

Capitolo 20:
Il rebus

pp. 235-237:

1. un bel momento romantico da ricordare
2. d'estate fa tanto caldo
3. la signora dopo di lei; Dopo di Lei, signora!
4. parlare sottovoce
5. il carro davanti ai buoi
6. parlare sul serio
7. una persona sottovalutata
8. soprattutto; tutto sottosopra
9. detto tra noi
10. incontro in mattinata
11. incontro nel pomeriggio
12. le due dopo pranzo
13. saper sopravvivere
14. un cittadino al di sopra di ogni sospetto
15. il signore davanti a me; il signore prima di me
16. pensa prima, parla poi
17. le mani in mano
18. stare tra l'incudine e il martello
19. amore a prima vista
20. una comunicazione interrotta
21. parlare a bassa voce
22. un grosso successo
23. un grande successo
24. beni divisi
25. parlare ad alta voce
26. una lunga conversazione
27. molti fatti, poche parole
28. due passi
29. Ci sei?

30. due parole
31. molte parole, poche chiacchiere
32. fare quattro passi

Capitolo 22:
Il titolo camuffato

pp. 250-251:

1. Il postino
2. La Gerusalemme Liberata
3. La caduta degli dèi
4. I Promessi Sposi
5. Le quattro stagioni
6. Missione impossibile
7. La bella addormentata nel bosco
8. Il silenzio degli innocenti
9. Il gladiatore
10. Ladri di biciclette
11. Non è oro quello che luccica
12. La città delle donne
13. La locandiera
14. Il lupo cambia il pelo ma non il vizio
15. O sole mio
16. Prova d'orchestra
17. Cavalleria rusticana
18. Il barbiere di Siviglia
19. Matrimonio all'italiana
20. Roma
21. Ieri, oggi, domani
22. Il gatto con gli stivali
23. La Traviata
24. Salvare capra e cavoli
25. E la nave va.

p. 254: 7, *Immagine 1:*

1. H; 2. C; 3. F; 4. I; 5. E; 6. B; 7. G; 8. A; 9. D.

p. 256: *Immagine 2:*

1. 1951: Dirige *Luci del varietà*, il suo primo film;
2. 1954: Diventa famoso con il film *La strada*;
3. 1964: Vince il premio Oscar per il film *Otto e mezzo*;
4. 1993: Riceve il Premio Oscar alla carriera.

Capitolo 23:
Il tris

p. 260: 3a:

A. difficilmente; B. meglio; C. talmente; D. liberamente; E. particolarmente; F. tristemente; G. tranquillamente; H. chiaramente; I. velocemente

p. 262:

A. Beatrice; B. Fiammetta; C. Cleopatra; D. Floria Tosca; E. Lucia Mondella; F. Didone; G. Penelope; H. Laura; I. Elena.

Capitolo 24:
L'umorismo

p. 273: *Immagine 2:*

1. i fari; 2. il volante; 3. lo specchietto retrovisore; 4. il parabrezza; 5. il cambio; 6. il freno a mano; 7. il sedile; 8. il lampeggiatore; 9. il baule; 10. la targa; 11. la ruota di scorta; 12. il paraurti; 13. la ruota; 14. la portiera.

p. 274: *Immagine 2:*

1. gomma; 2. benzina; 3. benzina; 4. suriscaldato; 5. macchina; 6. patente; 7. serbatoio; 8. benzina; 9. auto; 10. camion.

p. 275: *Immagine 4:*

1. g; 2. o; 3. h; 4. f; 5. j; 6. l; 7. k; 8. m; 9. n; 10. b; 11. a; 12. i; 13. d; 14. c; 15. e; 16. p.

p. 297:
   3.B

p. 298:
   1. C; 2. A; 3. D; 4. D; 5. C.

p. 305:
   1. b; 2. d; 3. a; 4. c.

Capitolo 30:
   La lettura

p. 379:
   1. bestia; 2. sbaglio; 3. ribelle; 4. mordere; 5. aula

p. 381:

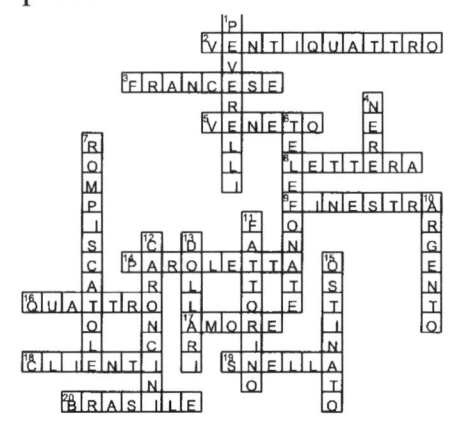

p. 383:
   sorgenti, elevati, inuguali' impresse, familiari, domestiche, biancheggianti, pascenti, triste.

Finito di stampare nel mese di Giugno 2010
da Grafiche CMF - Foligno (PG)
per conto di Guerra guru srl - Perugia